Kersten Reich

Systemisch-konstruktivistische Pädagogik

Einführung in Grundlagen einer
interaktionistisch-konstruktivistischen Pädagogik

3., überarbeitete Auflage

Luchterhand

Die Deutsche Bibliothek – CIP-Einheitsaufnahme

Reich, Kersten:
Systemisch-konstruktivistische Pädagogik: Einführung in Grundlagen einer
interaktionistisch-konstruktivistischen Pädagogik/
Kersten Reich. – 3., überarb. Aufl. –
Neuwied; Kriftel: Luchterhand, 2000
(Pädagogik Theorie und Praxis)
ISBN 3-472-04272-9

Papier: Permaplan von Arjo Wiggins Spezialpapiere, Ettlingen
Druck, Bindung: H. Heenemann GmbH & Co
Printed in Germany, Januar 2000

♾ Gedruckt auf säurefreiem, alterungsbeständigem und chlorfreiem Papier

Inhalt

Vorwort zur dritten Auflage

Systemische und konstruktivistische Ansätze haben sich in den letzten Jahren breit entfaltet. Überwiegend durch die Kybernetik, die Biologie, aber auch durch die Systemtheorie beeinflußt, gab es im Blick auf praktische Anwendungsfelder vor allem Übertragungen in die systemische Therapie[1] und Beratung, aber auch zunehmend mehr in die Pädagogik.[2] Nach einer ersten Phase, in der diese Ansätze schwerpunktmäßig sich naturwissenschaftlich oder funktionalistisch fundierten, ist seit einigen Jahren eine kulturtheoretische Wende zu erkennen. In dieser wird reflektiert, daß der Konstruktivismus selbst Ausdruck einer kulturell bezogenen Verständigung ist. Auch die Naturwissenschaften können vor dem Hintergrund einer kulturgeschichtlichen Praxis rekonstruiert werden (vgl. Schmidt 1994, 13 ff.). Konstruktivistische Autoren müssen naturalistische Ableitungen vermeiden (vgl. Hartmann/Janich 1996, 1998), um dem erkenntniskritischen Programm des Konstruktivismus hinreichend entsprechen zu können (vgl. dazu ausführlich Reich 1998 a, b).

Dies ist systemisch-konstruktivistisch orientierten Praktikern schon länger klar. Sie haben systemische oder konstruktivistische Anregungen für ihre Praxis recht frei übertragen, ohne an einer spezialisierten Theoriebildung mit hoher theoretischer Legitimation interessiert zu sein. So mag zwar für die Kybernetik der Regelkreis funktionalistisch grundlegend sein, aber er wird sich perspektivisch in einem Transfer auf menschliche Beziehungen erweitern und aus technischer Einlinigkeit befreien müssen, wenn wir nicht ein naiv positivistisches Verständnis vom Menschen errichten wollen. So mag z.B. die Systemtheorie Luhmanns soziologisch-funktionalistische Unterscheidungen treffen, die als theoretische Kunstsprache anregend sind, aber in ihrer Künstlichkeit hat sie sich bis hin zur Unverständlichkeit auch von kulturellen Anwendungen und subjektiven Fragen entfernt. So mag eine biologisch-kognitivistische Theorie nach Maturana zwar für Zellen und Zellverbände gelten, aber ihre bruchlose Übertragung auf psychische und kulturelle Systeme ist schwierig und widersprüchlich. Unter einer konstruktivistischen Perspektive, die betont, daß jeweils die Beobachter - allerdings in ihren Verständigungsgemeinschaften, die sie immer schon voraussetzen! - in einem Beobachtungsfeld ihre Wirklichkeiten konstruieren, können wir auch nichts anderes erwarten: Der jeweilige Beobachterfokus legt in seinen Beschränkungen bereits fest, welche Ausschließungen in den Beobachtungen vorgenommen werden. Ich kann von Kybernetikern nicht eine Erklärung menschlicher Beziehungen, von einer abstrakten und funktionalistischen Systemtheorie nicht die Lösung von sehr konkreten päd-

---

[1] Vgl. dazu einführend z.B. Ludewig (1992), Dell (1990), Schlippe (1984), Schlippe/Schweitzer (1996), Mücke (1998).

[2] Vgl. dazu einführend z.B. für den deutschen Sprachraum Voß (1996), Siebert (1999); für den englischen Sprachraum siehe weiter unten S. 18 f.

agogischen Anwendungsfragen oder die Kritik gesellschaftlicher Verhältnisse, von einer biologischen Theorie nicht ein Verständnis von Kultur erwarten. Insoweit sind bei Übertragungen aus solchen Theorien immer Vorbehalte angebracht, die sich aus dem konkreten Beobachterstandpunkt derjenigen, die von einer spezialisierten Beobachter- und Theorienvielfalt lernen wollen, ergeben. In der Lebenspraxis unserer Gesellschaft und Kultur müssen wir recht schnell enge konstruktivistische Beobachtungsmodelle verlassen, die sich mit allgemeinen Konzepten von Umwelt und System, Selbstorganisation und Selbstreferenz, Autonomie und Regelung, mit operationaler Geschlossenheit und Strukturdeterminiertheit befassen, wenn wir, konstruktivistisch gesehen, nicht nur eine Legitimation für neue Sichtweisen suchen, sondern unser Sehen selbst in konkreten und kulturbezogenen Fragen offenhalten wollen.[3] Wir nehmen sie als Angebot, als Anregung, aber geraten dann in Schwierigkeiten, wenn wir sie als neues System, als eindeutige Antwort auf alle Fragen zu etablieren versuchen. Aus einer offenen Sicht mag man zwar wohlwollend zur Kenntnis nehmen, daß aus naturwissenschaftlicher Sicht, insbesondere beeinflußt von Umberto Maturana[4], die Rolle von Systemen differenziert werden konnte, aber in den konkreten Anwendungen kommt es dann darauf an, die systemische und konstruktivistische Sicht stets auf die singulären Ereignisse, mit denen man zu tun hat, zu beziehen und konstruktiv weiterzuentwickeln. Die zustimmende Resonanz, die ich im Rahmen der ersten beiden Auflagen dieser Arbeit erfahren habe, bestärkt mich in dem Anliegen, das systemische und konstruktivistische Denken kulturtheoretisch zu fundieren.

Die Pädagogik ist vor allem eine Spezialisierung auf den kulturellen Blick.[5] Hier zeigt sich in der konstruktivistischen Verständigungsgemeinschaft in den letzten Jahren allerdings auch, daß dies zunehmend akzeptiert wird. Konstruktivisten betonen deshalb, daß wir mindestens aus zwei Perspektiven schauen müssen: einer je einzelwissenschaftlich orientierten und spezialisierten Sicht, die für Begründungen in einzelnen Bereichen - insbesondere im Blick auf Wahrnehmungen, Voraussetzungen menschlichen Handelns - sorgt; zugleich aber auch kulturell, indem wir die vorgängigen sozialen Konstruktionen beachten, in die unsere Begründungen immer schon eingeschlossen sind.

Für *Pädagogen* rücken technische, biologische oder abstrakt systemtheoretische Perspektiven eher in den Hintergrund, aber beziehungsorientierte, kulturelle, konkret ereignisbezogene, psychisch widersprüchliche und ambivalente, ethnozentrische Blickrichtungen in den Vordergrund. Für systemische und

---

[3] Auch Konstruktivisten machen mitunter den Fehler, solchen Modellen eine sehr weite Sicht zu unterstellen, die nun für fast alles herhalten soll. Aber es gibt keine Theorien ohne einen *bestimmten* Beobachterfokus, es sei denn, daß man neue universelle Theorien aufstellen will. Genau das aber verbietet der gegenwärtige Erkenntnisstand (vgl. dazu Kapitel 1).

[4] Vgl. Maturana (1982), Maturana/Varela (1987).

[5] Vgl. dazu einführend z.B. Mollenhauer (1994), vgl. weiterführend Reich (1998 a, b).

konstruktivistische Reflexion und Praxis versucht die hier vorgelegte Einführung, den bisherigen Bruch insbesondere zwischen radikal konstruktivistischen und klassischen geistes- und gesellschaftswissenschaftlichen Theorien zu überwinden. Ein aufgeschlossener Konstruktivismus kann sich nicht vom Diskurs der Geistes- und Humanwissenschaften - insbesondere nicht in Fragen pädagogischer Anwendungen - abkoppeln und *vorrangig* die Welt, z.B. über biologischkognitivistische Konstrukte inspiriert, neu erfinden. Es gibt einen impliziten Konstruktivismus gerade dort, wo Inhalts- und Beziehungsprozesse ineinander greifen: Besonders in Denktraditionen der Philosophie, Psychologie, Soziologie und nicht zuletzt auch in der Pädagogik.[6] Diese Arbeit setzt sich das Ziel, solche impliziten Frage- und Problemstellungen für eine systemische und konstruktivistische Pädagogik zu entfalten und einführend darzulegen.

Wer sich stärker für die erste Phase systemisch-konstruktivistischer Theoriebildung in der Pädagogik interessiert, der sei auf Arbeiten verwiesen, die sehr eng an die Systemtheorie Luhmanns, an die biologische Theorie Maturanas oder an kognitivistische und radikal konstruktivistische Arbeiten anschließen.[7]

In meinem Ansatz aber werde ich bewußt Analogien zu naturwissenschaftlichen Modellen ausklammern, weil es genug systemische und konstruktivistische Argumente aus dem eigenen kulturgeschichtlichen Horizont des Faches Pädagogik (bzw. aus dem Kontext der Humanwissenschaften) gibt, an die wir anschließen können.

Die Argumentation zur Darlegung dieses neuen pädagogischen Ansatzes wird in der dritten Auflage mit einigen Aktualisierungen (aber ansonsten unverändert) in 12 Schritten entfaltet:[8]

(1) Die Bedeutung einer konstruktivistischen Sicht auf pädagogische Prozesse steht im Zusammenhang mit Veränderungen in der Erkenntnistheorie. Der Konstruktivismus zieht dabei Konsequenzen aus der Einsicht in die Relativität der Wahrheit, der Bedeutung des Beobachters, der immer auch Beteiligter in beobachteten Systemen ist, der Unschärfe von Wahrnehmungen und Wirklichkeitsbehauptungen. Zudem zieht er Folgerungen aus der neuen Unübersichtlichkeit der Wissenschaften, was auch für die Pädagogik bedeutsam ist.

(2) Kernstück einer systemisch-konstruktivistischen Pädagogik ist die Unterscheidung einer Inhalts- von einer Beziehungsebene. Dabei sehen wir die Notwendigkeit, pädagogische Arbeit immer auch auf der Beziehungsebene zu reflektieren und sich damit dem Thema der menschlichen Kommunikation um-

---

[6] Eine ausführliche Einordnung meines Ansatzes in diese Traditionen und eine Abgrenzung im Blick auf den Konstruktivismus findet sich in Reich (1998 a, b).

[7] Vgl. dazu mit pädagogischer Praxisrelevanz z.B. Huschke-Rhein (1988, 1989, 1990), Büeler (1994), Krüssel (1993), Schumacher (1995), Voß (1996).

[8] Dabei werden im Text Grundbegriffe nach und nach argumentativ entfaltet, wobei man oft erst im nachhinein durchschaut, welche Bedeutungen sie in unterschiedlichen Kontexten haben.

fassend zu stellen. Obwohl hinreichend Literatur zur Einführung in Aspekte der Kommunikation im Blick auf die Inhalts- und Beziehungsebene vorliegt, soll hier zusammenfassend noch einmal und unter Angabe zahlreicher Beispiele verdeutlicht werden, warum die Unterscheidung von Inhalten und Beziehungen für eine systemisch-konstruktivistische Pädagogik so fundamental ist. Der systemische Charakter von Kommunikation wird insbesondere für das Verhältnis von Inhalten und Beziehungen in pädagogischen Prozessen herausgearbeitet, indem an systemisch-konstruktivistische Kommunikationstheorien (Bateson, Watzlawick) angeschlossen wird.

(3) Im Blick auf Beziehungen ist die Pädagogik noch ein Entwicklungsland. Dies mag als Aussage erstaunen, da Pädagogen ja immer in Beziehungen stehen. Die theoretische Pädagogik aber hat sich von der Beziehungsseite im Zuge der Verwissenschaftlichung des Faches zu sehr abgekoppelt. Deshalb müssen wir jetzt kommunikationstheoretische Modelle, wie sie im Kapitel 2 vorgestellt werden, in die Pädagogik importieren. Aber zugleich sollten wir auch diese Modelle dort weiterführen, wo sie sich als zu eng für pädagogische Bedürfnisse erweisen. Dies gilt z.B. für die Rolle der Metakommunikation, die hier anders als üblich definiert werden soll. Und es wird für uns aus einem pädagogischen Blickwinkel sehr wichtig werden, das Wechselspiel von Selbst und Anderen[9] auf der Beziehungsseite im Blick auf pädagogische Aufgaben zu betonen.

(4) Eine solche Weiterführung bedeutet insbesondere, daß die Rolle von Interaktionen weitreichender als bisher bedacht wird. Ich verstehe meinen Ansatz als interaktionistischen Konstruktivismus (deshalb auch der Untertitel) - nenne die Orientierung aber systemisch-konstruktivistisch, weil diese Begrifflichkeit zur Zeit vielen vertrauter ist. Der Begriff systemisch ist aber nicht als systemtheoretisch - wie bei Luhmann - zu verstehen, sondern bezieht sich auf Konzepte zur systemischen Beratung (vgl. einführend Schlippe/Schweitzer 1996). Wenn wir die Rolle der Interaktionen genauer betrachten, dann entdecken wir als Pädagogen, daß wir sie nicht bloß kognitiv betrachten sollten oder auf symbolische Vorgänge reduzieren können. Deshalb untersuche ich die Beziehungen der Interaktion im Blick auf Symbolwelten, das Imaginäre - was Emotionen einschließt - und das Reale, denn gerade Pädagogen wissen, daß ihre Gedankenkonstrukte und die realen Ereignisse oft gegensätzlich sind. Im Unterschied zu systemtheoretischen oder biologisch orientierten konstruktivistischen

---

[9] Der Andere, der uns als Anderer außen gegenübersteht, wird bei mir stets groß geschrieben, als anderer, wie er vermittelt über innere Bilder und mein Begehren erscheint, stets klein. Ein Beispiel mag die Unterscheidung verdeutlichen helfen: Wenn ich meiner Partnerin gegenübertrete, dann sehe ich sie immer durch einen Horizont meiner Vorstellungen (Imaginationen), die mit Begehren, Wünschen, Erwartungen verbunden sind. Ich sehe sie als andere (vermittelt über ein *imaginäres a*, wie in Kapitel 4 ausführlich in einem Modell erklärt werden soll). Äußert sie sich hingegen als Partnerin, dann bemerke ich die Differenz zwischen meinem Bild von ihr (a) und ihren Äußerungen (A), sie erscheint dann als Andere, die unabhängig von mir existiert und ein eigenes Wesen ist. Als große Andere kann sie mein imaginäres Bild (a) beeinflussen und verändern.

Theorien der ersten Phase beziehe ich damit den Konstruktivismus vor allem auf psychologisch orientierte Kulturtheorien zurück. In diese Richtung verläuft auch zunehmend ein großer Teil der pädagogisch-praktisch orientierten englischsprachigen Diskussion.

(5) Im Gegensatz zu anderen pädagogischen Ansätzen will eine systemisch-konstruktivistische Pädagogik kein Wissen abbilden, keine möglichst vollständigen Lehrpläne erzeugen, kein wertfreies Modell darstellen, auch keine Aufklärungspädagogik proklamieren, die schon *vor* Beteiligung ihrer Teilnehmer weiß, was für diese gut sein wird. Insoweit sich dieser Ansatz an Pädagogen wendet, verlangt er eine hohe Selbstreflexion der eigenen Beobachterpositionen, wobei solche Positionen hier angeregt werden sollen. Damit ist ein Angebot intendiert, aber kein Werk universeller Regeln. Dies verbietet schon die neue Grundbegrifflichkeit dieses Ansatzes, der sich nach drei Perspektiven hin entfalten soll:

o auf die *Konstruktion*, die als Basis aller pädagogischen Handlungen gilt,

o auf die *Rekonstruktion* als aktive Übernahme bereits vorhandener Konstruktionen von Anderen,

o auf die *Dekonstruktion* als Potential kritischer Neuorientierungen.

Damit sind drei Beobachtungsmuster bezeichnet, die für den pädagogischen Beobachter, für den Planer, Durchführer und Analytiker pädagogischer Prozesse perspektivisch wegweisend werden können.

(6) Pädagogisch arbeitende Konstruktivisten können die Rolle der sozialen Einbindung von Konstruktionen in Lebenswelten nicht übersehen. Für Pädagogen ist deshalb die Frage nach der kulturellen Macht von Rekonstruktionen wesentlich, um nicht der Illusion zu erliegen, alles auf einen Schlag neu erfinden zu können. Gerade hier versagen engere Modelle, weil sie zu wenig gesellschaftskritisch und komplex argumentieren. Wir aber wollen, so wie es verschiedene Ansätze zum sozialen Konstruktivismus beabsichtigen, kulturgeschichtliche Kontexte nicht vernachlässigen. Deshalb handelt eine systemisch-konstruktivistische Pädagogik von Selbst- und Fremdzwängen, struktureller Gewalt und Macht und anderen gesellschaftlich relevanten Beobachterkategorien. Am Beispiel der Robinsonade werden wir dies *exemplarisch* erläutern.

(7) In einer Zwischenüberlegung sollen die ersten Kapitel noch einmal reflektiert und auf die These zugespitzt werden, daß Pädagogik ein besonderes Fach ist. Dort, wo in der Wissenschaft Komplexität reduziert werden muß, um zu eindeutigen Aussagen zu gelangen, ist es für Pädagogen wichtig, Komplexität zu steigern, um sich in ihrer kulturell komplexen und widersprüchlichen Praxis nicht an jenen theoretischen Leitbildern zu orientieren, die pädagogische Wirklichkeiten zu stark ver*ein*fachen.

(8) Zwar ist der hier vorgestellte pädagogische Ansatz neu, aber er hat seine Vorläufer. Der wohl ausgewiesenste implizite Konstruktivist und damit Vorgänger ist John Dewey. Eine einführende Beschäftigung mit seinem Ansatz hilft, einige systemisch-konstruktivistische Sichtweisen zu präzisieren.

(9) In methodischer Hinsicht kann auch Célestin Freinet als eine Art Vorläufer

gelten, auch wenn sein Theoriehintergrund anderer Art ist. In diesem Kapitel sollen neben seinen Techniken weitere Methoden, die in pädagogischen Prozessen aus systemisch-konstruktivistischer Sicht besonders vielversprechend sind, angeführt werden.

(10) Die Ansätze zur systemischen Therapie bzw. Beratung haben sich in den letzten Jahrzehnten enorm entfaltet. Sie werden zunehmend Anlaß, pädagogische Ansätze, die die Beziehungskommunikation immer stark ausblendeten oder vereinfachten, zu ergänzen. Sie sind damit eine Ausgangsbasis zur Veränderung traditioneller Beobachterpositionen. Hier soll insbesondere auf einige Methoden einführend und hinweisend eingegangen werden, die wir als Pädagogen aus der systemischen Beratung entlehnen und transformieren können.

(11) Eine systemisch-konstruktivistische Pädagogik benötigt auch eine didaktische Perspektive, um praxisbezogen in den verschiedenen Feldern der Erziehung und Bildung umgesetzt zu werden. Diese Perspektive erschließt uns Gedanken, welche notwendigen Veränderungen auch in der Lehrerausbildung und in der Pädagogik erforderlich wären, um diesen Ansatz durchzusetzen.

(12) Die Schlußbilder, die ich ans Ende setze, sollen den Kreis zum Anfang imaginär schließen helfen. Es wird deutlich, daß dieses Angebot an alle Interessierten ein konstruktivistisches Anliegen ist: Es bleibt unabgeschlossen und hat sein Ziel erreicht, wenn es zu neuen Sichtweisen anregt.

Der hier vorgelegte Band ist mittlerweile durch einige Publikationen ergänzt worden, die teilweise im Internet abrufbar sind.[10] Zwei in diesem Buch ausgelassene Kapitel (zur "Einführung in das Pädagogikstudium" und "...daß nie wieder Auschwitz sei! Gedanken zu einem dekonstruktivistischen Erziehungsziel") können die Leser dort kostenfrei erhalten. Zusätzlich finden sich dort weitere theoretische und praktische Arbeiten. Bei Rückmeldungen oder Fragen an den Autor wenden Sie sich bitte an die e-mail: Kersten.Reich@uni-koeln.de Heike Reich, die als systemische Therapeutin und Trainerin arbeitet, hat viele Passagen des Buches angeregt. Ferner danke ich insbesondere Hans-Joachim Roth für seine sehr produktiven Nachfragen. Stefan Neubert und Reinhard Voß waren mir stets kritische Diskussionspartner. Texthinweise gaben vor allem Ralf Coenen, Yency Hilliard, Karolina Ramahi und Gabriele Wahlen. Dank gebührt auch meinen Kölner Studenten für ihre Bereitschaft, sich mit meinem Ansatz auseinanderzusetzen und ihn re-/de-/konstruktiv in eigenen Arbeiten weiterzuführen. Auch hier liegen Arbeiten im Internet vor. Dies gibt mir ständige Anregungen und bestätigt mich in meinem Grundanliegen, eine neue Pädagogik in Theorie und Praxis zu erforschen und in ihren Möglichkeiten zu lehren bzw. über ihre Möglichkeiten von Anderen belehrt zu werden.

Auf eine »weibliche Grammatik« habe ich mit Rücksicht auf die Lesbarkeit verzichtet. Die Leserinnen bitte ich um Verständnis für dieses Konstrukt.

---

[10] http://www.uni-koeln.de/ew-fak/konstrukt/

1. Konstruktionen von Wirklichkeiten: über Grenzen pädagogischen Wissens

1.1. Drei Bilder einer Konstruktion von Wissen

Wer in das Studium einer Wissenschaft eintritt, der hat bestimmte Erwartungen. Eine mögliche Erwartung könnte es sein, endlich mit dem Halbwissen der Schule Schluß zu machen, den Dingen auf den Grund zu gehen, die Wahrheit zu finden und sich aus einer sicheren Wissensposition heraus in einem späteren Beruf zu behaupten. Für Pädagogen könnte hinzukommen, daß man sein mögliches Engagement auf ein klares Fundament stellen will, wissen will, wie man Anderen am besten helfen kann und wo Andere Hilfe benötigen.

Ich könnte solche Erwartungshaltungen jetzt noch weiter differenzieren, aber sie scheinen alle auf eins hinauszulaufen: Die Wissenschaft bietet eine sichere Grundlage für solche Erwartungen, die einzig sichere Grundlage, und darum hat man sich in sie eingeschrieben, wenn man studiert. Diese Einschreibung wirkt in den akademischen Abschlüssen und ihrer Bedeutung für Berufe fort. Mit dieser Einschreibung, der Immatrikulation, und der Übernahme eines akademischen Grades bei Erfolg hat man sich allerdings auf eine Herrschaft eingelassen, die sehr subtil wirkt: Sie lauert in Bibliotheken, ist in Bergen von Büchern als Text verborgen, wobei es jeweils *der* Text ist, der *das* (relevante) Wissen produziert, weil man als Sklave dieser Wissenschaft selbst erst einmal nur Leser ist, der mühsam die Zeichen entziffert, sie symbolisch nach Vorgaben ordnet, um ihre Geheimnisse, die sie gegenüber einer unwissenden Öffentlichkeit bewahren, zu erschließen. Die Wärter und Wächter dieses Erschließens, die Professoren und ihre in der Wertigkeit und Stellung meist undurchschaubaren Subalternen, schauen mit mehr oder minder strengem Blick, um die Ungeheuerlichkeit des Vorgangs zu unterstützen: Man ist, um mit Kafka zu sprechen, scheinbar im Schloß angekommen, und der Prozeß kann beginnen. Aber weder weiß man, was das Schloß ist, noch, welcher Prozeß auf einen zukommt. Man gehört jedoch durch diese Einschreibung oder ihre Folgen dazu. Aber, so wie es bei Kafka kein Ende des Prozesses gibt, so ist man nun in einer Gedankenwelt gefangen.

Was ist Ausdruck dieser Gefangenschaft? Die Antwort lautet in diesem Diskurs: Das Wissen ist stets des Rätsels Lösung, die es hier - in der Universität oder später im Beruf - für alles gibt oder geben sollte.

Unglücklicherweise, wie sich noch herausstellen wird, ist man nun bei mir gelandet, wie es der Zufall des Angebots so wollte. Das Unglück wird darin bestehen, daß ich mich weniger damit aufhalten werde, wie man im Studium oder nach dem Studium der Pädagogik förmlich eine Bibliothek betritt, die

Signaturen heraussucht, die richtigen Bücher findet, ich werde auch nicht sagen, wessen Theorie man unbedingt lesen sollte und wo man besser beide Augen schließt. Ich halte mich nicht bei den *erwarteten* Lösungen auf, sondern starre zunächst auf den Begriff davor: Rätsel. Wieso eigentlich Rätsel? Was ist hier das Rätsel, das unterstellt wird, wenn man Lösungen vorschlägt?

a) Bild 1: Der wissende Geist
Zur Verdeutlichung blicke ich einige Jahrhunderte zurück, als ein junger Mann an einer Universität, wie auch alle Pädagogen einmal, seine Studien aufnahm. Es handelt sich um René Descartes, von dem es mittlerweile heißt, er sei ein bedeutender Philosoph gewesen. Der nun erlebte folgendes: Eifrig rannte er sogleich in die Bibliothek, damals übrigens noch viel übersichtlicher als heute, um sich sein Wissen an den Quellen, den wahren Orten des Wissens, den Texten, die verfügbar waren, abzulesen. Er las und las und las. Und er wechselte die Gebiete in dieser Arbeit, um die Quellen nicht zu gering zu halten. Fremdsprachen, Literatur, Mathematik, Ethik, Philosophie, dann auch Jurisprudenz und Medizin, dies alles studierte er voller Eifer. Aber was war sein Gewinn? Zweifel, Irrtümer, Skepsis zeigten alle Lernversuche, sich *eine* Wahrheit aus dem Lernen zu erzielen. Er konnte keine sicheren Erkenntnisse gewinnen. Immer wieder waren die Texte widersprüchlich, die Autoren gegensätzlicher Meinung. Überall gab es Streit, überall Zweifelhaftes. Diese Einsicht nun führte Descartes zunächst zur Aufgabe seiner Studien. Er war frustriert, denn was er zu finden hoffte, das entschwand ihm, je mehr er studierte. Und was blieb? Blicke zurück von den Büchern auf das Leben, sagte er zu sich, um eine Lösung zu finden. Das Leben ist das große Buch der Welt, das sich uns öffnet. Hier handeln die Menschen, so daß es kein Herausreden und Herumreden geben kann, denn im wirklichen Leben muß man sich entscheiden, wenn man überleben will. Doch auch hier wurde seine Suche enttäuscht. Auch hier schwieg die Gewißheit, und es zeigte sich allüberall Verschiedenheit in den Interessen, Neigungen und Handlungen der Menschen. Vorurteile tauchten auf, so daß der Zweifel an den Urteilen eher gestärkt statt beseitigt wurde. Was aber blieb ihm jetzt noch?
Descartes meditierte hierüber und wandte seine Suche zurück ins Ich. Nach all den vergeblichen Versuchen in äußeren Verhältnissen suchte er nunmehr im Inneren des Ichs nach jenen Ursprüngen, die sicher Erkenntnisse bezeichnen. Hier entstand ihm die Position des »Ich denke, also bin ich«. Es ist eine Selbstgewißheit des Denkens, die in einer Verabsolutierung der Seite des Selbst wurzelt. Descartes nahm nach seiner Reisebeschreibung durch die Studien und zurück in den Alltag eine Reinigung der Wissenstafeln der Welt vor. Nichts vom Alten zählt mehr. Er schaute nur noch ins Ich, in sein Ich, und fand hier eine letzte Wissenstafel. In dieser richtete er ein reines Ich auf und trennte den Geist (res cogitans) vom Körper (res extensa). Ein Gesetz - so sagten viele Wissenschaftler seitdem. Ein Konstrukt, so sagen wir - aber ein folgenreiches. Denn diese Trennung ist späterhin besonders für jene Institution geradezu sinn-

bildlich geworden, in die sich auch Pädagogen einschreiben oder eingeschrieben waren: die Universität. In ihr nämlich dominiert das Geistige, und es ist stets auf der Suche nach seinem wahren Wissen aus der Position des Ichs heraus.[1]
Doch halt! Hier stimmt etwas nicht! Wenn denn Descartes aus Büchern sich kein sicheres Wissen ablesen konnte und so zu seinem Zweifel kam, warum sollte dann dies am Ende jetzt doch seine und unsere Erwartung sein? Warum verfügt die Universität dann über eine Bibliothek, die immer unübersichtlicher wird? Warum wird der Rahmen, in dem man sich in Fächer einschreiben kann, immer enger, obwohl das Wissen immer komplexer und widersprüchlicher wird? Warum wird hierin das Buchwissen immer vielgestaltiger?
Ich will eine erste Antwort geben, die sich scheinbar leicht auf Descartes zurückbeziehen läßt. Es ist völlig klar, daß die Bibliothek zwar Antworten enthält, daß die vielen Texte das Wissen der Menschheit speichern, aber dies heißt nicht, daß ein Ich, das diesen begegnet, nicht auf Widersprüche und Unsicherheiten stoßen wird. Nein, der Zweifel ist gewiß! Aber eben weil ich zweifeln kann, gibt es dabei durchaus Anlaß zur Hoffnung, denn als Geist kann man sich mit anderen Menschen hierüber austauschen und - so hat es die Philosophie schon vor und insbesondere nach Descartes mehrfach unternommen - zu einer gewissen Versöhnung gelangen. Als Geist findet man nämlich mit anderen Geistern heraus, welches Wissen jeweils Bestand, Gültigkeit und Geltung hat, man muß nur die geeignete Übereinstimmung von Sache und geistiger Idee finden, und die Universität wacht über die Einhaltung von Normen und Regeln, um dies zu kontrollieren.
Diese Antwort nun deckt sich mit der Erwartung, die ich eben zu Beginn unterstellt habe. Sehr schön haben wir uns das jetzt konstruiert: Zweifel sind erlaubt und auch notwendig, aber als Geist unter Geistern kommen wir doch noch zu wahren und sicheren Erkenntnissen.
Diese Aussage wurde für die moderne Pädagogik, für eine Pädagogik in der Moderne, wegweisend. Im 17. Jahrhundert etwa folgerte der vielseitige Pädagoge Comenius, daß die pädagogischen Geister dann eine klare Übereinstimmung erzeugen, wenn sie sich bloß nach dem Gang der Natur richteten. Wenn der Pädagoge richtig den Gang der Natur belauscht, dann kann er in der Erziehung wenig falsch machen. So begründete er zahlreiche Grundsätze, die zwar weniger die Natur widerspiegelten, sondern mehr Gewohnheiten des damaligen Lebens charakterisierten, aber diese wurden, als scheinbar unumstößliche Beobachtungen eines aufgeklärten Menschen in der damaligen Zeit, auch für gültige Erziehungsnormen und Verhaltensgrundsätze gehalten. Jeder sollte einmal in die Bibliothek gehen und sich diese Grundsätze ansehen, er wird in ihnen einen wiederkehrenden, formenden pädagogischen Geist entdecken. Dort

---

[1] Die Universität ist hier in einem Teil von solchem Denken bestimmt, aber nicht ausschließlich. Ich benutze Descartes also nur als *ein* Sinnbild für *eine* Entwicklungstendenz. Dies gilt auch für die nachfolgenden Bilder.

hat Morgenstund Gold im Mund, dort geht es vom Leichten zum Schweren, vom Konkreten zum Abstrakten - alles übrigens Grundsätze, die man bis heute immer wieder zu hören bekommt, und die auch bis heute in unserem Kulturkreis bedeutsam sind.[2]

b) Bild 2: Der konstruierende Geist

Doch stimmt dieses Bild überhaupt? Können wir als pädagogische Geister uns unsere sicheren Erkenntnisse von der Natur ablauschen? Ich will exemplarisch das Bild eines anderen jungen Mannes anführen, der uns diese mögliche erste Zufriedenheit ein wenig »verstört«. Es handelt sich um Giambattista Vico, der ebenso wie Descartes aus den Büchern und den Worten der zahlreichen Gelehrten kein wahres Wissen ableiten konnte. Anders als Descartes lautete seine Schlußfolgerung aber nicht, daß ein zweifelndes Ich gar nicht anders kann, als das Geistige zur Anerkennung des Wissens zur Grundlage zu nehmen, sondern daß eigentlich nur von Anfang an klar ist, daß »die Welt ganz gewiß von den Menschen gemacht worden ist«[3]. Auch bei Vico erschien wie bei Descartes der Zweifel am Wissen seiner Zeit, an den gelehrten Werken und den bloßen Tradierungen durch Konventionen. Auch er wischte die Tafel des bisherigen Wissens der Menschheit blank, um einen neuen Weg der Erkenntisbegründung einzuschlagen. Insbesondere wischte er all die Aussagen aus dem Wissen fort, die darauf vertrauten, aus der Natur selbst die Ordnung des Geistes zu konstituieren. Statt dessen setzte seine "Neue Wissenschaft" darauf, die Welt der Zivilisation (mondo civile) als Vorbild zu entwickeln und sie mit ihren - wie er dachte - Stammvätern Platon, Tacitus, Bacon und Grotius zur Geltung zu bringen. Allerdings ging es dabei Vico keineswegs in der Suche nach der Wahrheit des Wissens darum, das Universelle und Ewige solcher Wahrheit selbst zu bestreiten, sondern vielmehr zunächst bloß darum, den Beobachterbereich zu wechseln, in dem das Universelle und Ewige beobachtet werden kann: Von der Natur zur Zivilisation bzw. Kultur selbst überzugehen, in der Wahrheit geschaffen wurde und wird. Dies setzte ihn gegen Descartes ab, für den die zivile Welt eben nicht so umfassend wissenschaftsfähig war, der auch das unsichere Terrain des Alltags, der Gebräuche, Sitten, Lebensformen ablehnte, da hieraus nicht Aussagen von universellem und ewigem Gehalt zu schöpfen sind.[4]
Mit Vico markierte sich ein Einschnitt in der Erkenntnistheorie. Eine konstruk-

---

[2] Vgl. dazu als umfangreiche Sammlung methodischer Grundsätze vor allem Comenius (1959). Sein Weltbild für Kinder ist sehr schön im "Orbis sensualium pictus" (1658) festgehalten, den es heute als Nachdruck gibt. Aus der heutigen Beobachterperspektive können wir Comenius als einen Klassiker der Pädagogik rezipieren, der pädagogische Verhaltensstandards für einen sehr langen Zeitraum voraussah.

[3] Vgl. genauer Trabant (1994, 17).

[4] Je mehr sich Universitäten an diese Stellungnahme Descartes anlehnten, um so exakter wurde ihr Wissen, aber in bezug auf den Alltag und die Lebensformen wurden sie weltfremd.

tivistische Sicht wurde begründet, die sich auf das menschliche Handeln als Beobachtungskonstrukt richtet. Für dieses Konstrukt gilt nicht mehr, daß man aus der Natur selbst ablauschen kann, worüber sich Geister zweifelsfrei einig sein müßten. Zweifelsfrei ist für sie vielmehr nur, was Menschen selbst machen.

Blicken wir auf die Wissenschaft, dann erhebt sich in der Tat die Frage, was Wissenschaftler eigentlich machen. Eine Vielzahl konstruktiver Antworten erscheint: Wissenschaftler machen Zeichen, sie produzieren Texte, aber sie setzen gelegentlich auch das, worüber sie schreiben, in materielle Formen, in Labore, Substanzen, Experimente und in deren Folgen um. In der Form der Industrie und Technik revolutionierte dies den Alltag der Menschen. Aber wie sicher sind nun die Zeichen, die diesen Fortschritt symbolisieren?

Hierzu kann Vico uns einige Antworten geben: Zunächst grenzte er sich wie Descartes gegen die Unübersichtlichkeit und Widersprüchlichkeit menschlicher Gelehrsamkeit ab, die nichts als Verwirrung stiftet. Aber während Descartes sich aus dem Studium der Welt auf ein reines Ich zurückzieht, "kehrt Vico wieder in den dunklen Wald der Gelehrsamkeit zurück, ausgerüstet mit dem Licht der Gewißheit, daß die gesamte gesellschaftliche Welt von den Menschen gemacht ist und daß man deswegen von dieser in Büchern und Zeichen aufbewahrten Welt der Kultur sichere Kenntnis gewinnen kann. Seine Gewißheit bezieht er nicht aus der Gewißheit der *cogitatio*, des reinen Denkens. Er sucht sie auch nicht, wie die neue Naturwissenschaft, in der Gewißheit des Experiments. Er geht jedoch insofern mit den Empiristen und nicht mit Descartes, als auch er die Sicherheit seines Wissens aus der *Erfahrung* bezieht, aus der Erfahrung des *Machens*, allerdings des Machens der *kulturellen* Welt." (Trabant 1994, 34). Vico war also eher ein Mann der Geisteswissenschaft, obwohl die Entwicklung der zivilen Welt dann besonders von den Naturwissenschaften und Techniken geprägt wurde. Diese Entwicklung betonte mit dem Beginn der Industrialisierung den Weg einer technischen Machbarkeit, die durch Experimente dokumentiert wird. Dies ist eine eigene, scheinbar sehr erfolgreiche Geschichte, deren erahnte und heute von einer Minderheit gefürchtete Maßlosigkeit uns in Formen von Krisen einholt: Ökologie, absolute Kriegswaffen, stets fehlendes Denken bei den Folgewirkungen des technisch Gemachten, dies ist die Kehrseite einer Moderne, die auf die materielle Machbarkeit setzte. Von solcher Machbarkeit her wurde auch der Begriff der Konstruktion stark besetzt: Er erscheint deshalb vielen bis heute als ein Ausdruck, der in der Technik, im Bauwesen, Maschinenbau bis hin zur Mathematik betont, daß es um die künstlich organisierte, planvolle Entwicklung geistiger und/oder materieller Modelle geht. Vico aber konnte solche Machwerke nicht voraussahnen. Bei ihm sind die Akzente anders gesetzt. Zwar schließt das Machen das Hand-Werk ein. Es ist ein Selbst-Machen, so wie auch nur Gott, der alles gemacht hat, deshalb als einziger wissen kann, wie alles ist. Deshalb übrigens lohnt es auch nicht, sich mit ihm zu befassen, wenn man etwas *wissen* will. Aber in Konsequenz aus der

Rolle des Machens ergibt sich für Vico ein geistiger Grundsatz: »verum et factum convertuntur« (das Wahre und das Gemachte sind konvertibel).[5] Damit
begrenzt sich die Reichweite menschlicher Erkenntnis auf das kulturell Gemachte, denn über die Natur allgemein, die Gott gemacht hat, können wir
nichts aussagen. Unter dieser Voraussetzung nun kann Vico alle Gelehrsamkeit, die er zuvor mit seinem Zweifel, wie auch Descartes dies getan hatte, beiseite gewischt hatte, neu arrangieren. Und hier kommt eine eigentümliche
Theorie ans Werk, die sich die zuvor kritisierte Unübersichtlichkeit der Gelehrten neu aneignet: Es sind nämlich die Poeten, die Autoren, die Macher der
kulturellen Tradition selbst, die jene Zeichen erfinden, aus denen die kulturelle
Welt sich bildet. Diese Erkenntnis wird von Vico als seine wesentliche, ur-
eigenste Errungenschaft angesehen. Die Zeichen, die Grundlage jeder Sprache
sind, treten zwischen Körper und Geist, sie vermitteln zwischen den Gegensätzen einer schon gemachten Natur und einer vom Menschen gemachten Kultur. Dies ist die erste linguistische Wende in der Philosophie[6], und sie ist
durchaus modern: Hinter der Laut-Sprache der Moderne, die auf das zivilisiert
Gesprochene sich fixiert, lauert für Vico ein Imaginäres, das durch die ersten
Poeten, durch Wildes, durch Phantastisches, Visuelles und Körperliches ausgedrückt ist - ein Denken in poetischen Charakteren (vgl. ebd., 41 f.). Für Poeten ist es aber geradezu typisch, daß sie weniger in abstrakten Zeichen der
Wissenschaft rationalisieren, als vielmehr die Imagination, visuelle Zeichen
und die Herkunft des Logos aus dem Mythos betonen. Und sind nicht gerade
Pädagogen einer solchen Sichtweise stets nah, weil und insofern sie stets mit
ihren Lernern das (nach)erfinden, was die zivile Welt an Beobachtungen bietet?
Und benötigen sie dabei nicht gerade Poesie, einen poetischen Charakter, um
ihre Lerner für diese Welt zu begeistern? Müßten sie darin nicht Vico gleich-
kommen, der an den Anfang seiner "Neuen Wissenschaft" ein Bild setzte, um
das Wesen seiner konstruktiven Sicht zu begründen?[7]
Hier haben wir einen anderen Bedeutungshorizont des Konstruktiven, wie er in
unseren Überlegungen im Vordergrund stehen wird. Es ist nicht die technische
Machbarkeit, die die Grundlage einer konstruktivistischen Pädagogik ausmachen wird, sondern das *Konstruieren* im weitesten Sinne: als Machen, Produzieren, Kreieren, Komponieren und andere Herstellungsformen, die auch Intentionen, Bedeutungen, Sinn, Gefühle und ein Begehren einschließen. Wir stützen uns dabei auf einen Begriff, ohne jedoch mit diesem Begriff eine Perspekti-

---

[5] Vgl. Vico: De antiquissima Italorum sapientia liber primus (1710). Zu diesem erkenntnistheoretischen Grundsatz und zu seiner Bedeutung in der Geschichte der Philosophie vgl. insbesondere Löwith (1986).

[6] Es folgt eine zweite bei Humboldt und eine dritte, von der heute insbesondere bei Habermas
die Rede ist; vgl. dazu Trabant (1994).

[7] So beginnt auch die "Neue Wissenschaft" mit einem Bild, das eine Philosophie in Gestalten
symbolisiert, die nicht mehr auf die Welt der Natur, sondern der Welt der Kultur sich gründet.

ve für alles aussagen zu können, noch zu wollen. Er ist schillernd und offen genug, auch kontrovers (vgl. z.b. Fischer 1995), und gibt zunächst nur eine besonders bevorzugte Beobachterperspektive an.

Man darf von Vico für die Erörterung moderner Fragen gewiß nicht zu viel erwarten. Aber seine Sicht stößt uns auf ein zentrales Problem der Moderne (vgl. Trabant 1994, 184 ff.): Wenn er seinem Zeitalter einer sich entfaltenden Rationalität die bildhaften, wilden Wurzeln seiner weltlichen Herkunft - seiner von Menschen gemachten Herkunft - vor Augen stellte, dann war dies eine Mahnung, die beispielsweise in der Romantik oder der »Dialektik der Aufklärung« (Horkheimer/Adorno 1971) wiederkehrte. Sie ist für alle konstruktiven Berufe, die in der Poesie von menschlichen Beziehungen stehen, bedeutsam. Es ist die Mahnung an Ursprünge, an die Beachtung von Verdrängungen, die sich längst in die Rationalität durch den kulturellen Transport, insbesondere durch Traditionen und Gewohnheiten, eingeschlichen haben. Wir sind also nicht nur Macher, sondern in jedem Machen zugleich Poeten und Erfinder von Beziehungen, die an Ursprünge, an Wildes, Romantisches, Mythisches anknüpfen, und diesen Reichtum an lebendiger Vielfalt und Herkunft unserer Konstruktionen sollten wir nie vergessen.

Der Konstruktivismus, den wir bei Vico uns damit entdecken, hat ebenso eine Bedeutung für die Universität und die Wissenschaft, die sich - mit Descartes - erst in Übereinstimmung der Geister findet. Mit Vico können wir nun sagen, daß Übereinstimmung nicht außerhalb von uns gefunden wird, nicht in einem reinen Geist oder einer äußerlichen Natur, sondern nur in dem, was wir selbst machen. Bei Vico ist diese konstruktivistische Sicht noch nicht von den Imaginationen befreit, noch nicht positivistisch umgedeutet, so wie es besonders in der neueren Zeit geschah. Der Positivist der Moderne pocht auf Fakten, Zahlen, Machbares und Gemachtes. Es zählt nur, was gemacht ist. Er ist ein moderner Barbar, weil er - so könnten wir mit Vico sagen - sein eigenes imaginäres Begehren, seinen eigenen poetischen Charakter verstellt hat.[8] Dieser Mensch fragt nicht mehr, warum er etwas tut, sondern nur noch, *wie* es gemacht wird. Solcher Konstruktivismus aber lag Vico noch fern, denn er träumte durchaus von Geistern, die übereinkommen könnten, auf imaginären, poetischen Grundfesten eine Moderne aufzubauen - und nicht auf bloßer Machbarkeit.

Solche Träume finden wir auch in vielen pädagogischen Ansätzen im Entfaltungsprozeß der Moderne. Hier finden sich die Träumereien eines Rousseau, der Kinder allein in der Begegnung mit der Natur und den Sachen, wie sie von Natur aus sind, erzogen sehen will und zugleich dem Erzieher nahelegt, hierfür eine bestimmte Konstruktion von Umwelt und Erziehung auszuwählen. Hier entsteht die Elementarmethode Pestalozzis, die Kindern über das ausgewählte

---

[8] Gerade das Imaginäre aber wird für unseren pädagogischen Ansatz sehr wichtig werden. Vgl. dazu Kapitel 4.

7

Kennenlernen sogenannter elementarer Formen überhaupt ein Naturverständnis anerziehen will. Oder auch die Begründung des Kindergartens durch Fröbel, der für diese elementaren Erlebnisse Spielmaterialien bereitstellt. Und doch unterliegen diese Versuche alle immer noch - konstruktivistisch betrachtet - einer Illusion.

Nehmen wir nämlich Vico als Bezugsfigur unseres Bücherstudiums, unserer Einschreibung in die Universität, unserer wissenschaftlichen Perspektive, dann kehrt mit der Offenheit des Gemachten und Machbaren die Frage nach der notwendigen Übereinstimmung eines sicheren Wissens nur um so gewaltvoller zu uns zurück. Schließlich ist nicht alles Gemachte gut. Vielleicht sind wir gerade Pädagogen geworden, um etwas Schlechtes zu einem Besseren werden zu lassen. Das mag dann aber nicht allen gefallen. Wie aber soll dann je das unterschiedliche Machen der Menschen ein Kriterium für sichere Erkenntnis sein?

c) Bild 3: Ein Konstrukteur in der Unübersichtlichkeit
Wählen wir also ein neues Bild. Treten wir selbst anstelle von Descartes und Vico in eine Bibliothek ein, und stellen wir unsere Frage erneut: Wo und wie gewinnen wir ein sicheres Wissen? Mehrere Perspektiven bieten sich scheinbar an:
1) Die Wahl einer Theorieschule: Wir suchen uns aus der Büchervielfalt jene Autoren heraus, deren große und berühmte Namen schon für Geltung bürgen. Wir beginnen eine Suche nach Klassikern, um uns einen liebsten herauszugreifen und dann alle Welt durch seine Brille zu betrachten.
2) Oder die Wahl einer eklektizistischen Methode: Über kurz oder lang zeigt sich, daß die erste Brille uns ein zu enges Sehen aufzwingt. Also nehmen wir den einen oder anderen Seiteneinstieg, biegen uns ein paar Autoren zusammen, um eine größere Breite nach Methode und Inhalt zu erreichen. Und schon schimpfen uns diejenigen, die der ersten Brille treu geblieben sind und sich nicht weiter hinauswagen, als Eklektizisten. Eklektizisten, das sind für sie Leute, die sich je das, was sie brauchen, einfach zusammensammeln, auch wenn es die reinen Gegensätze sind.
3) Will man beides nicht, dann bleibt die Wahl einer praktischen Sicht. In der Praxis ist eben alles komplizierter, da gilt nie die reine Lehre. Und da Pädagogen vor allem Praktiker sind oder werden wollen, ergibt sich schon aus dem Gegenstand, daß man mit Theorien überhaupt wenig weiterkommt, wenn sie nicht aus einer Praxis erwachsen. Aber nun entsteht das neue Problem: welche Praxis? Praxis selbst ist ja nur ein theoretisches Wort für sehr unterschiedliche Lebensformen, Erlebnisse usw., die Beobachter irgendwie theoretisch deuten. Und das bedeutet: Ziehe zurück zum ersten Punkt und suche dir eine Theorie.
4) Manche allerdings bevorzugen an dieser Stelle die Theoriefeindlichkeit: Wenn alles so mühsam ist, dann müßte man vielleicht Theorien gänzlich ableh-

nen. Dann scheint man der Praxis wohl am nächsten zu sein. Und hier schließt sich dann der Kreis der Wahlmöglichkeiten: Die Theoriefeindlichkeit ist in einer Praxis natürlich auch ein theoretischer Beobachterstandpunkt, allerdings der primitivste und naivste, den man wählen kann. In ihn dringen nämlich besonders gern die Urteile, deren man sich schon sicher weiß, aber deren Herkunft man vergessen hat, als Vorurteile ein. Man hat also längst eine Theorie oder einen primitiven Ableger hiervon, ist sich dessen aber nicht bewußt.

5) Will man dies alles nicht, so bleiben Mischformen: Pädagogen wissen aus Erfahrung, daß diese vier idealtypischen Formen zwar vorkommen mögen, aber nur selten in reiner Form gelebt werden. Vielmehr springen wir gerne zwischen ihnen hin und her, und es kostet uns zu viel Anstrengung, dies immer für uns oder Andere beobachtbar zu halten. Einmal also sind wir von jenem Autor begeistert, Jahre später belächeln wir unsere Voreiligkeit. Dann setzen wir auf die Praxis, was aber bloß eine je gegenwärtige Praktik unserer beschränkten Erfahrungen ist. Am Ende sind wir mehr Eklektizisten, als uns vielleicht lieb ist, aber durch die Nennung berühmter Autoren, auf die wirklich Verlaß scheint, können wir dies immer wieder geschickt verschleiern.

So entschwindet das wahre und sichere Wissen, das wir suchten, in einen Prozeß, in einen Wandel von Beobachterpositionen. Jedem bleibt die Chance, in einer Theorieschule, in einem irgendwie abgewogenen Eklektizismus, in einer Praktik, in scheinbarer Theoriefeindlichkeit oder unreflektierten Mischformen stecken zu bleiben, aber über kurz oder lang, so vermute ich, wird sich jeder hierbei ertappen und auf einmal selbst als Beobachter beobachten können. Das sind dann Momente, in denen man außer sich gerät und auf sich sieht und fragt: Wie kommst du bloß dazu, dich so oder so zu entscheiden? Und in diesen Beobachtungen wird sich ein gänzlich neues Prinzip des Wissens und der Wissenschaft enthüllen, das nicht durch den Weg Descartes (= die Geister einigen sich darüber, was ewig und universell in der Natur und für den Geist ist) und auch nicht durch den Weg Vicos (= die Macher einigen sich, was sie als ewig und universell konstruiert haben) vorgegeben ist. Nicht die Lösungen sind das Problem, denn wir können uns als Menschen immer auf etwas für eine gewisse Zeit in einem gewissen Rahmen einigen, sondern das Rätsel der Erkenntnis selbst ist paradox: Es gibt kein sicheres, universelles und ewiges Wissen, und es gibt dennoch »wahres« Wissen, das wir studieren können.

Wenden wir dieses Rätsel kurz auf einen skizzierten pädagogischen Sachverhalt an, um es zu verdeutlichen. Dabei wähle ich eine eher inhalts- und eine eher beziehungsorientierte Perspektive aus.

Inhaltsorientiert: Ein Lehrer will seinen Schülern Wesenszüge der modernen Physik beibringen. Nachdem sie sich mit Newton bereits befaßt hatten, steht nun das Einsteinsche Weltbild der Relativitätstheorie an. Es handelt sich um ein scheinbar universelles Gesetz, das die einfachere Deutung der Newtonschen Mechanik relativiert. Da meldet sich ein pfiffiger Schüler und fragt, ob man denn nun den Fall eines Steines auf der Erde nach Newton oder Einstein berechnen müsse. Die Wahrheit, die eben noch nach dem Einsteinschen Gesetz universell erschien, verdoppelt sich nun durch die Stellung des Beobachters. Der Lehrer antwortet, daß bei Sachverhalten wie dem Steinfall auf der Erde wir weiter mit Newton richtig rechnen können, aber bei den Planetenbewegungen z.B. auf Einstein zurückgreifen. Und dann schweigt er. Denn er fürchtet, daß alle weiteren Erklärungen, die ihn in die Quantenphysik oder Chaostheorie oder andere Spezifikationen abgleiten lassen, die Schüler noch mehr verwirren mögen. Aber warum hat er diese Furcht? Selbst die scheinbar so exakte Physik verfügt eben nicht über universelle Gesetze, sondern über Gesetze von Beobachtern für bestimmte Beobachtungszwecke. Dies ist eine wesentliche Erkenntnis, die das Rätsel der Erkenntnis und nicht bloß eine ihrer Lösungen betrifft. Sie gilt sogar für die Naturwissenschaften, die uns so exakt erscheinen.

Beziehungsorientiert: Nehmen wir nochmals unseren Physiklehrer und einen anderen Schüler aus der Klasse. Der meldet sich bei dem Lehrer und fragt ihn, warum sie denn dann überhaupt Newton gemacht hätten, wenn sie nun den alten Stoff ganz vergessen sollten. Er blickt ihn vorwurfsvoll an. Der Lehrer nimmt diesen Vorwurf auf der Beziehungsseite an. Der Schüler hält mich wohl für einen schlechten Lehrer, denkt er sich. Und dann ärgert er sich, denn ausgerechnet dieser Schüler, der schon öfter etwas an ihm auszusetzen hatte, ist ja nun nicht gerade eine Leuchte. Dies liegt nicht an der Physik, sondern an ihm selbst. Und hier sind die Ursachen völlig klar: Dieser Schüler ist besserwisserisch, weil er eigentlich nichts weiß, und er weiß nichts, weil er aus einem problematischen Elternhaus kommt. Da gibt es eine ganze Geschichte, die zu erzählen hier zu weit führen würde, die aber sonnenklar macht, daß dieser Schüler sich verstellen muß und so tun, als ob er etwas begriffen hätte, damit er überhaupt noch in dieser Klasse und Schule verbleiben kann, wo er eigentlich nicht hingehört. Und um ihm nun geschickt zu antworten, sagt er ihm: "Hättest du besser aufgepaßt, dann würdest du nicht immer so dumme Fragen stellen."

Hier nun erweist es sich, daß dieser Lehrer weder die Inhalts- noch die Beziehungsseite seines Unterrichts hinreichend unterscheidet.[9] Sein Fehler auf der Inhaltsseite war, daß er kein Erkenntnismodell für die Schüler bereitgestellt hatte, das die Beobachterposition in der Erkenntnis und damit das Rätsel der Erkenntnis selbst deutlich machte. So mußte den Schülern als problematisch erscheinen, daß sie einmal etwas genau lernen und ein anderes Mal schon Gelerntes vergessen sollten. Ihnen fehlte dafür die Erklärung, die Einsicht in die Konstruktion von Erkenntnis und Wirklichkeit überhaupt. Auf der Beziehungsseite finden wir nun das gleiche Muster wieder. Auch hier sind die Beobachterpositionen und ihre Wechselwirkungen unklar. Der Lehrer deutet aus seiner Sicht kausal Verhaltensweisen seines Schülers und schreibt diesem munter Ei-

---

[9] Dies ist nicht zufällig, denn bis heute ist die Beziehungsseite ein pädagogisches Entwicklungsland; vgl. dazu Kapitel 2 und 3.

genschaften zu, die wie ein ewiges, universelles Gesetz wirken. Dabei hatte er sich doch bloß geärgert. Er fühlte sich angegriffen. Was aber macht er daraus? Er wechselt auf die Inhaltsseite und legitimiert seinen Ärger durch scheinbar rationale Zuschreibungen. Vielleicht hat er einmal eine Vorlesung in Psychologie gehört, die ihn zu solchem Wagemut veranlaßte, vielleicht besitzt er eine selbstgestrickte Persönlichkeitstheorie, für die alles klar ist. Dadurch aber wird er zum Besserwisser, ein Verhalten, das seine Konstruktion von Wirklichkeit für die einzig richtige hält. Lehrer stehen immer in dieser Gefahr, denn sie sollen ihre Schüler beurteilen, ihnen Noten geben und ihre Persönlichkeit bewerten. Wenn sie dabei nicht unglaubwürdig werden sollen, dann muß es aber objektive Kriterien hierfür geben.

Aber genau diese Objektivität ist auf der Beziehungsseite das größte Rätsel, das wir derzeit im menschlichen Miteinander besitzen. Kehren wir zurück in die Bibliotheken, um diese Rätsel zu lösen, dann finden wir hier die größten Gegensätze, unterschiedlichste Sichtweisen, die so widersprüchlich sind, daß unser Lehrer, hätte er auch nur ein wenig davon gelesen, nur zu einer Antwort hätte kommen können: Es gibt kein universelles Gesetz menschlichen Verhaltens. Dann aber sind auch alle Zuschreibungen an seinen Schüler gefährlich, und er hätte ihn besser fragen sollen: "Was veranlaßt dich zu deiner Frage?" Oder: "Aus welcher Beobachterposition haben wir Newton beschrieben, und was meinst du, welche Position nehmen wir jetzt ein?"[10] Es gibt keine dummen Fragen, aber einen verengten Blick, der ein Nicht-Verstehen erzeugen kann.

1.2. Die Konstruktion von Wissenschaft: und unsere Unsicherheit

Meine drei ausgewählten Bilder und die Beispiele scheinen eher zufälliger Natur zu sein. Aber sie sind es nicht. Sie decken sich mit wesentlichen Erkenntnissen neuerer Wissenschaftstheorie. Was ist deren Aussage?

Es gibt keine Metatheorie, die eine Wahl der von mir eben genannten - und vielleicht anderer - Perspektiven sicher als wahres Wissen ableiten könnte. Es ist vielmehr so, daß die Wissenschaften im Diskurs der Moderne selbst unsicher geworden sind. Gegen Ende des 20. Jahrhunderts mehren sich die Stimmen, die - beispielhaft genannt[11] - von einem "Ende der Meta-Erzählungen" in

---

[10] Er hätte aber auch direkt auf die Beziehungsseite mit seiner Frage dann wechseln können, wenn er eine Störung in der Kommunikation zwischen sich und dem Schüler oder der Klasse sehen würde. "Meint ihr, daß ich etwas falsch gemacht habe?" Oder: "Habe ich etwas übersehen?" usw.

[11] Und diese Stimmen treten gewiß nicht nur am Ende des 20. Jahrhunderts auf, sondern haben ihre Vorläufer. Aus pädagogisch-konstruktivistischer Sicht ist hier aus der Vielzahl der Stimmen insbesondere John Dewey interessant, weil seine pragmatische Theorie nicht nur nach einer Kritik der Metaphysik sucht, sondern vor allem praktische Lösungen zu einem neuen Verständnis ausprobieren will, die den konstruktiven Teil in der Erziehung betonen. Vgl. dazu

einer Postmoderne (Lyotard 1986, 1987), von einem "Ende der großen Entwürfe" (so nach einem Kongreß in Fischer 1992), von "Kontingenz" (Rorty 1991), von "nachmetaphysischem Denken" (Habermas 1992a) sprechen. Habermas zum Beispiel arbeitet als Aspekte des metaphysischen Denkens vor allem Identitätsdenken, Ideenlehre und einen starken Theoriebegriff heraus. Dies können wir uns etwa so vergegenwärtigen: Die Wissenschaft, die mit ihren Erklärungen zugleich ein ganzes Weltbild errichten wollte, suchte in diesem Weltbild ihre eigene Identität. Aus dieser heraus sollten Verfahrensweisen und Gegenstände des eigenen Forschens ableitbar sein. Das bedingte, daß den Ideen eine zentrale Bedeutung zukam, denn die Praxis erwies sich gegenüber solchen Ideen immer als widerständig, widersprüchlich, heterogen. Nun schien es die Aufgabe zu sein, die Praxis ideell zu bereinigen, um doch noch das Glück einer Identität von Sachverhalten und ihrer Entsprechung in Theorien zu gewinnen. Daraus entsteht eben ein starker Theoriebegriff. Aber dieses Bild von Wissenschaft ließ sich weder historisch noch gesellschaftlich begründet beibehalten (ebd., 41 f.):

☐ Ein totalisierendes, sich auf Ganzheit und Einheit richtendes Denken sieht sich zunächst schon durch praktische Verfahrensrationalität in Frage gestellt, die das Erkenntnisprivileg der Philosophie bricht; in den Naturwissenschaften wie in der Moral- und Rechtstheorie werden zunehmend eigene Wege beschritten (vgl. Habermas 1992b). So konnten zwar Philosophen ganzheitliche Systeme aufstellen, aber die Verfahrensweisen spezieller Fächer folgten dann nicht mehr solcher Ganzheit, sondern sie gingen eigene Wege mit ihren Verfahren. Es ergibt sich ein zunehmend heterogenes Bild von Wissenschaften, die im 20. Jahrhundert in immer stärkere Gegensätze der Fächer und in den Fächern selbst zerfallen. Wissenschaft selbst erscheint als Ware, es gibt gängige Artikel und Ladenhüter, Sonderangebote, Wühltische, Ausverkäufe, modische Waren und Waren, die nur sehr wenige haben wollen. Jegliches Denken, das auf eine Ganzheit, eine Identität unseres Wissens und damit auch auf Überschaubarkeit und Klarheit von Werten orientiert ist, sieht sich durch zunehmende Differenzierungen und je eigene Denkwege in verschiedenen Bereichen erschüttert. Dies gilt vorrangig für Bereiche, in denen Menschen ihr eigenes praktisches Zusammenleben nach seinen konstruierten Verfahrensweisen hin untersuchen. Für die Pädagogik ist das wesentlich: Sie mußte sich von der Suche nach einer menschlichen Natur, aus der sie positive Verhaltensweisen ableiten wollte, abkehren, weil hier verfahrensmäßig gar keine Identität zu finden war. Der Einfluß anderer Fächer, die Verfahrensweisen zur Beurteilung der pädagogischen Realität bereitstellten, nahm für die Pädagogik stark zu. Stets waren seitdem Pädagogen auf der Suche, solche Verfahrensmaßstäbe für sich zu rekonstruieren: Die historische, vergleichende und systematische Pädagogik

---

Kapitel 8.

entwickelte hierzu widersprüchliche Ansatzpunkte, weil es keine natürliche Einheit gibt, auf die wir uns als sicheres Terrain zurückziehen könnten. Eine empirisch orientierte Erziehungswissenschaft suchte Verfahren zu etablieren, die letzte Sicherheiten versprachen. Aber über diese Sicherheiten geriet man schnell in Streit.[12] Auf der anderen Seite aber wurde das Erkenntnisprivileg der Philosophie gebrochen, indem sich neben anderen Fächern auch die Pädagogik aus den Umklammerungen der Philosophie herauslöste.

☐ Historisch-hermeneutische Wissenschaften spiegeln die komplexen "Zeit- und Kontingenzerfahrungen" der bürgerlichen Wirtschaftsgesellschaft, was ein Bewußtsein der "Endlichkeit" von Ereignissen fördert und eine "Detranszendentalisierung der überlieferten Grundbegriffe" in Gang setzt. Die Gesetze der Ewigkeit und Universalität entschwinden. Auch in der Pädagogik mußte im 20. Jahrhundert erkannt werden, daß es keine ewig gleichen Gesetze menschlicher Begegnung gibt, daß die menschliche Natur ein Konstrukt von zeitbezogener Zuschreibung ist, daß pädagogische Ereignisse singuläre, lokale, sozial spezifische Beziehungen darstellen. Beobachter agieren in Mode- und Zeitströmungen, diese wechseln und bedingen einen steten Wechsel pädagogisch relevanter Grundbegriffe.

☐ Bereits im 19. Jahrhundert entsteht eine Kritik an der "Verdinglichung und Funktionalisierung von Verkehrs- und Lebensformen", was den Glauben an die objektivistische Macht von Wissenschaft relativiert. Die ursprüngliche philosophische Bevorzugung einer Beschreibung der Wirklichkeit in Subjekt-Objekt-Beziehungen wird ebenfalls relativiert, und es entsteht das Paradigma der Sprachphilosophie, die in ihrer Entwicklung den konstruierenden, subjektiven - dabei aber zugleich auch konsensuellen bzw. interessebezogenen - Bereich von Wahrheitsfindung immer stärker betont[13]. Besonders die reformpädagogische Bewegung kann diesen Prozeß dokumentieren. Auch wenn einzelne ihrer Ansätze noch durchaus für sich glauben, die Wahrheit ihrer Pädagogik gefunden zu haben, so wird der Objektivismus durch Vergleich gebrochen. In psychologischen und pädagogischen Bereichen findet dies eine Radikalisierung in Kommunikationstheorien. In ihnen erscheinen Beziehungen von Menschen als unabgeschlossen, unscharf, zirkulär und systemisch, so daß die Verdinglichung von Subjekten in einem Prozeß ihrer Beobachtung und Beschreibung selbst als problematisch gesehen werden kann.[14]

☐ Die klassische Bevorzugung der Theorie vor der Praxis ist dem Drängen der modernen Industrie und den modernen Lebensformen nicht mehr gewachsen[15]

---

[12] Ein Streit, der sich vor allem zwischen quantitativen und qualitativen Erhebungen abspielt.

[13] Diesen Aspekt bezeichnet Habermas (1992a, 52 ff.) auch als linguistische Wende.

[14] Auf solche Theorien gehen wir in Kapitel 2 näher ein.

[15] "Der Pragmatismus von Peirce bis Quine, die philosophische Hermeneutik von Dilthey bis Gadamer, auch Schelers Wissenssoziologie, Husserls Lebensweltanalyse, die Erkenntnisanthro-

und wird in Spezialbereiche zurückgedrängt; damit wird Raum frei, um Alltagskontexte und Kommunikationsprobleme differenzierter zu betrachten. Dies setzt allerdings voraus, daß sich Wissenschaft aus dem Logozentrismus befreit, daß sie nicht in "Selbstreflexion der Wissenschaften aufgeht", daß sie ihren "Blick aus der Fixierung ans Wissenschaftssystem löst", um sich "auf das Dikkicht der Lebenswelt" einzulassen (Habermas 1992a, 59). Es wird hier auch für die Pädagogik klar, daß sie ein Konstrukt von Wirklichkeit ist, das nicht den Beobachter mit seinen spezifischen Erfahrungen im Dickicht der Lebenswelt ersetzen kann. Die Lebenswelt relativiert immer die theoretischen Ideale von pädagogischen Sichtweisen, auch wenn diese als Theorien darauf drängen, alles möglichst für sich übersichtlich und pädagogisch handhabbar zu gestalten. Durch die Postmoderne erfährt die Wissenschaft eine weitere Radikalisierung. Es ist im Zeitalter der "Dekonstruktion" eine Pluralität festzustellen, die bis hin in die Begründungen und Anwendungen auch vormals *harter Wissenschaften* oder methodisch eindeutig scheinender Verfahren reicht. Zwar bedeutet dies nicht, daß alles Wissen in Beliebigkeit zerfällt, aber es entsteht ein grundlegender Relativismus, der durchaus auch von Autoren der Postmoderne mit Unbehagen analysiert wird (vgl. Baumann 1999). Die Moderne ist ein Zeitalter der Ambivalenz - dies nennen unterschiedliche Autoren dann Postmoderne, Hochmoderne, reflexive Moderne -, um damit auszudrücken, daß die Erhöhung von Freiheitsansprüchen auch mit einer Vermehrung von Risiken, von biographischen Wagnissen und zunehmenden Brüchen, von neuen sozialen und ökonomischen Gegensätzen, aber immer auch von Kämpfen zwischen alten Ordnungsvorstellungen und Werten, Normen, Traditionen und beschleunigten Veränderungen dieser Ordnungen, Werte, Normen in den Praktiken, Routinen und Institutionen der Lebenswelt selbst bestimmt sind. Dies erzeugt Druck auch auf die Pädagogik, die immer Teil solcher Lebenswelt ist; es ermöglicht aber auch freiheitliches Handeln aus pädagogischer Sicht, um aus ihren neuen Perspektiven Veränderungen herbeizuführen.
Der Konstruktivismus, so lautet hier die These, kann viele Theorien, die Veränderungen rekonstruieren, normative Welten dekonstruieren, in seiner Perspektivenvielfalt bündeln (vgl. Reich 2000 a); er hat aber auch noch eine andere programmatische Seite: Konstruktivisten betonen die eigenen Konstruktionen, damit eigene Handlungsbezüge, sie sind nicht bloß Beobachter, sondern als Konstrukteure auch bewußte Akteure und Teilnehmer der Veränderungen, die sie aus kultureller Reflexion herleiten und für die sie Bündnispartner suchen. Sie wollen die Pädagogik neu erfinden (vgl. z.B. Voß 1996, Reich 1999 a).

---

thropologie von Merleau-Ponty bis Apel und die postempirische Wissenschaftstheorie seit Kuhn haben solche internen Zusammenhänge zwischen Genesis und Geltung aufgedeckt. Noch die esoterischen Erkenntnisleistungen haben Wurzeln in der Praxis des vorwissenschaftlichen Umgangs mit Dingen und Personen. Damit ist der klassische Vorrang einer Theorie vor der Praxis erschüttert." (Habermas 1992 a, 57 f.)

Solche Erkenntnisse gewinnen wir, wenn wir als Beobachter auf die höchsten Theorieberge vom Flugzeug des übergeordneten Beobachters aus sehen. Aber dies ist wiederum nur eine Sicht. Man mag - wie es die Entscheidung für eine Theorieschule aussagte - auch nur einen Berg besteigen und stets von diesem aus schauen. Oder man wechselt von Berg zu Berg. Andere wollen vielleicht nie eine Übersicht gewinnen und beschränken sich auf Täler. Wieder andere reisen relativ ziellos hin und her. Und so ist es auch, wenn wir eine Bibliothek betreten und uns beliebige Texte unseres Faches herausgreifen: Zunächst sollten wir schauen, was die Autoren für Beobachterpositionen eingenommen haben, um nicht während des Lesens verwirrt zu sein. Leider teilen die wenigsten Autoren uns aber ihre Positon explizit mit. Es gehört zu unserer Aufgabe des Rätsellösens, ihre und unsere Positionen herauszufinden.

Die von mir damit gegebene Zuordnung der Erkenntnisprobleme von Wissenschaft allgemein und ihrer Bedeutung auch für die Pädagogik als Blick aus dem Flugzeug ist eine konstruierte Sichtweise. Andere sind in den Bibliotheken aufbewahrt und bieten jedem Beobachter freien Zugang. Daß sich allerdings im 20. Jahrhundert mit der zunehmenden Erkenntnis der Relativität und Konstruktivität von Wahrheit und Wissen auch für die Pädagogik Veränderungen ergeben haben, bezeichnet schon der Begriffswechsel von der Pädagogik zur Erziehungswissenschaft. Der Begriff Pädagogik läuft darauf hinaus, noch eine Ganzheit - eine Art Ursprungseinheit von Theorie, Praxis und Methode bzw. Technik der Erziehung - zu markieren. Der griechische Wortsinn von »pais gogein« läßt sich sinngemäß mit "den Knaben führen" übersetzen. Er trifft für eine Disziplin zu, die noch in einer Übersichtlichkeit pädagogische Reflexion und pädagogisches Handeln meist zusammen dachte, die in der Erziehungswissenschaft der Moderne in eine Vielfalt von Spezialisierungen zerfallen. Der Begriff Erziehungswissenschaft setzte sich zunehmend durch, weil Pädagogen sich an den Zug der Wissenschaften ankoppeln wollten, weil das Fach sich ebenso wie andere Fächer differenzieren und spezialisieren sollte, weil man in der Universität vor allem in die wissenschaftlichen Diskurse Einlaß suchte und auf Anerkennung hoffte, denn naturgemäß war die Pädagogik aufgrund ihres Gegenstandsbereiches zu keiner Zeit ein sehr angesehenes Fach. Darüber allerdings sprechen Pädagogen nicht sehr gerne. Der sehr massive Wechsel von der Pädagogik in die Erziehungswissenschaft soll einen Respekt erzeugen, indem an Wissenschaftlichkeit gemahnt wird. Dies scheint zunächst nur Vorteile zu bringen. Je differenzierter eine wissenschaftliche Arbeitsteilung mit dem Beobachterfeld Erziehung umgeht, desto genauer versprechen die Beobachtungen zu sein. Aber wird damit nicht zugleich ein wesentlicher Teil alter Pädagogik - nämlich der Wunsch nach ganzheitlicher Verbindung von Theorie, Praxis und Methoden bzw. Techniken der Erziehung - geopfert? Heute erscheint der Erziehungswissenschaftler in der Tat an den Hochschulen oft wie ein Technokrat oder abgehobener Bildungsphilosoph, der mit seinem jeweiligen Beobachtungssystem über Erziehung spricht, ohne noch hinreichend in jene Vorgänge, die er bespricht, konkret einbezogen zu sein. Zugleich ist er im

Nach- und Nebeneinander der vielen Theorien damit aber auch schnell in einer Selbstbeschäftigung gefangen, wobei er in einem Zeitalter nachmetaphysischen Denkens Schwierigkeiten hat, seinen Wert und Status zu legitimieren. Dabei ist ein Umstand zu bedenken, den ich als ein Ressentiment gegen Pädagogik und Pädagogen im allgemeinen bezeichnen will. Gehen wir kurz dem Ressentiment gegen die Pädagogik nach. Was macht dieses Fach gegenüber anderen Fächern zweitrangig? Ich will eine sehr subjektive Antwort konstruieren. Das Anti-Urteil Nr. 1, wie ich es nennen möchte, lautet: "Was jeder in seiner Erziehung schon erfahren hat, ist so konkret, daß es wohl kaum als schwierige Wissenschaft taugt." Dieses Urteil spaltet sich in diverse Unterurteile auf. Sie lauten etwa: "Wer so etwas studiert, der will es sich besonders leicht machen!" Oder: "Wer nicht auf exakte Beobachtung und gezielte Leistung Wert legt, der wird Pädagoge!" In anderer Form: "Wer sich dem harten Lebensalltag nicht stellen will, der flieht in die Kunstwelt Schule und wird Lehrer!" Hinter diesem Urteil lauern Statements folgender Art: "Pädagogen reduzieren die wahren Inhalte der Welt doch nur auf eine zu einfache und für die Lehre praktikable Form." Oder inhaltlich gesagt: "Wer sich mit Kindern und/oder Lehr-/Lernprozessen beschäftigt, der kann Inhalte nicht bis in die letzte Tiefe verfolgen. Damit sind Pädagogen eigentlich keine Wissenschaftler." Und für die Beziehungsseite: "Mit anderen Menschen richtig umzugehen, das muß man doch nicht erst studieren, das weiß man eigentlich schon von Haus oder Natur aus!" Vielleicht auch: "Jeder soll nach seiner Art selig werden, dazu brauchen wir keine belehrenden Pädagogen!" Denn schließlich, und dies rundet das negative Bild ab, hat ein jeder eben auch genügend schlechte pädagogische Vorbilder in seinem Leben kennengelernt.

Das Anti-Urteil Nr. 2, das sich hier anschließt, lautet: "Andere, exaktere Wissenschaften sind besser, weil sie der Menschheit in der Gestaltung des wissenschaftlichen und technischen Fortschritts mehr einbringen." Erst auf der Grundlage solchen bedeutsamen Wissens arbeiten ja die Pädagogen, die eher Vermittler und nicht wirkliche Forscher sind. Deshalb kann ihr Status nicht so hoch sein, deshalb sollte man sie nie überschätzen, deshalb gibt es eben keine den Nobelpreisen vergleichbare Auszeichnungen für Pädagogen.

Mit diesen beiden Urteilen haben es Pädagogen stets zu tun. Und diese Urteile scheinen selbst in der Disziplin Pädagogik verinnerlicht zu sein. Denn auf diesem Hintergrund können wir den Namenswechsel hin zur Erziehungswissenschaft kritisch deuten. Fast schon flehentlich leuchtet hier auf, was man doch tun will: Wir studieren eine Wissenschaft! Wir garantieren, daß wir uns an das System Wissenschaft anpassen. Hier sind ernsthafte und exakte Dinge zu erwarten. Wir wissen ob der Urteile gegen uns und wollen sie widerlegen.

Was aber, wenn es sich um bloße Vorurteile handelt, die noch aus der Zeit jener Wissenschaftsbilder stammen, die im 20. Jahrhundert, wie wir eben sahen, erschüttert wurden? Bei näherem Hinsehen wird es sich uns erweisen, daß die Pädagogik eher ein besonders schwieriges, höchst komplexes und auf eine Einheit von Theorie, Praxis und Methoden angewiesenes Fach ist. Dann sind gerade diejenigen bestraft, die dieses Fach aufgrund des Vorurteils studieren, daß es ein leichter Weg sei. Dann aber hat sich dieses Fach insbesondere den theoretischen wie praktischen Unschärfen zu stellen, die gerade im Wechsel der Erkenntnistheorie angelegt sind: Inhalte und Beziehungen in den gegenwärtigen Lebensformen sind komplex bis an die Grenze unseres Verständnisses, sie sind durchgängig an singuläre und lokale Ereignisse gebunden, ihre Wahrheit ist stets relativ und durch interaktionellen Bezug konstruiert, sie sind mit einem Wort *schwierig*. Eine solche Sicht betont das Rätsel mehr als die schnellen Lösungen. Haben wir heute noch genügend Pädagogen, die das wollen?

Ob wir dieses schwierige Fach nun traditionell Pädagogik nennen, wie ich es weiterhin tun will, oder ob wir von Erziehungswissenschaft sprechen, so werden wir den schwierigen Weg nicht erfolgreich gehen, wenn wir nicht auf den Hintergrund der Rätsel des Phänomens Erziehung schauen, sondern bloß auf einige uns angebotene Lösungen vertrauen. Dabei betont der Begriff Pädagogik eher ganzheitliche Sichtweisen, der Begriff Erziehungswissenschaft betont die Arbeitsteiligkeit des Blickens. Beide Seiten haben ihre Berechtigung, obwohl wir besonders fragen sollten, inwieweit Pädagogen aus den jeweiligen Perspektiven hinreichend Anregungen für das erhalten, was sie beobachtend in ihrer Theorie *und* Praxis tun.

Solches Tun ist in der Pädagogik nie *ein*fach, sondern setzt die Fähigkeit zur Einnahme unterschiedlicher Beobachterperspektiven voraus, weil die Wege stets verzweigen. Auf diesen Wegen will ich nun meinem Motto treu bleiben und hier eher die Rätsel als die schnellen Lösungen vertreten, dabei auch eher die schwierige und weniger die leichte Seite der Pädagogik hervortreten lassen. Aber keine Sorge für alle die, die jetzt beunruhigt sind, eine Vielzahl anderer Einführungen in die Erziehungswissenschaft bietet meist einfachere Lösungen für pädagogische Theorie und Praxis. Leider jedoch sind sie nicht des Rätsels Lösung, sofern sie nicht auch das Rätsel selbst verhandeln.

2. Inhalte und Beziehungen: eine Einführung in systemische Beobachtermöglichkeiten

Theoretische Grundlagen einer konstruktivistischen Pädagogik lassen sich aus sehr unterschiedlichen Strömungen und Ansätzen gewinnen:[1]

o Die konstruktive Psychologie Piagets stellt einen wesentlichen Ausgangspunkt für die konstruktivistische Pädagogik dar, auch wenn das Werk nicht einfach übernommen, sondern kritisch rezipiert werden sollte. Im Anschluß an Piaget argumentiert besonders Ernst von Glasersfeld (z.B. 1996, 1997). Seine Arbeiten haben in Amerika fachdidaktische Umsetzungen - vor allem in der Mathematikdidaktik - erfahren (vgl. z.B. Steffe u.a. 1988).

o Die konstruktiv-kulturtheoretische Psychologie Wygotskis (1977) kommt zu durchaus ähnlichen Ergebnissen wie Piaget, wendet sich jedoch stärker sozialen Fragestellungen zu. Besonders vermittelt über Bruner (1983, 1984, 1987, 1990, 1996) fand dieser Ansatz eine weite Verbreitung im englischen Sprachraum.

o Der methodische Konstruktivismus der Erlanger Schule (Kamlah/Lorenzen) hat in der deutschen Philosophie einen strikt reflexiven Begründungsansatz entwickelt, der sich gegen naturaliserte Ableitungen in den Fachwissenschaften stellt. In seiner heutigen Form als Kulturalismus (Hartmann/ Janich 1996, 1998, Janich 1996) entwickelt er ein methodisch strenges Instrumentarium, um vor allem Rekonstruktionen von Zweck-Mittel-Relationen zu bewerkstelligen. Der Ansatz versucht insbesondere Naturwissenschaften so zu rekonstruieren, daß sie als Konstruktionen aus den logisch-technischen Praxen erklärbar werden.

o Der radikale Konstruktivismus ist insbesondere mit den Namen von Umberto Maturana, Francesco Varela, Heinz von Foerster und Ernst von Glasersfeld verbunden. Er hat in seinen Ausprägungen sehr unterschiedliche Quellen (vor allem Kybernetik, Biologie, Kognitionspsycholgie). Seine Vertreter entwickeln eine radikal subjektivistische und relativistische Position, die sich als sehr anregend vor allem für therapeutische Anwendungen (Schwerpunkt: Familientherapie) erwiesen hat (vgl. Schlippe/Schweizer 1996). Der Ansatz wird in sehr unterschiedlichen Ausformungen entwickelt (vgl. einführend Schmidt 1992, 1994).

o In der neueren Sozialisationsforschung gab es z.B. vertreten durch Habermas und Oevermann eine kompetenztheoretische Wende, in der theoretisch

---

[1] Einführungen in die Vielfalt der Ansätze bieten vor allem Fosnot (1995), Larochelle u.a. (1998), Steffe/Gale (1995), Tobin (1993), Garnier u.a. (1991), Science and Education, Vol 6, 1-2, January 1997; begrenzter für die deutsche Diskussion Büeler (1994), Siebert (1999); die ersten frühen Einführungen von Huschke-Rhein (1988-90).

als auch empirisch aufzuzeigen versucht wurde, wie individuelle und soziale Handlungsbezüge ineinandergreifen. Für diese Diskussionen wurde die soziale Wirklichkeitskonstruktion immer wichtiger. Man will nun nicht mehr »von außen« gesellschaftliche und soziale Entwicklungen im Individuum abgebildet sehen, sondern versucht den Vermittlungs- und Konstruktionsprozeß selbst näher zu erfassen. Dabei ist eine Erweiterung der Kompetenztheorie hin zur Analyse der sozialen Konstruktion von Handlungswissen erkennbar (vgl. einführend Grundmann 1999).

o In der neueren Diskussion gibt es einen zunehmenden Trend hin zum sozialen Konstruktivismus, wie er z.b. in unterschiedlicher Weise von Garrison (1998) unter Einschluß des Pragmatismus oder von Gergen (1991) aus sozialpsychologischer Sicht vorgetragen wird. Diesen Ansätzen ist auch der interaktionistische Konstruktivismus als eine neue, eigenständige Richtung zuzurechnen. In dieser Entwicklung zeigt sich ein kritischer Einbezug unterschiedlicher relativistischer Ansätze in der Gegenwart: Postmoderne, Pragmatismus (Rorty), Dekonstruktivismus (Derrida), radikale Demokratie (Laclau, Mouffe), Poststrukturalismus (Foucault) sind hier relevante Stichworte (vgl. Reich 1998 a,b, 2000 a,b, Burckhart/Reich 2000).

o Konstruktivistische Praktiker in Schulen - z.b. Lambert u.a. (1995, 1996), Marlowe/Page (1998) - orientieren sich zunehmend an einer Mischung kognitiv-psychologischer Grundannahmen und sozialer Handlungsbezüge.

Es liegen etliche Anknüpfungspunkte vor, die für konstruktivistisch interessierte Beobachter bereit stehen. In diesem Buch geht es um eine Orientierung, die ein solches Interesse leiten kann. Dazu gehen wir in argumentativen Schritten vor, die nach und nach Positionen konstruieren und auch wieder in neuen Schritten hinterfragen. Zunächst soll in diesem Kapitel einführend folgendes behandelt werden:
Was sind wesentliche Ergebnisse der neueren Kommunikationstheorien, die sich selbst als konstruktivistisch und systemisch verstehen? Welche Bedeutung haben sie für eine Veränderung des pädagogischen Denkens?

2.1. Wahrnehmung und Wirklichkeit

Zu jeder Wahrnehmung gehört ein Beobachter. Nehmen wir nun einmal an, daß zwei Beobachter zur gleichen Zeit in der gleichen Situation etwas wahrnehmen. Und dies Ding der Wahrnehmung sei in einem ersten Beispiel sehr einfach: ein Stuhl. Werden sie sich beide eindeutig über ihre Wirklichkeit verständigen können?
Aus dem ersten Kapitel wissen wir bereits, daß Wirklichkeiten Konstrukte von Beobachtern sind. Aber gibt es bei solchen Konstruktionen nicht Grenzen? Ist ein Stuhl nicht eine so *eindeutige* Wirklichkeit, daß sie jeder Beobachter sicher

und in Übereinstimmung mit anderen Beobachtern eindeutig zu bezeichnen weiß?

Aus einer pragmatischen Perspektive mag dies so sein, denn pragmatisch werden wir uns kaum dafür interessieren, wie die Stuhlwahrnehmung irgendwann einmal ins Bewußtsein unserer Beobachter kam und ob sie in diesem völlig klar und präsent ist. In unserer Kultur unterstellen wir zumindest jedem erwachsenen Beobachter, daß er ein ganzes Spektrum von Stühlen adäquat erkennen kann, daß er mithin so etwas wie eine Formentheorie der Gestalt möglicher Stühle und Bezeichnungen hierüber verinnerlicht hat und darüber eindeutig zu kommunizieren versteht. Hier wirkt ein konventioneller Druck vermittelt durch Sozialisationserfahrungen in einer Kultur. Testen wir allerdings solche scheinbar eindeutigen Normen bis an ihre Grenzen, dann mögen wir selbst bei Stühlen zu Fragen und unscharfen Antworten gelangen, weil sich Beobachter bei manchen Dingen nicht sicher sein werden, ob es noch ein Stuhl oder bereits etwas anderes ist.

Ganz anders sieht diese Pragmatik jedoch aus, wenn wir die Beobachter nach Geschmacksurteilen fragen: Ist dieser Stuhl schön? Gefällt er ihnen? Würden sie ihn kaufen? Sofort dürften wir mit unterschiedlichen Beobachtern in einen unendlichen Konflikt darüber geraten, was wie und warum schön an diesem oder jenem Stuhl sei. Je komplexer Fragen werden, desto mehr zerfallen Wahrnehmungen in einer Wirklichkeit in unterschiedliche Konstrukte über diese Wirklichkeit.

Dies wird immer dann besonders der Fall sein, wenn wir von Stühlen oder anderen einfachen Dingen zu Menschen oder anderen komplexen Verhältnissen wechseln. Jeder Beobachter nimmt »die Wirklichkeit«, besonders dann, wenn sie in Form von Personen oder bedeutungsträchtigen Symbolen auftritt, sehr unterschiedlich wahr. Daraus ist durchaus auch ein Umkehrschluß zu ziehen: Es gibt nicht die Wirklichkeit unabhängig von den unterschiedlichen Wahrnehmungen von Beobachtern.

Nun kann man allerdings versuchen, und in der Physik oder Physiologie und einer durch sie bestimmten Psychologie hat man dies unternommen, die Wahrnehmung selbst als ein universelles Konstrukt, das bei allen Menschen gleich auftritt, zu konstruieren. In solchen Konstrukten gelangt man zu sehr allgemeinen Aussagen, wie Menschen grundsätzlich wahrnehmen, was aber nur bedingt für die Pädagogik von Interesse ist. Dies liegt daran, daß Pädagogen sich nicht auf die Wahrheit einer Physiologie oder eines einfachen Modus von Reiz und Reaktion verlassen können[2], sondern auf ein Spektrum sehr unscharfer Voraussetzungen von je subjektiver Wahrnehmung und Wirklichkeitskonstruktion blicken müssen. Zu diesem Spektrum gehören vor allem:

---

[2] Vgl. als anregende Kritik an engen Verhaltenstheorien z.B. Devereux (1967).

Wahrnehmung und subjektive Wirklichkeit		
Erfahrungen	**Individuelles Befinden**	**Soziale Wahrnehmung**
das sind u.a.	dazu zählen u.a.	dazu gehören u.a.
- grundlegende emotionale Erlebnisse	- Wünsche	- Konventionen der Lebenswelt
- Verhaltensmuster aus dem Elternhaus	- Sehnsüchte	- Übernahme von Rollenkonzepten
- eigene Biographie als Konstrukt	- Erwartungen	- Übernahme von sozialen Erwartungen
- Lernerfolge	- Motivation	- Suche nach eigenen Idealen
- spezifische Lebenswelt	- körperlicher Zustand	- positive und negative Vorbilder
- kulturelle Besonderheiten	- Krankheiten	- Feindbilder und Sündenböcke
	- körperliche Symptome	

Zu a) Erfahrung

Die Interpretation von Wahrnehmungen wird entscheidend beeinflußt von unseren bisherigen Erfahrungen, Erlebnissen, Informationen usw., die wir erinnern, assoziieren, nachempfinden können. Entsprechend gilt, daß die Wahrnehmung z.b. unterschiedlicher Dinge oder Personen sehr verschieden sein kann, je nachdem auf welche Art von Erfahrung sie zurückgreift. Wie weit entfernt oder wie nah hier die "Interpretationen" von Wahrnehmungen liegen, hängt vor allem von sozialen Aspekten ab. Obwohl bei allen Menschen die physikalischen und physiologischen Bedingungen recht gleich erscheinen, wird ihre Wahrnehmung der Welt, von Personen usw. aufgrund ihrer bisherigen Geschichte sehr verschieden sein. Dies gilt insbesondere in Kulturen, die sich bewußt auf solche Unterschiedlichkeit gründen. Kapitalistische Gesellschaften tendieren aufgrund der Vervielfältigung von Interessen prinzipiell zu solcher Unterschiedlichkeit. Die Zunahme funktioneller Differenzierungen in einer arbeitsteiligen Welt fördert individuell unterschiedliche Biographien mit unterschiedlichen Wahrnehmungswelten. Aber auch der je subjektiv, körperlich-emotional erlebte Zustand von Wahrnehmung einer Wirklichkeit weist Unterschiede auf. Der kulturell unterschiedliche Horizont solcher Wahrnehmungen wird uns insbesondere dann bewußt, wenn wir die Kulturkreise wechseln. Mit diesem Wechsel verändern sich, wie viele ethnologische Studien zeigen, auch grundlegende Wahrnehmungen wie Geschmack, Ekel, Ängste.

Zu b) individuelles Befinden

Unsere Wahrnehmung hängt ebenfalls entscheidend von der jeweils momentanen Befindlichkeit ab, die bestimmt ist durch unsere Wünsche, Sehnsüchte, Erwartungen, Motivationen, aber auch durch körperliche Zustände, mögliche

Krankheiten oder körperliche Symptome, die wir in den jeweiligen Situationen zeigen oder erleben.

Beispiele:

o Eine geringe Motivation, Unterricht zu erteilen, könnte z.b. davon abhängen, daß sich auf dem Schreibtisch noch unerledigte Arbeiten türmen, die Familie mehr Zeit verlangt, Neid auf die Freizeit Anderer entstanden ist. Entsprechend könnte die Wahrnehmung der Lerngruppe sein: Lahme, unwissende Gruppe, in der es keinen Spaß macht, zu unterrichten.

o Unsere Erwartungshaltung bestimmt häufig das, was wir sehen. Wenn wir positive Vorinformationen über einen Kinofilm haben, dann sind wir viel eher dazu bereit, diesen Film auch als angenehm wahrzunehmen, als dies ohne Vorinformation der Fall gewesen wäre. Innerpsychische Vorgänge beeinflussen, oft unbewußt, unsere Wahrnehmung bzw. die Bewertung und Interpretation dieser Wahrnehmung.

Zu c) soziale Wahrnehmung

Eine weitere wichtige Rolle spielen selbstverständlich auch die Personen aus unserer Umgebung, mit denen wir zu einer Verständigungsgemeinschaft zusammengeschlossen sind. Solche Gemeinschaften erzwingen geradezu bestimmte Wahrnehmungen, weil allein sie in das Lebenskonzept passen. Dabei kann der Verbindlichkeitsgrad und der Bezugskreis von Verständigung variieren: von der Weltgemeinschaft, der Nation, einzelner Parteien oder Interessengruppen bis hin zu sektiererischen Splittergruppen, aber auch bis hin zu privaten Ansichten von Freundeskreisen, Familien oder Paaren.

Beispiel:

Hat Ihnen ein Kollege, von dem Sie sehr viel halten, gesagt, daß der Schüler, den sie demnächst in ihrem Unterricht haben werden, unfähig ist, auch nur die elementarsten Regeln zu verstehen, dann wird Sie das beeinflussen und wahrscheinlich (unbewußt) dazu veranlassen, sich diesen Schüler etwas genauer anzusehen. War es hingegen ein Kollege, den Sie überhaupt nicht mögen, der Ihnen unsympathisch ist, dann könnte es sein, daß Sie diesen Schüler eher bevorzugt behandeln bzw. positiv wahrnehmen.

Insbesondere in der Erstaneignung, der Sozialisation, gilt für Kinder und Jugendliche dieses Phänomen des konventionellen Drucks durch Andere. Die Denk- und Verhaltensweisen ihrer Vorbilder (der positiven wie negativen) wirken sich entscheidend auf die Entwicklung der Persönlichkeit aus.

Positive Vorbilder als Möglichkeit eigenständiger Ich-Entwicklung leiten dazu an, eher kritisch mit den eigenen Wahrnehmungen und Vorurteilen umzugehen. Negative Vorbilder als Anpassung an bestehende Autoritäten führen hier zu einem Ausgrenzungsverhalten, oft zu massiver Vorurteilsbildung, zu Autoritätsgläubigkeit und Nicht-Vertrauen auf eigene Urteile.

Betrachten wir diese drei Wahrnehmungsmuster im Zusammenhang, dann zeigt sich, daß Menschen immer bisherige Lebenserfahrungen bei der Interpretation von Äußerlichkeiten oder Verhaltensweisen in Wahrnehmungen mit einbringen. Dabei können wir nicht ausschließen, daß auf diese Weise - ungewollt - Vorurteile in unseren Wahrnehmungen entstehen.

Es entsteht die Frage: Können wir uns dann von Vorurteilen in der Wahrnehmung befreien? Hilft uns ein Studium insbesondere der sozialen Wahrnehmung, um als Pädagogen gegen jede Form von Vorurteilen gewappnet zu sein?

Die Antwort mag ein wenig enttäuschend sein: Eine vollständige Befreiung ist weder möglich noch sinnvoll. Schließlich leben wir in unserer und nicht irgendeiner anderen Zeit. Wir können nicht einfach aus den Wahrnehmungsvorstellungen unserer Zeit und Kultur heraustreten und sie beliebig wechseln. Insoweit ist ein gewisser Ethnozentrismus unvermeidlich. Aber wir können diesen Ethnozentrismus und unsere Schwächen erkennen und uns danach bewußter verhalten.

Bewußt wahrnehmen heißt in pädagogischen Kontexten,

o nicht immer erst nach den Anderen schielen, was die wohl für richtig halten,

o bei der ersten Beurteilung einer Person (erster Eindruck) vorsichtig sein, um Vorurteile nicht zu verstärken,

o dem eigenen Gefühl und der eigenen Intuition mehr zuzutrauen, aber nicht dem Nachplappern von Klischees und Werbeslogans,

o dem eigenen Gefühl und der eigenen Intuition aber auch *dann* zu mißtrauen, wenn sie suggerieren, jemanden angeblich zu 100% einschätzen zu können,

o die eigene Wahrnehmung in Frage zu stellen wagen.

Wer insbesondere auf diese Punkte achtet, der macht erste Schritte zu offeneren, ehrlicheren Wahrnehmungen. Denn das Verständnis, das wir als wahrnehmender Beobachter ausdrücken, wird beim Gegenüber als unsere Rückmeldung direkt ankommen, so daß ein direkter Dialog mit uns beginnen kann.

Diese Liste kann allerdings nicht abschließend sein, denn Wahrnehmungen sind viel zu komplex, als daß wir sie hier bloß vereinfachend auf bestimmte Verhaltensregeln reduzieren könnten. Die folgenden Ausführungen werden dies immer wieder zeigen.

2.2. Das systemische Modell der Kommunikation

Kommunikative Vorgänge wollen wir aus zwei Perspektiven betrachten:

(1) Sie sind konstruktivistisch angelegt:

o Unterschiedliche konstruktivistische Theorien bilden die reflexive Basis für ein neues Verständnis über Kommunikation. Maßgebend für Pädagogen sind hier vor allemLerntheorien (Piaget, Wygotski), aber auch Theorien konstruktivistischer Sozialisation und sozialer Konstruktion (siehe S. 18 f.).

o In diesen Theorien wird die Notwendigkeit eines Beobachters gesetzt, der in Fremd- und Selbstbeobachtung beobachtet und beobachtet wird;

o zudem ist die Notwendigkeit eines Beobachtungsfeldes gegeben; hier werden Dinge, Ereignisse, auch pädagogische Prozesse in Raum und Zeit meist in den Kategorien von Systemen beschrieben;

o ferner gibt es eine Notwendigkeit eines Ausdrucks über die Beobachtungen in Form von Zeichen, Symbolen als Aussagen über Wirklichkeiten, ohne daß jedoch von Abbildungen oder eindeutigen Widerspiegelungen einer tatsächlichen, wahren und damit für alle gültigen Wirklichkeit ausgegangen werden kann (vgl. genauer Reich 1998 a,b).

(2) Sie sind systemisch beschreibbar:

Das, was als System[3], als Beobachtungsfeld, beschrieben wird, setzt bestimmte Vorkonstruktionen von Beobachtern voraus. Hier lassen sich sehr deutlich inhaltliche und beziehungsmäßige Beobachterschärfen unterscheiden:

Unterschiedliche Beobachterschärfen für Inhalte und Beziehungen	
Beobachtungswirklichkeit im engeren Sinne (= vorwiegend kausales Modell) In kausalen Modellen werden technisch eindeutige, klar erscheinende, in der Komplexität stets reduzierte Sachverhalte und Ereignisse inhaltlich beschrieben.	Beziehungswirklichkeit (= vorwiegend systemisches Modell) In diesen Modellen geht es um zirkuläre Prozesse, um Rückkopplungen und verschiedene Beobachterpositionen, wie sie im Alltag der Beziehungen, in der Komplexität von Ereignissen, die nicht bloß technischer und vereinfachender Natur sind, erscheinen.

Die systemische Therapie z.B. wendet sich ausschließlich beziehungskommunikativen Prozessen zu. Sie beobachtet daher zirkuläre Netzwerke, die vor allem verschiedene Beobachter zur Geltung bringen und sich keine Reduktion auf bloß eine Sichtweise leisten können (vgl. Schlippe/Schweitzer 1996, Mücke 1998). Dies trifft auch auf pädagogische Beobachtungen zu, die sich ebenfalls der Beziehungskommunikation zu stellen haben. Zusätzlich müssen Pädagogen aber meist auch inhaltliche Prozesse beachten und vermitteln. Hier tritt an die Seite einer systemischen Betrachtung dann oft ein kausales Beobachtermodell.
Beispiel:
o In einer systemischen Therapie soll ein Bettnässer behandelt werden. Systemisch bedeutet hier, daß die gesamte Familie an der Therapie beteiligt wird, um

---

[3] Eine für pädagogische Prozesse oft geeignete Systembeschreibung ist die von Bronfenbrenner (1976, 1989).

verschiedene Beobachterpositionen im Blick auf das Bettnässen zu ermöglichen. Es wird kein kausales Modell vertreten, in dem der Therapeut eindeutig *eine* Ursache des Bettnässens aufspürt, sofern nicht rein organische Gründe dafür sprechen. Unter Beachtung des Familiensystems hingegen kann meist recht schnell erkannt werden, wofür dieses Symptom im Familienverbund steht, welchen »Sinn« das Bettnässen im Familiensystem macht bzw. wichtiger, welche Ressourcen die Familie bereitstellen kann, um zu einer Lösung des Problems zu gelangen.[4]

○ Im Unterricht soll ein Lehrer ein kausales Problem aus der Physik vermitteln. Der Inhalt ist eindeutig und klar. Er mag zwar wissen, daß diese Eindeutigkeit erschlichen ist, weil sie nur reduziert einen Aspekt beobachtet (z.b. die Newtonschen Gesetze), aber so ist eben eine Disziplin aufgebaut, die in Teilen kausal operiert. Andere, komplexere Modelle konkurrieren zwar auch in der Physik mit reduzierten Blicken, aber dies hilft bei Newton zunächst überhaupt nicht weiter. Soweit die Inhaltsseite. In Beziehung zur Klasse bemerkt der Lehrer eine große Unruhe, die Schüler sind anscheinend wenig motiviert, irgend etwas ist vorgefallen, was den Inhalt stört. Ohne diese Störung mit der Klasse zu bearbeiten, wird es nur mit Ignoranz gegen die Schüler gelingen, den Stoff durchzuziehen.

Aus den Beispielen sehen wir, daß Therapeuten gar nicht anders können, als sich auf die Beziehungsebene einzulassen, wenn sie erfolgreich therapieren wollen. Aber bei Pädagogen ist dies meist schon anders. Es geht durchaus, daß man die Beziehungsebene einfach ignoriert und sich auf Inhalte zurückzieht. Dies ist ein recht häufiger Fall, und er wird nur dann zu einem Aufschrei auf der Beziehungsebene, wenn Konflikte eskalieren. Seltener hingegen scheint es mir umgekehrt: Daß man vor lauter Beziehungsarbeit kaum noch zu den Inhalten nach Lehrplan kommt.

Schauen wir noch einmal auf die scheinbare Eindeutigkeit und klare Kausalität der Inhaltsseite. Auch im engen wissenschaftlichen Beobachten hat man in den letzten Jahrzehnten zunehmend bemerkt, daß kausale Modelle oft zu einfache Beschreibungen liefern. Kybernetische Theorien, Chaosforschung und Systemtheorien untersuchen insbesondere Rückkopplungsprozesse, systemische Wirkungen, um Zusammenhänge aufzuspüren, die insbesondere für Systembeobachtungen z.B. der Ökologie, der Evolution, der Ökonomie und vor allem in allen Formen der Beobachtung der menschlichen Beziehungen immer stärker in den Vordergrund rücken. Solche Entwicklungen wurden auch für die Pädagogik zunehmend interessant.

Für systemisches Beobachten in der Pädagogik besteht aber bis heute die Schwierigkeit, daß in unserer Lebenswelt sowohl eng kausale als auch systemische Betrachtungsweisen möglich sind und miteinander konkurrieren. Dies wird

---

[4] Ein sehr ausführliches Beispiel, an dem die Vorgehensweise systemischer Therapie nachvollzogen werden kann, findet sich im Blick auf Magersucht bei Weber/Stierlin (1989).

besonders im wissenschaftlichen Beobachten deutlich, das sich kausal orientiert. Versetzen wir uns in einen kausalen Beobachter. Wie wird er z.b. menschliches Verhalten beschreiben?

Kausalität bezeichnet insbesondere bei Beobachtungen von Verhalten meist ein Ursache-Wirkungs-Modell, das lineare Handlungsketten und -folgen beschreibt. Hier werden abhängige und unabhängige Variablen gebildet, hier wird Komplexität reduziert, hier werden einzelne Faktoren des Verhaltens isoliert, was letztlich zu einer technischen Betrachtung und einer Überbewertung der Inhalte von Kommunikation oder zu einer Vereinfachung auf eindeutig erscheinende äußere Verhaltensweisen führt.

Wie sieht ein systemischer Beobachter menschliches Verhalten? Eine systemische Beobachtung bedeutet, daß Ursachen und Wirkungen zirkulär aufgefaßt werden, als Kreisprozeß. Treten hierbei einzelne Elemente auf, die andere Elemente beeinflussen und verändern, dann verändern auch sie sich durch Rückwirkungen im Prozeß. Es entsteht ein prozeßorientiertes, dynamisches Modell. Unser Beobachter muß irgendwie beschreiben, wie alle diese wechselseitigen Beeinflussungen und Veränderungen zusammenwirken. Das aber ist äußerst schwierig, weil die Vorgänge sehr schnell für einen Beobachter zu komplex werden. So tritt Komplexität als Beobachterproblem auf: Die Unschärfe der Beobachtungen steigt zwangsläufig, je weiter wir uns von Beobachtungsmodellen technischer Eindeutigkeit lösen. Dann sind Anfang und Ende von Prozessen nicht mehr eindeutig festzustellen. Nur der Diskurs aller beteiligten Beobachter über das Beobachtete läßt hinreichend Probleme und Konflikte erfahren und kann uns helfen, Lösungen hierfür abzustecken.[5] Das bedingt dann aber auch einen Wechsel zu vorwiegend qualitativen Beobachtungsformen (vgl. Huschke-Rhein 1987, König/Zedler 1995).

In der systemischen Theorie hat man den Umstand, daß ein System von Beobachtern Unterscheidungen trifft, die das definieren, was das System bedeutet, auch als Selbstreferenz bezeichnet. Selbstreferenz bedeutet dann vor allem, daß eigene Voraussetzungen die Beobachtertheorie strukturieren. Aus dieser Selbstreferenz heraus entsteht die jeweilige Handlungsrelevanz, die soziale Relevanz (praktisch und emanzipatorisch), aber auch die wissenschaftliche Relevanz, die Teilnehmer im Diskurs ihren Beobachtungen als Beobachter zuschreiben. Selbstreferenz meint dann, daß es keine voraussetzungslose Beobachtung gibt, sondern immer schon eine Vorstrukturierung. Dies ist kein machtfreier Raum, denn in der systemischen Therapie als Anwendung systemischer Beobachterperspektiven wurde z.B. bemerkt, daß Machtprobleme nicht nur in beobachteten Familien-

---

[5] Schließt man hier allerdings an die Systemtheorie Luhmanns an und entsubjektiviert den Beobachtungsprozeß, wie es Schumacher (1995) vorschlägt, dann geht man einen für die Pädagogik zweifelhaften Weg, weil man so dem System der Erziehungswissenschaft als Expertenstatus das zur Konstruktion anvertraut, was in pädagogischen Prozessen aller Teilnehmer auf der Beziehungs- und Inhaltsebene erst zur Verhandlung steht. Das fördert technokratisches Modelldenken, das zu sehr das Subjekt und psychische Prozesse aus wissenschaftlichen Konstruktionen verbannen will. Zur Kritik an Luhmann vgl. Reich (1998 a, 312-353).

systemen liegen, sondern ebenfalls zwischen Therapeuten und Klienten auftreten. Jede gewählte Selbstreferenz kann für andere als Fremdreferenz Macht bedeuten (vgl. z.B. Hoffmann 1987).[6]
Die Behauptung von Selbstreferenz birgt eine weitere Gefahr, vor der auch ein systemischer Anspruch nicht schützt. Es besteht nämlich immer die Gefahr, daß die systemische Theorie sich ständig selbst bestätigt, sofern sie nicht Impulse von außen empfängt. Denn die bloße Annahme von Zirkularität in den beobachteten Systemen birgt mehrere Möglichkeiten der Vereinseitigung der Beobachterperspektive. Wenn man bisherige systemische Theorien durchsieht, dann fallen folgende Vereinseitigungen immer wieder auf:

☐ Gefahr der Ignoranz gegenüber strukturellen gesellschaftlichen Faktoren, die das engere Beobachtungsfeld übersteigen. Systemische Theorien, die nur auf kurze Kommunikationswege und dabei auf Zirkularität achten, werden schnell politisch blind. Sie blenden gesellschaftliche Prozesse aus und vereinfachen damit eine umfassendere soziale Sicht.

☐ Gefahr des bloßen Skeptizismus gegenüber allen Beobachtungen, so daß die Unschärfe jegliche Handlungskonsequenzen vermeidet. Wenn alles Beobachten immer auch anders sein könnte, dann werden gerade Pädagogen entscheidungsunfähig. Als bloße Skeptiker in pädagogischen Prozessen werden sie dann aber kaum noch lösungsorientiert arbeiten können. Deshalb muß bewußt bleiben, daß systemisches und konstruktivistisches Denken nicht beliebig ist (auch wenn es die Bedingungen der Postmoderne anerkennt - siehe Baumann 1999), sondern Kriterien folgt wie Ressourcenbeschreibung (= Analyse von Ist-Zuständen aus der Sicht von Betroffenen) als auch der Lösungsorientierung (= Viabilität von Entscheidungen für Betroffene).

☐ Gefahr der mangelnden Weiterentwicklung des eigenen Modells. Diese besteht insbesondere dann, wenn man sich auf vermeintlich sichere naturwissenschaftliche Argumente zurückzieht (z.B. Autopoiese und Hirnentwicklung), ohne den selbst gewählten Beobachter- und meist völlig anderen Übertragungsbereich (nicht naturwissenschaftliche Interpretation, sondern kulturelle Deutung von z.B. Interaktionen und Bildung) zu beachten. Bildung und Erziehung aber können nicht mit einfachen systemischen Betrachtungen analysiert werden, sondern müssen als komplexe soziale Konstruktionen auch komplex, vielfältig und mehrperspektivisch in den Blick genommen werden.

☐ Gefahr des Rückfalls in kausale Modelle, die durch Macht abgesichert werden (= Erfahrungen des »guten« Therapeuten[7] oder der richtigen Beschreibung eines

---

[6] Machtfragen gehören auch für pädagogische Prozesse zu den fundamentalen Beobachtungs- und Reflexionsaufgaben. Insbesondere Michel Foucault hat durch seine Analysen um das Dispositiv der Macht dazu beigetragen, unser Verständnis von Macht zu differenzieren und weiter zu entwickeln. Vgl. ausführlicher Reich (1998 b, 212 ff.).

[7] Die Arbeiten und Seminare Bernt Hellingers sind hier für mich ein warnendes Beispiel, weil Hellinger zwar einerseits systemisch argumentiert, aber pragmatisch oft traditionelle Werturteile

Systems Erziehung[8]), wobei die Kausalität geschickt durch systemisches Vokabular verdeckt wird.

Vergessen wir nicht: Auch systemische Modelle sind nur momentane Lösungen bestimmter Verständigungsgemeinschaften von Beobachtern über das, was sie modellhaft beobachten wollen. Ihre Beeinflussung aus der kybernetisch inspirierten Systemtheorie oder einer funktionalistischen Biologie ist zudem einseitig. Dies mag zu einem gewissen Zeitpunkt geholfen haben, auch den Geisteswissenschaften neue konstruktivistische und systemische Impulse zu geben, aber es darf nicht übersehen werden, daß solche Impulse auch in den Geistes- und Humanwissenschaften selbst enthalten sind (vgl. dazu z.B. Schmidt 1994; Reich 1998 a, b).

Was bleibt uns als Fazit solcher Entwicklungen? Jede Modellierung von Beobachtungen ist grundsätzlich selektiv, perspektivisch und in gewisser Weise zweckorientiert. Sie sollte unter Beachtung aller Beobachter eine Vielfalt von Perspektiven einschließen.[9] Dabei ist die kulturelle Lebenswelt und ihre reflexive Re/Konstruktion entscheidend, um ein hinreichendes Verständnis auch für pädagogische Prozesse zu entwickeln.[10]

Man hat sich aus unterschiedlichen systemtheoretischen Perspektiven Gedanken darüber gemacht, inwieweit die Unschärfe und das systemische Beobachten zusammenwirken. Korzybski (1941) z.B. geht davon aus, daß semantische Prinzipien die Unschärfe regeln, weil Sprache im Spiel ist. Nach ihm können wir folgende Prinzipien für Beobachter von Systemen aufstellen. Wenn Beobachter Aussagen über ein System machen, dann gilt:
o es ist keine reine Abbildung möglich (Prinzip der Nicht-Identität);
o es ist auch keine Ganzheit, keine vollständige Abgrenzung möglich (Prinzip der Nicht-Vollständigkeit);
o jede Konstruktion von Wirklichkeit ist relativ auf den Beobachter bezogen, der Beobachter muß sich als Beobachter mitdenken (Prinzip der Selbst-Reflexivität).

---

mit großer Vereinfachungstendenz propagiert. Vgl. z.B. Hellinger (1994).

[8] Diese Gefahr sehe ich zumindest indirekt bei Büeler (1994), auch wenn der Autor neben dem Anspruch auf Universalität seines Modells die Notwendigkeit vielfältiger Beobachterperspektiven anmahnt. Aber wie soll dies zusammengehen? Auch bei Schumann (1995, 26 f.) erscheint mit der Überbetonung der Luhmannschen Systemtheorie nicht die verbal zugesicherte Offenheit, sondern sogar ein reduktiv funktionalistisches Modell, dessen politische und ethische Implikationen *gegen* "kompensatorische Erziehung", "unausgeschöpfte Begabungsreserven", "zielerreichendes Lernen", "Praxisnähe" usw. gar nicht mehr bemerkt oder diskutiert werden. Hier wird die Systemtheorie nicht nur praxisfremd, sondern auch politisch konservativ.

[9] Vgl. einführend Reich (1998 a, Kap. I., 2000 a, b).

[10] Vgl. dazu *einführend* z.B. Arbeiten der »open university« Hall u.a. (1992 a, b, c, 1997), Allen u.a. (1992); als eine pädagogisch relevante Umsetzung z.B. Giroux/McLaren (1994).

Stachowiak (1973, 1983) nennt dies in seinen Ausarbeitungen zur Modelltheorie:

(1)	Abbildungs-merkmal	Modelle bilden etwas ab, auch sich selbst; dies entspricht ihrem Konstruktionscharakter, es geht nicht um bloße Wiedergabe
(2)	Verkürzungs-merkmal	Modelle enthalten nur die (zweckhaft) relevanten Merkmale
(3)	pragmatisches Merkmal	Modelle sind nie den Originalen eindeutig zuge-ordnet, sondern haben eine Ersatzfunktion für be-stimmte Subjekte, in bestimmter Zeit, im Blick auf bestimmte gedankliche oder tatsächliche Operationen

Sieht man diese Prinzipien und Modelldefinitionen, dann wird die Konkurrenz zwischen unterschiedlichen Modellen verständlicher. Kausale Modelle sind insbesondere gültig für reduzierte, eindeutige, technische Verfahren, wie sie z.b. in der Verfahrensorientierung der Industrie auftreten (alle Maschinen). Sie gelten auch für Verfahren mit experimentellen Methoden, wo kontrollierte Experimente durchgeführt werden. Allerdings fällt auf, daß es bei diesen Reduktionen immer auch zu fehlerhaften Analogieschlüssen kommen kann (Fehleinschätzungen z.B. in der Ökologie). Alle engen Definitionen von Beobachtungswirklichkeit neigen zu strikten Behauptungen, strengem Denken, zu einer Legitimation durch Nachweisbarkeit, die leicht verkennt, daß die Nachweise selbst Konstrukte bestimmter Verständigungsgemeinschaften (meist sogenannter Experten) sind.

Demgegenüber treten systemische Modelle zunehmend dort auf, wo es um Beziehungen als Interaktionen, um Kommunikation geht, wo die Komplexität durch Ununterscheidbarkeit von Beziehungen und Weltzuständen als Lebenswelt und Alltag, als sozial vernetzte Welt erscheint. Eine technische und lineare Beobachtung der sozial komplexen Welt wäre nur als Selbsttäuschung in Eindeutigkeit möglich.

Die systemische Sichtweise im Blick auf Kommunikation (z.B. Watzlawick u.a. 1985) betrachtet, im Gegensatz zu anderen psychologischen Schulen, Probleme zwischen Menschen als Probleme der Interaktion (Wechselbeziehung zwischen Personen/Gruppen). Sie ist davon überzeugt,

o daß in Kommunikationen das Verhalten jedes Individuums auf alle anderen beteiligten Personen wirkt und deren Verhalten wiederum die eigene Person beeinflußt. Die Behauptung lautet, daß die *Beziehung* zwischen den Teilnehmern in einer Kommunikation entscheidend ist;

o daß die Kommunikation kreisförmig organisiert ist, d.h. es geht um wechselseitige Einflußnahme und nicht um Anfang und Ende. Die Frage: "Wer hat angefangen?" kennen wir alle, und wir wissen, wie fruchtlos sie sein kann. Die

Annahme der Kreisförmigkeit legt hier bewußt den Schwerpunkt auf die Wechselwirkung und darauf, daß Kommunikation keinen Anfang hat. Alle spielen bei dem Spiel mit, und so geht es darum, dieses Spiel zu erkennen und neue Verhaltensweisen zu suchen und auszuprobieren. Unwichtig ist dabei, wer angefangen hat ("Ich bin besser als sie"), denn daraus entsteht eher Streit als ein Lösungsversuch. Die Behauptung lautet hier: Von der Einlinigkeit zur Kreisförmigkeit der Kommunikation! Jedes Verhalten ist sowohl Ursache als auch Wirkung!

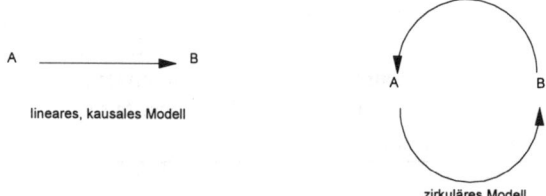

Die zirkuläre Sichtweise ist für kommunikative Prozesse entscheidend.[11] Sie verändert auch pädagogische Sichtweisen, die sich nicht mehr auf lineares Denken und kausale Zuschreibungen nach dem Muster »wenn A, dann B« beschränken, sondern systemisch, d.h. nach Rückkopplungen und Wechselwirkungen schauen wollen.

Beispiel 1:
Eine neue Pädagogin auf ihrer Arbeitsstelle macht anfangs zahlreiche Fehler, die für die Abteilung sehr nachteilig sind. Es herrscht dort schlechte Stimmung und Krach. Die Interpunktion des Konfliktes durch die Kollegen ist eindeutig: "Weil sie uns nicht um Hilfe bittet, läuft alles falsch, und deshalb sind wir nicht gut auf sie zu sprechen." Die Interpunktion der Mitarbeiterin sieht selbstverständlich anders aus: "Da meine Kollegen mich alle ablehnen, traue ich mich nicht, sie um Hilfe zu fragen, damit ich nicht abgewiesen werde."[12]

Beispiel 2:
In einer Klasse von Abiturienten herrscht eine schlechte Atmosphäre. Der Lehrer ärgert sich oft, beschwert sich häufig, und die Schüler sind lustlos. Der Lehrer: "Weil ihr so lahm und so wenig bei der Sache seid, muß ich viel meckern und mich ärgern." Die Schüler: "Weil er dauernd rumschimpft, haben wir keine Lust mehr mitzumachen."

Worin liegen die Gründe für solche Interpunktionskonflikte?[13]

---

[11] Eine theoretische Grundlegung hierfür genauer in Reich (1998 b, Kap. III.2).

[12] Vgl. zu diesem und dem nächsten Beispiel Schulz von Thun (1988, 86 f.).

[13] Vgl. dazu auch Watzlawick u.a. (1985, 57 ff., 92 ff.).

Jeder Teilnehmer einer Interaktion legt dieser eine bestimmte Struktur bzw. Organisation zugrunde und kennzeichnet (interpunktiert) damit Anfang und Ende von Kommunikation. Die Interpunktion organisiert Verhalten und somit Beziehungen und ist ein fester Bestandteil von menschlichen Wertungen. Tauchen jedoch Unterschiede auf dem Gebiet der Interpunktion auf, so liegt darin oft die Wurzel vieler Beziehungskonflikte.

Beispiel eines Ehepaares:
Ehefrau: Ich nörgele, weil du immer in die Kneipe gehst. Ehemann: Ich gehe in die Kneipe, weil du soviel nörgelst. Rein von der Geschichte des Paares her betrachtet, gibt es natürlich einen Anfang bzw. Ausgangspunkt, doch der ist den Partnern meist nicht mehr in Erinnerung, so daß der Kampf um den Anfang sinnlos erscheinen muß. Wer unglücklich werden will, so argumentiert Watzlawick in seiner kleinen Schrift "Anleitung zum Unglücklichsein", der fährt fort, nach einer Ursache oder einem Schuldigen zu suchen. Was aber geschieht, wenn man den Schuldigen in einer Beziehung dann tatsächlich herausfindet? Kann es hier einen Gewinner, einen Sieger geben? Oder wird der vermeintliche Sieger nicht im nächsten Moment ebenfalls zum Schuldigen gestempelt, um das "Beziehungskonto" auszugleichen?

Erinnern wir uns nochmals an unsere Gedanken über Wahrnehmung. Der wesentliche Grund solch sinnloser Ursachenkämpfe hängt mit der tieferen Überzeugung zusammen, daß es nur eine Wahrnehmung der Realität gibt: nämlich die eigene. Eine Wirklichkeitsauffassung, die nicht mit dieser übereinstimmt, wird als böswillige Verdrehung der Fakten oder als irrational bezeichnet. Beide Partner (oder eine ganze Gruppe) gehen davon aus, daß der andere dieselben Informationen besitzt und auch daraus dieselben Schlußfolgerungen ziehen muß wie man selbst. Trifft dies jedoch nicht zu und haben verschiedene Interpunktionen zu verschiedenen Wahrnehmungen der Realität geführt, dann kommt es unweigerlich zu Konflikten.

Im Bereich der Interpunktionsprobleme zeigt sich noch ein weiteres Phänomen, das wir alle gut kennen: *die sich-selbst-erfüllende-Prophezeiung* (vgl. Watzlawick 1990 b, 91 ff.).
Auch dafür ein Beispiel:
Jemand ist davon überzeugt, daß niemand ihn leiden kann, respektiert oder achtet. Auf der Basis dieser Einstellung zeigt er selbst ein abweisendes und mißtrauisches Verhalten, auf das seine Umgebung wiederum mit Ablehnung reagiert. Solchermaßen sitzt dieser Mensch in einer Beziehungsfalle: Die Reaktion der Anderen dient nämlich als Beweis für die Richtigkeit seiner Einstellung. Wie lautet die Interpunktion? Sie lautet: Mein Verhalten ist nur eine Reaktion auf das der Anderen. Was er nicht berücksichtigt, das ist, daß sein Verhalten für die Umwelt einen auslösenden Charakter hat.
Und geht es uns nicht oft ebenso? Zwingen wir nicht auch oft Partnern durch

unser Verhalten bestimmte Reaktionen auf, über die wir uns anschließend beschweren oder die wir als Antwortmuster für unser Verhalten heranziehen?
Beispiel:
Wenn Sie als Unterrichtender einem Schüler gegenüber das Vorurteil haben: "Er ist schlampig, faul und desinteressiert", dann werden Sie nicht nur das wahrnehmen, was Sie ohnehin schon glauben, sondern ihm dies durch ihr Verhalten (Sprache, Mimik, Gestik usw.) zurückmelden. Ihr Gegenüber kann schließlich irgendwann so verunsichert sein, in seinem Selbstwertgefühl so beeinträchtigt werden, daß er in seinem Verhalten auch das zeigt, was sie sehen "wollen", nämlich, daß er schlampig, faul und desinteressiert ist.
Hier zeigt sich eine Kommunikationsfalle: Entsprechend unseren alltagspsychologischen Theorien suchen und finden wir meist die Bestimmungsstücke des Verhaltens im Anderen/im Individuum und weniger in der wechselseitigen Kommunikation. Jemand sei hochnäsig sagen wir oder ein anderer kooperativ, jener herrschsüchtig und diese eine Dauerrednerin. Die systemische Sichtweise geht jedoch davon aus, daß immer mindestens zwei zu einem solchen Spiel gehören, d.h. wenn jemand als Dauerredner bezeichnet wird, so ergibt sich auch die Frage: "Wo sind die, die ihm schweigend und geduldig zuhören?" Dauerredner kann es nur so lange geben, wie es Andere gibt, die sich dazu komplementär (entsprechend) verhalten - also mitspielen. Wird jemand als dominant wahrgenommen, so ist zu fragen: "Wer sind die, die sich unterdrücken lassen?" (Vgl. Schulz von Thun 1988, 83 ff.)
Oft ärgern wir uns auch über die unangenehmen Eigenschaften unserer Mitmenschen. "Da sage ich meinen Schülern, daß ich im Unterricht nicht so streng bin mit dem Zuspätkommen und da besitzt doch einer die Unverschämtheit, 15 Minuten zu spät zu kommen. Dabei hatte ich vorher angekündigt, daß in dieser Stunde ganz wichtiger Stoff behandelt wird."
Das "unmögliche" Verhalten des Anderen hängt häufig mit meiner Unfähigkeit zusammen, mich abzugrenzen oder einfach "nein" zu sagen. Hier hätte der Lehrer direkt seine Verhaltensregel deutlich machen sollen, da sein indirekter Appell damit nicht eindeutig in Verbindung gebracht werden konnte. Seine eigene Wahrnehmung mit ihrer spezifischen Erwartung muß sich nicht mit der Wahrnehmung aller Schüler decken.

Kommen wir zu einem ersten Zwischenfazit. Die neue, systemische Sichtweise hat pädagogisch betrachtet vier entscheidende Vorteile:
1) Der Beobachter muß in seinen Beobachtungen klar angeben, auf welches System er sich bezieht, wenn er Wahrnehmungen und Aussagen trifft. Dabei kann er zwar alles als System definieren, was in seinen Beobachtungen gewisse Strukturmerkmale, Gemeinsamkeiten oder Unterschiede aufweist, aber er muß stets bedenken, daß in Systemen alle vorhandenen Elemente aufeinander, miteinander, neben- und nacheinander, ggf. auch gegeneinander wirken, so daß viele Beobachterperspektiven im System bzw. über ein System selbst möglich und

erwünscht sind. Läßt er dies zu, dann nimmt er eine systemische Perspektive ein.
2) Diese Perspektive ist nicht moralisierend, d.h. es gibt keinen bösen Täter und
kein armes Opfer mehr, denn der Böse kann nur böse sein, wenn das Opfer bereit
ist, mitzuspielen.[14]
3) Sie ist interaktionsbezogen, d.h. nicht die Eigenarten einzelner sind entscheidend, sondern es wird der Zusammenhang wechselseitiger Beziehungen, in dem
Probleme auftauchen, gesehen.
4) Sie zwingt uns, auf uns selbst zu schauen, d.h. wenn ich an problematischen
Situationen etwas ändern will, dann kann ich zuerst einmal nur bei mir anfangen
und davon ausgehend auch die Interaktion ändern. Mache ich mir selbst das Spiel
bewußt und reflektiere ich meine Rolle dabei, dann bin ich auch in der Lage, neue
Verhaltensweisen auszuprobieren und das bisherige Spiel zu unterbrechen. Ob dies
dann erfolgreich sein wird, das hängt allerdings nicht nur von mir ab. Aber wenn
ich möglichen Mißerfolg prognostiziere und darüber untätig werde, dann wird sich
überhaupt nichts ändern lassen. So gestehen wir zwar zu, daß es strukturelle Gewalt
und rekonstruktive Bedingungen gibt, aber wir entmündigen uns nicht diesen
gegenüber, sondern sollten mit aller Möglichkeit und eigener Mächtigkeit versuchen, problematische Situationen *zunächst von uns aus* zu ändern. Gelingen Veränderungen nicht, dann sollten wir allerdings auch nicht blind gegenüber Bedingungen bleiben, sondern diese als Hinderungsgründe in unseren Verständigungsgemeinschaften offenlegen (vgl. Kapitel 6).

2.3. Inhalts- und Beziehungsaspekte und die Seiten einer Nachricht[15]

Nach Bateson und in Aufnahme durch Watzlawick u.a. (1985) unterscheiden wir
in jeder Kommunikation eine Inhalts- und eine Beziehungsebene, die sich wechselseitig beeinflussen. Die Inhaltsebene zeichnet sich durch Informationen aus, d.h.
hier geht es um sachlich-inhaltliche Probleme. Die Beziehungsebene bezieht sich
auf Verhalten, Einstellungen, Erwartungen *zwischen* Menschen, sie reicht bis in
emotionale Tiefen, wo Empfindungen, Gefühle und Stimmungen vermittelt werden. Beide Ebenen erscheinen in jeder beliebigen Kommunikation.
Wählen wir nun die Beobachterperspektive, wie eine Information von Person A
zu Person B gelangt. In einer solchen wie überhaupt in jeder Kommunikation gibt
es, wenn man es sehr vereinfachend und technisch ausdrückt, einen Sender und
einen Empfänger. Mit dieser reduzierten Perspektive versuchen Bateson und
Watzlawick u.a. Grundzüge von Kommunikation in einer Art kybernetischem

---

[14] Es gibt aber Situationen, in denen man als Opfer nicht ausweichen kann und zum
unfreiwilligen Mitspieler wird. Im Blick auf Extremsituationen vgl. dazu auch Reich (1993,
1994). Ein weiterer Text, der ursprünglich für dieses Buch vorgesehen war, findet sich im
Internet. Siehe die Internet-Angabe im Vorwort.

[15] Dieser Text stammt zu großen Teilen von Heike Reich.

Modell mit Regelkreis zu beschreiben. Gesendet wird auf verbalen und/oder nicht-verbalen Ebenen. Der Sender hat eine Absicht, der Empfänger hat eine Deutung. Beide können zusammenfallen, müssen es aber nicht. Entscheidend ist hier, die Deutung und die Absicht über die Rückmeldung "abzugleichen". Der Empfänger gibt dem Sender ein Feed-Back (eine Rückmeldung) auf verbalen und/oder nicht-verbalen Ebenen.

Die Behauptung dieser Kommunikationstheorie geht nun dahin, daß die Beziehungswelt die Inhaltswelt entschieden stärker bestimmt als umgekehrt. Dies wird aus Erfahrungen in der Kommunikation selbst abgeleitet. Wenn wir uns Störungen in der Kommunikation ansehen (vgl. ebd., 79 ff.), dann wird das Zusammenwirken von Beziehungswelt und Inhaltsebene deutlich. Hier spricht man auch gerne vom Eisbergmodell:

Die Inhalte, mit denen wir symbolisch miteinander umgehen, stellen nur die Spitze eines Eisberges[16] dar, der sein Hauptgewicht in den Beziehungen trägt, die unter der Oberfläche lauern. Es gibt unzählige Beispiele aus dem alltäglichen Erfahrungsschatz, die das zu untermauern scheinen: Da sehen wir z.B. zwei Personen miteinander inhaltlich um eine Lapalie streiten, und wir erkennen von außen, daß es sich um eine problematische Beziehung handelt, die nun in Kleinigkeiten nach

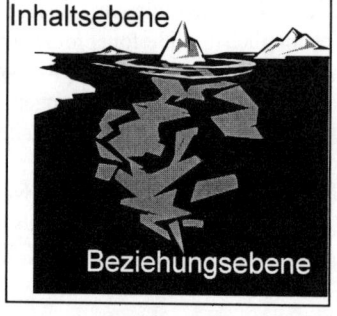

ihren Abarbeitungen sucht. Wenn sich die Kommunikationspartner nicht entkommen können, wie dies in der Partnerschaft oder auf der Arbeit der Fall ist, dann kann der inhaltliche Krieg absurde Formen annehmen. Nur eine Metakommunikation - eine Kommunikation über die Beziehung selbst - könnte beiden helfen, aus ihrer Verstrickung heraus zu gelangen. Aber auch wir selbst sehen uns oft Dinge tun, Inhalte vertreten, bei denen wir zunächst wenig nachfragen, in welcher Beziehung zu wem wir dies eigentlich wollen. Da es jedoch Watzlawick u.a. weniger um innere Selbstversenkung geht, sondern um das Wechselspiel im äußeren Verhalten, beschreiben sie solche Spannungen nicht bloß als unser Problem, als unsere Schuld, sondern sehen sie immer in ihrem Wechselspiel in Beziehungen. Dabei können sie Idealfälle beschreiben - die Kommunikationspartner sind sich auf der Beziehungs- und Inhaltsebene einig -, normale Konfliktfälle - Einigkeit auf der Beziehungsebene, aber uneinig auf der Inhaltsebene - und Problemfälle - Uneinigkeit auf der Beziehungsebene, aber Einigkeit oder über kurz oder lang dann auch noch Uneinigkeit auf der Inhaltsebene. Alle diese Formen treten in der Praxis

---

[16] Das Modell des Eisberges täuscht allerdings eine Statik vor, die der Beziehungsebene eigentlich nicht gerecht wird. Es taugt als Symbolisierung allenfalls dazu, das Schwergewicht der Beziehungsseite gegenüber den Inhalten festzuhalten. Wir werden weiter unten in einem anderen Modell die Dynamik von Beziehungen angemessener beschreiben (vgl. Kapitel 4).

mehr oder minder gemischt auf, sie sind dabei oft schwer zu durchschauen. Für Pädagogen sind diese Wechselspiele immer wichtig. Ist z.b. die "Gefühlsunterwasserwelt" durch

o unausgetragene Konflikte,

o unausgesprochene Störungen,

o einen wechselseitigen Kampf um Anerkennung bzw. Hierarchien geprägt,

so kommt es z.b. zu folgenden Störungen auf der Inhaltsebene:

o Mißverständnisse sind vorprogrammiert,

o der Informationsfluß funktioniert nicht richtig,

o Entscheidungsprozesse werden undurchsichtiger oder werden problematischer,

o Arbeitsmoral und -motivation reduzieren sich,

o inhaltliche Lernprozesse werden insgesamt gestört.

Nach außen sichtbar ist die Spitze des Eisberges, wo scheinbar um die Sache gerungen wird, unsichtbar bleibt der eigentliche Untergrund, um den es geht: Störungen auf der Gefühlsebene. Dies gilt insbesondere für das pädagogische Berufsleben, wenn man gegenüber den Lernern eine gewisse Distanz hat, sich stärker an der Inhaltsebene orientiert und Signale über Störungen auf der Beziehungsebene eher verschlüsselt über die Sache vermittelt.

Umgekehrt gilt selbstverständlich: Ist die "Gefühlsunterwasserwelt" durch

o Wertschätzung,

o Offenheit/Vertrauen/Anerkennung,

o gutes Betriebsklima geprägt,

so ist die Beschäftigung mit inhaltlichen/sachlichen Fragen ungestörter möglich.

Die Inhalts- und Beziehungsebene wurde von Schulz von Thun (1988) weiter differenziert, wobei wir Anregungen für die Beobachtung der zwischenmenschlichen Kommunikation erhalten. Allerdings werden hier vor allem äußere Verhaltensaspekte betont, indem wir in der Suche nach möglichst einfacher Beschreibung von Sender und Empfänger und einer Nachricht (Information) sprechen. Dies ist ein vereinfachendes Konstrukt, gleichwohl eröffnet uns schon diese vereinfachende Sicht eine Vielfalt von Kommunikationsformen.

Welche Beobachterperspektiven können wir hier einnehmen? Nach Schulz von Thun hat die Nachricht, die zwischen Sender und Empfänger hin- und hergeht, vier Seiten, die man kennen sollte, um Mißverständnisse zu vermeiden.

Betrachten wir zunächst die vier Aspekte von der Seite des *Senders* her:

(1) Sachaspekt

Jede Nachricht enthält immer einen Sachinhalt. Dieser Teil der Nachricht wird fast ausschließlich verbal gesendet. Er deckt sich mit dem, was wir bisher Inhaltsaspekt genannt haben.

(2) Beziehungsaspekt

"Aus der Nachricht geht ferner hervor, wie der Sender zum Empfänger steht und was er von ihm hält." Oft vermittelt sich dies durch die gewählte Formulierung (verbal) oder, was häufiger der Fall ist, durch den Tonfall und andere nichtsprachliche Begleitsignale. "Für diese Seite der Nachricht hat der Empfänger ein besonders empfindliches Ohr, denn hier fühlt er sich als Person in bestimmter Weise behandelt" oder auch "mißhandelt" (ebd., 27). Eine Nachricht zu senden, heißt immer auch, dem Gesprächspartner gegenüber eine bestimmte Art von Beziehung auszudrücken. Auf den ersten Blick scheint dies vielleicht bloß ein Teil der Selbstkundgabe zu sein. Aber Beziehungsaspekt und Selbstkundgabe werden voneinander unterschieden, weil die Situation des Empfängers jeweils eine andere ist. Beim Empfang der Selbstkundgabe ist er mehr ein unbeteiligter Diagnostiker ("Was sagt mir deine Nachricht über dich aus?"), während er beim Empfang der Beziehungsseite immer selbst betroffen ist.

Beispiel 1: Pädagoge zu einem Lerner bei der Lösung an der Tafel: "Na, wollen wir mal hoffen, daß du das kannst!" (ironischer Tonfall)

Hier würde dies übersetzt auf den Beziehungsaspekt heißen: Ich, als dein Lehrer, traue dir, meinem Schüler, die Lösung der Aufgabe nicht zu. Ich halte fachlich nicht viel von dir.

Beispiel 2: "Traust du dir das denn zu?" (ängstlicher Tonfall)

Hier würde dies übersetzt auf den Beziehungsaspekt heißen: Ich mag dich, und ich habe Sorge, daß du die Aufgabe nicht schaffst und dich vor allen blamierst.

Pädagogische Regeln:

Achte auf die Wertschätzung dem Anderen gegenüber! Achte auf deine nonverbalen Verhaltensweisen! Willst du etwas zur Beziehung sagen, dann möglichst verbal und direkt!

(3) Selbstkundgabe

Jede Nachricht enthält nicht nur Informationen über die mitgeteilten Sachinhalte, sondern auch Informationen über den Sender - also ein Stück Selbstkundgabe. Dies schließt sowohl die gewollte Selbstdarstellung als auch die unfreiwillige Preisgabe (Selbstenthüllung) mit ein. Für die Vermittlung dieses Teils der Nachricht bedienen wir uns häufig unserer nicht-verbalen Fähigkeiten. So können wir unserem Gegenüber körpersprachlich z.B. Desinteresse und Gleichgültigkeit signalisieren (Arme verschränken/aus dem Fenster schauen) oder dieser vermittelt uns seine Angst, Aggressivität oder Unruhe (unruhiger Blick/Finger trommeln). Wer immer sich verhält - z.B. die Art wie er grüßt (Tonfall), wie er spricht (freudig oder traurig), die Gestik und Mimik (zeigen Stimmungslagen) -, der offenbart auch ein Stück von sich selbst.

Pädagogische Regeln:

Achte auf deine Selbstwahrnehmung! Wie geht es dir und wie sendest du das (non-verbal)? Nicht, wie du dich fühlst, sondern wie es auf andere wirkt, wird die Beziehung zunächst bestimmen!

(4) Appellaspekt

Schließlich wird kaum etwas "nur so" gesagt, fast alle Nachrichten verfolgen den

Zweck, auf den Anderen Einfluß zu nehmen, zu bestimmen, was er tun oder lassen soll. Der Appellaspekt ist vom Beziehungsaspekt zu unterscheiden. Denn den gleichen Appell kann man ganz verschieden senden - so, daß sich der Empfänger vollwertig behandelt oder herabgesetzt fühlt.

Beispiel:
Mutter zum Sohn: "Mir geht es heute gar nicht gut, aber du sollst dein Vergnügen haben. Geh ruhig!" Solche verdeckten Appelle sind besonders problematisch, weil der Sender nicht die Verantwortung übernehmen muß bzw. seine Botschaft zur Not auch dementieren kann. So erspart sich der Sender Zurückweisungen oder Verletzungen, setzt aber seine Partner unter Druck.

Pädagogische Regeln:
Achte auf konkrete/direkte Appelle! Vermeide indirekte Appelle!

Fassen wir die vier Seiten in einer Zeichnung zusammen:

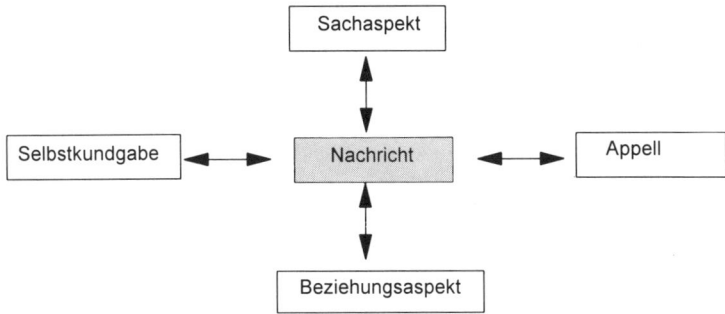

Dieses Modell, das übrigens stark durch die Sprachtheorie Karl Bühlers (1982) angeregt wurde, differenziert unsere ursprüngliche Entgegensetzung von Inhalts- und Beziehungsebene. Die Erweiterung findet insbesondere für die Beziehungsebene statt, denn hier sehen wir nun die Beziehungsebene um Fragen zur Selbstkundgabe und zum Appell direkt ergänzt.

Was spricht für diese Erweiterungen? Man ist auf sie insbesondere dort gekommen, wo man sich mit Kommunikationsstörungen befaßt hat. Betrachten wir daher einmal ausgewählte Störungen in der Kommunikation. Wir betrachten sie nachfolgend zunächst für die Seite des Senders und dann die des Empfängers.

a) Welche Probleme können sich vor allem auf der Seite des Senders ergeben?
Widersprüchliche Botschaften in der Kommunikation (= Inkongruenz):
Wenn die nicht-sprachlichen und sprachlichen Signale nicht zueinander passen oder widersprüchlich sind, spricht man von inkongruenter Kommunikation. Der Sender nutzt hier die Möglichkeit, sich nicht festlegen zu müssen, so daß er notfalls seine Aussage zurücknehmen oder widerrufen kann. Dies entsteht insbesondere dann, wenn die innere Klärung des Senders noch nicht abgeschlossen ist.

Beispiel 1:
Eine Lehrkraft zu einem Schüler. Sie hat ihn beim Zeitungslesen erwischt: "Ich habe nichts dagegen, wenn du dich im Unterricht bildest" (ironischer Unterton und abwehrende Körperhaltung).

Sachebene	= Du darfst dich im Unterricht bilden
Beziehungsebene	= Du bist ein ungehöriger Schüler
Selbstkundgabe	= Ich ärgere mich über dich
Appell	= Hör bitte auf zu lesen

Hier stimmt die sachliche Aussage des Lehrers mit der verbalen (ironischer Ton) und non-verbalen (ablehnende Körperhaltung) nicht überein. Er bittet den Schüler nicht direkt und konkret darum, die Zeitung wegzulegen. Da wir aber im Hören von Zwischentönen gut geübt sind, wird der Schüler, wenn er keinen Eklat will, die Zeitung weglegen. Tut er so, als hätte er die indirekte Botschaft nicht gehört, dann könnte er jetzt zurückantworten: "Wußte ich doch, daß Sie an meiner Bildung stark interessiert sind!" (Grinsen)

Beispiel 2:
Ein Kollege zum Mitarbeiter nach längerer Abwesenheit: "Ich freue mich, Sie wiederzusehen" (eisige Stimme und kein Blickkontakt).

Sachebene	= Es gehört sich, Begrüßungsrituale einzuhalten ("Sie gehören hierher")
Beziehungsebene	= Laß mich bloß in Ruhe mit deiner Person ("Sie waren lange nicht da, und ich mußte Ihre Akten übernehmen")
Selbstkundgabe	= Ich kann Sie nicht leiden
Appell	= Fehlen Sie nicht wieder

Pädagogische Regel:
Betrachte ich mich als Sender, so sollte ich vor allem auf ein Ziel hinarbeiten: Mich in der Selbstwahrnehmung zu üben, so daß ich immer auch das nach außen gebe bzw. sende, was ich auch innerlich spüre und meine, um eine möglichst hohe Authentizität zu erreichen. Dies bedeutet, daß das, was ich sage, dem entspricht, wie es in mir aussieht.
Alle vier Seiten sind immer gleichzeitig im Spiel, wenn der Sender eine Nachricht mitteilt. Er sollte sie nach Möglichkeit alle im Blickfeld behalten, ansonsten kann es durch einseitige Bevorzugung zu Kommunikationsstörungen kommen. So ist es problematisch, vermeintlich eindeutig auf der Sachseite zu argumentieren, wenn ich gleichzeitig z.B. durch meinen Tonfall auf der Beziehungsseite Unheil anrichte. Ebenso unnütz ist es, bezüglich der Selbstkundgabe sich gut darzustellen, z.B. mit besonders viel Wissen zu glänzen, und dabei unverständlich auf der Sachseite zu sein.

b) Betrachten wir jetzt die vier Seiten einer Nachricht aus der Sicht des Empfängers:

Als Empfänger ist es optimal, auf allen vier Ohren[17] entsprechend wahrnehmen zu können. Jedoch bevorzugen wir je nach Person den einen oder anderen Kanal. Je nachdem, auf welchem Ohr der Empfänger gerade empfängt, ist die Tätigkeit eine andere:

zu 1) Sachaspekt: Er versucht die Information bzw. den Sachgehalt der Nachricht zu verstehen. Wie lautet die Information?

zu 2) Beziehungsaspekt: Von diesem Aspekt ist der Empfänger selbst betroffen. Wie steht der Sender zu mir, wie fühle ich mich von ihm behandelt, was hält er von mir usw.?

zu 3) Selbstkundgabe: Hier wird er diagnostisch tätig: Was ist das für einer? Was ist im Moment mit ihm los? Welche Gefühle, Motive sind mit seiner Äußerung verbunden?

zu 4) Appellaspekt: Hier hört er insbesondere die Aufforderungen heraus, die an ihn gerichtet werden. Was soll ich seiner Meinung nach tun, sagen, fühlen usw.?

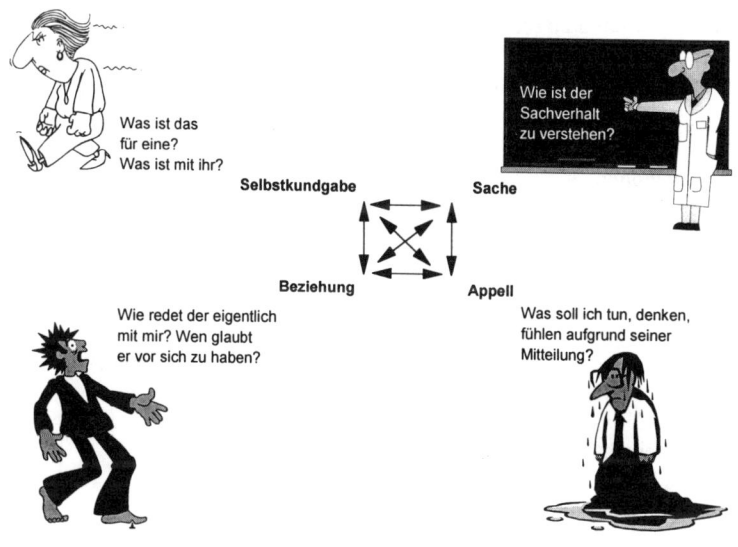

Abbildung: Vier Reaktionen des Empfängers in der Kommunikation

---

[17] Dieses Wort soll nur als Assoziationionshilfe dienen und insbesondere auf das Hören der Zwischentöne aufmerksam machen. Damit ist selbstverständlich nicht gemeint, daß ich nur über den Hörkanal sende und empfange, dies geschieht immer auch über das Sehen, Fühlen usw.

Welche Probleme können sich auf der Seite des Empfängers ergeben? Prinzipiell hat der Empfänger die freie Auswahl, auf welchem der vier Ohren er die Nachricht nun empfängt und entsprechend reagiert. Optimal wäre, wenn er auf alle gleichermaßen viel achten würde. Problematisch hingegen ist es, wenn er nur auf eine Seite Bezug nimmt und/oder dies noch eine Seite ist, auf die der Sender nicht den Schwerpunkt legen wollte.

Beispiel:

Sie wollen zu ihrem Unterricht, und es kommt ihnen ein Schüler entgegen und berichtet: "Der Klaus Berger ist eben in der Pause abgehauen".[18]

o Manche reagieren auf den Sachinhalt: "Und was hat er für einen Grund?" (Nimmt die Sachinformation wahr und bittet um weitere Informationen)

o Manche reagieren auf die Beziehungsseite: "Warum erzählst du *mir* das? Ich bin doch nicht für Klaus Berger verantwortlich" oder "Ich freue mich, daß du mir solch ein Vertrauen entgegenbringst..."

o Manche reagieren auf die Selbstkundgabe: "Du bist ja ne richtige Petze, was erzählst du mir das brühwarm?"

o Manche reagieren auf den Appellaspekt: "Ich werde ihn gleich morgen darauf ansprechen."

Bei einer ausgewogenen "Vierohrigkeit" hängt es von den Situationen ab, auf welche der Seiten man reagiert. Schwierig ist es, wenn ein Ohr auf Kosten der anderen bevorzugt benutzt und besonders ausgebildet ist und dies unabhängig von der Situation geschieht. Beschreiben wir einmal solche möglichen Unausgewogenheiten für Pädagogen:

(1) Das Sachohr:

Zahlreiche Empfänger sind darauf getrimmt, sich auf die Sachseite zu konzentrieren, auch dann noch, wenn das eigentliche Problem nicht so sehr in sachlichen Auseinandersetzungen besteht, sondern auf der zwischenmenschlichen Ebene liegt.

Beispiel:

Lehrer zu einem Schüler während des Unterrichts (Schulz von Thun 1988, 50f.): "Sagen Sie mal, Franz, meinen Sie nicht, daß dauerndes Kaugummikauen ungesund ist?"

Schüler: "Nein, es soll sogar sehr gesund für die Zähne sein!"

Lehrer: "Ja, vor allem der Zucker darin!"

Schüler: "Der enthält gar keinen Zucker, denken Sie mal."

Lehrer: "Selbstverständlich enthält der Zucker, Sie Neunmalkluger - nach einer halben Stunde Kauen merkt man davon natürlich nichts mehr!"

Schüler: "Ich kaue erst 20 Minuten, Sie Zehnmalkluger!" (Grölendes Lachen in der Klasse)

---

[18] Vgl. ein analoges Beispiel auch bei Schulz von Thun (1988, 45 f.).

(2) Das Beziehungsohr

Bei manchen Empfängern ist das Beziehungsohr besonders sensibel, so daß hier zahlreiche vom Standpunkt des Senders aus beziehungsneutral gedachte Nachrichten/Handlungen mißgedeutet werden. Sie denken immer, daß sie gemeint sind, nehmen alles persönlich und fühlen sich schnell angegriffen. Sie liegen nach Schulz von Thun auf der "Beziehungslauer".

Gründe für die "Beziehungslauer": Die Gefühle des Empfängers leiten sich zum großen Teil aus Beziehungsbotschaften ab, und das Selbstwertgefühl eines Menschen resultiert aus ihnen.

Beispiele:

Sender	Empfänger	mögliche Deutung
Die Übung gefällt mir nicht!	Wenn Sie sie lieber mit jemand anderem machen wollen...	Eine Sachaussage wird sofort auf dem Beziehungsohr gehört
Sie wirken heute sehr schwungvoll!	Ja, ich weiß, daß ich normalerweise einen schlaffen Eindruck mache!	Das Beziehungsohr hört eine Kritik, die selbstentwertend angenommen wird

(vgl. ebd., 51 f.)

Den Beziehungshörern passiert es häufig, daß sie einer Sachauseinandersetzung aus dem Wege gehen, indem sie auf die Beziehungsseite umsteigen.

Angenommen ein Lehrer schlägt während des Unterrichts eine bestimmte Übung vor. Ein Schüler reagiert genervt (ebd.): "Ach, schon wieder diese Übung - das haben wir doch schon hundertmal gemacht!" Der Schüler will hier vor allem deutlich machen, daß er dem Unterrichtsmaterial des Lehrers kritisch gegenübersteht und die ständigen Wiederholungen nicht gut findet. Der Lehrer reagiert so, daß er sich diesen frechen Ton verbittet und den Schüler vor allen zurechtweist und mit dem Unterricht fortfährt. Er fühlt sich von dem Schüler angegriffen. Statt auf dem Sachohr zu hören und nachzufragen, wie die Bemerkung gemeint war, reagiert dieser Lehrer sofort auf dem Beziehungsohr, was sehr schnell auch den Schüler in seinem Beziehungsohr empfindlich werden läßt.

(3) Das Selbstkundgabeohr

Es hängt jeweils von der Beobachterperspektive ab, ob ich ein Verhalten des Anderen mehr als seine Selbstkundgabe sehe, oder ob ich mich durch dieses Verhalten in meiner Beziehung zu ihm angesprochen fühle.

Beispiel 1:

Einer der Ehepartner zieht sich zurück in sein Zimmer. Liegt die Botschaft mehr auf der Selbstkundgabe, so bedeutet dies: "Ich brauche Ruhe, möchte für mich alleine sein - das hat nichts mit dir zu tun." Liegt die Botschaft stärker auf der Beziehungsebene, so bedeutet dies: "Ich will mit dir jetzt nichts zu tun haben!"

Wie aber wird der andere Ehepartner dies sehen? Ist die Beziehung nicht gestört, so mag er die Selbstkundgabe akzeptieren. Ist er in seiner Beziehung verunsichert, so wird er dies Verhalten schnell als Angriff auf seine Beziehung und ggf. auf seine Person interpretieren.

Beispiel 2:
Ein Vater kommt nach Hause, fällt über Spielsachen des Kindes und schreit das Kind an: "Räum sofort deine Sachen weg, du hast einen totalen Dreckstall aus der Wohnung gemacht." Hört das Kind auf dem Beziehungsohr, wird es sich in seinem Selbstwertgefühl angegriffen fühlen (»So bin ich also«). Hört es dagegen auf dem Selbstkundgabeohr, dem diagnostischen Teil, dann kann es z.b. Verständnis entwickeln (»Er hatte einen anstrengenden Tag und ist genervt. Ich bin nicht gemeint«. Also: »So bist du«).

Um Verwechslungen zu vermeiden, müßten die Beobachterperspektiven häufiger geklärt und gegeneinander abgeglichen werden. Durch Nachfragen können Kommunikationsteilnehmer zu klären versuchen, ob der Selbstkundgabeteil oder eine Beziehungsbotschaft dominieren. Wer an solchen Klärungen nicht interessiert ist, der praktiziert eine Strategie der Immunisierung. Sein Motto lautet: "Wenn mich jemand kritisiert oder anderer Meinung ist, dann offenbart er damit seine Rechthaberei." Hierzu gehört auch das "Psychologisieren": "Das sagst du ja nur, weil du..." usw. Mit diesem Kommunikationsstil vermeidet man eine Klärung von Beobachterperspektiven, weil die selbst gewählte Perspektive stets schon von vornherein alles erklärt.

(4) Das Appellohr
Die Empfänger mit dem übergroßen Appellohr haben insbesondere den Wunsch, es allen recht zu machen, sie liegen auf Lauerstellung, um ja keinen Appell zu verpassen. Sie besitzen eine sehr große Antenne für die Anderen, aber nur eine sehr kleine für sich selbst.

Beispiele:

Sender	Empfänger	mögliche Deutung
Ist noch Tee da?	Ich koche sofort welchen!	Der direkte Appell wird sofort angenommen (Appellsprung)
Es wäre schon schön, wenn das irgend jemand machen könnte!	Er meint bestimmt mich, aber ich habe dazu keine Lust. Was soll ich jetzt bloß machen?	Der indirekte Appell wird auf die eigene Person bezogen und erzeugt Druck

Auch Symptome oder eine gezeigte Hilflosigkeit können eine Appellfunktion haben, die bei der Umwelt bestimmte Wirkungen hervorrufen, wobei diese dann durch die gezeigte Reaktion das Symptom bzw. die Hilflosigkeit verstärken. In einem solchen Fall wäre es wichtig, sich appellwidrig zu verhalten ("Konfrontation mit Akzeptanz"), denn oft verstärke ich durch meine Reaktion (Bedauern oder Hilfe geben) das Spiel dieser indirekten Appelle.

Beispiel:
Jemand stellt sich "dämlich" an und ich reagiere mit: "Gib her, ich mach's." Hier verstärke ich die Inkompetenz und Hilflosigkeit.

Als *pädagogische Regel* gilt, daß man möglichst nicht auf indirekte Appelle reagieren sollte, sondern dem Partner helfen, diesen Appell direkt auszusprechen. Als Empfänger sollte ich darauf hinarbeiten, daß es mir gelingt, die hinter der Äußerung liegende innere Botschaft aufzuspüren und ein größeres Verständnis für den Anderen zu erhalten, als dies auf der Ebene der Sprechblasen möglich ist. Außer einer eher diagnostischen Haltung ist ebenfalls die wohlwollende Einfühlung und damit Wertschätzung des Anderen notwendig. Trainingspunkte sind hier das vierohrige Zuhören und eine möglichst hohe Empathie (Einfühlungsvermögen).

Bisher haben wir uns mit dem Sender beschäftigt, der eine bestimmte Absicht hat und mit dem Empfänger, der darüber eine Deutung besitzt. Wenn wir an den Kreislauf einer Kommunikation denken, dann fehlt uns zu dessen Vollständigkeit noch die *Rückmeldung*, das Feedback. Wir hatten bereits erklärt, daß sie besonders wichtig ist, denn darüber lassen sich Mißverständnisse in der Kommunikation erst bemerken und aus dem Weg räumen.

Die Rückmeldung ist eine Mitteilung an eine Person und informiert diese darüber, wie ihr Verhalten von dem Anderen wahrgenommen, interpretiert und gefühlt wird. Dies kann auf bewußte und unbewußte Art und Weise geschehen: durch Worte, durch Verhalten (z.B. Verlassen des Raumes) oder durch Mimik und Gestik. Eine bewußte Rückmeldung hilft den Gesprächspartnern vor allem:
○ Mißverständnisse zu vermeiden,
○ Klarheit zu verschaffen (Beziehung oder Sache?),
○ Wertschätzung zu vermitteln ("Ich höre dir wirklich zu, darf ich nachfragen?").

In der Regel vermischen sich bei einer Rückmeldung drei Aspekte, die eigentlich zu unterscheiden wären (ebd., 72 f.):
○ Etwas wahrnehmen = etwas sehen, hören, riechen usw. (z.B. ein Stirnrunzeln).
○ Etwas interpretieren = das, was wir wahrnehmen, wird von uns gedeutet (z.B. das Stirnrunzeln als Infragestellen meiner Person). Die Deutung kann »richtig« oder »falsch« sein.
○ Etwas fühlen = das, was wir wahrgenommen und interpretiert haben, mischt sich mit unseren Gefühlen dazu (z.B. Aggression angesichts des Stirnrunzelns). Hier geht es nicht darum, ob die Deutung wahr oder falsch ist, sondern darum, daß wir z.B. in der Wirkung tatsächlich für andere Beobachter aggressiv »sind«.

Beispiel:
Ein Auszubildender trägt dem Ausbilder die Lösung eines Falles vor und dieser schaut aus dem Fenster. "Ich weiß schon", ist die Antwort des Auszubildenden, "es ist wieder falsch."
Wahrnehmung: Aus dem Fenster schauen.
Interpretation: Ich langweile ihn, weil ich's schon wieder falsch gemacht habe.
Gefühl: Resignation, Enttäuschung.
Wichtig ist hier, daß eine Reaktion, die ich als Empfänger zeige, immer die meine ist und zunächst einmal, bis zur Rückfrage, allein meine Empfindung widerspiegelt. Diese Empfindung sollte durch eine Rückmeldung immer überprüft werden. Hier im Beispiel wäre dies: "Ist die Bearbeitung falsch oder warum sind Sie so abwesend?" Jetzt folgt entweder die Bestätigung oder eine Korrektur.
Es ist wesentlich, sich diesen Drei-Schritt (Wahrnehmung/Interpretation/Gefühl) und die Täuschungsmöglichkeiten bei mangelnder Rückmeldung immer wieder zu verdeutlichen, besonders in Situationen, in denen ich mich als Person verletzt fühle oder die mir unangenehm sind.
Allgemein gilt bei Rückmeldungen, daß sie nach Möglichkeit einen hohen Selbstkundgabeanteil besitzen sollten. D.h. der Inhalt sollte sich nicht auf den Anderen beziehen (z.b. "Sie behandeln mich wie ein kleines Kind"), sondern stärker auf sich selbst (z.B. "Ich fühle mich durch Sie klein gemacht"). Diese Form der Rückmeldungen werden nach Thomas Gordon (1972) "Ich-Botschaften" im Gegensatz zu "Du-Botschaften" genannt. Oft werden aus den eigenen Gefühlen (Ich) Beschreibungen über den Anderen (Du), und das führt meist zu vorwurfsvollen Aussagen, die weitere nach sich ziehen. Kommunikation wird so schwierig. Um den eigenen Anteil an dem Gefühl nicht zu verleugnen, ist ein höheres Maß an Selbstwahrnehmung wichtig und dieses ist dann auch mitzuteilen. Du-Botschaften verleiten eher zu Eskalationen, denn der Andere wird sich verteidigen, und damit verhindern beide Seiten dann eine Klärung. Rückmeldungen sollten demnach
o stärker an mir und meiner inneren Wahrnehmung, Interpretation, Gefühlen orientiert sein (= Ich-Botschaften),
o eher beschreibend, statt moralisch bewertend sein,
o möglichst konkret auf eine Situation bezogen sein (nicht: "Du bist arrogant"),
o nach Zeit und Ort angemessen sein (sobald wie möglich),
o offen sein für eigene neue Überprüfungen (»Irren ist menschlich«).

Als Empfänger von Rückmeldungen sollten wir:
o nicht sofort argumentieren, uns verteidigen, sondern
o erst einmal zuhören, dann klären.
Wenn man pädagogisch tätig wird, dann ist es wesentlich, verschiedene Formen der Rückmeldung zu beherrschen. Es braucht etliche Erprobungsfelder, um hierin eine gewisse Sicherheit zu erlangen.
Für den gesamten Prozeß der Kommunikation und insbesondere für die Rückmel-

dungen zeigt sich, daß die Körpersprache sehr wichtig ist. Mit der Körpersprache drücken wir unser Selbstgefühl und Selbstbewußtsein aus. Unser Verhalten und unsere Haltungen wirken auf unsere Umgebung wie ein Reiz, auf den unsere Partner mit positiven, negativen oder gleichgültigen Reaktionen antworten, d.h. sie melden uns eine Botschaft zurück (Feedback). Wenn wir offenen Auges und mit all unseren Sinnen den Signalen der Körpersprache begegnen, dann können Gespräche und Kontakte leichter und erfolgreicher verlaufen. Oft ist ein Blick, eine abwehrende Armhaltung, ein Lächeln entscheidender in der Deutung von Botschaften als der verbale Teil.

2.4. Strategien des Verhaltens

In der bisherigen Darstellung mag schon aufgefallen sein, daß es immer wieder zu bestimmten Typen der Kommunikation kommt, die uns spontan als angenehm oder unangenehm erscheinen. Dies wurde von Watzlawick u.a. (1985, 74 ff.) in einem sehr einfachen Modell beschrieben, das hier in etwas abgewandelter Form fortgeführt werden soll.
Betrachten wir zur Verdeutlichung ein Beispiel:
Es ist abends 19 Uhr und Sie haben es sich zu Hause gemütlich gemacht, Sie sind müde und abgespannt vom Tag und sind froh, zu Hause zu sein. Das Telefon klingelt und Ihre beste Freundin ist dran. Sie fragt Sie, ob Sie nicht mit ins Kino wollten, es liefe ein ganz toller Film, den Sie doch schon immer sehen wollten, und er liefe auch nur heute, weil das Programmkino ihn zwischengeschoben habe. Sie können jetzt auf unterschiedliche Art und Weise reagieren:

1. Abweisung (Motto : "Nein, ich will nicht!")
Da Sie sich schon gemütlich eingerichtet haben und keine Lust mehr verspüren, das Haus zu verlassen, sagen Sie Ihrer Freundin, daß Sie heute nicht möchten, weil Sie schon müde und kaputt sind.
Wenn Sie sich mit Ihrer Freundin gut verstehen und sie nicht so empfindlich ist, wird jeder durchaus so reagieren, wie hier geschildert. Bei Personen, die uns weniger gut kennen oder auch im beruflichen Bereich, fällt uns diese Form der Reaktion entschieden schwerer. Direkte Abweisungen stimmen entsprechend unseren üblichen, kulturellen Vorstellungen nicht mit gutem Benehmen überein und werden von den meisten Menschen seltener als Verhaltensreaktion gezeigt. Allerdings hat diese Form des Verhaltens zahlreiche Vorteile, vergleicht man sie vor allem mit den noch folgenden. Wir reagieren eindeutig kongruent auf der Sach- und Beziehungsebene, d.h. unsere Partnerin weiß eindeutig, was wir denken und fühlen, wir haben also keine doppeldeutigen Botschaften gesendet. Hier werden demnach keine Mißverständnisse produziert. Doch vielleicht entsteht eine Mißstimmung in der Freundschaft durch unsere Abweisung.
Obwohl Abweisungen, gerade als Empfänger, schwer zu ertragen sind, sind sie

in zahlreichen Situationen die angemessenere Form, um eindeutig und klar zu agieren:

○ Ich tu das, was ich möchte.

○ Ich sage nicht verbal "ja" und non-verbal "nein".

Abweisungen müssen und sollten ja nicht unhöflich oder schroff sein. Sie können vielmehr in angemessener Form stattfinden, ohne daß sich mein Gegenüber verletzt fühlen muß. Dies sollte immer eine entscheidende Grundbedingung für die Abweisung sein. Beispiel: "Obwohl ich den Film gerne sehen möchte, kann ich mich heute dazu nicht entscheiden. Ich bin so müde, daß mir das jetzt wirklich zuviel wäre. Ich hoffe, du verstehst das."

Nachteilig kann sich diese Strategie allerdings bei dauerhaftem Gebrauch auswirken. Auf meine übertriebenen Abgrenzungsbedürfnisse wird die Umgebung sicherlich ebenfalls mit Ausgrenzung reagieren und mich dementsprechend weder fragen, noch einladen, um etwas bitten usw.

2. Annahme (Motto: "Ja, das mach' ich!")

Hier gibt es zwei Varianten:

a) Obwohl Sie sich zu Hause bereits eingerichtet haben, sagen Sie spontan - Sie gehören zu den Kurzentschlossenen - ja, und Sie sind mit dieser Entscheidung auch zufrieden, denn diesen Film wollten Sie wirklich schon lange sehen.

b) Schwieriger und sicherlich häufiger ist die zweite Variante: Sie haben zwar keine Lust, aber Sie mögen Ihre Freundin so sehr, daß Sie es ihr nicht abschlagen wollen, sie klang so begeistert. Es fällt Ihnen sowieso schwer, Anderen etwas abzuschlagen.

Die erste Variante beinhaltet weiter keine Probleme, denn auch hier verhalten Sie sich kongruent auf der Sach- und Beziehungsebene. Keine mißverständlichen Zwischentöne kommen hier in Ihrer Kommunikation vor.

Entschieden problematischer ist die zweite Variante, die häufig als Strategie vorkommt und Kommunikationsprobleme mit sich bringen kann. Betrachten wir uns diesen Fall etwas näher: Obwohl Sie keine Lust haben, fahren Sie mit ins Kino. Das enspricht zwar den Benimmvorstellungen, hat aber Folgen. Sie machen etwas, wozu Sie keine Lust haben, und wenn Sie dies besonders ärgert, dann wechseln Sie eventuell hin zur dritten Strategie, der Entwertung, was bedeutet, daß Sie z.B. über das Thema, die Sache, oder direkt auf der Beziehungsseite vermitteln, daß Sie sauer sind. Wie geht das vor sich? Sie können notorisch schweigsam werden, etwas gelangweilt wirken, über den Film lästern, kurz angebunden sein, über den Fahrstil der Freundin schimpfen usw.

Wie aber kann ich einer solchen einseitigen Verhaltensstrategie entkommen, um nicht die Kommunikation insgesamt zu verstören? Will ich etwas nicht tun und neige trotzdem dazu, dem Anderen nachzugeben, muß ich mich in anderen Strategien üben, insbesondere der Abweisung, die höflich, aber bestimmt sein sollte. Allerdings ist die Annahme, besonders wenn sie meinem Bedürfnis entspricht oder mich nicht entscheidend beeinträchtigt, sicherlich eine notwendige Strategie, die vermittelt, daß ich zur Hilfe bereit bin, für andere da bin usw. Dies gilt insbesondere für den beruflichen Bereich.

Aber auch hier heißt es: Sie sollte nie die alleinige Strategie sein, da ich sonst ständig meine eigenen Bedürfnisse zugunsten der Harmonie mit Anderen übergehe und am Ende sogar in die vierte Strategie geraten kann: Die Symptombildung als eine problematische Form der Abweisung.

3. Entwertung (Motto: "Ach, was..."[19])

Die Entwertung hatten wir bereits im letzten Punkt angedeutet. Wenn ich etwas tue, wozu ich keine Lust habe, dann gleite ich sehr schnell auf die Entwertungsschiene, auf der ich mein Gegenüber so richtig auflaufen lasse und in seinem Selbstwertgefühl verletze. Dies gilt auch für den Fall, daß ich mein Gegenüber unsympathisch finde, ich ihm dies jedoch nicht direkt sagen möchte - auch hier verwenden wir diese Strategie.

Wie entwertet man? Man beraubt die Aussagen einer klaren Bedeutung. Beliebte Techniken dabei sind: Widersprüchlichkeit, absichtliches Mißverstehen, sprunghafter Themawechsel, unvollständige Sätze, Killerphrasen, ironische bis zynische Untertöne, Bevorzugung hier insbesondere der non-verbalen Ebene (Körpersprache, Mimik, Gestik, Tonfall) usw. Zum Beispiel: "Du siehst ja heute wieder gut aus" (ironischer Ton). Oder der Lehrer nimmt sich das Übungsblatt eines Schülers und runzelt nach dem Lesen die Stirn, rollt die Augen und sagt "Na, prima." Im Blick auf unsere Freundin könnten wir sagen: "Ach du mit deiner unendlichen Energie", Unterton: Du hast ja auch nicht sehr viel am Tag zu tun. Oder: "Ich glaube nun doch, daß dieser Film mir zu primitiv ist." Unterton: Willst du dann etwa da noch reingehen und dich als primitiv zeigen?

An solcherlei Techniken haben wir uns teilweise schon so sehr gewöhnt, daß wir ihren geschickten Einsatz kaum mehr bewußt bemerken. Mitunter erst im nachhinein merken wir, daß da doch etwas "schief" gelaufen ist.

Problematisch ist diese Strategie immer, nicht nur bei häufigem Gebrauch. Ich kommuniziere nur indirekt. Dem Gegenüber ist es so erschwert, Probleme direkt anzusprechen. Fragt er nach, dann folgt die Antwort: "Wieso, ich habe doch gar nichts gesagt." Das ungute Gefühl jedoch bleibt. Weiterhin vermittele ich auf der Sach- und Beziehungsebene unterschiedliche Dinge, die einander widersprechen (inkongruente Botschaften).

Diese Strategie wird meist im Sinne des Schutzes benutzt, denn sie erhöht die Distanz und ermöglicht es, etwas "unter dem Tisch" zu sagen, anstatt das Thema direkt "auf den Tisch zu bringen". Gerade in beruflichen Situationen, wo durch Hierarchien direkte Kommunikation nicht immer erwünscht erscheint, wird diese Strategie gerne eingesetzt.

---

[19] Frei zitiert nach Loriot.

4. Symptombildung (Motto: "Ich habe solche Kopfschmerzen...")
Um nicht mit ins Kino fahren zu müssen und Ihre Freundin auch nicht direkt abzuweisen, können Sie z.B. Schläfrigkeit, Kopfschmerzen, irgendein anderes Unwohlsein vortäuschen. Sie handeln nach dem Motto: "Ich hätte zwar nichts dagegen, mit dir ins Kino zu fahren, aber etwas, was stärker ist als ich und für das ich nicht verantwortlich bin, hindert mich daran, mit dir mitzufahren." Wichtig ist, daß der Andere die Entschuldigung akzeptiert und damit Ihr schlechtes Gewissen beruhigt ist.

Solches Verhalten nennt man auch die Ausbildung eines Symptoms. Ein Symptom, das ist Ihr Stellvertreter, der Ihre Ich-Handlungen entschuldigt.

Gegenüber einem Fremden sind solche Ausreden geschickt einsetzbar, sofern sie distanzierbar bleiben. Im Familienkreis hingegen verschärft sich der Gewissenskonflikt, denn man wartet nun ggf. selbst auf »sein Symptom«, so daß es sogar dazu kommen kann, daß sich tatsächlich psychosomatische Beschwerden einstellen. Häufig anzutreffende Symptome sind dann Migräne, Magenschmerzen, Müdigkeit usw. Solche Symptombildung kann sich im schlimmsten Fall bis zu einer ernsthaften Krankheit steigern, der man nicht mehr direkt ansieht, daß sie aus einer Kommunikationsfalle herrührt: Ich will etwas nicht, aber benötige ein Symptom, um mir dafür eine Entschuldigung zu verschaffen. Bleibt mir diese Symptombildung selbst unbewußt, dann stehe ich meinem Leiden sogar noch hilflos gegenüber. Symptombildungen können allerdings auch Hilferufe um Beachtung, Zuwendung oder Rücksichtnahme sein, die aber ebenfalls nicht direkt als Wünsche formuliert werden, sondern hier verdeckt vermittelt werden.

Sie merken: Die sogenannten Ausreden können es in sich haben, weil sie meist eine Verstrickung nach sich ziehen, die im ersten Moment der Abwehr gar nicht überblickt werden kann.

Das Problem besteht bei dieser Verhaltensstrategie insbesondere darin, daß ich nicht in der Lage bin, direkt ja oder nein zu sagen oder direkt etwas für mich zu fordern. Ich benötige dafür Umwege, die gesellschaftlich anerkannt sind, so daß nicht die Gefahr besteht, wie bei der Entwertung und Abweisung, jemanden zu verletzen. Die Strategie der Annahme ist an dieser Stelle verwehrt, da dann die Gefahr besteht, daß ich meine eigenen Grenzen oder Energien überschreite, indem ich mich überfordere. Die einzige Möglichkeit, meine Bedürfnisse zu schützen, besteht darin, daß ich ein Symptom als Ausrede vorschiebe. Dieses Phänomen ist häufig bei sogenannten extremen Helfern, so auch bei überforderten Pädagogen, zu beobachten, die der Abweisung nicht mächtig und der Annahme aus Überlastung nicht mehr fähig sind.

Dies sind selbstverständlich exemplarische und idealtypisch gedachte Beispiele, sie sollen jedoch verdeutlichen, daß diese Strategie sehr gefährlich für die eigene Person sein bzw. werden kann. Wer sich solche Verhaltensweisen angewöhnt hat, sollte darauf achten, daß sie sich nicht verselbständigen und auf jeden Fall die alternative Strategie der Abweisung ausprobieren.

Im Blick auf diese sehr einfachen Beobachterperspektiven des Verhaltens können wir einige Regeln ableiten, die auch für pädagogisches Handeln sinnvoll sind:

- Abweisung und Annahme sollten die entscheidenden Strategien darstellen, die nach Bedarf angewandt werden,
- die Strategie der Entwertung sollte nach Möglichkeit vollständig aus dem Verhaltensrepertoire verschwinden (sie hat allenfalls als ironisches oder satirisches Kunst- und Humormittel eine positive Bedeutung),
- die Strategie der Symptombildung/Ausrede nur in den seltensten Fällen anwenden (»Ausnahmesituationen«),
- überprüfen Sie Ihr eigenes Repertoire und probieren Sie Alternativen aus!

2.5. Beziehungskommunikation als wesentliches Ziel

Am Ende dieser Einführung in systemische Beobachterperspektiven zur Kommunikation angelangt, soll zusammengefaßt werden, was die Kommunikationstheoretiker bei Kommunikationskonflikten grundsätzlich empfehlen. Die Empfehlung lautet hier: Metakommunikation zu betreiben.

"Meta" heißt übersetzt "über" und bedeutet, daß die beteiligten Partner über ihre Kommunikation reden. D.h. sie führen eine Auseinandersetzung über die Art, wie sie die gesendeten Botschaften gemeint und die empfangenen entschlüsselt und darauf reagiert haben. Die Partner begeben sich auf eine Art "Bergspitze", um sich aus dem Pulk ihrer Anschuldigungen, festgefahrenen Positionen usw. herauszuheben. Nach dem Motto: "Was geht hier und jetzt in meinem Inneren vor; wie erlebe ich den anderen, und was spielt sich zwischen uns ab, daß wir solche Probleme miteinander haben?"

Viele Menschen erleben eine derart offene Diskussion ihrer Beziehung als Konfrontation. Diese direkte Konfrontation ist in unserem Kulturkreis eher selten, und auf den ersten Blick empfinden wir sie vielleicht als sehr unangenehm. Wer es jedoch einmal ausprobiert hat, ist erstaunt über die befreiende Wirkung dieses Verfahrens. Sofern sich die Beziehungskommunikation klären läßt, kommen die inhaltlichen Prozesse leichter und besser in Gang. Läßt sie sich hingegen nicht klären, dann wissen die Kommunikationspartner eher, warum sie nicht miteinander auskommen können oder wollen.

Alle von uns skizzierten Hilfsmittel, um Kommunikation besser einschätzen zu können, wie z.B. die vier Seiten oder die Verhaltensstrategien, können aber als Beobachterkonstrukte nur dann hilfreich sein, wenn wir sie dazu einsetzen, bewußter mitzukommen, was sich in mir und zwischen mir und Anderen abspielt. Das, was wir dabei herausbekommen, sollten wir dann auch offen aussprechen, um erst dann nach Lösungen zu suchen. Dabei ist auch die Metakommunikation sicherlich kein Allheilmittel, sie birgt in sich aber die Möglichkeit, auch aus heftigen Streitereien einmal auszusteigen und näher hinzusehen, was los ist.[20]

Beispiel:
Ein Mitarbeiter wird in seiner Abteilung fast immer zu den unangenehmen Aufgaben verdonnert und bis vor kurzem machte ihm dies nicht viel aus, aber seit auch die jüngeren Kollegen sich das Recht herausnehmen, ihn damit zu beauftragen, hat er keine Lust mehr dazu. Bisher hat er es nicht geschafft, das in seiner Gruppe zu thematisieren. Seit einigen Wochen verhält er sich seinen Kollegen gegenüber immer unwirscher, patziger, so daß alle schon glauben, er habe wohl Probleme zu Hause. Sie gehen ihm immer mehr aus dem Weg und sind sogar etwas beleidigt, wo sie doch immer freundlich zu ihm waren. Bei der nächsten Besprechung in der Abteilung faßt sich unser Mitarbeiter ein Herz und spricht sein Problem an. Er wäre die ganze Zeit so verärgert und sauer, weil er für alle immer die unerwünschten Arbeiten verrichte, und er fände es viel besser, wenn das auf alle verteilt würde. Zunächst herrscht etwas Unverständnis, denn alle sind davon ausgegangen, da ihr Kollege diese Arbeiten seit Jahren erledigt, daß er sie auch gerne macht. Nach einigen Nachfragen der Kollegen und Erläuterungen durch den Mitarbeiter wird aber letztlich eine gemeinsame Lösung gefunden. Hier findet eine Metakommunikation statt, denn es wird nicht nur über zu erledigende inhaltliche Arbeiten gesprochen, sondern vorrangig über Gefühle, Empfindungen und Wertschätzungen, die der Mitarbeiter mit seinen Kollegen auszutragen hat.

Diese Strategie eignet sich natürlich besonders für den privaten Bereich, wo festgefahrene Positionen, heftige, oft auch emotionale Auseinandersetzungen meist noch häufiger vorkommen als im Arbeitsbereich.

An dieser Stelle konnte und sollte nur eine knappe Einführung in Kommunikationstheorien gegeben werden. Es muß aber bedacht bleiben, daß solche Theorien ebenfalls nur ein Konstrukt von Wirklichkeit darstellen und damit kritisiert, verändert, verbessert werden können.

Im Unterschied zu den hier beschriebenen Theorien, deren Beobachterstandpunkt wir immer wieder mit wechselndem Erfolg einnehmen können, will ich die Kommunikationstheorie der systemisch-konstruktivistischen Pädagogik, wie ich sie mir als Beobachtermodell vorstelle, aber nach dieser ersten Sicht noch schärfer fassen. Im nächsten Kapitel will ich deshalb dem Problem des Verhältnisses von Inhalten und Beziehungen bei Pädagogen noch näher nachgehen. Dabei werden sich erste Ansätze einer Präzisierung von kommunikativen Aspekten zeigen, die dann später noch vertieft werden. Teilweise werden wir dann kritisch auf die eben geschilderten Kommunikationsmodelle zurückkommen.

---

[20] Diesen Teil der Metakommunikation nenne ich Beziehungskommunikation. Vgl. dazu auch meine Darlegungen über die Doppelseitigkeit von Metakommunikation in Kapitel 3.3.

3. Beziehungen: ein pädagogisches Entwicklungsland

Die Pädagogik der Gegenwart ist ein Entwicklungsland, weil sie die Beziehungsebene bis heute unterbewertet. Deshalb führten wir das Sprachspiel einer Unterscheidung von Inhalten und Beziehungen als Beobachterkonstrukt ein, um diesen Mangel deutlich werden zu lassen. Betrachten wir nun dieses Sprachspiel näher.

3.1. Zum kulturgeschichtlichen Hintergrund der Unterscheidung von Inhalten und Beziehungen

Wenn ein Beobachter Unterscheidungen trifft, dann kann er diese auch rückblickend anwenden. Bei der Unterscheidung der Inhalts- und Beziehungsebene entdecken wir dann, daß sie ein altes Menschheitsdrama darstellt. Es erscheint überall dort sehr deutlich, wo im Laufe der Menschheitsgeschichte die Bedeutung der Individualität zunahm und mit den Gesetzen eines äußeren Sinnes oft brutal zusammenstieß: Die individuellen Beziehungen in ihrem Konflikt mit den äußeren Gesetzen, dies war z.b. der Stoff, aus dem die antiken Tragödien bereits gewebt wurden. Es gibt eine Geschichte der Unterscheidung beider Ebenen, die wir aus dem Konstrukt, das wir uns heute bilden, gegen die Vergangenheit wenden können. Dafür will ich drei kurze Beispiele geben:

(1) *Antigone:* In dieser klassischen antiken Tragödie wird ein Dilemma beschrieben, das das Verhältnis von Beziehungs- und Inhaltsebene zutiefst berührt. Antigone will ihren Bruder Polyneikes bestatten, wie es die alte Sitte erfordert. Es ist für sie in ihrer Vorstellung einer echten Beziehung zu diesem Bruder unmöglich, diese Bestattung nicht zu betreiben. Es ist ein familiäres Gebot. Kreon, der König von Theben, aber verbietet, Polyneikes beizusetzen, weil dieser die Stadt gegen seinen Bruder angegriffen hatte. Beide waren dabei im Kampf gestorben. Es ist ein staatliches Gebot, mit der Verweigerung der Bestattung ein Zeichen zu setzen. Der Konflikt endet tragisch, weil Antigones Tat entdeckt wird und nun auch gegen sie ein Zeichen des Staates gesetzt werden muß, was ihren Tod bedeutet. Dies aber hat Folgen für den Verursacher, Kreon, denn dessen Sohn liebt Antigone und wehrt sich gegen den Vater. Antigone und Kreons Sohn sterben durch Selbstmord, weil sie den Widerspruch zwischen familiärer Räson, Liebe und sittlichen Einstellungen in ihren Beziehungen auf der einen Seite und das staatliche Gebot bzw. die väterliche Macht auf der anderen Seite nicht auflösen können. Die Familientragödie wird durch den weiteren Selbstmord von Eurydike, der Ehefrau Kreons, komplettiert, als sie vom Selbstmord der Kinder hört.

Für Sophokles, dem Autor der Antigone, war es offenbar wichtig, die These zu dramatisieren, daß die Achtung vor dem Willen der Götter höher stehe als die vor menschlichen Gesetzen. Göttlich erscheint das Recht auf Bestattung, menschlich eine Verweigerung, die sich ihr Recht aus den Handlungen von Menschen selbst ableitet. Treffen jedoch beide Betrachtungsweisen aufeinander, so formt sich etwas Tragisches, denn der Konflikt der Antigone war nicht lösbar.

Die Unterscheidung von Inhalts- und Beziehungsebene entdramatisiert zunächst die Rede von den Gesetzen. Auf diese Tragödie bezogen ließe sich z.b. sagen, daß Antigone in sehr enger Beziehung zu Polyneikes stand. Es war eine Beziehung wechselseitiger Verpflichtung nach den Normen ihrer Zeit, wir sehen, daß sich Inhalte des kulturellen Lebens deutlich in die Beziehungsebene einmischen. Solche fraglosen Gesetze des menschlichen Zusammenlebens erscheinen in der Sicht des Sophokles aber nicht auf der Beziehungsebene und können auch nicht frei kommunikativ erörtert werden, sondern gelten als gottgegeben. Daher kann es Antigone nicht gelingen, mit Kreon in eine Kommunikation über die Art ihrer Kommunikation über eine Bestattung aus der Sicht verschiedener Beobachterperspektiven einzutreten. Ihre eigene inhaltliche Sicht muß dies von vornherein verbieten, so wie es auch Kreon und dem empörten Volk, das den Angreifer verachtet, als unmöglich erscheinen muß, ihn beizusetzen. Darin aber nun zeigt sich ein großer historischer Abstand zu unserer Unterscheidung von Inhalts- und Beziehungsebene. Uns mag es nur dann gelingen, dem tragischen Lauf menschlicher Schicksale zu entrinnen, wenn wir die eigenen Beobachterpositionen freigeben und andere sehen können. Erst dann wäre es möglich, die konkreten Inhalte von dem zu unterscheiden, was sie für unsere Beziehung bedeuten, aber auch die Beziehungen gegen die Inhalte zu stellen, indem wir uns im Drama unserer selbstgewählten Abhängigkeiten zu sehen lernen. Aber genau dies muß einem Denken fern liegen, das sich in ein Drama, ein Schicksal, in gottgegebene Umstände und deren menschliche Vermittlungen unterschieden sieht und den konstruktiven Charakter der eigenen Modelle nicht zusammendenken kann. So sitzt und entsteht das Tragische aus einer projektiven Falle, die Inhalte in den Beziehungen inkarniert und Beziehungen damit fatalisiert. So kann man in Beziehungen seinem Schicksal nie entweichen, weil man in der Falle einer sich selbsterfüllenden Prophezeiung steckt.

Ein solches Denken allerdings wohnt nicht nur der Antike inne, sondern trägt Spuren bis in die Gegenwart. Noch immer ist die projektive Figur göttlicher Abhängigkeit nicht entschwunden. Und noch immer glauben Menschen, daß sie in allem, was sie tun, determiniert sind. Für sie steht als Beobachter daher bis heute die Inhalts- vor der Beziehungsebene, und sie wagen es nicht, ihre Beziehung freier und offener zu definieren.[1]

---

[1] Im nächsten Kapitel wird uns der Begriff des "Realen" helfen, diesen Zusammenhang aus einer erweiterten Perspektive zu interpretieren.

(2) *Rousseaus Erziehungsroman "Emile"* soll mir als zweites Beispiel dienen. Hier soll ein Waisenkind von einem Erzieher zu möglichst naturnaher, natürlicher Haltung erzogen werden. Die manipulative Kunst des Erziehers besteht aber darin, daß sich sein Zögling vor allem an drei Lehrmeistern abarbeitet: an der Natur, den Dingen selbst, den Menschen. Dabei scheint die Natur gar nicht, die Dinge scheinen nur in gewisser Weise, und die Menschen in erster Linie davon abzuhängen, was die Pädagogen wollen. Wenn aber die Natur und die Dinge vorrangig den Grundstock für eine natürliche Erziehung legen, dann wird klar erkennbar, daß Emile, dieser fiktive Zögling Rousseaus, eine echte Kopfgeburt ist: Er muß sich auf der Inhaltsebene einer natürlichen und dinglichen Welt lange Jahre herumschlagen, bis ihm endlich der Erzieher auch als Freund, als Mitmensch, als moralische Instanz erscheinen kann, weil er nun, nach dem 15-ten Lebensjahr, erst alt und reif genug für zwischenmenschliche Gespräche erscheint.

Wenn man Rousseaus Erziehungsroman aus der Unterscheidung von Inhalts- und Beziehungsebene heraus liest, dann wird eine beziehungsmäßige Armut offenkundig. Das menschliche Verhältnis zwischen Erzieher und Zögling ist durch und durch manipulativ, denn der Erzieher arrangiert die Dinge und Natur so, daß sein Zögling möglichst durch die Umstände diszipliniert wird. Damit erscheinen Inhalte in einem ausgewiesenen Sinne: Nicht als von Menschen gemachte, sondern nur insofern sie natürlich sind, bieten sie den Maßstab einer Vernunft, die sich auf etwas Sicheres, auf einen letzten Inhalt und eine wahre Gültigkeit berufen kann. Diese Suche nach einer natürlichen und daraus abgeleitet pädagogischen Anthropologie führt nun aber geradewegs zur Überbetonung der Inhaltsebene, auch wenn sie bei Rousseau nicht als rigide Buch- und Wissensschule propagiert wird.

Wie anders müßten wir den Emile aus der Sicht einer Kommunikationstheorie schreiben, die die Beziehungswelt für wichtig hält. Hier würden die Dinge und die Natur an eine sekundäre Stelle rücken, weil und insofern sie in Beziehungen eine Rolle spielen, aber nicht soziale Situationen überdeterminieren. An die Stelle einer natürlichen rückt dann eine soziale Erziehung, so daß sich der Streit um die Natürlichkeit von Erziehung auf eine neue Ebene verschiebt: Gibt es eine soziale Anthropologie, d.h. eindeutige Regeln, die aussagen, wie ein Mensch sozialisiert werden muß? Auch hier haben sich Theoretiker gefunden, die jeweils in ihrer Zeit die Inhaltsebene solcher möglicher Definitionen vor die Vielfalt von Beziehungen setzten, um bestimmte Resultate zu erzielen. Damit bleiben sie inhaltlich in der Tradition Rousseaus, der zwar die Selbsttätigkeit seines Zöglings im Umgang mit der Welt propagierte - und dies war ein großer pädagogischer Fortschritt -, der aber nicht für die Beziehungsseite die Selbstbestimmung als *Anspruch* einer Gleichheit in der Kommunikation zwischen Erzieher und Zögling festlegen konnte. Er konnte dies nicht, weil er noch meinte, daß solche Ansprüche inhaltlich - natürlich, wie er sagte - festgelegt sind. In dieser Unterschätzung der Beziehungsebene aber verarmte dann auch eine Erziehung oder ein Unterricht, der sich auf Rousseau in seiner Nachfolge berufen hat, meistens auf bloßen Anschauungsunterricht und besserwisserische Prüfungen hin. Pädagogen, die solcher Phantasie von Natürlichkeit folgen, setzen als Beobachter die Inhaltsebene ihrer meist aufklärerisch gedachten Vernunft so leichthin *vor* die Beziehungen, die sie als zu offene, gegensätzliche oder veränderliche nur schwer ertragen können. So soll die Aufklärung Menschen befreien, indem sie menschliche Abweichungen vom konstruierten Ideal bekämpft. Wenn der Pädagoge aber spricht: "Werde frei!", so ist dies genauso paradox, als wenn er sagt: "Nun sei doch endlich spontan!"

(3) *Gregory Bateson*, der die Unterscheidung von Inhalts- und Beziehungsebene explizit herausgearbeitet hat, war Ethnologe. Er untersuchte z.B. bei den Iatmul auf Papua-Neuguinea das »Naven«, ein Ritual, in dem man mit dem Hinterteil das Schienbein seines Gegenübers bestreicht. Für sogenannte zivilisierte Völker ein unanständiger, unangemessener Vorgang, der, würden wir ihn in unserer Kultur heute ausüben, für großes Befremden sorgte. Bateson jedoch interessierte sich für die symbolische Struktur eines Denkens, das anders als unseres ist. Er mußte erkennen, daß inhaltlicher Sinn von Kultur zu Kultur variiert, weil die Beziehungen der Menschen mit sehr unterschiedlichem Sinn aufgeladen sind. Er mußte aber auch erkennen, daß er dabei über keinen höheren Wert verfügte, der definieren konnte, welcher Sinn oder Inhalt für Beziehungen unverzichtbar sei. Und so ergibt sich denn ja auch die Unterscheidung von Inhalt und Beziehung, die schon latent in den beiden ersten Beispielen enthalten war. Menschen leben in sehr unterschiedlichen Formen zusammen, in Beziehungen, die wir als eine Ebene unserer Beobachtungen markieren können, wobei Inhalte, Sinn, Symbole, oder wie wir dieses kulturelle Feld nennen wollen, je unterschiedlich hierin eingreifen.

Ziehen wir ein Fazit: Die Unterscheidung von Inhalt und Beziehung ist so allgemein, daß meine drei Beispiele reiner Zufall sind. Alle Lebensformen taugen, um Beispiele zu finden. Meine drei ausgewählten illustrieren allenfalls in besonderer Weise, wie wir als Beobachter in die Unterscheidung selbst verstrickt sind.

3.2. Kulturgeschichte oder Kybernetik erster und zweiter Ordnung?

Allerdings können wir keinen Beobachter zwingen, diese Unterscheidung auch anzunehmen. Er könnte umgekehrt argumentieren und sagen, daß Beziehungen immer auch Inhalte darstellen, so daß es für den Beobachter doch reichen müßte, sein Wissen allein aus Inhalten zu schöpfen und in Inhalten - sprich Wissen - aufgehen zu lassen, da er hierbei ja auch die Beziehungen mit einbeziehen könnte. So hätte er sich vor einer Unterscheidung bewahrt und verständlich gemacht, warum sie nicht explizit schon früher hatte erfunden werden müssen. Rationalisierende Wissenschaftler gehen so in der Regel vor und finden dies auch völlig selbstverständlich. Doch ich will umgekehrt fragen: Warum wurde diese Unterscheidung gerade Mitte des 20. Jahrhunderts erfunden? Warum feierte sie dann auch noch einen Siegeszug mindestens in der Psychologie und Pädagogik und ist mittlerweile sogar in den alltäglichen Sprachgebrauch eingekehrt? Warum wissen so viele Menschen zu unterscheiden, daß das, was inhaltlich gelten mag und als richtig erscheint, nicht unbedingt in ihren Beziehungen taugt und gelebt werden kann? Formulieren wir mögliche Antworten einmal stufenweise. Zunächst scheint der Mensch für sich, isoliert als Organismus betrachtet, mit den Gegenständen seiner Welt, mit seiner Umwelt konfrontiert. Seine Beziehung zur Welt regelt sich über diese Umwelt. Nun finden sich in dieser Umwelt aber auch andere Menschen, die sich auf Umwelt beziehen. Im Bezug all dieser Menschen aufeinander erscheint eine Beziehungsebene, die aber deutlich von den Beziehungen zu den Dingen der Welt oder Umwelt unterschieden ist. Gregory Bateson hat, als sich ihm nach und nach die Unterscheidung von Inhalts- und Beziehungsebene stellte, sich mit solchen weiteren Unterschieden beschäftigt. Dazu gehört seine Behauptung, daß die Menschen, wenn sie sich miteinander beschäftigen, offensichtlich ein Vorverständnis von Dingen benötigen, die sie erleben: "Wenn sich zwei menschliche Wesen treffen, teilen sie unvermeidlich viele Prämissen über solche Dinge wie Gliedmaßen, Sinnesorgane, Hunger und Schmerz." (Bateson 1995, 228) Hier gibt es, wie biologisch orientierte Forschungen ausdrücken, Schlüsselreize, und entscheidend nun scheint für Bateson in seinen Forschungen zu sein, daß intrapsychische Abläufe sich irgendwie mit interpsychischen verbinden (ebd., 230). Aber wie?

Für Bateson sind biologische Hintergründe, die wir noch nicht durchschauen, und eine kulturelle Konditionierung hierfür entscheidend. Aber Bateson sucht nun nicht ursächlich solche möglichen Konditionierungen aufzuspüren, sondern setzt am Phänomen menschlicher Kommunikation selbst an. Er verbleibt in einem oberflächlichen Blick auf das, was wir tatsächlich sehen, um so tiefer als Andere zu sehen, weil sich ihm so nicht gleich eine Lösung mit Sinn bietet, sondern ein Rätsel. Denn wenn ich mich in meiner blickenden Analyse nicht mehr zwinge, für jedes Verhalten bereits eine Ursache im voraus mit zu bedenken, dann bin ich freier, das Verhalten offener zu beobachten und entdecke dann durchaus Neues. Da sich Bateson hierbei vor allem auf Erkenntnisse der Kybernetik, die sich ja gerade mit Regelungen beschäftigt, und im weitläufigen Sinne auf positivistische Einflüsse bezieht, findet in seiner Beobachtertheorie ein Wechsel der Aufmerksamkeit statt: Dort, wo z.B. die Psychoanalyse, die auch an den kommunikativen Strukturen der Individuen interessiert ist, sich vorrangig auf die intrapsychische Seite einer Vermittlung triebeigener Energien mit der interaktiven Außenwelt stützt, rückt nunmehr der Begriff der Information an die Stelle der Energie. Watzlawick erläutert dies mit

folgendem Beispiel, das auf Bateson zurückgeht: "Wenn man beim Gehen gegen einen Stein stößt, so wird Energie vom Fuß auf den Stein übertragen; der Stein wird dadurch ins Rollen gebracht und schließlich an einer Stelle liegen bleiben, die durch die übertragene Energiemenge, die Form und das Gewicht des Steins, die Oberflächenbeschaffenheit usw. vollkommen determiniert ist. Angenommen dagegen, es handle sich um einen Hund, so könnte dieser aufspringen und zubeißen. In diesem Fall wäre die Beziehung zwischen dem Stoß und dem Biß eine wesentlich andere, denn zweifellos würde sich der Hund der Energie seines eigenen Körperhaushalts und nicht der des Tritts bedienen. Was hier übertragen wird, ist nicht mehr Energie, sondern *Information*. Mit anderen Worten, der Tritt wäre eine Verhaltensform, die dem Hund etwas mitteilt, und der Hund reagiert darauf mit einer entsprechenden anderen Verhaltensform. Dieser Unterschied zwischen Energie und Information trennt die Freudsche Psychodynamik von der Kommunikationstheorie als Erklärung menschlichen Verhaltens. Wie man sieht, läßt sich die eine nicht in die andere einbauen noch die andere von der einen ableiten. Sie stehen zueinander in einer Beziehung begrifflicher Diskontinuität." (Watzlawick 1985, 30)
Nun wird dieses Beispiel allerdings der Psychoanalyse nicht unbedingt gerecht. Ich will es daher näher untersuchen, und daraus wird sich dann auch eine andere Schlußfolgerung als bei Watzlawick ergeben.

Nehmen wir zunächst den Stein, gegen den man mehr oder minder zufällig tritt. Hier wird eine Kraft ausgeübt, eine Energie übertragen, und die scheinbare Determination, die sich ergibt, sieht jener Beobachter, der den Tritt und das Rollen des Steines zusammendenkt und hierüber vielleicht sogar Messungen anstellt. Aber an solchen Messungen ist die Psychoanalyse gänzlich uninteressiert, denn ihr Energiebegriff ist gerade kein physikalischer, sondern ein unscharf psychologischer. Im Innern des Menschen wird ein Antrieb vermutet, der uns veranlaßt, Dinge zu tun, die immer im Blick auf Andere getan werden. Darin drückt sich ein Begehren aus, das sozusagen vor das Handeln gesetzt ist und dieses stets durchkreuzt. Der Psychonalytiker würde also im Blick auf den Stein, gegen den man tritt, allenfalls fragen, ob dieser in einer Bedeutung für den Tretenden, für seine Antriebe und deren Realisation, ist.
Solche Antriebe mögen auch dem Hund zukommen. Er wurde getreten und reagiert nunmehr, indem er beißt. Insoweit handelt auch er nach einem energetischen Modell.
Warum aber sollte dann der Begriff der Information vor die Energie rücken? Dies geht nur mit einem Kunstgriff des Beobachters, der etwas Besonderes beobachten will. Ihn interessiert überhaupt nicht mehr der Antrieb desjenigen, der tritt, oder desjenigen, der getreten wird, sondern nur noch die Mitteilung, die Information, die übermittelt wird, wenn ein solches Ereignis stattfindet. Deshalb irrt auch Watzlawick, wenn er bloß von begrifflicher Diskontinuität spricht, denn bei seinem Beobachterwechsel handelt es sich um eine Aus-

schließung, um eine Besonderung des Blicks, um eine bestimmte Einschränkung der Erkenntnis.[2] Dieses Argument allerdings können wir auch gegen die Psychoanalyse anwenden, die ihren Blick vorrangig auf die An-Triebe gelenkt hatte. So konnten ihr viele jener Informationen entgehen, von denen nun die Kommunikationstheorie handelt.

Im Sprachspiel der Kybernetik erster Ordnung war es insbesondere die Beobachtung der Leistungen von Sender und Empfänger und ihrem Wechselspiel in der Übertragung von Informationen, die neue Erkenntnisse produzierte. Man konnte die Interpunktionen solcher Informationsverläufe beschreiben, man entdeckte komplementäre oder symmetrische Beziehungen, bemerkte die unterschiedliche Bedeutung verbaler oder non-verbaler Informationen, wurde auf den Systemcharakter und die Zirkularität von Informationen aufmerksam, konnte schließlich Paradoxien in den Kommunikationsprozessen differenzierter beobachten. Einige für die Pädagogik wichtige Ergebnisse haben wir weiter oben dargestellt. Aber dies alles wurde mit der Illusion erkauft, nun mit der kybernetisch-pragmatischen Sicht auf die Information besser sehen zu können. Man sah aber durch die neue Konstruktion nur anders und damit anderes. Und man vernachlässigte die Kulturseite der Informationen, die inhaltliche Vielschichtigkeit, die kulturelle Bedeutsamkeit, denn nur eine Vereinfachung der betrachteten Systeme konnte den Blick für die Rückkopplungsvorgänge und die Seiten einer Nachricht schärfen.

Glücklicherweise bleiben weder Bateson noch Watzlawick oder andere Mitarbeiter dieses Kommunikationskonzeptes in der Falle bloßer Informationsübermittlungen hängen. Dies liegt an dem Umstand, daß sie zwar die Informationen bevorrechtigt betrachten, dabei aber zu einer überraschenden Konsequenz gelangen: "Der Inhaltsaspekt vermittelt die »Daten«, der Beziehungsaspekt weist an, wie diese Daten aufzufassen sind." (Ebd., 55)

Daraus entsteht ein Kommunikationsmodell, das hier zusammenfassend skizziert werden soll (vgl. die Abbildung auf der nächsten Seite).

In diesem Modell rückt die intersubjektive Spannung zwischen Sender und Empfänger vermittelt über Informationen (= Inhaltsebene) und die Weise der unabhängig von Inhalten möglichen Kommunikation (= Beziehungsebene) in ihrem Wechselspiel in den Vordergrund. Hier war es Bateson und später seinen Mitarbeitern, die sein Konzept popularisierten und verfeinerten, aufgefallen, daß die Menschen nicht nur über die Inhalte, die in Daten erscheinen und als Informationen kodiert und dekodiert übermittelt werden, kommunizieren,

---

[2] Erst deren Folge ist als Diskontinuität festzustellen. Die Ausschließungen aber sind wesentlich, weil sie beschreiben, daß der Ansatz von Bateson oder Watzlawick damit nicht besser als irgendein anderer sein kann, der ebenso ausschließt. Mit anderen Worten: Es kann nicht *die* neue Kommunikationstheorie geben. Vgl. weiterführend Reich (1998 b, Kap. III.).

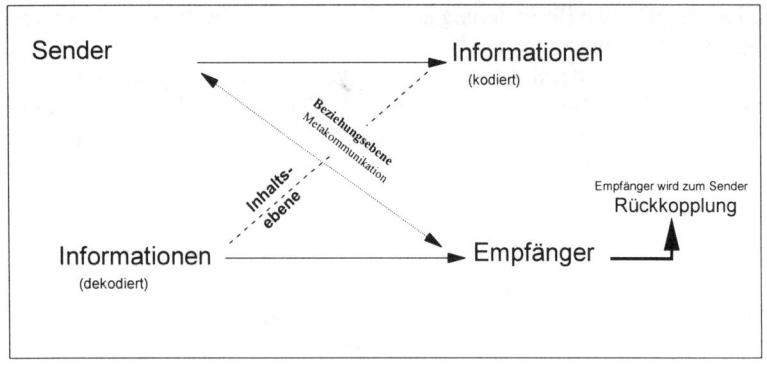

sondern daß es davon unterschieden zwei unterschiedliche Kommunikations-
typen gibt: einerseits eine unterschwellige, von Bateson analoge Kommunikation genannte, in der vor allem körpersprachlich Botschaften gesendet werden,
wie gestische und mimische Annahme, Ablehnung, Entwertung, andererseits
eine digitalisierte Kommunikation, in der inhaltlich und symbolisch Daten
übermittelt werden. Damit verdoppeln sich die Informationen. Will man sich
nur über die inhaltliche Seite verständigen und läßt alle doppelbödigen Botschaften beiseite, dann kommuniziert man. Will man hingegen über die Art
und den Typus solcher Kommunikation selbst kommunizieren, sich also damit
beschäftigen, wie etwas auf mich und den Anderen wirkt, vor allem, welche
analogen Anteile angesprochen sind, dann entsteht eine sogenannte Metakommunikation, die letztlich die Kommunikaton überhaupt bestimmt. Dabei tauschen Sender und Empfänger keine Inhalte aus, die unabhängig von ihrer Beziehung gesehen werden, sondern thematisieren ihr Verhältnis (z.B. als Sender
und Empfänger) direkt. Sie anerkennen, daß sie eine Beziehung haben, die z.B.
in ihrer Körpersprache, im Tonfall, in Gefühlen und Empfindungen usw. erscheint.
Aber worin liegt die Priorität der Metakommunikation? Warum soll die Beziehungsebene vor jeglicher Inhaltsebene einen Vorrang haben? Watzlawick
und andere können und wollen dies nicht logisch behaupten (vgl. ebd., 56),
sondern folgern dies aus ihrem pragmatischen Interesse: Weil wir denken, daß
wir uns so erleben, weil wir meinen, daß die Menschen so und so handeln,
nehmen wir an, daß dies sich als bedeutsam erweist. Die Verifikation begründet sich also aus einer Art Selbsterfahrung und findet sich allein in einem möglichen Nutzen, den wir pragmatisch aus dieser Konstruktion ziehen können.
In diesem Prozeß neuen Sehens wurde dann nach und nach deutlicher - eine
Geschichte, die uns hier nicht näher beschäftigen soll[3] -, daß die Kybernetik

---

[3] Aus der Sicht eines systemischen Praktikers läßt sie sich vereinfacht sehr gut bei Dell (1990)

selbst eine zu enge Ordnung darstellt, daß die Überbetonung der Information selbst durch systemische Sichtweisen aufgelöst werden muß, in denen sich der Beobachter als Beobachter von Beobachtern erblickt. Diese neue Sicht - auch als Kybernetik zweiter Ordnung bezeichnet - trägt aber immer noch an dem Problem der Bevorzugung der Information, so lange wir von Kybernetik sprechen. Aber ist dies wirklich für eine Kommunikationstheorie die notwendige Basis aller Beobachtungen?

Meine Antwort ist ein klares Nein. Zwar haben wir in konstruktivistisch orientierten Kommunikationstheorien von der Kybernetik wesentliche Impulse empfangen, insbesondere was die Rückkopplung betrifft, aber eine dauerhafte Anbindung an kybernetisches oder positivistisches Denken ist nicht sinnvoll. Das gilt auch für die bisher eher unfruchtbaren Beziehungen zu Luhmanns Systemtheorie, die nur einen sehr beschränkten pädagogischen Horizont aufweisen.[4] Und dies liegt am konstruktiven Charakter von Beziehungen selbst. Wenn ich als Beobachter hier Informationsvorgänge, binäre Kodierungen und begriffliche Gegensatzpaare auf der einen oder äußeres Verhalten auf der anderen Seite bevorzuge, so sind dies immer begrenzte Möglichkeiten. Solche Begrenzung war Ende der 60er Jahre, als Watzlawick und andere ihr Buch "Menschliche Kommunikation" schrieben, auch durchaus sinnvoll, um gegenüber intrapsychischen Theorien, die damals dominant waren, aufzutreten und diese zu relativieren. Aber wir müssen erkennen, daß sehr viele Theorieschulen im 20. Jahrhundert ihre Blickwinkel erweiterten. Dies gilt gerade für die Psychoanalyse, deren Vertreter vielfach einen Weg hin zu interaktiven Gesichtspunkten, also Berücksichtigung der Familie und des Mehrgenerationensystems, gemacht haben.[5] Wann immer wir Beobachter hier nach ihren Blickwinkeln befragen, so erscheint ein kulturgeschichtlicher Hintergrund, der mit bloß kybernetischer Reduktion nicht zu erfassen ist. Im Gegenteil: Aus der Sicht der Kulturgeschichte erscheint die Kybernetik als eine Spezifikation bestimmter Fragestellungen, die eben gerade zunächst Vielfalt und Heterogenität von theoretischen und gesellschaftlichen Entwicklungen zugunsten eines funktionalen Modells aufgibt. Und hier nun haben wir überhaupt ein Dilemma einer konstruktivistischen Sicht festzustellen:

nachvollziehen.

[4] Dies liegt an der Struktur dieser Systemtheorie, die die Bedeutung des Subjekts unterschätzt und so gerade aus der Sicht der Pädagogik Kritik erfahren sollte. Vgl. dazu ausführlich Reich (1998 a). Die systemischen Bemühungen z.B. von Büeler (1994) und Schumacher (1995), die sich gezielt auf Luhmann stützen, vernachlässigen im Gegensatz zum "sozialen Konstruktivismus" viel zu sehr den kontroversen Forschungsstand um gesellschaftliche Entwicklungen und einen notwendigen Dekonstruktivismus, eine Situierung in den Kulturtheorien der Post-Moderne.

[5] Interessant ist in Deutschland insbesondere das Werk von Helm Stierlin, der schon früh sich hin zur Familientherapie orientierte und dabei psychoanalytische Analysemuster zunehmend erweiterte bzw. kritisch aufhob.

Wenn der Konstruktivismus behauptet, daß alle Erkenntnis und alles Wissen in der Suche nach Wahrheit immer eine Konstruktion jenes Beobachters ist, der seine Wirklichkeit konstruiert, dann kann auch der Konstruktivist selbst hiervon nicht ausgenommen sein. Dann aber ist sein Dilemma, daß er jeweils auf Konstruktionen Anderer sieht, z.B. auf die seiner wissenschaftlichen Gegner, ohne daß er irgend jemandem absprechen kann, konstruktiv vorzugehen. Dann aber wird jede Ausschließung auch möglicher anderer Sichtweisen in seinem Konzept zu einer Gefahrenquelle, den eigenen Ansatz doch noch verraten zu müssen.

Dieses Dilemma allerdings ist theoretischer Natur. In der Lebenspraxis wird es pragmatisch übergangen, weil wir uns aus jeder Vielfalt immer für irgendeine Einfalt entscheiden müssen. Diese Einfältigkeiten aber erkennen wir nur im Kontext von Kultur, nicht jedoch in einem kybernetischen Beobachtungsmodell.

3.3. Inhaltliche und beziehungsmäßige Metakommunikation

Kehren wir noch einmal zur Metakommunikation zurück, die ich weiter oben schon einführend beschrieben habe. Wenn wir inhaltlich miteinander kommunizieren, dann erscheint dies bei Watzlawick und anderen als »normale« Kommunikation. Ein Lehrer z.B. vermittelt Stoff an seine Schüler. Dies entspricht bei Lehrern oder Pädagogen sehr oft einem komplementären kommunikativen Modell der Wissensübermittlung (vgl. dazu Kapitel 11). Wenn wir hingegen unsere Kommunikation selbst problematisieren, dann metakommunizieren wir. Ein Lehrer z.B. diskutiert mit seinen Schülern, wie jeder die Atmosphäre in der Klasse findet, welche Gefühle sie in der letzten Stunde hatten, weshalb alle jetzt so aufgeregt erscheinen, warum sein Tonfall jemanden beleidigt hat usw. Die pädagogische Regel, so haben wir ebenfalls weiter oben hervorgehoben, lautet für die Kommunikationstheoretiker: Störungen haben Vorrang.[6] Stimmt etwas auf der Beziehungsebene nicht, dann sollte ich es klären, bevor ich inhaltlich weiter arbeite, weil es sonst in die Inhalte unnötig hineinprojiziert und transportiert wird. Insoweit hat die Metakommunikation immer Vorrecht vor jeder Kommunikation.

Die Grundidee der Metakommunikation als Kommunikation über Beziehungen ist für Pädagogen sehr wichtig. Wir wollen sie als pädagogisches Primat der Beziehungsseite bezeichnen. Aber sie sollte uns nicht übersehen machen, daß Metakommunikation als versprachlichter Vorgang gewiß nicht nur für die Besprechung von Beziehungen gelten kann, sondern auch für die Inhalte einen Sinn macht.

Was könnte dies für die Definition der Metakommunikation näher bedeuten?

---

[6] Diese Regel geht auf die themenzentrierte Interaktion von Ruth Cohn zurück.

Ihre Aufgabe erscheint mir als eine doppelte: einerseits dient sie der Kommunikation über Beziehungen, andererseits der Kommunikation über Inhalte, indem sie aus dem inhaltlichen Rahmen als neue Beobachterperspektive hinaustritt. Das folgende Modell soll einige ausgewählte Thesen zur Metakommunikation zusammenfassen:

Inhaltliche Metakommunikation	Beziehungskommunikation (beziehungsmäßige Metakommunikation)
Inhalte weisen sehr unterschiedliche Abstraktionsgrade auf: vom Konkreten zum Abstrakten, vom Sinnlichen zum Übersinnlichen, von einer unmittelbaren Empfindung zu einem erinnerten Gefühl usw.	Beziehungen weisen sehr unterschiedliche Formen auf, die nicht nach Regeln wie richtig oder falsch, wahr oder unwahr aufzustellen sind. Sie beziehen sich immer auch auf Inhalte, ohne in diesen aufzugehen.
Wenn Beobachter über Inhalte metakommunizieren, dann wechseln sie von einem Abstraktionssystem und einer verstehenden bzw. erklärenden Ordnung in eine andere, um von dort aus den Inhalt in einem neuen Licht bzw. einer veränderten Perspektive erscheinen zu lassen.	Wenn Beobachter über Beziehungen metakommunizieren, interpunktieren sie Handlungsabläufe nach ihren Wahrnehmungen, um so eine verstehende bzw. erklärende Ordnung zu errrichten. Metakommunikation macht Beziehungsmuster transparent, sofern alle beteiligten Beobachter sich äußern.
Resultate solcher Metakommunikation sind in der Regel Relativierungen einer inhaltlichen Ordnung, indem man aus ihr heraustritt, um »von außen« auf sie zu sehen. Aus solcher Metakommunikation heraus kann man sich als Gefangener symbolischer (inhaltlicher) Ordnungen erkennen. Sie dient der Befreiung aus dogmatischen Gedankenkorsetten ebenso wie der Ermöglichung inhaltlicher Innovationen. Sie erfordert vor allem Perspektivwechsel, Kreativität und Kritikfähigkeit.	Resultate solcher Metakommunikation sind in der Regel offenere Beziehungen, in denen Gemeinsamkeiten und Trennendes thematisiert und unterschiedliche Positionen aufgezeigt werden. So kann man sich aus Gefangenschaften bzw. Verstrickungen lösen und Konflikte bearbeiten. Das aber erfordert Wertschätzung den Anderen gegenüber, damit auch ein eigenes Selbstwertgefühl, dies riskieren zu können, und die Fähigkeit, Kritik zu ertragen.

Die mit diesem Modell vorgestellte Umdefinition und Erweiterung der herkömmlichen Auffassung bei Watzlawick bedeutet nun aber nicht, daß ich für die Pädagogik die vorrangige Perspektive der Beziehungsebene aufgeben will. Ihr zur Seite tritt jedoch eine Metakommunikation im inhaltlichen Bereich, die für die Erkenntnistheorie und alle Wissenschaften zunehmend wichtiger geworden ist. Selbst auf den inhaltlichen Inseln, selbst im Theorienstrom, der von Beziehungen angetrieben wird und auf sie zurückwirkt, gibt es keine ausgemachte Ordnung, die nicht selbst hinterfragt oder von anderer Beobachterseite verworfen werden kann. Inhaltliche Metakommunikation ist daher sehr wichtig, wenn wir die Konstruktivität von Erkenntnissen diskutieren wollen. Im folgenden werde ich daher den Begriff Metakommunikation entweder als inhaltliche Metakommunikation oder als Beziehungskommunikation verwenden. Pädagogen müssen im Sinne der Vorrangthese jedoch bedenken: Wenn ich einen beliebigen Inhalt vertrete, dann wirkt meine Beziehung denjenigen gegenüber, die ich erreichen will, immer schon *vor* dem Inhalt.

3.4. Ausgewählte pädagogische Regeln zur Beziehungsebene

Weiter oben haben wir für das systemische Beobachten von Kommunikation schon einige Regeln aufgestellt. Sie sollen nun noch weiter vertieft werden, indem wir spezifische kommunikative Aspekte pädagogischen Handelns gegen die Dominanz bloßer Inhaltsreflexion - das sogenante Fachidiotentum (Fach-Lehrer) - und gegen Beziehungsignoranz - die selbstherrlichen Autoritäten (Macht-Lehrer) - hervorheben.

Karussell des Selbst und Anderen:

Selbstwertgefühl

Selbstkundgabe

Selbstver-antwortung

Gefühl für den Anderen

Fremd-kundgabe

Andere Verantwortung übernehmen lassen

Appell des Selbst an Andere

Appell der Anderen

Andere sich bestimmen lassen

Selbst-bestimmung

...für einen Anderen

Andere tätig werden lassen

Selbsterfüllende Prophezeiung

Selbsttätigkeit

weitere Plätze

Ich will zwei Arten von Regeln nennen. Die erste bezieht sich auf das Karussell des Selbst, die zweite auf das Karussell des Anderen[7]:
Bewußt soll uns der Begriff Karussell darauf aufmerksam machen, daß hier etwas in Bewegung, im stetigen Kreisen ist, wenn man sich einmal auf einen Sitz begeben hat. Die Plätze mögen wechseln, aber auf jedem zirkulieren wir. Und hierbei gibt es das Phänomen, daß das Karussell des Selbst und des Anderen in jedem der genannten Aspekte miteinander verquickt sind, daß sie sich miteinander oder gegeneinander drehen. Insoweit können wir die Regeln nicht trennen, sondern beziehen sie aufeinander, denn im pädagogischen Handeln und Denken ist das Selbst immer mit dem Anderen verbunden.
Welche möglichen Plätze gibt es in unserem Sprachspiel vom Karussell, und was bedeuten sie für die Beziehungsebene?
Als Konstruktivisten sehen wir vielleicht zunächst die Selbsttätigkeit. Es ist der Platz der Konstruktionen, denn wenn ich meine Wirklichkeit konstruiere, dann bin ich selbst tätig. Solche Tätigkeiten definieren im Grunde das Beziehungsverhältnis in sehr allgemeiner Weise: Egal inwieweit ich tätig werde und was ich tue, so trete ich mit diesem Tun in bestimmter Weise in Beziehungen ein. Es ist im Karussell des Selbst bei Selbsttätigkeiten nicht möglich, nicht mit Anderen zu kommunizieren. Als Pädagoge darf ich aber gerade hier nicht in meiner Tätigkeit verharren, sondern sollte den Anderen alle Tätigkeiten ermöglichen, die ihr Selbst fördern. Die Selbsttätigkeit ist die Basis einer konstruktivistischen Sicht, sofern sie einen Beobachtungsmodus betont, der eher aktiv als passiv, der eher selbst- als fremdbezogen ist. Das aber ist die Basis für jede Form konstruktiver Tätigkeit: sowohl für inhalts- als auch für beziehungsbezogene.[8]
Die Selbsttätigkeit ist seit Locke und Rousseau immer wieder eine Forderung der Reformpädagogik gewesen und zugleich eine ihrer Illusionen.[9] Was fordert man? Die Lerner sollen selbst *tätig* werden, geistig oder praktisch eigenständig handeln, weil sie nur so tatsächlich verinnerlichen, was Andere von ihnen wollen. Nur aus einer eigenen, selbstbezogenen Sicht werden sie später dann ein Verhalten und Wissen zeigen, das dem entspricht, was Pädagogen oder andere Menschen für sie als gültig, richtig und wahr ausgedacht haben. In dieser Forderung aber steckt schon die Illusion: Es sind ja gerade immer wieder gesellschaftliche und interessebezogene Erwartungen, die in die Verinnerlichung von außen hineingedacht werden. Das Selbst wird damit durch Andere dominiert.

---

[7] Ich schreibe - zur Erinnerung - den Anderen jeweils in inhaltlich unterschiedlicher Bedeutung mit kleinem a oder großem A, wie im nächsten Kapitel noch näher dargelegt wird. Der große Andere ist ein mir äußerlicher, fremder Anderer, der meinem Selbst (Ich) gegenübersteht.

[8] Freiheit ist eine zentrale Kategorie der Moderne, die in der Postmoderne noch eine Steigerung - nicht ohne Unbehagen an ihren Ekstasen - erfährt (vgl. Baumann 1999).

[9] In Kapitel 6 wird uns die Robinsonade helfen, auf wesentliche Hintergründe solcher Selbsttätigkeitsmodelle aufmerksam zu machen.

Pädagogen bemühten sich daher darum, nachzuweisen, daß die allgemeinen Naturgesetze mit dieser notwendigen Verinnerlichung übereinstimmen. Aber niemand konnte solche Gesetze finden. Der Konstruktivismus schließlich zerstört auch jede Hoffnung hierauf, weil er ernüchtert in der Selbsttätigkeit nicht mehr sehen kann, als was sie jeweils ist: Ein spezifisches, durch Verständigung bestimmtes, durch Konstruktionsmöglichkeiten offenes Verfahren der Auseinandersetzung von Subjekt und Welt. Selbsttätigkeit kann daher vieles sein: Nachahmung in eigener Tätigkeit betont z.B. eine direkte Übernahme vorgegebener Verhaltensweisen oder eine Reproduktion von Wissen; geistige Tätigkeiten bevorzugen meist einseitig kognitive Prozesse; ästhetische schließen dagegen affektive Prozesse direkter mit ein; handwerkliche oder sportliche Tätigkeiten bedingen in der Regel komplexe psychomotorische Prozesse; materiell-produzierende Tätigkeiten setzen sowohl planende, konstruierende geistige Vorarbeiten wie handlungsbezogene Arbeitsumsetzungen voraus. Aber diese Zuschreibungen können auch ganz anders gesehen werden: Nachahmungen können als eigene, spontane und kreative Erlebnisse subjektiv erfahren werden, geistige Prozesse als sehr stark affektbezogen und ästhetische als kognitiv, handwerkliche als geistig sehr anstrengend und sportliche als emotionales Erlebnis. Es gibt weder eine eindeutige Zuordnung von psychischen oder physischen Leistungen (kognitiv, affektiv, pschomotorisch oder welche Aufteilung wir auch wählen wollen) im Blick auf Selbsttätigkeiten noch eine abgeschlossene Liste möglicher Selbsttätigkeiten. Wann immer ich als Subjekt tätig werde, so kann ich dies nur selbst tun. Der Gegensatz zur Selbsttätigkeit ist, daß ich jemanden etwas nicht umfassend genug tun lasse. Ich lasse ihn nicht hinreichend tätig werden. Und hiermit haben Pädagogen vorrangig Probleme: Aus Gründen fehlender Zeit, zu großer Stoffmengen verhindern sie oft eine umfassende Tätigkeit von Teilnehmern in pädagogischen Prozessen. Sie vertrauen auf Einsicht nach einem allgemeinen Aneignungskonzept: Die Teilnehmer werden schon verstehen, daß man nicht alles tun kann. Sie werden trotzdem akzeptieren, daß die Sachverhalte richtig sind. In dieser beschränkten Aneignung sind sie minimal durchaus ja auch selbst tätig. Indem sie verstehen, daß sie nicht umfassend selbst tätig werden können, lernen sie die arbeitsteilige Welt verstehen.

Doch genau hier bezieht eine systemisch-konstruktivistische Pädagogik eine gegenteilige Position. Wir sagen: So wird ihr Verstehen oberflächlich und aufgesetzt bleiben. So werden sie am Ende schnell vergessen und wenig eigene Entscheidungskompetenz aufbauen. Deshalb ist für uns Selbsttätigkeit nur dann hinreichend, wenn sie möglichst umfassend konstruktiv entfaltet wird. Sie muß die Möglichkeit bieten, Welt komplex erfahren und unterschiedliche Beobachterperspektiven selbst einnehmen zu können (vgl. dazu die nächsten Kapitel). Darin ist die Selbsttätigkeit sehr eng mit der Selbstbestimmung verbunden. Je mehr Lerner oder Teilnehmer selbst mitentscheiden können, was für sie in pädagogischen Prozessen relevant, bedeutsam und wichtig ist, umso selbstbestimmter regulieren sie ihre Tätigkeiten. Je fremdbestimmter hingegen Andere über das entscheiden, was sie lernen, wissen, behalten sollen, um so weniger wird die Selbsttätigkeit auf eine Basis eigenen Begehrens, eigener Überzeugungen, einer subjektiven Einschätzung von Wichtigkeit und Bedeutsamkeit gestellt. Um so weniger effektiv aber wird in pädagogischen Prozessen jede Tätigkeit sein: Die Selbstbestimmung erst schafft Voraussetzungen für andauerndes Behalten, für anhaltende Einstellungen und das Begehren, vielfältige Beobachterpositionen einzunehmen.

Aber auch Selbstbestimmung ist wie die Selbsttätigkeit kein überdauerndes Ereignis, sondern singulär, lokal und spezifisch an Situationen und Bedingungen gebunden. Es gibt keine Selbstbestimmung schlechthin, keine Aufklärung über die vollständigen Bedingungen der Möglichkeit von Selbstbestimmung, sondern nur die je aktuelle Aufklärung über Beziehungen und hierbei auch über die Macht, die jeden zwischenmenschlichen Prozeß durchquert. Zwar ist der Gegensatz von Selbstbestimmung die Fremdbestimmung, aber eine systemische Sicht sträubt sich gegen die Vereinfachung einer bloßen Entgegensetzung. Selbst- und Fremdbestimmung wirken stets zusammen.[10]

Pädagogen sollten darauf achten, die Selbstbestimmungsrechte in pädagogischen Prozessen möglichst umfassend zu entfalten. Dies beginnt nicht in großen Parolen und Appellen an eine aufgeklärte Vernunft, sondern im Kleinen: Redeanteile in einer Gruppe, Entscheidungsvorgaben, stille Regeln, Tabus, unbefragt übernommene Vorgaben, die selbstverständlich scheinen, dies sind scheinbar kleine Voraussetzungen, aber alle mit den größten Folgen. Pädagogen müssen hier ertragen lernen, Andere sich bestimmen zu lassen, stets in Gruppen thematisieren, wer sich wie und nach welchen Regeln der Verständigung bestimmen will. Dies reicht immer direkt in die Beziehungssphäre, die wir gerade deshalb ins Zentrum der Pädagogik rücken müssen, um in unserem Entwicklungsland neue Kulturen zu entwickeln.

Demokratien, dies ist eine vielseits diskutierte These, sind gegenwärtig in einer Sinnkrise. Die heutige Pädagogik beseitigt solche Sinnkrisen nicht, sondern verschärft sie, wenn sie gegenüber Selbstbestimmungsrechten gleichgültig bleibt. Je weniger Heranwachsende lernen, wie wesentlich es ist, sich selbst auch in kleinsten Prozessen bestimmen zu können, desto weniger können wir erwarten, daß in einer Kultur Bereitschaften entwickelt werden, sich gezielt für soziale Aufgaben einzusetzen. Solchen Sinn lernt man nicht durch Abstraktionen, indem man Merkmale demokratischer Gesellschaften reproduzierend aufzählt, sondern nur durch aktive Gestaltung einer demokratischen Verständigung in jenen Bereichen, die man überschaut. Je weniger solche Demokratie im Kleinen funktioniert, desto weniger kann sie als Modell im Großen Geltung erreichen. Diese Einsicht, die besonders John Dewey in seiner Pädagogik kulti-

---

[10] Besonders die Analysen Foucaults sind in dieser Hinsicht lehrreich. Vgl. dazu auch weiterführend Reich (1998 a, Kap. I, Kap. II.1.2, 1998 b, 152 ff., 212 ff.).

vierte, fällt aber gerade Pädagogen schwer, wenn sie solche Selbstbestimmung z.B. gegen die Fächer, die sie studierten, nicht auch erkämpft haben. Je fremdbestimmter Lehrerbildung und pädagogische Ausbildung organisiert sind, desto weniger werden wir erwarten können, Selbstbestimmung als pädagogische Kultur entwickelt zu finden. Aber genau dies wird eine vorrangige Aufgabe einer systemisch-konstruktivistischen Pädagogik sein müssen, weil sie von ihrer Beobachterperspektive aus glaubt, daß überwiegend komplementäre Beziehungen, die vielfach pädagogische Prozesse bestimmen, auf Dauer nicht zu rechtfertigen sind. Auf der Beziehungsseite nicht, weil, wie wir argumentierten, kein Mensch im Blick auf sein Machtpotential gegenüber Anderen priviligierter ist als ein Anderer. Dies ist ein demokratisches Grundkonstrukt. Auf der Inhaltsseite aber geht es auch nicht: Selbst diejenigen, die wenig Wissen haben, werden sich als Beobachter Wissen nur dann selbstbestimmt erschließen, wenn sie wenigstens einsehen und verstehen können, wofür dieses Wissen taugen und wohin es sie bringen soll. Je ungefragter sie alles übernehmen, was ihnen vorgesetzt wird, desto problematischer wird eine demokratische Orientierung. Sie verkommt zu einem bloßen Schein, sofern sie überwiegend passiv erlebt wird. Denn wer wird sich je aktiv für sie einsetzen, wenn er nicht in einer Kultur den Sinn und die Wirkung solchen Einsatzes bemerken konnte?

Je mehr wir in möglichst allen pädagogischen Handlungen die Selbsttätigkeit stärken und Selbstbestimmung auch dann ermöglichen, wenn sie von dem fortführt, was wir als Vorgabe für unumstößlich hielten, desto mehr stärken wir die Verantwortung der Anderen, die als Selbstverantwortung für jeden Menschen eine Grundlage seiner Haltungen und Einstellungen bildet. Die Anerkennnung als ein Selbst bürdet uns in der Gegenerwartung in solcher Kommunikation immer Selbstverantwortung auf. Die Beziehungskommunikation verlangt, daß wir die Selbstverantwortung zu einem großen Teil auch anzunehmen bereit sind. Es ist in der Beziehungskommunikation immer erforderlich, daß wir als Ich und für uns sprechen, selbst wenn wir meinen, daß Andere alles für uns zu bestimmen scheinen. Dies aber kann nie vollständig eintreten, weil wir sonst kein Selbst und keine Verantwortung mehr hätten. Eine Entmündigung aber bedeutet den Versuch einer Vernichtung des Selbst. Für Pädagogen ist es deshalb entscheidend, die Verantwortung der Anderen zu stärken, um sich nicht die Definition der Beziehungen alleine anzumaßen. Solches Maßhalten aber geht nur, wenn wir Verantwortung auch dort erwarten, fordern, umsetzen, wo sie uns vielleicht - besonders auf der inhaltlichen Ebene - noch unwahrscheinlich erscheint.

Dabei ist der Platz des Selbstwertgefühls sehr wichtig. Er ist vielleicht der schönste Platz, wenn wir uns in Beziehungen sicher und wohl fühlen, er kann ein schrecklicher Platz sein, wenn wir uns selbst nicht achten und durch Andere zu wenig geachtet erscheinen. Dieser Platz entscheidet sehr oft, ob Beziehungen gelingen und wie dann auch die inhaltliche Kommunikation vonstatten geht. Habe ich ein hohes Selbstwertgefühl, dann fällt es mir leichter, Kritik zu ertragen, Niederlagen zu verstehen, nicht mit jedermann Freund werden zu müssen, nein sagen zu können, wenn ich wirklich nein meine, Grenzen zu setzen, auch wenn ich anschließend nicht mehr von allen geliebt werde, Beziehungen mit einem Satz möglichst offen und doch immer wertschätzend und klar gestalten zu können. Für die Seite des Anderen bedeutet dies dann, daß ich ein Gefühl für den Anderen entwickle, nicht immer erst im nachhinein erfahre, was ich alles falsch gemacht, und wo ich Andere verletzt habe, sondern auch schon im voraus Gefühle eines Anderen antizipieren lerne.

In jeder Gestaltung in Beziehungen gibt es eine Selbstkundgabe, denn egal wie ich mich verhalte, so werden die anderen Beziehungspartner mit ihren Beziehungsaugen und -ohren mich wahrnehmen. Hieraus entsteht ihr Konstrukt einer Wirklichkeit, die auch Aussagen über mich trifft. Zwar bin ich nie dieses Konstrukt, aber was nützt mir dieses Wissen, wenn es so scheint als ob. Hier zählt nicht, wie ich sein möchte oder mich mir selbst vorstelle, sondern nur, wie das, was ich kundgebe, auf Andere wirkt. Und umgekehrt wird mir die Fremdkundgabe der Anderen zu einem Wechselspiel der Spiegelungen meiner Selbstkundgabe, ein sehr feines Spiel, das wir z.B. mit Begriffen wie Intuition, Gefühlslagen wie Sympathie oder Antipathie, Atmosphäre umschreiben.

In jeder Beziehung gibt es Appelle an den Anderen, die versteckt oder offen auftreten, die bewußt oder unbewußt geäußert werden. Und es gibt Beziehungspartner, die jeden Appell sofort aufspüren und sich seiner annehmen, wie auch Andere, die sich sehr ignorant verhalten können. Appelle in Beziehungen sind subversiv, wenn sie nicht direkt, sondern indirekt geäußert werden. Ihre Subversivität paart sich dann sehr gerne mit Moral und Schuldzuschreibungen, die dem Anderen ein schlechtes Gewissen machen sollen, damit er auch reagiert. Umgekehrt neigen gerade Pädagogen dazu, die Appelle von Anderen als Helfer aufzunehmen, weil dies zu ihrer Profession vorrangig zu gehören scheint. Erwächst daraus aber eine Überforderung, so kehrt sich der Appell sehr schnell um: "Seht, was ich für ein armer Helfer bin! Immer habe ich es gut gemeint, aber was ist daraus geworden?" Dies kann Unehrlichkeit und Frustration in Beziehungen erzeugen, auf lange Sicht eine Eskalation gegenseitiger Appelle oder ein Scheitern der Beziehung überhaupt. Dagegen sind direkte Appelle sinnvoll: "Das will ich, das kann ich, da sind meine Grenzen." Aber jeder, der einen Appell sendet, der muß von vornherein berücksichtigen, daß auch die Anderen ihre Wünsche, ihre Begierden und Hoffnungen haben und nicht alles bloß von mir erwartet werden kann. Dies ist ein Appell an solidarisches Verstehen, was für Beziehungen eine wesentliche Voraussetzung ist: Sich bereits vor dem Appell in den Anderen hineinversetzen zu können und seine Sicht des Appells wahrzunehmen.

Reden wir uns selbst etwas ein, dann kommt es irgendwann so weit, daß es sich erfüllt. Je mehr wir glauben, daß eine Angelegenheit so und nicht anders sei, daß allein unsere Wirklichkeitskonstruktion stimme, um so mehr werden wir Opfer einer sich selbst erfüllenden Prophezeiung. Diese ist für Beziehungen immer gefährlich, auch wenn Prophezeiungen mitunter Berge zu versetzen wissen. Aber ihr Wissen gründet sich auf der problematischen Annahme, daß wir etwas sicher wissen. Hierbei schreiben wir entweder uns solche Erwartungen zu, sehr oft aber Anderen: Das habe ich kommen sehen, das konnte nicht gut gehen, oder konkret: Wer aus einer solchen Familie kommt, der hat keine Chance. Die Pädagogik ist sehr oft eine Institution, die durch solche Zuschreibungsmuster aber erst Chancen entstehen oder vergehen läßt.

Es gibt immer weitere Plätze des Selbst. Abstraktere vielleicht, konkretere bestimmt. In Beziehungen können nie alle Plätze vergeben sein. Beziehungen sind stets unabgeschlossen, offen für Neues, offen für einen Zugewinn wie für ein Scheitern. Aber nie können Beziehungen insgesamt scheitern, sofern wir nicht den individuellen Tod als Abschluß der individuellen Beziehungen nehmen wollen. Doch selbst dies ist nicht einmal das Ende der Zirkulation, solange der Tote im Bewußtsein anderer Beziehungen bleibt.

Diese Konstruktion, die ich als mögliche Beobachterperspektiven entwickelt habe, stellt eine Lösung dar, aber wo bleibt hier das Rätsel? Dekonstruktivistisch[11] gesprochen steckt das Rätsel hinter allen Feldern, die so einfach aussehen, wenn wir mit Abstraktionen hantieren, die jedoch im Konkreten voller Rätsel sind und bleiben werden. Eben deshalb tendieren wir gerade als Pädagogen immer wieder dazu, die Rätsel vorschnell mit unseren Lösungen pragmatisch auszuschalten. Was drückt diese Tendenz aus? Offensichtlich benötigen wir als Handelnde ein konstruktives Modell, mit dem wir handlungsfähig bleiben.

Also wende ich jetzt die Dekonstruktion ins Konstruktive: Was bleibt als konstruktives Ergebnis unserer Überlegungen? Ich will für den Primat der Beziehungskommunikation nach der eher zufälligen Folge dieser Selbstzuschreibungen einige mir wichtige Regeln aufstellen, die ich bewußt auf ein Beobachtungsziel hin vereinfache. Diese Ver*ein*fachung läßt einen Kern der Aussage erscheinen, der schon eine positive Veränderung für Beziehungen sein kann[12], auch wenn er nur ein Beobachterkonstrukt darstellt, für das oder gegen das sich jeder situativ entscheiden kann:

---

[11] Der Dekonstruktivismus Derridas, der nicht ohne Einfluß z.B. auf den neueren Pragmatismus Rortys geblieben ist, kann in seinem Reflexionsanspruch auch für pädagogische Arbeit genutzt werden. Eine Dekonstruktion enthüllt eine Konstruktion nach weiteren, in ihr verborgenen oder nicht bedachten Perspektiven. Sie weist uns stets auf mögliche Ergänzungen hin. Dies ist insbesondere ein politischer Anspruch, der darauf drängt, hegemoniale Macht zu begrenzen und demokratische Handlungen zu verbreitern. Vgl. dazu insbesondere Mouffe (1999). Zur pädagogischen Umsetzung vgl. genauer Kapitel 5.

[12] In diese aktive pädagogische Rolle der Regelsetzung sollten Konstruktivisten trotz ihrer dekonstruktiven Vorbehalte auch eintreten können. Vgl. analog etwa Lambert (1995, 1996).

Pädagogische Regeln für das Verhältnis von Selbst
und Anderen in Beziehungen:

1. Selbsttätigkeit ist stets die Basis für alles pädagogische Handeln. Aber Selbsttätigkeit ist pädagogisch gesehen vor allem die Tätigkeit des Anderen, die gefördert werden soll. Tue stets selbst, was du von Anderen erwartest! Erwarte von dir, daß Andere tatsächlich etwas tun können, aber erwarte nicht immer von Anderen, was du alles selbst tust.

2. Wenn Pädagogen alles selbst für sich bestimmen, so taugt dies wenig für die Selbstbestimmung. Selbstbestimmung bedeutet in pädagogischen Prozessen vor allem: Andere sich bestimmen lassen. Pädagogische Professionalität muß sich nicht darin bewahrheiten, daß sie alles besser weiß, sondern darin, Andere ihr Wissen selbst finden zu lassen.

3. Pädagogen übernehmen Verantwortung für das, was sie tun. Aber dies bedeutet nicht, daß sie immer gleich für *alles* Verantwortung übernehmen müssen, was sie sich oder Andere ihnen zumuten. Konstruktivistisch betrachtet ist es die Basis jeder pädagogischen Arbeit, daß Lerner oder Teilnehmer an pädagogischen Prozessen soweit wie möglich in ihrer Verantwortung gestärkt werden.

4. Vor allem wer selbst über ein hohes Selbstwertgefühl verfügt, der wird Gefühle für Andere haben und Beziehungen offen und wertschätzend gestalten können. Selbstwertgefühl ist jedoch kein Studienfach, sondern eine innere Einstellung, an der man jedoch ebenso arbeiten kann wie an seinem Wissen. Hier sind Aus-, Weiter- und Fortbildung unerläßlich. Aber noch zu oft wird gerade in der Ausbildung von Pädagogen auf psychologische Diagnostik und Hilfe verzichtet, weil man die Beziehungsebene nicht ernst genug nimmt. Hier ist die Pädagogik ein Entwicklungsland.

5. In der Selbstkundgabe oder Fremdkundgabe erscheint das, was Andere von uns sehen und in uns sehen wollen. Wir sollten als Pädagogen uns hierüber nicht beschweren, sondern verstärkt darüber nachdenken, warum auf Andere etwas anders wirkt, als wir im Selbstbild vielleicht meinen. Supervision unter gleichberechtigten Pädagogen wäre ein Muß, uns hierüber durch wechselseitige Beobachtung zu verständigen. Supervision von außen wäre ein Muß, unsere Beobachterpositionen von außen durch offene Rückmeldungen zu erweitern.

6. Pädagogen sind sehr oft Menschen des Appells, indem sie an Andere appellieren oder den Appell von Anderen gerne als Helfer aufnehmen. Sie müssen es lernen, besonders indirekte Appelle zu vermeiden, weil sie dies in komplementäre Erwartungen und Beziehungen treibt, die zu unerfüllbaren Orten wechselseitigen Appellierens werden.

7. Prophezeiungen, die sich selbst erfüllen, sind pädagogisch gesehen dann gefährlich, wenn sie entweder das eigene Selbst inhaltlich verengen oder den Anderen mit Zuschreibungen zudecken und disziplinieren. So entsteht ein fataler Selbstzwang, der allenfalls Schuldgefühle und mangelndes Wissen entlastet, aber pädagogisch stets unbefriedigend bleibt: Die Beziehungen werden so von einem dunklen Schicksal betroffen, das doch nur *ein* inhaltlicher Blickwinkel ist. Pädagogen müssen es daher vorrangig lernen, ihre inhaltlichen Blickwinkel aus der Starre des einen Blicks zu lösen, um Beziehungen in ihrer Vielfalt, Lebendigkeit, Veränderlichkeit wahrnehmen zu können. Nie werden sie ihren Lernern und Teilnehmern prophezeien können, was aus ihnen wird.

8. Diese Regeln als Konstrukt sind unabgeschlossen und offen, weil Beziehungen selbst nie abzuschließen sind, wenn wir uns nicht wechselseitig einsperren wollen. So sind selbst unsere Lösungen voller Rätsel. Suche dir deine Rätsel, die dich zu Lösungen anregen! Finde deine Plätze und deine eigenen Regeln!

4. Was eine Pädagogik berücksichtigen soll: Symbolwelten, Imaginationen, reale Ereignisse

Warum fixieren sich Beobachter, wenn sie Kommunikation beschreiben, meist schnell auf Informationen? Ist Kommunikation tatsächlich ein Informationsvorgang, der sich mit technischen Prozessen, mit Regelkreisen und Kühlschränken vergleichen läßt?[1] Oder anders gefragt: Geben wir vielleicht nicht zu schnell ein notwendiges inneres psychisches Verständnis von Kommunikation auf, wenn wir vorwiegend auf äußere psychische Aktionen und Reaktionen schauen? Und wie verhält es sich mit der Realität, die immer wieder in die psychischen Prozesse eingreift? Oder sind mit der Beschreibung von äußeren psychischen Verhaltensweisen alle für uns als Beobachter möglichen Realitätsfragen abgedeckt?

Bevor wir auf solche Fragen differenziert antworten, wollen wir *ein Beispiel* aus Loriots Sammlung von Beziehungsdramen[2] näher betrachten, das uns helfen wird, neue Perspektiven einzuführen.

Die Ehepaare Hoppenstedt und Pröhl, die sich auf einem Campingplatz kennengelernt haben, feiern in einem eleganten Restaurant das fünfjährige Bestehen ihrer Freundschaft. Das Hauptgericht ist beendet und sie sind in gehobener Stimmung. Bei der Wahl des Nachtisches bestellen die Herren je einen Kosakenzipfel, ein Mokka-Trüffel-Parfait mit einem Zitronencreme-Bällchen. Dann hält Herr Hoppenstedt eine kurze Rede, in der er der Familie Pröhl das Du anbietet. Überschwenglich nennen sich alle ihre Vornamen und küssen sich. Es herrscht eine heitere, ausgelassene Stimmung. Dann bringt sie der Ober in Verlegenheit. Es gibt nur noch einen Kosakenzipfel. Die beiden Herren beschließen, den Nachtisch brüderlich zu teilen. Dann wird über die »Berufsausbildung« der Frauen gesprochen: Frau Hoppenstedt besucht eine Jodelschule, um ihr Jodeldiplom zu machen. "Dann hat sie was Eigenes und ist wirklich unabhängig". Frau Pröhl hingegen reitet, was mit dem Beisatz kommentiert wird: "Reiter werden immer gebraucht".

Im Film sehen wir diese Szene als äußerer Beobachter. Die Kamera ist unser Auge, und der Regisseur hat alles so arrangiert, daß wir in hohem Maße belustigt werden. Da gibt es unterschwellige Botschaften: Man lernte sich auf dem Campingplatz kennen und ist nach fünf Jahren immer noch beim Sie. Die Ehepaare reagieren auf das Duzangebot zwar heiter, aber völlig übertrieben.

---

[1] Solche technischen Beschreibungen finden sich mehrfach bei Bateson, Watzlawick, aber auch im »radikalen Konstruktivismus«.

[2] Loriots Dramatische Werke, Zürich (Diogenes) 1983, 41 ff. und als Videofilm in der Reihe "Familie Hoppenstedt".

Der Kosakenzipfel weckt zweideutige Assoziationen. Die sogenannte Berufsausbildung der Frauen entlarvt durch Übertreibung die damit verbundenen
Legitimationsnöte. In der nächsten Szene werden diese Botschaften zunächst im
Blick auf den Kosakenzipfel ausgespielt. Ab jetzt wollen wir unsere Geschichte
jedoch aus mehreren Perspektiven notieren:
Da ist zunächst eine Ebene, die ich als *symbolische* Ebene der Beobachtung
bezeichnen will. Hier wird gesprochen, wir sehen eine Tischordnung, einen
gewissen organisierten Ablauf, Regeln der Kommunikation. Da ereignet sich
symbolisch z.B. folgendes: Der Ober serviert den Kosakenzipfel. Herr Hoppenstedt schiebt ihn Herrn Pröhl zu, der schiebt ihn höflich zurück, um ihn
schließlich doch zu erhalten. Symbolisch steht dies für die neue Duzfreundschaft, die Herr Hoppenstedt angeboten hatte. Sie scheint sich in dieser Szene
schon zu bewähren. Herr Pröhl gibt nach, und er sagt, indem er symbolisch
mit dem Löffel auf die Hälfte des Nachtischs deutet: "Also gut Walter ... genau bis hier!"
Aber neben diesen symbolischen Notizen über den Ablauf und das, was die
Teilnehmer so alles sprechen, sehen wir noch mehr. Da bemerken wir das ver-
zückte Gesicht von Herrn Hoppenstedt, als sein Lieblingsnachtisch kommt.
Wir sehen auch, daß das Hin- und Hergeschiebe des Nachtischs bloß ein Ritual
ist, eine Höflichkeitsgeste, denn zumindest Herrn Hoppenstedts Gesicht drückt
ein Begehren aus, nun endlich diesen Nachtisch zu bekommen. Mit anderen
Worten: Ihm läuft das Wasser im Mund zusammen. Dies steigert sich, als Herr
Pröhl den Nachtisch bis zur vermeintlichen Hälfte verzehrt. Die Imaginationen,
die über Herrn Hoppenstedts Gesicht huschen, bleiben den Damen nicht verborgen. Frau Pröhl sendet einen indirekten Appell an ihren Mann: "Na, dir
schmeckt's aber, Erich!" Herr Pröhl schiebt den Nachtisch 'rüber und kommentiert: "Genau die Hälfte". Neben die symbolische Ebene rückt hier eine
imaginäre, über die wir nur indirekt durch deutende Blicke etwas erfahren.
Wir sehen die Betroffenheit von Herrn Hoppenstedt und deuten, was in ihm
vorgegangen sein mag.
Herr Hoppenstedt spricht nicht über seine Imaginationen. Wir sehen sie nur in
seinem Gesichtsausdruck, d.h. wir vermuten, daß sein Begehren auf den Nachtisch ihn symbolisch blind werden läßt. Denn in seinem begehrenden Ausdruck
ist keine Höflichkeit, sondern offene Begierde zu erkennen. Und da ist auch
eine zunehmende Frustration bemerkbar, wie der neue Duzfreund Erich immer
mehr von dem Nachtisch ißt. So wird Walter Hoppenstedt zwischen zwei Vorstellungen hin- und hergerissen: einerseits die Imagination einer Freundschaft,
die sich nun symbolisch durch Tat zeigen soll, andererseits aber die Imagination eben *dieses* Nachtisches, der für ihn der krönende Abschluß des Abends
sein sollte. In der *Realität*, und dies ist nun die dritte Ebene, aber zeigt sich der
Unterschied zwischen Imaginationen, symbolischen Reden und »Tatsachen«.
Nein, das ist für Walter klar, er ist betrogen worden. Das Reststück ist »wirklich« nicht die Hälfte. Aber wie soll er sich äußern? Er kann seine Imaginatio-

nen, seine Bedürfnisse, die der scheinbar nicht sehr feinfühlige Erich im Gegensatz zu seiner Frau gar nicht bemerkte, ja nur körpersprachlich oder direkt sprachlich vermitteln. Das tut er jetzt direkt symbolisch: "Na ja ... *genau* die Hälfte ...? (zweifelnder Unterton, mißtrauischer Blick).

Erneut ein indirekter Appell. Aber Erich ist sich seiner Sache sicher: "Also abgewogen habe ich es nicht!" Das quittieren die Anderen mit angespanntem Lachen, denn das Begehren Walters erscheint ja auch als kindlich. Aber was wissen wir schon von seinem Begehren? Wir deuten es symbolisch. Aber was wissen wir von dem, was er fühlt, wie es in seinem Inneren aussieht? Er scheint es ja selber noch nicht einmal zu erkennen.

Am äußeren Verhalten jedoch bemerken wir, daß jetzt allmählich für Walter alles zu viel wird. Was mag er denken? Eben gab es noch seine Imaginationen von Duzfreundschaft und sein Begehren auf diesen Nachtisch, jetzt tritt diese Lächerlichkeit auf, mit der man seine Gefühle bloßstellt. Er muß für symbolische Klarheit sorgen. In einem durch und durch rationalen Angriff bezieht er sich auf die vermeintlich *reale* Größe des Kosakenzipfels, so wie er war, und die jetzt nur noch verfügbare kleinere Hälfte. Die unterschwelligen Botschaften seiner Frau, "Mit seinem Kosakenzipfel versteht Walter keinen Spaß", die das Problem auf seine Sexualität verschieben und nochmals allgemeines Gelächter erzeugen, machen klar, daß es für ihn nur noch eine symbolische Lösung dieses Konflikts geben wird. Seine Argumentationskette baut er folgendermaßen auf: (1) Direkter Appell: Es gab nur einen Kosakenzipfel, und den wollten wir teilen. Indirekter Appell: Wenn man sich duzt, dann ist brüderliches Teilen eine Ehrensache. (2) Sachebene: Die Verhandlung ist darüber zu führen, daß seine Wahrnehmung die einzig richtige ist. (3) Tatsache: Schließlich fehlt das Zitronencreme-Bällchen vollständig. (4) Zeuge: Der Ober soll dies bestätigen. Wir bemerken, daß Walters Imaginationen keine Rolle in seiner Argumentation spielen. Sie scheinen sein blinder Fleck zu sein. Aber ohnehin nehmen die Dinge in der Realität dieses Dramas einen anderen Lauf. Erich bestreitet alles. Zwar ist das Zitronencreme-Bällchen fort, dafür aber hat er mehr von den Mokkatrüffeln gelassen, so behauptet er. Und er läßt sich voll auf die Sachebene ein und kämpft für seine Wahrheit, die er unumstößlich der vermeintlichen Wahrheit Walters gegenüberstellt.

Die Auseinandersetzung eskaliert. Die zuvor sicher gehandhabten symbolischen Leistungen werden entwertet: Die Höflichkeit, dem Anderen etwas zu überlassen, erscheint nun als Gemeinheit, weil man etwas 'rüberschiebt, um den Anderen zu bewegen, dann mehr übrig zu lassen. Wenn aber die Imagination der Freundschaft entschwindet, dann muß auch symbolisch wieder zurück zum Sie gewechselt werden.

Auf diesem Höhepunkt greift eine äußere Realität ein, die mit dem Verhalten der beiden Kontrahenten zunächst nichts zu tun hat, ihnen aber eine neue Lösungsmöglichkeit offeriert. Der Ober serviert wider Erwarten einen zweiten Kosakenzipfel.

73

Die Frauen sehen eine Möglichkeit der Entspannung. "Na, Gott sei Dank", sagt Frau Hoppenstedt. Jetzt können die Männer doch ihr kindisches Gehabe lassen, es könnte symbolisch Ruhe einkehren, wenn sie zur Höflichkeit und Anerkennung des Anderen zurückkehrten. Aber die enttäuschten Imaginationen über die Freundschaft haben bei Herrn Hoppenstedt und Herrn Pröhl längst das Begehren nach dem Nachtisch überwältigt. Sie streiten nur noch um ihre Wahrheit, indem sie sich zu beweisen versuchen, wer im Unrecht ist. Der Ober soll schlichten, indem er angeben soll, ob die Hälfte des Kosakenzipfels, der noch auf dem Tisch steht, tatsächlich die Hälfte von jenem ist, den er zuletzt servierte. Aber der Ober weist das Anliegen ab: "*Den* Kosakenzipfel habe ich eben serviert und den *anderen* vorhin ..."

Die Frauen machen einen letzten Versuch und stoßen miteinander an. "Wohlsein!" Herr Pröhl braust auf: "Kann man hier wohl noch ein vernünftiges Gespräch führen, ohne ständig unterbrochen zu werden?!" Herr Hoppenstedt verbietet daraufhin, daß er so seine Frau angreift. Erregt verlassen die Familien das Lokal. Jetzt sind die Frauen dran, sich zu beschimpfen. "Jodelschnepfe!" "Winselstute!" "Ratte!"

Wechseln wir erneut in die Rolle des äußeren Beobachters, der von Loriot so geschickt durch die Szene geführt wird. Wir sehen, daß wir durchaus mit den in Kapitel 2 entwickelten Kategorien diese Szenen beobachten können. Inhalts- und Beziehungsebene, Selbstkundgabe, Appelle, aber auch Entwertungen erscheinen. Und dennoch haben wir unsere Perspektiven bereits in der gegebenen Darstellung erweitert, indem wir nach drei Richtungen hin noch mehr beobachten:

○ als *symbolisch* erkennen wir all das, was gesprochen wird, was eine äußere Ordnung bei Tisch gibt, was als Regel gilt, worauf und worüber man sich mehr oder minder direkt verständigt;

○ als *imaginär* erscheint uns ein inneres Verhalten, zu dem wir zwar keinen direkten Zugang haben, über das uns jedoch durch Körpersprache und Aktionen Vermutungen entstehen und über die wir intuitiv urteilen; hier vermuten wir ein Begehren, Begierden, Bedürfnisse, insgesamt Vorstellungen und Gefühle, die in dem symbolischen Umgang meist verdeckt oder verborgen bleiben;

○ als *real* aber sehen wir Eingriffe von außen in solche symbolischen und imaginären Konstrukte an, indem Ereignisse sie begleiten, verwerfen, relativieren. So wurde aus dem symbolischen Kosakenzipfel (= Nachtisch), der für Herrn Hoppenstedt hochgradig imaginär besetzt war (= Begehren), ein doppelt realer: ein im Verzehr durch den vermeintlichen Freund verschwindender und ein durch den Ober dann doch wider Erwarten servierter. Aber dieses erscheinende Reale ist auch in dieser Geschichte bloß ein Konstrukt: Der erste reale Kosakenzipfel war so mit Imaginationen angefüllt, daß seine Realität für uns als Fremdbeobachter etwas ganz anderes ist als für Herrn Hoppenstedt, dessen reales Empfinden wir hier bloß von außen deuten. Der zweite reale Kosakenzipfel wird ohnehin nur noch von uns als äußeren Beobachtern gesehen, für die beiden Herren ist er bloß noch ein Beweismittel in einem Streit, dessen Zusammenhänge für sie selbst unklar sein dürften.

Nach diesem belustigenden Beispiel, das seine Lust aus der Schadenfreude gewinnt, die wir durch die Distanz als äußere Beobachter verspüren - erneut erscheint hier eine imaginäre Ebene -, wollen wir die drei Ebenen nunmehr präziser analysieren. Wir werden dabei drei Perspektiven entfalten:
☐ Zunächst eine symbolische Sicht, die uns Inhalte, Sinn, Bedeutsamkeiten usw. festhält. Die Frage lautet hier: Können wir direkt symbolisch miteinander kommunizieren? Lassen sich Daten ohne Informationsverlust austauschen? Dies berührt die Wurzel unserer Möglichkeiten, uns inhaltlich eindeutig zu verständigen.
☐ Dann die Sicht einer Spiegelung, die wir als Selbst im Anderen erleben und die mit unserer Vorstellung, unseren Imaginationen von uns selbst und von anderen verbunden ist. Die Frage lautet hier: Mischt sich das Imaginäre in jede Kommunikation ein? Findet Kommunikation womöglich immer über eine imaginäre Achse wechselseitigen Spiegelns statt? Dies berührt die Wurzel unserer Möglichkeiten, uns und andere im Wechselspiel der Beziehungen zu verstehen. Damit ergänzen wir die Überlegungen des Kapitels 2, die auf der äußeren Verhaltensebene ansetzten, um eine innere.
☐ Schließlich aus der Sicht des Realen, das wir als »wahre« oder letzte Wirklichkeit uns in der Kommunikation oft meinen festzuhalten. Die Frage lautet hier: Gibt es reale Ereignisse, die alle Menschen sicher erfahren und gleich wissen können? Gibt es womöglich ein reales Korrektiv, um symbolischen Unsinn oder imaginäre Abschweifungen auszuschließen? Dies berührt die Wurzel eines wahren Verstehens und wahrhafter Verständigung, also die Realität von Inhalten und Beziehungen.

Im Prozeß der Argumentation wird sich ergeben, daß diese drei konstruierten Perspektiven zirkulär miteinander verbunden sind.[3] Sie werden uns jeweils spezifische Blicke erlauben, die wir immer wieder zusammendenken müssen, obwohl uns gerade dies im Einzelfall überfordern mag.

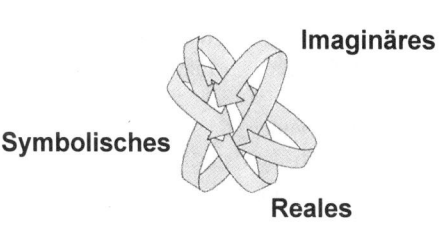

Imaginäres

Symbolisches

Reales

---

[3] Vgl. Abbildung: Die Perspektiven bedingen und durchkreuzen sich. Eine andere Darstellungsform sind die borromäischen Knoten Eschers, die sehr schön zeigen, daß es in diesen Verknüpfungen keine Möglichkeit der Auflösung gibt: Die eine Perspektive bedingt und fesselt eine andere.

a) Symbolisches

Wann immer Informationen ausgetauscht werden, Mitteilungen gemacht werden, die wir uns zwischen Sender und Empfänger denken können, die aber auch in einer Person im Selbstgespräch ausgetauscht werden mögen, geht es um bestimmte Zeichen. Diese Zeichen erscheinen als signifikante Gesten, als Buchstaben, Worte und Begriffe, Sätze, Aussagen, die mit Bedeutungen verbunden sind. Ein Gesamt von Bedeutungen nenne ich symbolisch, insofern damit bestimmte permanente Dinge, Objekte, Gegenstände oder Sachverhalte bezeichnet sind, die der Mensch in Übereinstimmung mit anderen Menschen - innerhalb einer bestimmten Zeit und eines bestimmten Geltungs- und Verständigungsraumes - konstruiert. Wir sagen mittels Zeichen etwas über die Welt aus. Wir verstehen uns über den Gebrauch solcher Zeichen in Verständigungen. Wir mißverstehen uns, wenn wir die Zeichen der Anderen nicht deuten können, sie anders als sie auffassen, sie nicht verstehen. Der Begriff der Symbolik soll insbesondere darauf hinweisen, daß diese bezeichnende Konstruktion mit Bedeutungen gefüllt ist, sie mögen bewußt oder unbewußt sein. Ein Symbol wird alltagssprachlich als etwas verstanden, das für etwas »steht«. Es sind immer Beobachter, die feststellen, welches Symbolische hinter den beliebigen Gesten oder Zeichen, den Worten oder Aussagen steckt.[4]

Die Verarbeitung solcher Bedeutung geht in zwei Richtungen: einerseits Aufbau einer konstruierten Symbolwelt, wenn wir unsere eigene (neue) Symbolwelt schaffen; und andererseits Rekonstruktion vorhandener Symbolwelten, wenn wir die Symbolwelten Anderer übernehmen. Die erste Richtung nennen wir Konstruktion, die zweite Rekonstruktion. Beide Richtungen sind voneinander abhängig, denn wir können in unserer Lebenspraxis im Regelfall das eine ohne das andere nicht, obwohl es im Einzelfall möglich ist, sowohl individuell neue Symbole zu schaffen als auch vorhandene Symbole nicht erschließen zu können. Später werden wir noch sehen, daß die symbolische Vermitteltheit beider Richtungen ausschlaggebend für die Konstruktion, die Re- und De-Konstruktion von symbolischen Welten ist (vgl. dazu genauer das nächste Kapitel). Die symbolischen Vorräte auf der Welt sind unendlich groß. Kein einzelner Mensch kann sie vollständig oder hinreichend überblicken. Auch wenn Konstruktivisten meinen, daß wir solche Vorräte immer erst »erfinden«, so müssen wir auch konstruktivistisch gesehen zugeben, daß bereits unendlich viel erfunden wurde. Im Nach- und Nebeneinander der Menschen gibt es unzählige Erfindungen, die sich vor allem in symbolischen Vorräten zeigen: als Welt der Zeichen und Gesten, der Texte und Reden, der Mythen und Logik, als geistigsymbolische Welt, die wir in Bibliotheken und anderen Wissens- und Verhaltensspeichern aufbewahren. Wir sehen sie ferner als konstruierte Landschaft, als Städte und Verkehr, als materiell-symbolische Lebens- und Verkehrsfor-

---

[4] Zur Theorie der Zeichen vgl. z.B. Eco (1977), Simon (1989).

men, in denen wir geistig und kulturell existieren. Aber auch die symbolischen Vorräte des Individuums sind groß, und es fragt sich nicht nur, wie wir die unendlichen Symbolvorräte der Welt überschauen, sondern auch, wie ein Ich seine eigenen Symbolvorräte noch überblicken kann. Die Schwierigkeiten, die solche symbolischen Vorräte für die Konstruktion der Erkenntnis einbringen, hat nicht erst der Konstruktivismus erkannt. Im amerikanischen Pragmatismus hat man sich damit besonders beschäftigt. Deshalb wollen wir zunächst einen Blick auf ein pragmatisches Modell werfen. Dafür hat der symbolische Interaktionismus, den vorrangig George Herbert Mead (1973, 1987) entwickelt hat, ein Kommunikationsmodell entwickelt, das ich in einem Schema überblicksartig zusammenfassen will:

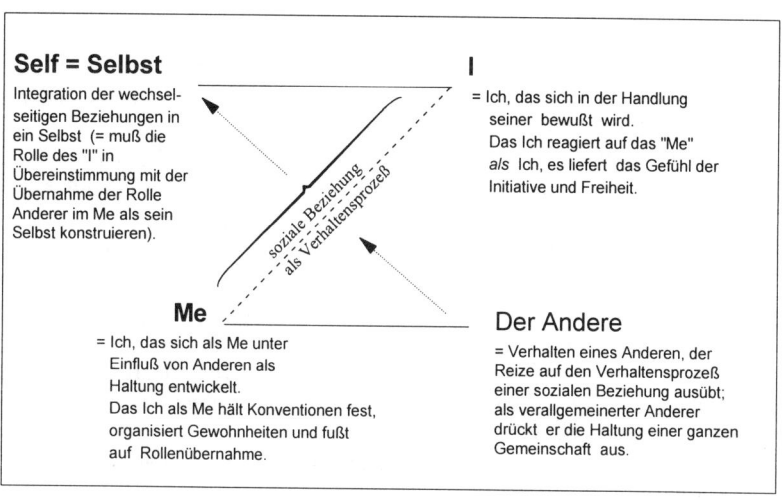

Self = Selbst

Integration der wechselseitigen Beziehungen in ein Selbst (= muß die Rolle des "I" in Übereinstimmung mit der Übernahme der Rolle Anderer im Me als sein Selbst konstruieren).

soziale Beziehung als Verhaltensprozeß

I

= Ich, das sich in der Handlung seiner bewußt wird. Das Ich reagiert auf das "Me" als Ich, es liefert das Gefühl der Initiative und Freiheit.

Me

= Ich, das sich als Me unter Einfluß von Anderen als Haltung entwickelt. Das Ich als Me hält Konventionen fest, organisiert Gewohnheiten und fußt auf Rollenübernahme.

Der Andere

= Verhalten eines Anderen, der Reize auf den Verhaltensprozeß einer sozialen Beziehung ausübt; als verallgemeinerter Anderer drückt er die Haltung einer ganzen Gemeinschaft aus.

Ein Selbst - als Integration des Spannungsverhältnisses von »I« und »Me« - steht einem Anderen gegenüber, um über diese soziale Beziehung zu sich selbst zu kommen und mit Anderen gemeinschaftlich kommunizieren zu können. Ein Selbst und über dieses das, was wir heutzutage Identität nennen, kann sich für Mead nur bilden, wenn dieser Andere strukturell und verhaltensbezogen in der Kommunikation mitbedacht wird. Dies geht auf den wesentlichen Umstand zurück, daß ich mein Verhalten immer über das Verhalten anderer Menschen zurückspiegele und von diesen dabei auch zu einem bestimmten Verhalten veranlaßt werde. Diese Beobachtung haben viele Denker des 20. Jahrhunderts gemacht und unterschiedlich ausgewertet und bezeichnet. Ich möchte sie als *»Blick eines Dritten«* charakterisieren. Damit ist folgendes gemeint: Wenn ein Subjekt sich mit einem beliebigen Gegenstand beschäftigt, dann hat es von Kindheit an erlernt, sich des Blickes eines Anderen zu versichern, der ihn in dieser Beschäftigung trifft. Dies ist die wesentliche Voraussetzung dafür, sich selbst aus den Augen eines Anderen zu sehen, also sich überhaupt ein »I« und »Me« unterscheiden zu können. Aber wie geht diese Unterscheidung vor sich? Ich will mit dem Blick eines Dritten ausdrücken, daß ein Subjekt nicht einfach nur mit Dingen hantiert, um dann z.b. den Blick der Mutter bestätigend und anerkennend einzufangen. Dies wäre nur ein sehr elementares Kommunikationsmodell. Der Blick des Anderen in einer Zweierbeziehung ist die Basis für jede Kommunikation, aber Kommunikation selbst ist meist komplexer. Deutlich erkennen wir den *Blick des Dritten* in menschlichen Interaktionen, wenn wir aus der Mutter-Kind-Dyade herausgehen. Das Kind spielt z.B mit anderen Kindern, es blickt und wird erblickt, und immer wieder geht der Blick auf den Dritten: die Mutter, die Erzieherin, die Lehrer, die Bezugspersonen. Hier muß nicht gesprochen werden, denn hier wird geschaut. Ein Blick sagt oft mehr als tausend Worte, und er kehrt bestätigend oder verwerfend in das Spannungsverhältnis von "I" und "Me" zurück, um als sozialisierter Druck des Anderen sich im Selbst (der Identität) festzusetzen.

Genau dies meint auch die Unterscheidung bei Mead. Die Position des "I" verweist auf das, was wir als Subjekt selbst empfinden, was wir aus einer Position *für uns* wahrnehmen, wo wir spontan, kreativ, selbstbezogen, egoistisch sein können. Aber unsere Kultur läßt uns nicht so bleiben. Sie vermittelt uns *mit Anderen*. Und diese Erfahrungen setzen sich in uns als "Me" fest. Wir wissen durch Verhaltensrückmeldungen nach und nach, was sich in dieser Kultur gehört und was verpönt ist. Gleichwohl bleibt zwischen den Polen von "I" und "Me" ein Spannungsverhältnis. Es wird in ein Selbst, eine Identität integriert, wenngleich wir zugestehen müssen, daß auch dieses Selbst über die Jahre durchaus schwankend sein kann. Wie dieses Schwanken ausfällt, das hängt ganz von der Ausbalancierung der "I"- und "Me"-Anteile im Leben ab.

Irgendwann als Kinder verstehen wir den Zusammenhang, daß wir - spätestens wenn wir uns im Spiegel erkennen - eine Ganzheit sind, die blickt und die erblickt wird. Aber wir sind in vielen Situationen noch unsicher, wenn wir selbst erst »richtig blicken« lernen. Deshalb suchen wir den Blick des Dritten. Wir verinnerlichen ihn. Und wir lernen, daß Dritte immer zuschauen können. Wir erfahren so, daß es eine uns stets anschauende Umwelt gibt. Wir gehen in einer Straße und sehen die Fenster als Möglichkeit, erblickt zu werden. Wo immer wir sind, lauert ein Erblicktwerden. Aus der Fülle solcher verinnerlichten Blicke entsteht schließlich nach und nach, was als innerer Blick, bei Mead als integriertes Selbst, als Selbstzwang, zwingend zur Sozialisation gehört.[5]

Aber treiben wir das Beispiel noch etwas weiter. Stellen wir uns vor, daß das Kind ausschließlich auf seine Mutter als Objekt der Beschäftigung blickt. Was wäre, wenn es keine Blicke der Dritten gäbe? Wie soll es überhaupt aus dieser

---

[5] Vgl. hierzu insbesondere die Arbeiten von Norbert Elias. Vgl. weiterführend Reich (1998 a, 32 ff., 265 ff.); ferner auch einführend Kapitel 6.

Symbiose entkommen können, wenn nicht über den Blick eines Anderen, der die beiden symbolisch trennt? Jede symbiotische Beziehung kann nur eine gewisse Zeit andauern, weil sie dann an den Blicken der Dritten scheitert, die mangelnde Realität in einer Interaktion vermuten, die versucht, den Blick des Dritten zu töten. Pädagogik ist übrigens eine Erfindung, die gerade für den Blick von Dritten Sorge tragen soll.

Kehren wir nun zu Meads Modell zurück. Bei ihm sind die Blicke in die Psyche bereits zurückgekehrt und besetzen dort bestimmte Positionen, von denen aus das Subjekt handelt. Im »I« schaut es eher spontan auf etwas, um von seinem »Me« kontrollierend angeblickt zu werden, denn in diesem »Me« hat sich der Blick des Dritten eingenistet. Von Kindheit an entsteht durch das Spannungsverhältnis von »I« und »Me« über den Wechselbezug zu Anderen ein immer wieder veränderliches, aber letztlich doch zunehmend integriertes Bild des eigenen Selbst, das verläßlich genug für Kommunikation ist. Solche Verläßlichkeit wird bei Mead durch den Begriff der Rolle markiert, in der man etwas darstellt, was Andere in den Reaktionen abschätzen können. Rollen drücken sich in Haltungen aus, sie werden zu »Personen« in einer funktionellen Differenzierung von Gemeinschaft. In den Haltungen drückt sich der Sinn von Objekten und Umständen aus, die sie für eine Verständigungsgemeinschaft gewinnen.[6]

Mein Schema soll symbolisieren, daß es für Mead keinen direkten Zugang von einem Selbst zu einem Anderen geben kann, wohl aber einen gewissen Druck des Anderen auf das Selbst, der durch das Spannungsverhältnis von »I« und »Me« vermittelt wird. Das »I« und »Me« als zwei spezifische Mechanismen *in* einem Subjekt bilden ein Spannungsverhältnis, das in der kommunikativen Beziehung *zwischen* Menschen geschaltet ist. Nur vermittelt über diese Spannung findet Kommunikation statt. Aber die Betonung liegt bei Mead durchaus auf der Seite des Anderen. Ausschließlich durch die Generalisierung des Verhaltens eines Anderen, durch den sozialisierten Anpassungsdruck, der für Rollenfindung und Identitätsbildung wesentlich erscheint, entsteht der sozialisierte Druck auf das Selbst. Mead ist Pragmatiker, und er sieht die vielen Verhaltensanpassungen, die ein Mensch in der Moderne zu leisten hat, wenn er sozialisiert werden soll. So werden die vielen Möglichkeiten und Ideen des »I« begrenzt und über die Blicke des Dritten im »Me« diszipliniert. Wenn wir als Kinder auf die Welt kommen, dann müssen wir alle Möglichkeiten aus der Position unseres »I« erobern, aber alle Erzieher in dieser Welt werden vor allem auf die Entwicklung eines »Me« in uns setzen, um sich mit ihren Normen, mit Bedeutungen, Sinn und Werten in diesen wichtigen Teil des Ich ein-

---

[6] Bourdieu hat dafür den Begriff des Habitus geprägt. Er bezeichnet erworbene, relativ dauerhafte Verhaltenseinstellungen (Dispositionen), die ihrerseits erzeugend für Andere wirken. Ein Habitus ist eine Erzeugungs- und Ordnungsgrundlage für Praktiken und Vorstellungen von Menschen. Vgl. z.B. Bourdieu (1993, 97 ff.)

zuschleichen und an der Formung des Selbst mitzuwirken. Für diesen Vorgang hat man den Ausdruck »Sozialisation« geprägt.

Beziehen wir dies zurück auf das Symbolische, dann gelangen wir zu einer wesentlichen Schlußfolgerung: Beliebige Informationen können nicht einfach zwischen einem Selbst und einem Anderen ausgetauscht werden, d.h. Menschen sind keine Maschinen mit einem einfachen In- oder Output. Es gibt ein inneres Verhalten gegenüber Informationen, ein Spannungsverhältnis, das wir hier in einem ersten Schritt als Spannung erkennen zwischen einem »I«, das das spontane, das gefühlsbezogene, kreative, durch Stimmungen beeinflußte, durch Einfälle und Vorstellungen angetriebene Ich symbolisiert, und einem »Me«, das die schon integrierten Blicke der Dritten verinnerlicht hat, das sich auf konventionelle Symbolik stützt, vertraute Sprachmuster und Denkmuster beherrscht, innere Selbstzwänge oder Über-Ich-Funktionen[7] ausdrückt. Die relativ dauerhafte Verarbeitung dieser Spannung zwischen "I" und "Me" aber nennen wir aus der Sicht dieses Modells das Selbst. Es stellt die je individuelle Balance aus "I" und "Me" für einen bestimmten, aber auf Dauer durchaus veränderbaren Zeitraum dar.

Betrachten wir aus diesen Voraussetzungen heraus die Interaktion von Menschen, dann kann keine Information in direktem Maßstab zwischen Menschen als Sender und Empfänger ausgetauscht werden. Die symbolische Vermittlung unterliegt neben der Relativierung durch die Interaktion zwischen Subjekten immer auch den dabei zu berücksichtigenden *inner*psychischen Spannungen im Subjekt selbst.

Hier deutet sich eine Leerstelle im Kommunikationsmodell von Bateson und Watzlawick an, das wir im zweiten Kapitel beschrieben und auf Seite 58 in einem Modell zusammengefaßt haben. Die inneren Beziehungen, wie sie im Modell von Mead erscheinen, werden bei ihnen ignoriert, weil Beziehungen auf Ein- und Ausgabeoperationen im informativen Prozeß beschränkt gesehen werden, weil es als erlaubt erscheint, "Symptome als Eingabe in das System der Beziehung statt als Ausdruck intrapsychischer Konflikte zu sehen" (Watzlawick 1985, 45). Und Beziehung erscheint prinzipiell aus der Perspektive von Sender und Empfänger, was leicht die Illusion heraufbeschwören kann, daß es im Symbolischen dann tatsächlich eine eindeutige Übermittlung vom Selbst zum Anderen und umgekehrt geben könnte.

Bei Bateson und Watzlawick wird die naive Auffassung einer solchen direkten Übermittlung allerdings glücklicherweise dadurch umgangen, daß sie die Beziehungsebene und Beziehungskommunikation vor die Inhaltebene setzen. Insoweit bietet ihre Auffassung von Metakommunikation (Beziehungskommunikation) eine Chance, daß sich Subjekte interaktiv über ihre Beziehung und

---

[7] Freud nennt hierfür vor allem Schuldgefühle, Gewissen, Ich-Ideale, die allesamt eine - pädagogisch gesehen - bedeutende Rolle bei der Identifizierung mit Elternvorbildern usw. spielen; vgl. einführend z.B. Freud (1978).

darin auftauchende Inhalte verständigen. In solcher Verständigung verbleiben die inneren Spannungen nicht in einer »black box«, über die man nichts sagen kann, sondern sie können wechselseitig kommuniziert werden. Solche Verständigungsleistungen sind besonders für therapeutische Prozesse wesentlich: Wenn alle Kommunikationspartner, die in einer Kommunikationsbeziehung in einer Störung verstrickt sind, am therapeutischen Prozeß teilnehmen, dann können sie sehr schnell etwas über ihre Beziehungsebene erfahren und Möglichkeiten kennenlernen, diese gemeinsam zu verändern. Dies allerdings setzt ihre eigene Akzeptanz des Verfahrens und ihren Willen oder ihr Vermögen, auch über innere Spannungen zu sprechen, voraus.

Andererseits hat dieses von uns im Kapitel 2 und 3 bevorzugte Modell aber auch eine große Schwäche, die wir nicht verschweigen sollten. Es basiert wie alle unsere bisherigen Betrachtungen auf der Betonung der symbolischen Ebene, denn es hat sich auch für die Beziehungsebene der Information verschrieben, die symbolisch - über Sprache - vermittelt wird. In diesen Vermittlungen nun wurde aber etlichen praktizierenden Therapeuten immer wieder bewußt, daß die symbolische Sprache, die verbal oder non-verbal auftritt, bloß eine ausschließende Grenze bezeichnen kann, die wir durch einen recht äußerlichen Beobachterstandpunkt gewinnen, wenn wir uns so sehr auf äußeres Verhalten zwischen Menschen und Informationen konzentrieren.[8]

Dies bedarf einer Erläuterung. Zunächst sollten wir noch genauer als bisher klären, was eigentlich die Begriffe symbolische Ordnung bzw. symbolische Welten oder symbolisches Denken bedeuten. Das Symbolische trägt in unserem Verständnis einen sehr weiten Sinn. Der weite Sinn des Symbolischen wurde durch Ernst Cassirer eingeführt, der in seiner "Philosophie der symbolischen Formen" (1982) nachzuweisen versuchte, daß die symbolische Funktion eine allgemeine Vermittlungsfunktion ist, mit der der menschliche Geist bzw. das menschliche Bewußtsein sämtliche Welten seiner Wahrnehmung bzw. seiner Konstruktion von Wirklichkeit erreicht. Das Symbolische in diesem weiten Sinne bezeichnet die Möglichkeit der Erkenntnis, Realität mit Sinn zu versehen und sie zu objektivieren. Dies ist durchaus in einer konstruktivistischen Perspektive entwickelt, denn Cassirer sieht, daß der menschliche Geist aktiv in die Konstruktion seiner Wirklichkeit eingreift. Das Symbolische markiert den Umstand, daß der Mensch kulturelle Instrumente dabei benutzt: Religion, Wissenschaft, Kunst usw., sie alle besitzen symbolische Formen, die die Unmittelbarkeit einer Wahrnehmung übersteigen und ein kulturelles Konstrukt zum

---

[8] Auch non-verbale Äußerungen unterliegen einer Symbolik, die als Körper-Sprache entschlüsselt werden kann. Eine gutes Beispiel hierfür ist die Gebärdensprache bei Gehörlosen. Ein anderes ist die simultane körpersprachliche Unterstützung jeder sprachlichen Äußerung durch körpersprachliche Signale. Hier kommt es vor, daß beide Sprachebenen dann gegensätzlich werden, wenn der Sprecher nicht sagt, was er meint. Bateson sprach diesbezüglich von analogen Informationen, die in der Körpersprache gegenüber den digitalen in der Sprache (als Rede bzw. Text) auftreten.

Ausdruck bringen, das z.B. als Bildung zirkuliert. Die neuere Sprachphilosophie benutzt für diese sehr weite Fassung des Symbolbegriffs aber lieber den
Terminus Zeichen. Zeichen haben die Eigenschaft, für alles eine bezeichnende
Funktion einnehmen zu können.[9] Ich will die Begriffe hier folgendermaßen gebrauchen: Als Beobachter in Verständigungsgemeinschaften interpretieren wir
stets Zeichen und versehen sie mit Bedeutungen, mit Sinn, mit Zuschreibungen, alles Konstruktionen, die wir als Beobachter durchführen. Nun könnten
wir sagen, daß solcher Sinn, solche Bedeutungen immer schon in den Zeichen
selbst stecken. Dies wird in der Zeichentheorie folgerichtig entwickelt. Da uns
aber nicht in erster Linie exakte Sprachanalysen interessieren, sondern pädagogische Prozesse, wollen wir die kulturell sehr weite und offene symbolische
Funktion ganz gezielt hervorheben. Wann immer wir als Beobachter Zeichen in
Verständigungen benutzen, wird zugleich ein symbolischer Sinn, eine Bedeutung, eine Ordnung oder ein symbolisches Weltbild sichtbar. Mitunter wird es
auch verborgen und erst für jenen Beobachter sichtbar, der anders als andere
Beobachter konstruiert.

Was nützt uns als Pädagogen nun diese weite Sicht des Symbolischen? Schauen
wir noch einmal zurück auf die Kommunikationsmodelle. Was zeigt ein Vergleich zwischen dem Modell von Bateson/Watzlawick und dem von Mead?

Wenn wir nur im symbolischen Beobachtungsfeld bleiben, hat das Meadsche
Modell den Vorteil, daß es uns auch einen Blick auf die innere psychische
Spannung eines Subjekts erlaubt und gleichzeitig die Interaktion nach außen
betont. Zugleich hat es den Vorteil, für die Kommunikation zu erkennen, daß
der symbolvermittelte Andere immer auch für ein Selbst zum generalisierten
Anderen wird: Kein Kind kann sich allein aus seiner Ich-Position alle Welt
erfinden, sondern muß entdecken, daß Andere, große Andere wie seine Eltern,
Geschwister, Lehrer usw. dies schon unternommen haben. Daher findet es Rollen, in denen es jene »Me-«Inhalte integriert, die durch Andere schon vorgegeben sind. Ich nenne dies so: Der Blick der jeweilig Dritten muß in ein inneres
Schauen übersetzt werden, das dann sowohl für Beziehungen wie für Inhalte
erkenntnis- und interesseleitend wird. Aber diese Übersetzung muß auch jenen
Teil des Ichs ("I") berücksichtigen, der zunächst spontan, kreativ, ungebändigt
ist.

Auf dieser Grundlage könnten wir dann auf das Modell von Bateson und Watzlawick zurückkommen, weil es uns zahlreiche Mechanismen der eher äußerlichen Kommunikation beschreibt. Dabei hätten wir dann allerdings jetzt das
Meadsche Modell zu verändern. Dort, wo es den Druck des generalisierten
Anderen auf das Selbst als soziale Beziehung im Verhaltensprozeß beschreibt,
müssen wir nun die Beziehungsebene situieren, deren inhaltlicher Druck zwar

---

[9] Eine engere Fassung, die aus einer Verbindung hermeneutischer und psychoanalytischer
Fragestellungen entspringt, bringt Ricœur (1993). Auf solche Differenzierungsmöglichkeiten
gehe ich hier nicht näher ein. Vgl. dazu Reich (1998 a, Kap. II.1.2).

zu symbolvermittelten Generalisierungen führen wird, deren beziehungsmäßige Konstellationen aber komplex in die Interaktion eingreifen (vgl. Kapitel 2). Es besteht ja sonst die Gefahr, daß wir mit Mead zwar kritisch die Position des "I" gegen das pädagogische "Me-Streben" anführen, dann jedoch die Vielfalt der Beziehungen zwischen Schüler und Lehrer bzw. Pädagogen vernachlässigen. Dies aber soll nicht geschehen, weil wir in Kapitel 2 uns schon klar für die Beziehungsseite entschieden haben. Insoweit können wir beide Modelle als spezifische Blickweisen in der Beobachtung nutzen, um entweder stärker auf die inneren psychischen Spannungen im Verhältnis mit Anderen zu sehen, oder stärker die äußeren Spannungen und Lösungen im Verhalten in Beziehungen unter Einschluß von Inhalten zu thematisieren. Als Beobachter haben wir stets die Chance entweder mehr in die eine oder die andere Richtung zu sehen. Allerdings ist dies keine Beliebigkeit. Eine systemisch-konstruktivistische Pädagogik sollte beide Beobachtungsmöglichkeiten für wichtig halten. Pädagogen sollten sich, mit anderen Worten, sowohl über die innerpsychische Konstruktion der Symbolvermittlung im Blick auf Beziehungen (Andere) als auch über die äußere symbolvermittelte Konstruktion der Beziehungskommunikation (Wechselwirkungen des Verhaltens) bewußt werden. Und hier scheinen sich die beiden Modelle nach Bateson/Watzlawick und Mead ideal zu ergänzen. Mit diesen zwei Beobachtertheorien könnten wir uns nun zufrieden geben. Die symbolische Welt wird geordnet, auch wenn wir wissen, daß aus ihrer Unendlichkeit immer nur ein Stückwerk für jeden Menschen integrierbar erscheint. Aber auch diese Vorstellung der Integration ist immer noch zu einseitig. Deshalb will ich ein weiteres Modell einführen, um unsere bisherigen zu erweitern.

Der Psychoanalytiker Jacques Lacan kritisierte an der herkömmlichen Psychologie, daß sie die Begegnung von Kind und Eltern, von Ich und Du, von Mensch zu Mensch einseitig an die symbolische Ordnung gekettet habe. Die Behauptung aber, daß ein bestimmtes Subjekt eine bestimmte Wahrnehmung eines Anderen als solche habe, erwies sich für Lacan als naiv. Sicher machen die Menschen sich wechselseitige Zuschreibungen über ihre Wahrnehmungen und über ihr Verhalten. "Es geht aber darum, auf welcher Ebene dieser Andere realisiert wird und wie, in welcher Funktion, in welchem Kreis der Subjektivität, in welcher Entfernung dieser Andere steht." (Lacan 1990, 67) Pädagogen z.B. neigen dazu, symbolisch bestimmte Abläufe menschlicher Entwicklung in eindeutigen Stufenfolgen zu behaupten. Symbolisch schreiben wir Kindern dann zu, daß sie in einem bestimmten Alter so und nicht anders »sind«. Hier wird das symbolische Schauen der Erwachsenenwelt, einer spezifisch wissenschaftlichen Sicht von logischer Beobachtung gar, der kindlichen Entwicklung aufgepfropft, um so eine universelle Beobachtung und ein universelles Konstrukt von Entwicklung zu erzielen. Treten nun Abweichungen auf, so werden aber nicht unbedingt die Konstrukte geändert, sondern die Kinder als gestört oder eigenartig klassifiziert. Zwar mögen wir belächeln, wie in der Vergangenheit solche Zuschreibungen oft übertrieben wurden, weil wir zu Extremen solch »schwarzer Pädagogik« genügend Distanz haben (vgl. Rutschky 1977), aber auch in der Gegenwart sind wir keineswegs von übertriebenen Zuschreibungen frei. Dies liegt generell an der Leistung symbolischer Systeme. Sie haben ihre Stärke darin, daß wir mit ihnen alles machen können, was Sinn, Bedeutung, Kultur usw. erzeugt. Aber wird es immer denjenigen gerecht, die damit »erzeugt« werden? Im Blick auf Kinder z.b. kritisiert Lacan vehement die Verengung auf das Symbolische. Ein "Kind sehen wir wunderbar offen für alles, was der Erwachsene ihm vom Sinn der Welt zuträgt. Bedenkt man jemals, daß diese wunderbare Durchlässigkeit für alles, was Mythos, Legende, Märchen, Geschichte, was diese Leichtigkeit, mit der sie sich von Erzählungen mitnehmen lassen, für das Gefühl des Andern bedeutet?" (Lacan 1990, 67)[10] Symbolische Systeme, so können wir zusammenfassen, erzeugen geistige und materielle Ordnungen, die für einen Beobachter nicht schon deshalb stimmig sein sollten, weil sie existieren und von einigen vehement vorgetragen werden. Wir brauchen immer symbolische Ordnungen, um überhaupt etwas bezeichnen zu können und uns zu verständigen, aber darin haben wir keine Sicherheit mehr, vollständige oder hinreichende Wahrheit für alle Beobachter zu erzielen. Zudem leistet das symbolische System nur besondere Blicke. Es erscheint im Prozeß der Zivilisation, weil es uns als Beobachter hilft, Grenzen unserer intentionalen Sicht, eines intentionalen und bedeutenden Bewußtseins, das in allen kulturellen Formen zeichenhaft erscheint, zu markieren. Aber das Symbolische ist in menschlicher Kommunikation zwar eine wesentliche Zugangsform, die in der Wissenschaft auch bevorzugte, aber keine ausschließliche. Eine andere Zugangsform ist das Imaginäre. Das Spiegeln des anderen, das Begehren des anderen auf einer imaginären Seite[11], die eine Fülle von lebendigen und vielseitigen Beziehungen ermöglicht, die für uns neue Perspektiven der Intersubjektivität eröfnen wird, vermittelt sich in symbolischen Systemen über Sprache. Dies wird sich uns nun als ein reduktives Verständnis von Interaktion bei Mead als auch im Konstruktivismus bei Bateson und Watzlawick zeigen. Ein interaktionistischer Konstruktivismus wird hingegen Lacan an der Stelle der Imaginationen ernst nehmen müssen, weil und insofern diese einen Zugang insbesondere zu den Gefühlslagen, den Momenten des Lebendigen, die nicht direkten Laboruntersuchungen und eindeutiger Symbolik zugänglich sind, eröff-

---

[10] Diese Kritik richtete Lacan insbesondere gegen Piaget. Auch der Konstruktivismus, hier z.B. Piagets, schützt nicht vor Übertreibungen, die das konstruktive Verfahren selbst erzeugt.

[11] Ich schreibe den Anderen mit großem A, wenn er den symbolischen Anderen bezeichnet, also sprachlich ausgedrückt werden soll, daß ein Anderer mir etwas zu sagen hat, ein Ordnungssystem vertritt, das von außen zu mir gelangt; mit kleinem a, wenn ein imaginärer anderer bezeichnet werden soll, d.h. ein anderer, den ich mir als eigene und dabei noch nicht sprachlich vermittelte Vorstellung über mich oder als eigene Vorstellung über einen anderen mache. Imaginäre Vorstellungen erscheinen dort, wo ich noch nicht über einen anderen oder ein anderes nachgedacht habe, aber mich trotzdem bereits angezogen oder abgestoßen fühle.

nen. Deshalb unterscheiden wir nachfolgend Imaginäres vom Symbolischen.[12]

b) Imaginäres

Was ist das Imaginäre in menschlichen Beziehungen näher? In der Psychologie wird z.b. in unterschiedlichen Beobachtertheorien beschrieben, wie 6-18 Monate alte Kinder angesichts eines Spiegelbildes, das sie von sich entdecken, eine jubilatorische Reaktion zeigen. Für Lacan werden hier ganz unterschiedliche Mechanismen deutlich. Zunächst drückt diese freudige Reaktion aus, daß sich das Kind in spiegelverkehrter Weise als eine *Ganzheit*, als ein Unterschiedenes in bestimmter Gestalt wahrnimmt. Damit ist sein Ich außen lokalisiert, aber da es als Beobachter diesen Unterschied erst erfahren muß, ist es beim ersten Mal von der Gestalt fasziniert, die es im Spiegel sieht und deren Reaktionen es in Wechselwirkung bestimmen kann. Damit ein Ich sich formt, damit es sich gegenüber seinen Bezugspersonen und der Umwelt abgrenzen kann, muß es erfahren, daß es auch dann existiert, wenn es keinen Spiegel als Bestätigung seines Abbilds hat, sondern bloß *allein* in der Welt ist. Die jubilatorische Reaktion scheint die Urerfahrung für ein Spiel um Identität zwischen Abbild und sich selbst zu sein, eine Art Prüfung, die zu allerlei Bewegungen und Grimassen Anlaß verleiht. Damit aber ist es noch nicht getan, denn das Kind, das sich so im Spiegel erblickt, sucht immer auch den *Blick eines Dritten*, die Bestätigung durch seinen fragenden Blick an seine Bezugspersonen, um sich so seiner selbst zu vergewissern. Die Triade zwischen Kind, Spiegelbild und dem Dritten, der in der erstmaligen Aufrichtung eines Ich als ganze Gestalt zu Hilfe genommen werden muß (der ja auch zuvor als eigene ganze Gestalt - als Mutter usw. - wahrgenommen wurde), erzwingt eine Selbstbewußtwerdung und ein Selbstwertgefühl *über* den Blick des anderen. Dies will ich Triangulation nennen: Es gibt gar nicht das Spiel zwischen Ich und bloßem Du, zwischen Selbst und Anderem, oder wie immer wir die vereinfachenden dialogischen Knoten weiterknüpfen könnten, denn in diesem dialogischen Spiel zwischen einem Subjekt und einem Anderen ist immer schon ein weiterer Anderer über seinen anerkennenden Blick eingeschlossen.[13] In konstruktivistischer Wendung können wir auch davon sprechen, daß es keine interaktiven Konstruktionen ohne eine Perspektive der Re-Konstruktion gibt, denn keine Interaktion fängt frei von Interaktionen an.[14]

---

[12] Wie sehr in zwischenmenschlichen Prozessen Imaginationen die Konstruktionen von Wirklichkeiten vermitteln, zeigt mit anschaulichen Beispielen Geißlinger (1992).

[13] Dies wird aber symbolisch ausgedrückt und ist darin beobachtbar: Dieser dritte Andere kann von der konkret blickenden Person bis hin zu abstraktesten Symbolisierungen reichen.

[14] Diesen Grundsatz artikulierte schon Marx in den Feuerbach-Thesen, wenn er davon spricht, daß der verändernde Weltverbesserer und Erzieher nicht vergessen darf, daß er schon erzogen worden ist.

Ich will an dieser Stelle nicht weiter den beobachtenden psychoanalytischen Zuschreibungen der frühen Kindheit nachgehen, die *vor* einem solchen Eindruck der Ganzheit durch Spiegelung - der für sie eine gewisse Reife symbolisiert - über ein Chaos von Empfindungen, eine Zerstückelung von Körperteilen usw. spekulieren[15], sondern hier nur darauf verweisen, daß für Lacan das Spiegelstadium eben deshalb eine Urszene darstellt, weil der Anblick des ganzheitlichen Bildes jede Form von Unstimmigkeit mit der Natur zurücktreten läßt und damit eine erfüllende Funktion einnimmt: Ganzheit, Abgeschlossenheit, wenn man so will im weiteren Sinne: eine vorstellende Selbst-Identität zu erreichen. Insoweit verkörpert das Spiegelstadium einerseits die Seite des Begehrens[16] des Individuums, das sich als abgegrenztes Ich bestimmt, das jedoch andererseits durch die Dimension des Anderen, auf dessen Blick es sich beziehen muß, in Frage gestellt wird.

Zur Verdeutlichung wollen wir unsere neuen Ideen auf die beiden kommunkativen Vorläufermodelle (Bateson/Watzlawick und Mead) zurückbeziehen. Wir bilden zur Veranschaulichung dazu ein Modell:[17]

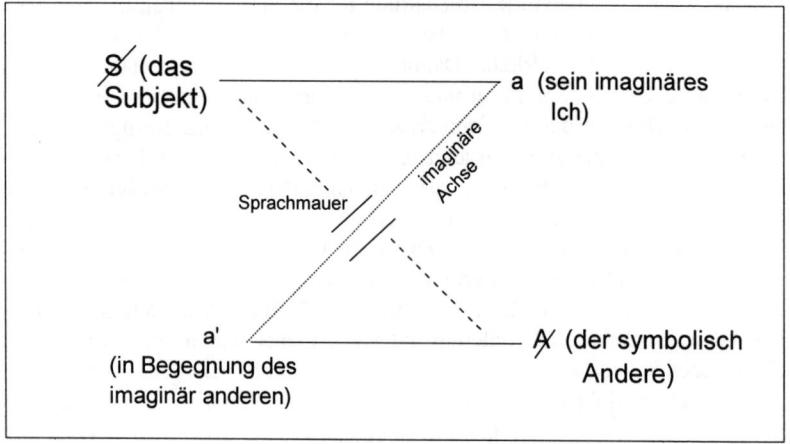

---

[15] Diese Zerstückelungsphantasien lassen sich durch neue Forschungen über Interaktivität, wie sie z.B. Stern (1993) durchführte, kaum aufrechterhalten.

[16] Das Begehren steht bei Lacan für eine libidinöse Funktion des Unbewußten, die in das Bewußte verschoben wird, weil und insofern sich das Lustprinzip im Realitätsprinzip bewahrheitet. Davon unterscheidet er Bedürfnisse, die auf physische Vorgänge der Selbsterhaltung abzielen, und Verlangen (demande), das einen Anspruch oder Appell ausdrückt und für die Anwesenheit des unbewußten Begehrens steht. Vgl. dazu Reich (1998 a, 424-465).

[17] Vgl. zu ähnlichen Darstellungen z.B. Lacan (1980, 310; 1986 a, II, 81; 1986 b, 97; 1988, 61 ff.; vgl. ferner Reich 1998 a, insbes. 430 ff.).

Das Subjekt (S̸) *in seiner imaginären Spiegelung* kann nicht direkt mit einem anderen Subjekt (A) kommunizieren, sondern immer nur vermittelt über die imaginäre Achse. Dies ist die Grundaussage unseres Modells, die wir zu illustrieren haben. Sagen wir es zunächst einmal in möglichst einfachen Worten: Wann immer wir mit einem anderen Menschen in Kontakt treten, wann immer wir kommunizieren wollen, so können wir dies nicht direkt. Wir bleiben in unserer Haut, treten nicht aus uns so heraus, daß wir direkt in den Anderen eindringen, wir schließen auch keine Kabel an, um Daten auszutauschen. Im Gegenteil: Wir bilden uns ein Bild vom anderen (a), das dem anderen als unsere Wunschvorstellung vorauseilt. Es kann in der tatsächlichen Begegnung noch korrigiert und an reale Erfahrungen angepaßt werden (a'), aber es bleibt immer *unser Bild*. Und dieses Bild mag dann später auch in uns ein Antrieb sein, den Anderen symbolisch zu bezeichnen, in eine Schublade zu stecken, mit Zuschreibungen zu arbeiten usw. Deshalb gibt es zwischen uns und dem anderen eine Sprachmauer. In der direkten Begegnung können wir unser Bild dem anderen nicht *unmittelbar* verständlich werden lassen, wir können nicht in ihn eintauchen oder ihn in uns ganz hineinlassen, so daß wir wirklich eins sind, sondern benötigen die Sprache, um uns zu verstehen und verständlich zu machen. Die Sprache, die im symbolischen System sehr hilfreich ist, ist im imaginären aber hinderlich: Sie hindert die direkte und unverfälschte Begegnung und Kommunikation darüber, was wir unmittelbar vorstellen und empfinden.

Schauen wir uns die Grundpositionen unseres Schaubildes näher an. Zunächst ist die Rolle des Subjekts und des Anderen durchgestrichen. Was soll das besagen? Dies soll ausdrücken, daß ein Subjekt in seiner Entwicklung nie nur mit sich identisch, sondern immer schon über andere/Andere gespiegelt ist: Es erscheint als durchgestrichenes S̸. Da auch der symbolisch (große) Andere, mit dem das Subjekt sich spiegelt, ein Subjekt ist, gilt, daß auch A zu einem durchgestrichenen A̸ wird. Darin drückt sich die Zirkularität der Beziehungen in unserem Modell aus. Wir symbolisieren mit der Durchstreichung die Rückkopplung jeder Kommunikation, denn es gibt hier keinen absoluten Anfang und kein Ende, sondern stete Wechselwirkungen. Damit gibt es auch nicht das reine, autonome Subjekt oder den reinen Anderen. Das Durchstreichen in dem Modell soll hierfür ein Hinweis sein.

Interpretieren wir unser Modell. Ein Subjekt steht in einer kommunikativen Beziehung zu einem Anderen. Aber - und dies ist der entscheidende Unterschied zu den bisherigen Modellen - dieses Subjekt hat keinen direkten symbol- oder informationsvermittelten Zugang zum Anderen. Alle Tore, direkt inhaltlich oder beziehungsmäßig offen beim Anderen einzutreten, sind versperrt. Selbst der Kommunikationspartner, der mir in meinem Leben am nächsten ist, bleibt ein Fremder: Er ist z.B. abgegrenzt durch seine Haut, seine für mich äußere Gestalt, seinen anderen Körper und besonders sein anderes, fremdes Vorstellen und Begehren. Zwar mag es mein Begehren sein, mich in ihm aufzulösen, einzudringen, mich zu vereinigen (mir dabei auch ein gemeinsames

Begehren vorzustellen) oder was auch immer, aber dies gelingt mir allenfalls über ein imaginäres Beobachten und Vermuten. Deshalb erscheint hier klein »a«, um auszudrücken, daß ein Subjekt nur vermittelt über sein eigenes imaginäres Ich eine Kommunikation, eine Beziehung zu einem anderen imaginierten Ich, finden kann. Dieser andere ist ein imaginierter anderer, den wir deutlich vom tatsächlichen bzw. symbolisch bezeichneten Anderen unterscheiden müssen, zu dem wir keinen direkten, sondern immer nur einen über unsere Imaginationen (unser Begehren) *vermittelten* Zugang haben. Um diesen Anderen in Annäherung an erfahrbare Situationen, die nicht nur Halluzinationen oder Illusionen sind, zu finden, benötigt das Subjekt »a'«, seine Imagination dieses anderen in der Begegnung, wie sie wiederum subjektiv erfahren und konstruiert wird. Hier gelangt es zu einer Anschauung, die das eigene Begehren (a) mit den imaginierten Wirkungen des anderen (a') vermittelt. Sie sehen: Die Positionen von »a« und »a'« sind durchaus denen des "I" und "Me" vergleichbar. Was dort für die symbolische Ebene bezeichnet wurde, erscheint hier für die imaginäre. Was aber bleibt dann vom »tatsächlich« Anderen?

Der große Andere, der hinter dem »A« steckt, symbolisiert eine Welterklärung, die für das Subjekt vorgängig die Realität strukturiert, auch dies ist gedacht wie bei Mead, obwohl unser Subjekt hier stets nur vermittelt über seine imaginären Vermittlungen damit zu tun bekommt. Und dennoch gibt es den großen Anderen, wie wir im Blick auf das symbolische System feststellten. Damit haben wir es nun offensichtlich mit zwei anderen/Anderen zu tun: einmal imaginär (a) und einmal symbolisch (A). Aus dieser Verdopplung heraus stellt sich uns die Frage, wie der imaginäre andere auf den symbolischen Anderen wirkt. Und auch die Gegenfrage stellt sich, wie der symbolische Andere den imaginären anderen beeinflußt. Bevor wir zu einer Antwort kommen, müssen wir uns noch intensiver unserem imaginären Modell zuwenden.

Treten wir in diese Welt noch einmal als Kind ein. Als Subjekt stehen wir der Verfügungsgewalt eines großen Anderen, unseren Eltern z.B. gegenüber. Wenn wir mit einem Elternteil kommunizieren, so unterliegen wir eigenen inneren Antrieben, die wir unter den Begriff des Begehrens zusammenfassen. Wir müssen darüber gar nicht weitreichend nachdenken, d.h. das Begehren selbst mag sich nur als Symptom für einen Außenstehenden äußern: Dieser erkennt vielleicht unsere Motivation an leuchtenden Augen, unsere Ungeduld an unserer Zappeligkeit, unsere Sehnsucht an einem verlangenden Blick und einer greifenden Geste, unsere Furcht an einer Abwendung oder im Wegrennen. Dies aber sind bereits seine Gedanken über uns, also seine Imaginationen, seine Vorstellungen über das, was in uns vorgehen könnte. Was aber geht in uns vor?

Auch wenn es uns nicht bewußt sein mag, so sind wir im steten imaginären Fluß unseres Begehrens, das uns durchquert wie das Blut, das in unserem Kreislauf strömt, ohne daß wir genauer wissen wie und warum, so sind wir in diesem imaginären Fluß immer wieder vor Blicke und mit ihnen Perspektiven gestellt, die sich vor allem als Bilder und Gefühle in uns aufrichten: Hier sehen wir uns wie von außen, als eine Art Ganzheit, als ein imaginäres Ich (a), das selbst zwar nur eine Momentaufnahme des Erblicktseins durch uns selbst sein kann, das sich auch noch gar nicht sprachlich formuliert, sondern als Intuition, als Wunsch, als plötzliche Reaktion, als Empfindung bzw. Gefühl, des öfteren als eine Art Tagtraum darstellt, das aber in dieser Darstellung zu uns gehört und unsere Beziehung zu jenen anderen Vorstellungen ausmacht, die auch noch in uns sind. Zu solchen Vorstellungen gehört, wenn wir mit Anderen kommunizieren, notwendig der jeweilig andere (a'), den wir uns imaginieren und irgendwie verwoben in einem Verhältnis zwischen diesem Bild von uns und uns gegenüber anderen situieren. Solche Situationen können sehr verschwommen, aber auch klar und luzide erscheinen, wenn uns sozusagen in einem Bild etwas klar wird, worüber wir zuvor vielleicht schon lange gesprochen hatten, ohne je zu einer Lösung zu kommen. Erinnern wir uns noch einmal an unser belustigendes Anfangsbild der Familie Hoppenstedt. Herr Hoppenstedt hatte seine eigene Imagination sowohl des Nachtisches, den er begehrte, als auch der Freundschaft, die er mit einem Du anbot. Aus der Sicht seiner Imaginationen entstand ein idealisiertes Bild seines eigenen Fühlens (a) als auch der gefühlten Erwartungen an den anderen (a'), aber durch die Handlungen von Herrn Pröhl bemerkte er Wirkungen in der realen Begegnung, die sein Imaginäres auf beiden Seiten enttäuschten. Nach dieser Enttäuschung verblieb Herr Hoppenstedt nicht auf der imaginären Ebene - dann hätte er sich einbilden müssen, daß dieses neue Bild ganz im Einklang mit seinem stünde -, sondern wechselte ins Symbolische, um seinen Unmut jenseits seiner Imaginationen auszutragen. So sehr sich Herr Hoppenstedt als Selbstbeobachter betrachtet, er verbaut sich symbolisch den Zugang zu seinem Imaginären, weil er mit den Erklärungen, die er sucht, ja bereits im Symbolischen ist. Und auch wir als Fremdbeobachter sehen die Handlung als überwiegend symbolisch an, obwohl wir dank der Prägnanz der Loriotschen Kameraeinstellungen eben auch bemerken, daß es etwas hinter der äußerlichen Fassade gibt.

Und nun lautet unsere Behauptung für jegliche Kommunikation, daß wir den anderen nie außerhalb dieses imaginären Flusses situieren können, sondern ihn immer hierüber *vermittelt* erfahren, wahrnehmen, genauer: konstruieren.

Folgender Einwand mag sich sofort ergeben. Wenn der andere nur unsere Vorstellung auf einer imaginären Achse ist, dann fragt es sich, warum sein symbolisches Ordnungssystem so rigide einzugreifen vermag. Als Kinder haben wir kaum eine Chance, uns gegen die symbolische Ordnung der großen Anderen zu wehren. Sie scheinen sie als Wissen und tugendhaftes Verhalten in uns hineinzupumpen, in uns einzubilden, unser Begehren damit zu kanalisieren.

Dieser Anschein ist sehr wichtig, denn er hat gerade in der Pädagogik zu absurden Schlußfolgerungen geführt. So konnte es geschehen, daß Pädagogen die Welt des Imaginären zu sehr aus den Augen verloren haben.

Die Scheinhaftigkeit dieser Unterstellung wird in jenen Rissen erkennbar, in denen Imaginäres und Symbolisches nicht ineinander aufgehen können. Besonders Künstler scheinen hierfür sensibel zu sein, aber auch Kinder sind es. Der imaginäre Überschuß, der Überschwang und die Fülle an Energie, für viele Erzieher, die sich auf symbolische Ordnung fixiert haben, eine nervliche Strapaze, lassen solches Begehren aufscheinen, das sich noch nicht fixiert und sublimiert hat, das noch nicht in Symbolik gesättigt und geronnen ist, sondern offen für die scheinbar dümmsten Fragen, die scheinbar nutzlosesten Dinge, die scheinbar verschwenderischsten Vorstellungen, die abwegigsten Aktionen bleibt. Pädagogischer Erfolg aber wird sehr wenig an dieser begehrenden, imaginären Seite festgemacht, weil in der Kultur das Imaginäre zwar vorkommen und durchaus künstlerisch zugelassen sein mag, aber doch erst, wenn es zuvor symbolisch gereinigt wurde. Aus der symbolischen Unterscheidung heraus können dann die wundersamsten Bilder und Ideen wieder in die Ordnungswelt als deren Aufhellung oder Belebung zurückkehren. Dabei vergessen wir in der Überbetonung des Symbolischen, das insbesondere in allen Kodifizierungen der Moderne nach uns greift, das sich in Institutionen vervielfältigt hat, die ein Leben selbst zu repräsentieren scheinen, das uns als blasses Abbild des Lebendigen aus der Sphäre mangelnden Beziehungslebens in Lichtgeschwindigkeit aus den Gehäusen moderner Massenkommunikation entgegengeschleudert wird, dabei vergessen wir, daß wir selbst alles dies zunächst imaginär zusammenschweißen und zusammenhalten, indem wir überhaupt gelernt haben, etwas vorstellen zu *wollen*. Hier hat sich unser individuelles Begehren imaginativ mit jenen Angeboten von Wirklichkeit vermitttelt, die sich nicht einfach in uns abgebildet haben, sondern deren Konstruktion wir unter Vermittlung unseres Imaginären zu leisten gelernt haben. Aus solchen Verbindungen heraus entstehen Sondierungen, die als Symbolisches zurückkehren und fester als jedes Imaginäre zu sein scheinen, obwohl sie die Imagination solcher Festigkeit in uns voraussetzen. Festigkeit ist damit eine Konstruktion, die voller Illusionen ist. Bei psychischen Krankheiten sehen wir die Gewalt, mit der scheinbar feststehende Ordnungen weggespült werden und das Chaos, in dem sie dann doch wieder als zwanghaftes Verhalten, als Spaltung und innerer Riß, als Angst usw. zurückkehren.

Und dennoch bleibt in der Tat die Wirkung bestehen, daß trotz der imaginären Vermittlung das symbolische System wie ein Sieger erscheint. Kein Kind wird sich über sein Begehren genügend wehren können oder wollen, seine Muttersprache nicht zu erlernen. Es verfügt als Kind gar nicht über solche autonomen Entscheidungsfähigkeiten. Das ist wohl richtig. Die Erzieher nutzen meistens ungewollt das imaginäre Spiel, weil sie sich in ein Bündnis mit den Imaginationen stellen, indem sie sich als seine Spiegelungsfläche anbieten. Und solche Angebote, darauf achteten Erzieher immer schon, erfolgen nicht bloß zufällig, sondern ritualisiert, um sie unausweichlich zu machen. Insoweit mag am Ende dann tatsächlich das Bild erscheinen, als hätten die Pädagogen Gewalt über ihre Zöglinge, mag es so scheinen, als könnte ein Rousseau, wenn er sich ausdenkt, wie ein Zögling, wie Emile erzogen werden sollte, durch ein totales Arrangement tatsächlich einen neuen, einen »natürlichen« Menschen schaffen. Diese Überbewertung und -erwartung unterschätzt das Imaginäre, indem sie bestimmte seiner Formen (die symbolisch als sicher erscheinen) bevorzugt. Es wird aber doch immer wieder in jenem Riß erscheinen, der besonders auf der Beziehungsebene notwendig auftritt: Sympathie und Antipathie sind z.B. Ausdrücke eines Imaginären. Jeder Pädagoge wäre verloren, wenn er für alle Lerner gleich sympathisch sein wollte. Er wird das Imaginäre sehr unterschiedlich ansprechen, weil das Begehren der Lerner vielfältig und unterschiedlich ist. Und so steht er schon in der Gefahr, allein auf das Symbolische zu vertrauen. Man hat in der Pädagogik der neueren Zeit drei Lerndimensionen unterschieden, um scheinbar aus symbolischer Enge zu entfliehen. Es sind dies die Dimensionen des Kognitiven, Affektiven und Psychomotorischen (teilweise des Pragmatischen).[18] Mit diesen Dimensionen wollte man insbesondere Lehrer darauf aufmerksam machen, daß sie nicht nur kognitiv-symbolisch ihren Stoff vermitteln können. Kinder haben in Abhängigkeit und in Vermittlung mit den anderen Dimensionen auch Gefühle, Erlebnisse, körperliche Spannungszustände, motorische Lust usw. Hier schimmert durchaus auch das Imaginäre mit auf, aber es wird nicht konsequent entfaltet. Denn die Lerndimensionen sollen dem Lehrer dazu dienen, seinen Unterricht auf alle Dimensionen hin angemessen zu planen. Aber wie kann ich - außer in einer gewissen Allmachtsphantasie - das Imaginäre des Anderen planen? Wir hingegen benutzen das Imaginäre nicht als funktionales pädagogisches Instrument, sondern als eine Grenzbedingung von Kommunikation. Wir weisen darauf hin, daß alle strategischen und kommunikativen Analysen und Planungen von Pädagogen immer ihr Bild, ihre Imagination des anderen sind, wie umgekehrt die Schüler z.B. ihre Lehrerbilder entwickeln.

Übertragen wir dies zurück ins symbolische Beobachten, dann kann die imaginäre Grenze für uns eine große Hilfe sein. Wir entlasten uns aus dem pädagogischen Zwang, immer wissen zu müssen, wie die Lerner am besten funktionieren, was sie angeblich sind, wie sie sein müßten. Wir erkennen, daß solche Vorstellungen unsere Imaginationen oder schlichte symbolische Vorgaben sind.

Dies allerdings wirft uns zuerst auf uns selbst zurück. Fange bei dir an, so lautete eine Regel aus dem zweiten Kapitel. Der Erzieher ist als großer Anderer ja auch selbst ein Subjekt. Auch er benötigt sein Imaginäres, um zu kommunizieren. Was aber, wenn er sein Imaginäres so eingerichtet hat, daß es symbolisch viel zu sehr überformt ist, dabei vielleicht sogar bis zur Unkenntlichkeit verstümmelt ist, kaum noch zugelassen scheint und mithin so dickflüssig und dröge wird, daß ein Anderer, hier das Kind oder ein Lerner, sich wenig imaginär angesprochen fühlt? Was können wir gegen die Langweiler, die

---

[18] In anschaulicher Form wird dies z.B. bei Heimann für die Schule diskutiert; vgl. Heimann (1976, 124 ff.); ferner Reich (1977, 1979). Diesen Modellen fehlt jedoch eine begründende Theorie der kommunikativen Beobachtung und des kommunikativen Handelns.

Uninteressierten, die Demotivierten, die Unkreativen, die Einseitigen usw. tun? Hier scheint das Geheimnis eines pädagogischen Bezuges zu schlummern, über den man hinter vorgehaltener Hand als pädagogische Begabung, als intuitive Eignung für den Pädagogenberuf usw. spricht. Es ist eigentlich keine symbolische (fachliche) Eignung, sondern eine über Imaginäres gespiegelte, die stets unausgesprochen bleiben kann, obwohl sie für den Transport von symbolischen Inhalten wichtiger als alles andere ist. Auch hier erscheint der Primat der Beziehungsebene. Aber er verdeutlicht sich jetzt als ein Vermögen, das auf Kräfte des Schöpfertums, der Kreativität und Lebendigkeit in uns und ihre Spiegelungsfähigkeit in anderen verweist.

Dieses Geheimnis läßt sich auch durch einen Rückgriff auf Mead illustrieren. Für Mead war das »I« jene Instanz, die als relativ spontane und offene, ereignisbezogene und kreative sich in der Welt situierte, ohne daß er Gefühle und Empfindungen ausschließen wollte. Aber dieses Ich wird nun von uns radikalisiert, weil es mit einem imaginären Begehren verknüpft wird, das sich einerseits als Ganzheit in sich und für sich spiegelt (identisch wird als Selbst), ohne darin identisch bloß mit sich sein zu können (es bleibt die Spannung a zu a'). Identität wird zu einer Stelle der Anwesenheit, die zugleich Abwesenheit solcher Identität ist, weil sie imaginär an eigene Vorstellungen (a) und die eines anderen (a') geknüpft ist, weil sie ohne solche gar nicht vorgestellt oder vermittelt gedacht werden kann.

Das Imaginäre ist als Vorstellung anwesend, aber es ist ein steter Fluß des Vorstellens, Wünschens, Begehrens, der zugleich die Abwesenheit einer symbolvermittelten Identität zeigt. Doch immer dann, wenn das Imaginäre in Sprache überführt wird, erscheint das Symbolische. Dann taucht der große Andere auf, der dieses Spiel von Identität in ein symbolisches System zwängt, seine Schubladen des Identischen aufzieht und sich Personen konstruiert, die in diese passen. Hier erscheint Meads Ort des »Me«, der schon ein Ort der Generalisierung im Diskurs von Anderen ist, weil diese festhalten, was mein Begehren umgreift oder umgreifen soll, darf, muß.[19] Imaginär kann ich die Wirkungen des Symbolischen bestreiten, mich scheinbar ganz auf meine Wunsch- und Traumwelten zurückziehen. Aber wehe, wenn ich dies sprachlich kommuniziere, wenn ich mich sprachlich mit Anderen verständige. Dann stehe ich als Subjekt in einer doppelten Spannung. Einerseits unterliege ich den eigenen projizierten Imaginationen meines »I«, die mein Begehren unvermittelt auszudrücken scheinen, um andererseits diese Unvermitteltheit aufgeben zu müssen, weil mein »Me« bereits die Rückkopplung mit dem imaginierten anderen einschließt. So behauptet eine Seite in uns gerne, daß wir ganz allein auf diese oder jene Idee gekommen sind, um so die Spiegelung zu vergessen, die uns diese Idee als

---

[19] Hier unterscheiden sich die Positionen von "a'" und "Me" radikal. Imaginär wünschen wir den anderen in der Begegnung so oder so zu sehen, als "Me" aber will Mead uns vorgängig symbolisch relevante Rollenmuster zuschreiben, die wir uns aneignen sollen.

Imagination eines anderen bereits vorgegeben hatte. Alltagssprachlich wird dies oft ausgedrückt. So sagt man z.B.: "Menschen wünschen sich vorrangig das, was sich andere wünschen." Hier wird ausgesagt, daß die Wünsche nicht frei von der Rückkopplung sind, die unser imaginiertes Bild von den anderen so verinnerlicht hat, daß es als unser ureigenstes erscheint. Oder: "Freiheit ist immer auch die Freiheit des Andersdenkenden." Hier wird die eigene Imagination der Freiheit in die symbolvermittelte Beschränkung auf den imaginierten anderen selbst zurückgenommen. Wir könnten die Beispiele unzählig vermehren und kommen immer wieder auf eine Grundkonfiguration: Bewußt oder unbewußt wird ein Subjekt von seinem Begehren angetrieben, von dem wir erst wissen, wenn es sich symbolisch geäußert hat, von dem dieses Subjekt aber eine Spannung zwischen eigener Imagination seines Begehrens und Vermittlung mit dem Begehren eines anderen erfährt, ohne daß es in der Regel ausdrücklich beide Seiten unterscheiden kann. "Liebe ich sie, weil sie mich liebt, oder liebt sie mich, weil ich sie liebe?" Es erscheint nicht nur in der Liebe ein unendliches Spiel der Vertauschungen, die allein symbolisch beruhigt werden können. Aber Kommunikation ist *vor* solcher Beruhigung immer ein imaginärer Vorgang. Sie ist deshalb immer auch unberechenbar, denn weder die eigenen begehrenden Imaginationen sind dauerhaft vorhersehbar noch die Rückkopplungen mit imaginierten anderen, die sich immer auch in symbolische oder - wie wir noch sehen werden - reale Andere verwandeln. Wenn Watzlawick und Mitautoren sagen, daß es nicht möglich ist, nicht zu kommunizieren, um damit auszudrücken, daß Kommunikation immer eine Beziehung zum Anderen etabliert, so radikalisiert sich die Aussage hier: Es ist nicht möglich, *direkt* symbolvermittelt zu kommunizieren, weil nur über das Imaginäre vermittelt Kommunikation stattfinden kann. Deshalb verspüren wir, ohne nachdenken zu müssen, Lust oder Unlust bei den verschiedenen kommunikativen Beziehungen, die wir unterhalten. Deshalb auch ist keine Kommunikation vollständig symbolisch beschreibbar, weil sie einen auch für uns überraschenden, von Motiven und Begehren angefüllten Raum umschließt, der uns unsichtbar mit anderen verbindet. Wir benötigen zwar das Symbolische, denn es schafft erst die notwendigen Begrenzungen, die für Verständigung Voraussetzung sind. Dennoch gibt es in allen Lösungen Rätsel. In den Rätseln stecken Spannungen, die ins Symbolische und Tote zurückfallen, wenn wir darüber sprechen, die zugleich für uns auch eine Sprachmauer entstehen lassen, weil wir niemals *unmittelbar*, wie es in uns vorgestellt und empfunden »ist«, mit Anderen darüber sprechen können.

Wo empfindet das Subjekt diese Spannungen? Das Ich ist vorrangig eine imaginäre Konstruktion (Lacan 1980, 309). Wäre es nicht imaginär, dann wären wir keine Menschen, sondern Monde, Planeten in bestimmten Umlaufbahnen, berechenbar. Dieses imaginäre Ich begegnet z.B. als Kind einem Pädagogen, der es als Subjekt auffaßt, ohne damit aussagen zu können, was ein Subjekt in seiner Vollständigkeit ist. Davon weiß er nichts. Er weiß als Pädagoge gerade von seinen Auffassungen - also seinen Beobachterpositionen -, und es steht überhaupt in Frage, wie vollständige Wesen ausgesagt werden sollten. Welche Beobachterposition müßten wir einnehmen, um sie zu beobachten? Das weiß niemand - außer Gott, der wiederum eine vollständig erscheinende Projektion menschlicher Beobachter ist, was bloß das Problem auf eine andere Ebene verschiebt, ohne es zu lösen. Dieses Ich nun spiegelt sich, indem es sich - nach seinem Spiegelstadium (eine Erfahrung, die wir irgendwie alle einmal in der Kindheit machen) - als abgeschlossen, begrenzt, kurzum als Ich imaginiert. "Es kann glauben, daß es dieses Ich ist, so weit ist alle Welt, und es ist unmöglich, da herauszukommen." (Ebd., 310) Aus diesem Ich heraus sieht es alle Objekte der Welt, die auch die anderen Menschen sind, und wie es in allen Interaktionen bereits über den Blick des Dritten sich in seinem Subjekt-Objekt-Wechselspielen erlebte[20], so erlebt es sein Ich in seinen Imaginationen immer über die Imaginationen von seinesgleichen - über Blicke, Körpersprache, Gefühle usw. -, denn kein Ich kann ohne Anerkennung Anderer und umgekehrt sein. Es ist eine Welt, die den Anschauungen viel näher ist als die symbolische Welt, eine Position, die auf eine vorstellend konstruierte Symmetrie und Homogenität mit anderen drängt, auch wenn dies selbst nicht bewußt sein mag, denn die Spiegelungen gehören zu den unerwähnten Selbstverständlichkeiten des Lebens. Solche Spiegelungen sind nun aber keineswegs Abbildungen oder naiv gedacht Widerspiegelungen einer Wirklichkeit, sondern über das Begehren des Subjekts selbst vermittelt. Solches Begehren ist jedoch nicht einfach zugänglich und im Spiegel selbst anschaubar.

Deshalb existiert zwischen Ich und Anderen eine Sprachmauer. Im Imaginären sind wir sprachlos. Es ist eine Differenz zur Sprache, die für den Sinn von Sprache, für Bedeutungen und intuitive Nuancierungen grundlegend ist. Keine Maschine, selbst wenn sie über eine Sprache in ihrem Input und Output verfügt, besitzt diese Differenz. Menschen sind eben keine Monde oder Computer, deren naturgesetzlich konstruierte Regeln immer eindeutig ablaufen. Dies vergessen wir so oft, wenn wir Menschen betrachten. Wir bilden uns ein, sie tatsächlich abbilden zu können, ihr Wesen wiedergeben zu können, etwas eindeutig Symbolisches über sie auszusagen, beschreiben zu können, wer und was sie sind, obwohl wir nur unsere Imagination über sie konstruieren und darstellen. Unser Konstrukt der Sprachmauer bedeutet, daß diese Beschreibung einer Illusion unterliegt, daß wir uns selbst zu Monden oder Maschinen machen, wenn wir solches wollen.

Warum aber fällt es uns schwer, die Sprachmauer zu erfassen? Warum bilden sich so viele Menschen ein, tatsächlich die Wahrheit über andere Menschen aussagen zu können? Warum versuchen wir mit einer Fülle von Testverfahren unserem wahren Wesen auf die Spur zu kommen und lechzen nach diesen illusionären Ergebnissen?

---

[20] Diese Wechselspiele schließen auch Subjekt-Subjekt-Spiele ein.

Die Sprache führt das imaginäre Ich dazu, von anderen Ichs und sich selbst so zu sprechen, als würde es sich um reale Dinge handeln. Und da wir Sprache in einer Verständigungsgemeinschaft gebrauchen, die wir übrigens auch schon in unseren ersten beiden Modellen schlichtweg als universellen Vermittler unterstellten, werden sich die Menschen oft über ihre imaginäre Achse *symbolisch* einig. Aus solcher Einigkeit heraus können wir denken, daß wir uns auch imaginär einig sind. Solche erfolgreiche Gleichschaltung der Imaginationen aber führt leicht in die Illusion zu glauben, daß es sich um reale Dinge handeln könnte. Umgekehrt können wir die symbolische Einigung aber auch nicht verweigern. Sie erst läßt uns ja überhaupt die hier benannte Differenz erfassen. Sprachlich einigen wir uns ja auch darüber, daß wir uns sprachlich nicht vollständig einigen können. Und dennoch bleibt ein Riß. Das Imaginäre in seinen Besonderheiten muß erst symbolisch gleichgeschaltet werden, damit wir diese Effekte erzielen. Vor der Sprachmauer ist es individuell, singulär, dem Außenstehenden unbekannt und im Selbstbild oft unbewußt, hinter der Sprachmauer und symbolisch bearbeitet wird es erst so umgeformt, daß wir uns scheinbar gleich und verständnisvoll mit ihm beschäftigen können. Hier konstruieren wir unsere Gemeinsamkeiten, die dann in uns zirkulieren und damit auch unsere Imaginationen nicht unbeeinflußt lassen. So verbindet sich das Imaginäre mit dem Symbolischen, es heftet sich an Symbolisches und Ereignisse der Außenwelt in unserem Wahrnehmungsbewußtsein[21], obwohl das Imaginäre doch immer wieder launenhaft gegen unsere symbolischen Vergewisserungen erscheint.

Oft hilft man sich an dieser Stelle mit dem Bild einer Realität, die den Riß zwischen Symbolischem und Imaginärem kitten sollte. Gibt es denn keine Realität? Wo ist unsere Wahrheit als Subjekt und die Wahrheit von authentischen Begegnungen von Subjekten dann noch situiert? In Kommunikationen fragen Menschen immer wieder nach dem realen Anderen. "Sage mir, wer du wirklich bist!" Aber wie soll dies geschehen?

Wenn wir als Beobachter schauen, dann treffen wir zunächst unsere Imaginationen eines anderen, dann unsere Imaginationen in der Begegnung mit anderen. Imaginär erreiche ich den realen Anderen nicht. Aber ich sehe in meinen Bildern, daß er nicht so ist wie ich. Ich vermute, daß er ein symbolisch Anderer ist. Unter dieser Voraussetzung muß ich meine Beobachterperspektive wechseln. Ich gehe ins Symbolische. Wir überwinden unsere Sprachmauer und einigen uns jetzt sprachlich: *Wir verständigen uns.*

Immer noch nicht habe ich den realen Anderen gefunden. Kann es ihn geben, wenn ich symbolisch mit Anderen konstruiere und sie imaginär in mir spiegele?

Offensichtlich kann er nicht vor der Sprachmauer sein, wo sich das imaginäre Ich in seinem Begehren mit den Spiegelungen anderer trifft und noch nicht

---

[21] Freud bildete hierfür das Bild von Objektbesetzungen und psychischen Repräsentanzen.

reduktiv artikuliert. Was ist überhaupt vor der Sprachmauer? Dort lauert irgendein Ich, vielleicht ein Trieb, irgend etwas Imaginäres, das im Fluß, in Bewegung ist, aber wir können *an diesem Ort* in Ermangelung von Sprache nichts darüber sagen. Worüber man nicht sprechen kann, darüber muß man schweigen (Wittgenstein). Wir haben bloß eine dunkle Ahnung davon, was hinreichender Anlaß für die Konstruktion dieses Modells war. Aber wo ist die Sprache?

Für das Kind ist sie immer zunächst beim großen Anderen. Sie erscheint dort, wo der große Andere seinen Ort hat, wo er in Form der symbolisch gewordenen Sprache erscheint, wo sich das Imaginäre an das Symbolische geheftet hat, um real zu werden, und auch erst dort werden wir zu wirklich Anderen, zu wahren Subjekten.[22] Denn der Andere verweist uns auf Objektivierungen, über die wir uns verständigen können. Deshalb gründet uns die Sprache im Anderen, obwohl sie zugleich verhindert, ihn umfassender zu verstehen. Denn wenn wir diesen Ort der Wahrheit erreichen, dann sind wir bereits im Mangel. Auf der anderen Seite der Sprachmauer erreiche ich den anderen eben nie so, wie es imaginativ ist. So sind wir oft sprachlos und ohne Worte.

Es hängt hier offensichtlich vom Beobachter ab, ob er eher die imaginäre Achse der Vermittlung oder das symbolische Ergebnis im Prozeß wechselseitigen Spiegelns in die eigene Perspektive nimmt. Nur aus der Position »A« jedoch kann er der Illusion erliegen, eine wahre Realität herzustellen, sozusagen einen wahren Mond abzubilden. Damit übersieht er *»a«*, das sowohl ihm wie auch dem Anderen als imaginäres Ich innewohnt. Aber erst aus der beobachtenden Position zu a/A wird beiden Seiten bewußt werden können, wie die Sprachmauer sich in das Gespräch einmischt und welche überraschenden Fragen im imaginären Begehren lauern, die nicht vorschnell durch symbolische Erwartungen des gesellschaftlich formierten großen Anderen kontrolliert werden sollten, um Menschen nach dem Muster der Verdinglichung und Verobjektivierung zu erzeugen.

Selbst wenn wir symbolisch solche verobjektivierten und kontrollierten Muster als Pädagogen erzeugen wollten, was wir *als Pädagogen* in Prozessen der Verständigung oft sollen, unser Modell bezeichnet hier eine Grenze: Zwar mag das ganze Wesen des Menschen immer wieder auf die symbolische Funktion einer Verständigung drängen, um dort die Anwesenheit einer Harmonie, einer Ganzheit, einer Ordnung der Dinge zu erreichen, aber diese Wunschwelt einer Ganzheit, auf die sich das Begehren richten mag, und die durch Blicke Anderer ermuntert wurde, schlägt immer auch in die Abwesenheit des Blicks des Anderen um, weil sie dessen Begehren nie vollständig erreichen kann. Denn wie sollte zwischen unterschiedlichen Subjekten ein andauerndes Begehren so

---

[22] "Die Sprache ist begreifbar nur als ein Netz, ein Geflecht über der Gesamtheit der Dinge, über der Totalität des Realen. Sie schreibt auf die Ebene des Realen jene andere Ebene ein, die wir hier die Ebene des Symbolischen nennen." (Lacan 1990, 328 f.)

gleichgestellt werden, daß diese gleichsam symbiotisch verschmolzen zu gegensatzlosen Einheiten werden müßten? Dies wäre Auflösung der Individualität, Herstellung von uniformen Persönlichkeiten, damit eine Gefahr für jede demokratische Orientierung. Für begrenzte Zeit mag sie durchaus positiv empfunden werden, vor allem in der Verliebtheit. Aber gerade in ihr wird sie ständig ad absurdum geführt, denn Verliebtheit ist kein Dauerzustand. Es ist eben das Spannungsverhältnis zwischen Anwesenheit und Abwesenheit, das dem interaktiven Lebensprozeß selbst Spannung verleiht und zugleich immer wieder zu Idealen führt, diese Spannung aufzulösen. Liebe, Haß, Tod und alle anderen grundsätzlichen Ausgangslagen, die sich den interaktiven Bemühungen des Menschen stellen und seine eigenen Grenzen dokumentieren, sind daher immer wieder Anlaß, Lösungsmodelle zu unterbreiten, die die imaginative Welt unterschätzen und die symbolische überbetonen. Dies wird vor allem in einer religiösen Heilsuche sichtbar, die sich symbolisch wohlgeordnet gibt, obwohl sie anerkennen muß, daß menschliche Symbole keinen Wert gegen die große Imagination haben; aber auch in einer wissenschaftlichen Suche wird dies erkennbar, wenn sich die Wissenschaft über all die Abwesenheiten und Differenzen tröstet, die ihr Durcharbeiten von Wirklichkeit so schwer macht[23]; schließlich auch in einer pädagogischen, die uns symbolisch von den Überschwängen imaginärer Energien reinigen soll. Aber käme es nicht eher darauf an, diese Energien zu nutzen, statt ihnen stets vorrangig das Wasser abzugraben?

Um dieses Problem besser zu verstehen, müssen wir noch einmal auf das Symbolische und seine Aufgabe zurückschauen. So wichtig die imaginäre Position auch ist, um die menschliche Phantasie zu behaupten, sie bedingt geradezu die Grenzziehung durch das Symbolische, um den Menschen als soziales Wesen zu konstituieren: Bevor das Subjekt in seinem Begehren nicht lernt, sich symbolisch zu differenzieren und anzuerkennen, verbleibt es auf einer imaginären, entfremdeten (weil der Verständigung fremden) Ebene, ohne Ausweg projiziert und über Spiegelungen sogar im anderen situiert. Bei Kindern ist die Aggressivität und Neidposition z.B. deutlich zu erkennen, wenn ein jüngeres Geschwister an einem begehrten Objekt, z.B. der Brust der Mutter, saugt, und die eigene symbolische Ordnung noch nicht hinreichend gestattet, dies verstehend zu distanzieren. Für den Menschen als *soziales* Wesen ist nicht wie für ihn als biologisches eine Autopoiese, eine Selbstorganisation seiner Zellen und ihrer Funktionen maßgebend, sondern eine Abhängigkeit, die eigenes Begehren nur *imaginär* vermittelt mit anderen und durch anderes ermöglicht. Was kann dieses kleine Kind nunmehr mit seinen Gefühlen tun? "Jedesmal wenn das Subjekt sich als Form und als Ich auffaßt, jedesmal wenn es sich in seinem Status, in

---

[23] Es ist die Ironie seines Ansatzes, daß Lacan hinter diese Einsicht dort zurückfällt, wo er psychoanalytische Grundannahmen als letzte Erklärung einführt: Insbesondere die Frage, was das Begehren des Begehrens sein könne. Ich kann dies hier nur erwähnen, da eine Kritik an Lacan hier nicht mein Interesse ist. Vgl. dazu Reich (1998 a, 424-465).

seiner Statur, in seiner Statik konstituiert, projiziert sich sein Begehren nach außen. Woraus die Unmöglichkeit jeder menschlichen Koexistenz folgt." (Lacan 1990, 219)

Der Psychoanalytiker Lacan ist hier radikal. Es hilft auch keine Vernunft, solche imaginierten Neidpositionen gänzlich zu überwinden, denn das je individuelle Begehren wird zu einem begehrenden Blick, dessen Spiegelungen zwar den anderen in die eigene Imagination zurückholen können, aber darum nicht minder den eigenen - durch und durch egoistischen - Antrieben unterliegen. Nur symbolische Einsicht, nur die Verinnerlichung eines Selbstzwangs wird die Imaginationen *begrenzen* können. Es wird zu einer Schranke des Subjekts, sich der Welt der Symbole zu nähern, um hierüber seine Anerkennung zu finden. Das Kind muß sich seiner Mutter und Umgebung verständlich machen, damit ihm hierüber jene Anerkennung zuteil wird, von der es grundlegend entfremdet ist. Die Sprache ist für Lacan das einzige Hilfsmittel, das diese Anerkennung sichert, denn nur über das Sprechen sieht er jene Unterschiede konstituiert, die zu einem Träger, zu einem Kleid, zu einer Maskerade für das Begehren werden können. Gleichwohl scheint hier eine Überschätzung der Sprache vorzuliegen, denn die Mutter kann ihr älteres Kind genauso gut mit einem Blick, mit einem Streicheln, mit einer verständnisvollen Geste trösten, die mehr als Worte zu sagen vermag. Lacan allerdings würde einwenden, daß all dies unverstanden bleiben müßte, wenn es sich nicht im symbolischen Register nach einem Verstehen ordnen könnte, das sich als solches aussagt und in der Anerkennung dem Anderen ausgesagt werden kann. Dies erst erzeugt Verständigung. Und solche Verständigung kann dann in den Beziehungen der Menschen symbolisch zirkulieren. Die symbolische Ebene schafft Unterschiede, die Unterschiede machen. Denn das Symbolische bedrängt als ein Teil des Selbst das Imaginäre. Gäbe es die symbolische Ebene nicht, dann gäbe es auch keinen Konflikt mit dem Imaginären, und jeder könnte scheinbar seinen Neigungen folgen (Lacan 1980, 413). Die Erfahrung jedoch widerspricht einem solchen Denken. Das Symbolische wird zur unverzichtbaren Bedeutung, zur Trennung und Grenze vor den Überschwemmungen des Imaginären. Und erst über diese Grenze wird das frei, was wir als Kreativität und schöpferische Kraft in der Wechselwirkung zwischen Symbolischem und Imaginärem in einer Lebens-Kunst erreichen können: Gefühle zu ent-äußern, ohne von ihnen ertränkt zu werden.

Dann aber stellt sich die pädagogische Aufgabe so dar: Wir benötigen das Symbolische, aus dem wir uns nicht trennen können, weil es erst die Unterschiede in unserem Denken und Verstehen macht und damit Denken und Verständigung überhaupt ermöglicht. Denken und Verständigung aber sind Voraussetzungen für jedes geplante Handeln und damit für jede Pädagogik. Aber um das Symbolische zu aktivieren, kommen wir ohne das Imaginäre nicht aus. Wir sitzen in der Falle symbolischer Einsamkeit, wenn es uns nicht gelingt, an das Imaginäre und damit an unser Begehren und an das Begehren der Lerner, der Teilnehmer, der Menschen, mit denen wir Beziehungen eingehen, zu rühren. Umgekehrt sitzen wir in der Falle imaginärer Einsamkeit (wozu psychische Erkrankungen bis hin zur Schizophrenie gezählt werden), wenn es uns nicht gelingt, uns symbolisch mit der Welt in Verständigungsprozessen begrenzen zu lernen.

Was Watzlawick und andere vermeiden wollten, nämlich in das Innere der Psyche zu blicken, wird mit der Sicht auf die Unterscheidung von Imaginärem und Symbolischem notwendig. Es gibt kein konstruktivistisches Argument, diese Akzeptanz zu verweigern. Mag es sinnvoll sein, vor allem auf interpsychischen Informationsaustausch auf der Inhalts- und Beziehungsebene zu sehen, so wird ein Wechsel des Blicks die Spannung zwischen Subjekt und anderen auf der Achse ihrer imaginären Begegnung erlauben müssen, wenn wir nicht einen wesentlichen Teil unserer Selbsterfahrungen in Beziehungen zu anderen abschneiden wollen.

Ziehen wir ein Fazit: Auf der Inhaltsseite gibt es zwischen Menschen keine Kommunikation, die sich vollständig entsprechen könnte, sondern allenfalls die Illusion, zu einer hinreichenden Vereinigung der unterschiedlichen Imaginationen gekommen zu sein. Dies sind dann symbolische Lösungen. In allen symbolischen Lösungen aber sollten wir beachten, daß die Kommunikation vermittelt über die imaginäre Achse nicht vergessen wird. Dies können wir in Verständigungsprozessen allein darüber erreichen, daß wir versuchen, über unsere Wahrnehmungen, Empfindungen, Gefühle nicht nur äußerlich zu sprechen, sondern auch unsere inneren Anteile zu enttarnen, zu entbergen, unser Bild als Wunschbild (a) und Bild des anderen (a') symbolisch zu klären. Solche Klärungsarbeit bleibt nicht ohne Beziehung auf die Vermittlung des Symbolischen mit dem Imaginären, weil wir dadurch unsere Imaginationen begrenzen. Solche Begrenzung aber ist notwendig, wenn wir uns verständigen wollen.

Allerdings sind Begrenzungen nicht ganz ungefährlich. Dies führt uns auf den weitergehenden Gedanken, weshalb es in der Menschheitsgeschichte so wichtig geworden ist, die Imaginationen dort gleichzuschalten, wo es um möglichst hohe inhaltliche Übereinstimmung der symbolischen Ordnungen geht. Dies ist besonders eindringlich an Herrschaftsformen wie dem Faschismus zu sehen. Aber es reicht subtil in alle Bereiche gesellschaftlichen Lebens, weil Macht alle Bereiche, wie insbesondere Foucault (1978) analysierte, durchdringt. Die Wissenschaft selbst ist das Produkt solcher Gleichschaltungsbemühungen, die ritualisiert und kontrolliert werden. Deshalb übrigens werden auch die Texte, die hier produziert werden, im Prozeß der Moderne zunehmend abstrakter. Das Beispiel der gesetzlichen Kodifizierungen veranschaulicht dies sehr deutlich. Die Auslegung des bürgerlichen Gesetzbuches z.B. bedarf der Fachleute, die im juristischen Studium gelernt haben, ihre Imaginationen am trockenen Stoff zu begrenzen und auf den Buchstaben hin genau in einer symbolisch spezifischen Sprache zu argumentieren. In der zwischenmenschlichen Begegnung der Rechtssprechung allerdings holt sie dann die imaginäre Achse der Beziehung wieder ein und relativiert ihr Ritual. Trotzdem gehört es zu den Illusionen der

Moderne, daß subjektive Beziehungen bei der Rechtssprechung keine Rolle spielen sollten. Das fordert daher ein anderes Ritual heraus: Gerichtssäle sind einzurichten, die eine Beziehungskommunikation möglichst vermeiden helfen. In ähnlicher Weise entstehen Institutionen in der Moderne, wie ebenfalls Foucault gezeigt hat, die den imaginären Fluß und seine Vielgestaltigkeit bezähmen und disziplinieren, indem sie festgelegte, disziplinierende Formen errichten.[24] Aber subversiv kehren die Bilder, die wir uns über andere machen, doch immer wieder in diese symbolischen Formen zurück.

Sehen wir auf die wissenschaftliche Disziplin(ierung). Soziologische Theorien behaupten, daß die Moderne mit einer Differenzierung ihrer funktionalen Strukturen und einer Rationalisierung ihres kulturellen Erbes einhergeht. Dabei entsteht eine Tendenz der Indvdualisierung und Domestizierung als Erhöhung der Selbstzwänge der Menschen (Loo/Reijen 1992). Insbesondere die Rationalisierung führt zu einer Erhöhung der Abstraktionsleistungen. Für die Inhaltsebene erscheint in diesem Zusammenhang ein wissenschaftlicher Druck, der die Imaginationen beschränkt, obwohl gerade die Wissenschaft Imaginationen als kreatives Potential benötigt, wenn sie sich weiterentwickeln will. Über die Erziehungswissenschaft wird solcher Druck auch an Pädagogen vermittelt, deren Ausbildung ihr symbolisches Weltbild reguliert. Sie werden dann diszipliniert, wenn die Wissenschaft ihnen Werkzeuge an die Hand zu geben verspricht, mit denen sie diese Regulation erfolgreich meinen durchführen zu können. Der Begriff des Werkzeuges (oder des Rezeptes, der Technik) könnte sie verführen, diese disziplinierende Form und Funktion mit einem Wirklichkeitsbereich zu verwechseln, also zu denken: "Die Dinge sind so, und ich benutze dieses Werkzeug, um ihnen zu entsprechen." Genau dies aber ist eine gleichschaltende Illusion, die sich auf der Imagination einer vollständig und eindeutig erreichbaren Vernunft gründet. Da sich Pädagogen in ihrer Praxis immer direkt vermittelnd auf der unvollständigen und widersprüchlichen Beziehungsebene befinden und diese organisieren müssen, ist es für ihr Berufsbild noch fataler als für andere, der gleichschaltenden Illusion zu erliegen. Und nach unserem Modell denken wir auch, daß Pädagogen eines klar erkennen müssen: Zwar ist in der symbolischen Welt eine Verständigung über Inhalte und Normen wichtig und hierin eine Gleichschaltung des Verständnisses über Lernprozesse unvermeidlich, aber sie darf nie zu Ungunsten der Seite des »I« oder von klein »a« erkauft werden, denn wenn die Imaginationen übertrieben gleichgeschaltet werden, dann steht der Tod menschlicher Kreativität bevor. Damit jedoch ist Pädagogik immer in einem Dilemma: einerseits ist der Pädagoge der symbolisch große Andere, der die Imaginationen auf Konventionen und Disziplin hinunter-

---

[24] Castoriadis (1984) beschreibt dies gerade auch als Aufgabe, das Imaginäre selbst als Voraussetzungen solcher Formen in die gesellschaftliche Konstruktion von Wirklichkeiten einzubinden. Dabei weist er dem Imaginären dann teilweise aber symbolische Funktionen zu. Auf solche Komplizierungen will ich hier nicht näher eingehen, vgl. Reich (1998 b, 90 ff., 201 ff.).

zwängt[25], andererseits aber muß er aktivierend auch und besonders auf das Imaginäre setzen, wenn er die Autonomie und Selbstverantwortlichkeit von Individuen stärken will. Dies wird für die Beziehungsseite besonders deutlich. Im Kindergarten, in der Schule, in der beruflichen Bildung und Hochschule, in der Fort- und Weiterbildung erwarten wir meist Lernleistungen, die überwiegend auf der Inhaltsseite angelegt sind. Die Pädagogen lernen Verfahrensweisen, wie sie Inhalte transportieren. Sie lernen teilweise auch inhaltlich etwas über ihre Beziehungen mit den Lernern, aber dies wird ihnen fast ausschließlich symbolisch vermittelt. Wenn wir nun aber nach der Perspektive unseres letzten Modells sehen, daß die Grundlage der Kommunikation immer eine imaginär vermittelte Begegnung ist, dann fehlen den Pädagogen wesentliche Voraussetzungen, ihre Aufgabe zu bewältigen. Sie müßten sich selbst in ihrem imaginären Begehren erfahren lernen, Andere in deren Imaginationen erfahren können, damit Selbst- und Fremderfahrung, Supervision, Kommunikationsschulung, insgesamt die Ambivalenz von symbolischer und imaginärer Ordnung in ihrer Ausbildung umfassend kennenlernen, um dieser Aufgabe gewachsen zu sein. Doch gerade diese Anteile werden ihnen in den derzeitigen wissenschaftlichen Institutionen überwiegend verweigert.[26]

Damit erkennen wir deutlich Defizite einer pädagogischen Ausbildung. Ich will sie kurz nach den drei Modellen charakterisieren:

◻ Nach Modell 1 von Bateson, Watzlawick und anderen erkennen wir, daß bis heute eine pädagogische Ausbildung in bezug auf die Beziehungsebene vernachlässigt wird. Die inhaltliche Dominanz aber bringt immer wieder pädagogische Besserwisser hervor (vgl. Kapitel 11), weil die symbolische Ordnung eindeutig erscheinen kann, obwohl sie es nach dem neueren Bild wissenschaftlicher Uneinigkeit und Unschärfe eigentlich nicht mehr ist (vgl. Kapitel 1), nach dem Bild der Beziehungen auch überhaupt nicht sein kann (vgl. Kapitel 2). Beziehungen lassen sich nicht kausal nach Ursache und Wirkung auflösen, sondern sind zirkulär, sind miteinander verwoben und unscharf, wie wir diskutiert haben. Dies aber kann kein Lernstoff wie jeder andere sein, sondern muß im Lernen die Beziehungsebene selbst erfahrbar und reflektierbar halten. Unsere Universitäten jedoch sind weit davon entfernt, hierfür effektive und praxisbezogene Lernmodelle anzubieten.

◻ Nach Modell 2 von Mead setzen Pädagogen meist zu sehr auf die »Me-« Anteile und vernachlässigen Methoden, die das spontane »I« stärken. Hier drängt die Allgewalt der Wissenschaft mit ihren reduktionistischen und dann verallgemeinerten und von den Zufällen des Ichs und singuären Erlebnissen befreiten

---

[25] Vgl. dazu insbesondere die Analysen von Foucault (1973, 1978, 1991, 1992).

[26] Diese Verweigerung kann systemisch entweder als Frustration der Praktiker an der Theorie oder der Theoretiker an der Praxis beschrieben werden. Auf beiden Seiten drückt sich die beschriebene Ambivalenz aus. Es bedürfte eines gemeinsamen imaginären Begehrens, sie zu überwinden.

Diskursen auch zurück auf das Lernen, das auf diese Weise entwertet wird.[27]

□ Nach Modell 3 verstehen wir besser, warum die Unschärfe der Beziehungskommunikation notwendig und unvermeidlich ist: Beziehungen sind imaginär vermittelt und symbolisch begrenzt. Und erst von hier aus verstehen wir auch, warum Beziehungen alle Informationen, Daten, alle symbolischen Wirklichkeiten einbinden und interpretieren. Wir haben keinen direkten, sondern immer auch einen imaginär vermittelten Zugang zur Wirklichkeit. Daraus entstehen für menschliche Gemeinschaften Gefahren der Individualisierung, die durch symbolische Gleichschaltung minimiert werden und eine unendliche Tradition bilden, die wir Bildung nennen. Gerade Pädagogen erscheinen als Statthalter einer Verhinderung von ausschweifender Imagination, um die symbolischen Weltsysteme zu retten. Sie sind die Nachfolger jener Schamanen, jener Geisterbeschwörer, ersten Priester und schließlich jener Dogmatiker in der Überwachung religiöser Normen, die schon seit langer Zeit den Überschwang des Imaginären für die jeweiligen Verständigungsgemeinschaften zu kontrollieren hatten. Aber sie sind heute freier als jene Heilslehrer, die ihr Tun nicht distanzieren konnten, die es selbst imaginär auf Unendlichkeit (z.B. Dämonen, Geister, Götter) projizieren mußten, um Kritik abzuwenden. Wir hingegen verfügen über Konstruktionsmodelle, mit denen wir es uns gestatten, unsere Wirklichkeit als eine selbst gemachte und daher veränderliche zu bestimmen.

In dieser Bestimmung mögen unsere drei Modelle helfen. Sie weisen eine Gemeinsamkeit auf: Alle versuchen, den Bezug auf reine Inhaltlichkeit aufzulösen und zu kritisieren. Alle sind auf die Unschärfe von Beziehung hin orientiert, wenngleich ihre Radikalität unterschiedlich ist:

o Mit Modell 1 kann man schnell ausschließlich auf die Beziehungsebene geraten und dabei die Inhalte vergessen. Deshalb ist dieser Ansatz auch bisher eher therapeutisch, aber kaum inhaltsbezogen-didaktisch umgesetzt worden. Zudem ist hier die Rolle des Imaginären zu sehr symbolisch ausgedrückt.[28]

o Mit Modell 2 kann man durchaus beruhigt zum generalisierten Anderen zurückkehren und die Notwendigkeit der Symbolvermittlung gegenüber den Interaktionen und der spontanen Rolle des »I« überbetonen. Die Rolle des Imaginären bleibt trotz der spontanen Rolle des »I« auch hier noch unterschätzt.

o Mit Modell 3 werden die Defizite der ersten Modelle zwar offensichtlich, aber die Gefahr besteht, daß man sie auf innerpsychische Vorgänge begrenzt, wenn man übersieht, welches systemische Eigenleben kommunikative Praktiken selbst entstehen lassen. Dann wäre die Ebene des Symbolischen unterbewertet.

---

[27] Ein klassischer Versuch, dem entgegenzuwirken, ist in der Reformpädagogik John Deweys unternommen worden (vgl. Kapitel 8), ein anderer bei Célestin Freinet (vgl. Kapitel 9).

[28] Vgl. dazu insbesondere Watzlawick (1990 a, 205 ff.).

Zugleich aber entsteht ein weiteres Problem: Wenn denn alle menschlichen Begegnungen stets über das Imaginäre vermittelt sind, so bleibt die Frage, ob es jenseits eines Symbolischen, das hier als geronnener Ausdruck übereinstimmender Imaginationen erscheint, nicht immer noch etwas geben muß, was für alle Menschen gleich ist. Gibt es keine realen Ereignisse mehr, die für alle gelten? Gibt es keine Relativierung des Imaginären?

c) Reale Ereignisse

Was sind reale Ereignisse? Können wir aus einer konstruktivistischen Perspektive überhaupt noch von Realität sprechen? Was soll sie denn sein?
○ Existiert sie außerhalb unseres Bewußtseins? Aber wie erfahren wir dann von ihr?
○ Ist sie ein letzter, nicht hintergehbarer Ursprungsort? Aber warum haben wir dann kein Wissen von ihm? Warum ist uns mit der Zunahme des Wissens alles nur unübersichtlicher und schwieriger geworden? Warum vervielfältigen sich für unterschiedliche Beobachter die Wirklichkeiten?
○ Ist sie eine Abbildungsnotwendigkeit? Aber genau diese mußten wir ja angesichts der unterschiedlichen Konstruktionen von Wirklichkeiten durch unterschiedliche Beobachter zurückweisen.

Was bleibt uns dann? Als Konstruktivisten scheinen wir nur sicher zu sein, daß wir selbst unsere Wirklichkeiten konstruieren. Dann aber müssen wir behaupten, daß wir in unseren Erfindungen und Konstrukten diese Wirklichkeit *sind.* Dann gibt es nur noch uns und nichts anderes. Aber ist ein solches Bild auch haltbar?

Kehren wir noch einmal zu unserem Spiegelbild zurück, mit dem wir die imaginäre Erfahrung eines ganzheitlichen Bildes, das wir von uns gewinnen können, symbolisierten. Als Erwachsener deuten wir den Blick des Kindes in den Spiegel vielleicht so, daß es fragt, wer es sei. Im Blick auf die Mutter bzw. den Dritten sucht es eine Antwort auf diese Frage, und es versucht sich der Macht und Autorität dieses Dritten zu vergewissern, seiner Liebe und seiner Allmacht, die die begleitenden Stimmen zu dem Spiegelbild hergeben. Meist spricht der Dritte zu diesem Spiegelbild, indem er von einem "Du", das von dem Kind in seinen Namen und sein Ich übersetzt werden muß, redet. Hier haben wir einen durch und durch konstruktivistischen Vorgang. Das Kind baut seine symbolische Welt aus solchen Konstruktionen auf. Und dennoch gibt es in solchen Konstruktionen einen Mangel: Die hierbei aufgerichtete konstruktive Idealität wird im weiteren Lebensprozeß ihre Grenzen erfahren müssen, indem sowohl die Allwissenheit als auch die Allmacht des Dritten erschüttert, durch Abwesenheit verlassen, durch Enttäuschungen zerrissen wird. Was geschieht? Kein noch so geschickter Konstruktivist kann vorhersehen, was sich im Leben alles ereignen wird. Keine symbolische Konstruktion ist mächtig genug, das Leben und die lebendige Vielfalt, die Ereignisse, in denen sich Leben abspielt, entwickelt, verwirklicht, hinreichend zu bezeichnen. Keine Imagination kann auf Dauer ein ganzes Bild von Welt herstellen. Die Konstruktionen reduzieren Komplexität symbolisch. Das innere Begehren richtet sie nach Wunschvorstellungen imaginär. Aber die Ereignisse selbst, wie sie dann real im Leben wahrgenommen werden, wie sie *unmittelbar sinnlich* erscheinen, sind immer auch anders als das, was symbolisch vorhergesehen oder imaginär gewünscht war. Die Löcher in der konstruktiven Allmacht und Allwissenheit, die weder durch imaginatives Begehren noch durch symbolische Ordnung gestopft werden können, nennt Lacan das Erscheinen des Realen. Es sind schwarze Löcher, sie enthalten *nichts*, was wir schon wußten oder wollten. Wir können diese Erscheinung nicht sofort ordnen und verstecken. Das kann uns Angst machen, es erzeugt Ungewißheit. Es zeigen sich Lücken, es sind die Abwesenheiten, die Unerklärbarkeiten, die Uneindeutigkeiten, die Unklarheiten und Dunkelheiten, die sich selbst als Differenz in das Leben einmischen, wenn reale Ereignisse sich ereignen und wiederkehren. Je weniger sie ertragen werden können, desto mehr mag ein Ideal der Allwissenheit als Ideal aufgerichtet werden, das in der Suche nach einem Gott, nach einem letzten Wissen oder absoluter Wahrheit als maßgebendes Konstrukt einer Lösung gelten soll. Doch so schön diese Lösungen symbolisch geformt sein mögen, so sehr das Begehren nach ihnen imaginär drängen mag, das Leben selbst bietet genügend Ereignisse, durch die man in das Reale fallen kann, um die Differenz zur Illusion zu spüren.

Geben wir dafür einige Beispiele:

o Wir haben uns das Leben schön eingerichtet, aber nun kommt "aus heiterem Himmel" (eine Metapher für das Reale) der unvorhersehbare, viel zu frühe Tod unseres Partners. Symbolisch haben wir den Tod als Konstrukt für ein späteres Lebensalter nach Wahrscheinlichkeitsberechnungen errichtet, imaginär ihn nicht vorstellen können, denn wir träumten von einer schönen gemeinsamen Zukunft, aber real ist er erschienen. Jetzt können wir ihn symbolisch verarbeiten, indem wir den Abschied bedenken, imaginär wird der Tote immer bei uns bleiben, aber real ist er entschwunden.

o Auch in kleinen Dingen des Lebens erscheint das Reale. Eben noch haben wir uns vorgenommen, nichts mehr zu essen, doch jetzt, wo wir den Kühlschrank öffnen, sehen wir real etwas, das unseren Vorsatz zunichte macht. Dies können wir durchaus verallgemeinern: Mit unseren Sinnen durchwandern wir Wirklichkeiten, die uns stets das Erscheinen eines Realen anbieten. Meist stimmen wir diese Angebote mit dem Symbolischen und Imaginären ab, aber oft kommt es auch zu Brüchen, Widersprüchlichkeiten, Entscheidungen, die aus dem Moment heraus sich gegen das bisherige Symbolische oder Imaginäre kehren. Dann sind wir verblüfft über uns selbst, erstaunt über Dinge, die wir tun, vielleicht aber auch verzweifelt über unser Unvermögen, uns an die erwarteten symbolischen Regeln oder die imaginierten Wünsche zu halten.

o Viele Menschen halten Ereignisse erst dann für real, wenn sie stets wiederkehren. Hier steckt ein heimliches empirisches Sinnkriterium dahinter: Erst wenn ich wiederholt erkennen kann, daß sich Ereignisse nach einem bestimmten Muster ereignen, dann gelten sie als real. Aber die Wiederkehr führt uns schnell zum Symbolischen, wo wir solche Muster markieren und festhalten. Doch direkt erreicht uns das Reale dort, wo wir erstaunt sind, erschrocken, erfreut und überrascht. Dies mögen dann in der Tat wiederkehrende Ereignisse sein, denn wie uns geht es anderen Menschen auch, und wir tauschen uns über das Reale in Verständigungsprozessen aus. Aber wir dürfen solchen Austausch über das Reale auf einer überwiegend symbolischen Ebene nicht damit verwechseln, daß wir nun vollständig begreifen könnten, was das Reale *ist*. Es ist im symbolischen Denken ja nur ein Grenzbegriff, der uns darauf hinweist, daß es mehr in unserem Leben gibt als *dieses* Denken. Es ist im imaginären Vorstellen die Grenze zwischen inneren Halluzinationen, Illusionen, Nacht- und Tagträumen, inneren Bildern und gelebter äußerer Wirklichkeit.

o Alles, was wir in diesen skizzenhaften Bildern über das Reale sagen, ist bereits eine symbolische Vorgabe, die eine lange Tradition hat. Menschen versuchen seit jeher das Erscheinen des Realen symbolisch oder imaginär zu bezwingen. Symbolisch versuchen sie alle möglichen realen Ereignisse vorhersehbar zu machen. Die Wissenschaften drängen hier auf Vollständigkeit und fördern die Illusion, alles in den Griff zu bekommen. Das Imaginäre aber trägt in sich als begehrende Seite ohnehin die Tendenz, alles so auszurichten, daß es unseren Wünschen oder Ängsten gemäß wird. Doch das Reale macht sich als Grenzerfahrung bemerkbar: Symbolisch bleiben alle Lösungen unvollständig. Imaginäre Wünsche bleiben bloße Halluzinationen oder Illusionen, wenn sie nicht in reale Lebenswirklichkeit überführt werden können.

Ein Beispiel: Zwar macht es als Konstrukt meiner Ideenwelt zunächst keinen Unterschied, ob ich mir sexuellen Verkehr in der Vergangenheit oder Zukunft vorstelle, aber es macht wohl einen Unterschied, ob ich ihn mir stets vorstelle oder symbolisch darüber spreche, aber nie real vollziehe.

Das Reale ist als Erscheinung jedoch ein sehr offenes Konstrukt. Hier hängt es ganz und gar vom Beobachter ab, was *als real* erfahren wird. Das kann dann z.B. eine symbolische Wirkung sein. Schließlich sind symbolische Ordnungen auch materiell vorhanden, sie kehren als Realität in die Benutzung durch Menschen zurück. Aber auch vorgestellte, geistige symbolische Ordnungen können als verbindliche Realität erscheinen, ebenso imaginäre Vorstellungen, die als real genommen werden.

Das Reale trägt immer eine ungewisse Seite. Symbolisch kann ich schwören, daß meine Ehe ewig währt, imaginär kann ich darauf vertrauen, die Realität aber erst wird es zeigen. Menschen, die das Reale beständig abwehren, um das Symbolische zu betonen, erscheinen anderen als rationalisierend, Menschen, die es abwehren, um sich das Imaginäre vorrangig zu erhalten, erscheinen als weltfremd oder krank, aber Menschen, die es abwehren, um bloß im Realen zu existieren, erscheinen als Fatalisten, und alle scheinen die Taktiken eines Beobachterwechsels zwischen den Perspektiven des Symbolischen, des Imaginären und realer Ereignisse nicht hinreichend durchschaut zu haben. Aber diese Zuschreibungen sind schon wieder zu vereinfachend, denn in reiner Form kann man sich gar nicht auf eine der drei Perspektiven zurückziehen. Es sind ja auch bloß Beobachterperspektiven, die uns helfen können, uns als Beobachter zu situieren. Das Reale warnt uns, uns nicht zu überschätzen.

In der klassischen, aufgeklärten Welt menschlicher Vernunft wird das Reale durchsichtig zu machen versucht, indem die Dinge einen klaren Ort und die Beobachter eine eindeutige Perspektive erhalten. Dennoch spürt das Subjekt meistens, daß diese Perspektive dem Realen (dem Sein, wie es über diese bescheidene Perspektive hinaus existiert) nicht gerecht werden kann: "In diesem Seinsmangel gewahrt es, daß das Sein ihm mangelt ..." Hier bricht ein Paradox hervor: Wir sprechen symbolisch über ein Reales, über ein Sein - oder welche Worte wir dafür auch verwenden wollen -, um damit etwas zu bezeichnen, das wir eigentlich nicht bezeichnen können, wenn wir es so erfassen wollten, wie es *ist*. Wir müssen dieses Paradox übergehen. Was sagen wir als Subjekt dann? Das Subjekt "sagt - *Ich, ich bin derjenige, der weiß, daß ich bin.* Unglücklicherweise, mag es vielleicht auch wissen, daß es ist, so weiß es doch absolut nichts davon, was es ist. Das ist es, was in jedem Sein mangelt." (Lacan 1980, 284) Dieser Vorgang ist konstruktivistisch: Letztlich können wir nur in bezug auf uns als Subjekte (in Verständigungsgemeinschaften) bestimmen, was wir über uns aussagen, und hierin sagen wir auch unsere Grenze aus: Was ist das Reale? Wir wissen zwar, daß wir sind, aber nicht was wir sind. Könnten wir es, dann müßten wir all unsere Wirklichkeiten vorhersehen. Das könnte nur Gott, aber der entstammt unserem Imaginären und erscheint symbolisch. Nur für die Gläubigen *ist* er real, aber auch sie sind mißtrauisch und benötigen seine Inkarnation auf Erden, Wunder, aber mindestens Rituale, um sich einigermaßen sicher zu sein.

Das Reale drückt einen grundsätzlichen Mangel aus. In diesem Mangel erscheint alles Anwesende stets auf dem Hintergrund von Abwesendem. Der Mensch sucht seine Erfüllung in der Artikulation und Repräsentation von Ganzheit in der Vergegenständlichung, Verobjektivierung, in seinem illusionären Planetenmodell menschlicher Beziehungen, um doch schließlich immer wieder das Abwesende, den Mangel, den Riß zu entdecken. Dies ist nicht nur die Erfahrung der Freudschen Psychoanalyse, sondern auch die des Existenzialismus und anderer Geistesströmungen des 20. Jahrhunderts. Und, so denke ich, es ist unsere persönliche Lebenserfahrung. Immer dann, wenn wir unser Leben symbolisch oder imaginär geordnet haben, erscheint ein Reales, um uns Striche durch unsere Rechnungen zu machen. Diese Striche können sehr klein sein, aber sie können auch zum völligen Durchstreichen aller Lebenspläne führen: Krankheit und Tod sind ihre schlimmsten Erscheinungsformen.

Reale Ereignisse sind für die Augen-Zeugen in sinnlicher Gewißheit verankert. Sie werden erlitten, was mit konkretem Schmerz, mit konkreter Freude usw.

verbunden ist. Als Ereignisse sind sie - selbst bei Wiederkehr - singulär, als Beschreibungen von Beobachtungen über etwas verwandeln sie sich in Wahrheiten, in Aussagen über »etwas«, in symbolische Ordnungen, die etwas Universelles ausdrücken. Solche Universalität besteht zumindest darin, daß ausgesagt wird, unter welchen Umständen welches Ereignis eingetreten ist. Solche Eintretenswahrscheinlichkeit ist symbolischer Natur, auch wenn das Imaginative sie beflügeln mag. Ihre »Wirklichkeit« hängt nach dem Eintreten - nach Ausschluß von Augen-Zeugen und Überleitung in die Zeugenschaft symbolischer Systeme - allein von der Gültigkeit solcher Symbolik in der Verständigungsgemeinschaft ab. Definitionen realer Ereignisse sind symbolische Diskurse von Verständigungsgemeinschaften. Darin situieren sich die scheinbaren Vorteile der Vernunft: Symbolische Bedingungen der Möglichkeit von Diskursen vor alles andere zu stellen. Genau dies ermöglicht dann auch Verdrängungen des Realen.

Was treibt uns nun insgesamt dazu an, eine Aufteilung ins Symbolische, Imaginäre und Reale vorzunehmen? Es gibt dafür keine eindeutige Regel, weil diese ohnehin nur eine Bevorzugung des Symbolischen ausdrücken würde. Immerhin aber läßt sich festhalten, daß für die Moderne insbesondere die empirisch festhaltbaren Gefahrenzustände, die methodisch erhoben werden können - was der Machbarkeit und Kontrollierbarkeit des Technik- und Industriezeitalters entspricht - bevorzugt ins Symbolische übergeleitet werden und hier ihr Eigenleben entfalten. Solche Symbolvorräte selbst unterliegen dann unterschiedlichen Veralterungsgraden, was sie oft wieder ins Imaginative zurückgleiten läßt.

Beispiele: So klassifizieren wir gerne reale Gefahrenzustände nach der Wahrscheinlichkeit ihres Auftretens. Wir erwarten, daß uns ein Flugzeug sicherer als ein Auto transportiert. Aber dies kann das reale Ereignis des Unfalls nicht ausschließen, sondern bloß rationalisieren. Wir neigen überhaupt dazu, statistisch zu denken und reale Ereignisse statistisch zu bemessen. Aber keine Statistik ist ein reales Ereignis, sondern bloß ein symbolisches Konstrukt, das eben genau die Singularität von Ereignissen verweigert. Deshalb übrigens sind quantitative Verfahren besonders dort problematisch, wo wir pädagogisch arbeiten: Sie verweigern uns den Zugang zu den realen Ereignissen, die wir nur teilnehmend beobachten oder qualitativ hinreichend studieren können.

Reale Ereignisse sind, so das Fazit, immer mehr als symbolische oder imaginierte Wirklichkeiten. Sie stellen das Ungeahnte, das Unwahrscheinliche, das Zufällige, die Grenze aller Erkenntnis und Vorstellung dar, die erst im nachhinein kodiert oder imaginiert wird. Sie tritt aber immer ins symbolische Haus als Gegenwart und ins imaginäre Bild als Augen-Blick.

In dieser Erfahrung relativieren sich die drei von uns aufgestellten Perspektiven. Es wird deutlich, daß wir uns nur eine Grenzfläche unseres Denkens und Handelns konstruiert haben, die die Erscheinungen der schicksalhaft erscheinenden Außenwelt (des Realen) eher stärker rationalisiert (symbolisiert) oder phantasievoll distanziert (imaginiert). So werden real erlebte Gefahren in symbolisierter Form zur Wahrscheinlichkeit und damit zur Distanz zu Unfällen oder Todesfolgen, die zunächst immer Andere betreffen. In der Welt der Massenmedien hingegen können wir uns z.b. umfassende Horrorszenarien und größte Schrecken zumuten, weil wir diese Imaginationen symbolisch auf die Seite bloßer Fiktion setzen können und darüber noch den Lustgewinn einer Distanz zu uns verspüren. In solchen Fällen scheinen wir das Reale zu bewahren, indem wir es dem Symbolischen und Imaginären einverleiben. Und dennoch können wir es nicht beseitigen.

Eine konstruktivistische Beobachtertheorie kann aus diesen Definitionen lernen, ohne sich auf alle psychoanalytischen Postulate Lacans einlassen zu müssen, der hierbei oft einen einseitigen Fokus errichtet.[29] Ich will in meinen Folgerungen allgemeiner bleiben: Wann immer die Realität als eindeutig und - auch optisch - klar strukturiert und offensichtlich erscheint, ist in ihr zugleich das eingeschlossen, was dem Beobachter entgeht. Dieses Entgangene nennen wir das Reale. Es erscheint in der Realität, und wir bemerken es, wenn uns der Bruch zwischen dem Erwarteten und Unerwartetem beobachtbar wird. Dies ist ein Grundsatz, den ich mit Lacan teile. Anders als er möchte ich jedoch den Akzent dann so setzen: Beobachter tendieren dazu, die Wirklichkeit, wie sie *für sie* ist, zu erfassen und sich dies ordnend - symbolisch - festzuhalten. Entdekken sie nun das, was sie nicht antizipiert hatten, dann suchen sie sofort wieder, es in die Ausschließungsbedingungen ihrer Perspektiven, ihres Fokus, ihrer Konstruktion von Wirklichkeit aufzunehmen. Beobachter tendieren mit anderen Worten zur Schärfe ihrer Beobachtungen und Aussagen hierüber. Die Ereignisse jedoch, die sie beobachten, können je nach dem Grad zugelassener Komplexität des Beobachtens - also Auflösung sehr reduktiver Ausschließungsbedingungen - gar nicht auf Dauer scharf gehalten werden.[30] Ereignisse sind singulär, unendlich in ihren Beobachtungsvorräten, schwierig und problematisch in den interaktiv vermittelten Bildern und Vorstellungen über sie. Ein Beobachter wird also niemals in ihnen das Reale im Sinne eben der Antizipation dessen, was immer noch kommen mag, leisten können. Wenn wir also davon sprechen, daß wir uns unsere Wirklichkeit erfinden, sie konstruieren, dann konstruieren wir zwar eine symbolische Realität, sei es eine materielle oder geistige, aber erreichen in solchen symbolischen Konstruktionen doch nie das Reale. Dieses Reale wäre ja auch nur aus einer Beobachterposition zu beschreiben, die gleichsam von außen her uns Menschen als Beobachter einer nicht antizipierbaren Beobachtung zeigt - also aus einer ontologisierenden Perspektive von Existenz. Aber diese Universaliät ist eben doch nur eine Rückkehr auf

---

[29] Vgl. dazu meine Auseinandersetzung mit Lacan in Reich (1998 a, 424-465).

[30] Und dies gilt nicht nur für den "blinden Fleck", den wir als Beobachter ohnehin haben (Foerster 1993 b), sondern aufgrund der Konstruktivität unserer Erkenntnis allgemein: Die Unschärfe erreicht uns immer wieder gerade bei realen Ereignissen, aber sie ist über diese vermittelt auch im Imaginären und Symbolischen enthalten. Vgl. genauer Reich (1998 a).

die reine Inhaltsebene und hier das Symbolische, um uns vor dem Mangel zu trösten, den wir bemerken, wenn wir reale Ereignisse zu denken versuchen. Damit haben wir eine wichtige Differenz aufgeklärt: Die Realität und das Reale sind zwei unterschiedliche Perspektiven. Die Realität ist unser Konstrukt einer Situierung in sinnlicher Gewißheit, was eine direkte Perspektive symbolischer Ordnung und imaginärer Verbindung einschließt. Sowohl im Alltag als auch in allen Spezialisierungen unseres Wissens sind wir uns dieser Realität relativ sicher, denn sie drückt das Wiederkehrende in unserem Leben aus: Alltagsabläufe, gelernte Handlungsroutinen, Rollenmuster und Habitus, Sozialisationserfahrungen, Kulturleistungen, wissenschaftliche Diskurse usw. Diese Realität ist vermischt mit Imaginärem und Symbolischem, und in ihr ist auch enthalten, was wir das Reale nennen. Dieses Reale ist das Noch-Nicht, das Nichts, das wir nur als Nichts benennen, bis es sich irgendwie geltend gemacht hat: Es erscheint in der Realität, wo wir es finden, wo es uns begegnet, es tritt uns gewaltsam entgegen, wenn wir es als Beobachter jenseits unserer Imaginationen und unserer symbolischen Ordnungen noch aufspüren können oder nicht mehr zu verneinen vermögen.

Was bleibt uns damit von der Realität? Beobachten findet immer seine *Grenze* an den Beobachtern, die unendlich in der Realität nach- und nebeneinander vorhanden sind. Aus deren Beobachtungen heraus konstruiert es sich, wobei allerdings unterschiedliche Ebenen und Orte sowie Zeiträume des Beobachtens selbst entspringen. Daraus aber läßt sich durchaus ein pädagogischer Leitsatz ableiten, den ich als "Hinwendung zur Realität" bezeichnen will.[31] Da Pädagogen von jeher dazu neigen, eine symbolisch heile Welt zu konstruieren, und da diese auch noch an einem heilen Platz, der Schule, einer von der übrigen Lebensrealität abgekoppelten Kunstwelt ihren eigenen Raum und eigene Zeitvorstellungen findet, erscheint es als unerläßlich, die räumliche und zeitliche Klammer stets aufzusprengen und zu dekonstruieren. Schüler und Lehrer müssen aus dieser Kunstwelt hinaustreten dürfen, sie sollten nicht bloß symbolisch andere Welten kennenlernen, sondern reale Ereignisse erfahren dürfen, die besonders ihre Symbolverliebtheit hinterfragen läßt. Außerschulische Praktika sind hierzu ein Weg, der aber zu halbherzig bleibt. Lehrer und Schüler sollten vielmehr bei jeder Unterrichts- und Stoffeinheit bedenken, ob und wo sie sich dem stellen könnten, was sie als real *ansehen*. Wohlgemerkt: Wir suchen nicht das eigentlich Reale hinter den Konstruktionen, denn als symbolische Verständigung gibt es dies begründende Reale nicht. Solche realen Ereignisse sind selbst wieder ein Konstrukt widersprüchlicher Verständigung, weil das Reale ja gerade unvorhersehbar ist. Aber wenn Realität in einem Bewußtsein vorhande-

---

[31] Dieser Grundsatz unterscheidet sich von der realistischen Wende in der Erziehungswissenschaft, mit der eine größere empirische Nähe von Bildungs- und Lehr-/Lerntheorien erreicht werden sollte. Gerade diese Verwissenschaftlichung führte neben der positiven Tendenz, sich stärker praktischen Phänomenen zu nähern, zu der negativen, dies vor allem über die symbolische Ebene zu versuchen.

ner Vielfältigkeit, bisheriger Leerstellen in unseren Konstruktionen, eines Mangels oder Risses aufgesucht wird, dann wird es helfen, neue Perspektiven einzufangen, die zumindest die künstliche Abgehobenheit von Schulwelten gegenüber anderen Lebensbereichen relativieren können. Es wird uns Grenzen unserer Beschäftigungen aufweisen, Beobachterstandortwechsel anregen, uns vielleicht auch mitunter aus der Festgefahrenheit unserer statistisch sicheren Lösungen befreien und neue Lösungswege eröffnen. Damit regt es als Grenze uns an, uns den Grenzen unseres Lebens offensiv zu stellen, ein aktives Leben zu führen und nicht passiv und rezeptiv auf die Antworten zu warten, die uns als Realität von Anderen offeriert werden. Genau dies aber ist die grundlegende Paradoxie der (Post-)Moderne: In hochgradiger Arbeitsteilung sind Menschen aktiv an der Gestaltung von Wirklichkeiten beteiligt, die dann für Andere zu eher passivem Konsum bereitstehen. Je partieller und spezialisierter Aktivität im menschlichen Leben wird, desto mehr wuchert eine Rezeptionshaltung, die das Netz von Wirkungen Anderer als Realität empfängt: Als Empfang von Nachrichten, Werbung, Klischees der sich immer weiter multiplizierenden Fernsehsender, als Multimedia, die uns eine Beschleunigung von Zeit verspricht, aber doch nur mehr Zeit kostet, schließlich als künstliche Wirklichkeit, die von wenigen Spezialisten gefertigt wird, aber breite Massen beeindruckt. Dies alles sind symbolische Versuche, die durchaus auf das Imaginäre mit abzielen, aber uns das Erscheinen des Realen zu vereinfachen versuchen. Der Genuß ist die Lust an der Verdrängung aller Gefahren, die das Reale bietet. Sehe ich im Fernsehen all die Dramen der Welt, dann scheine ich aus dieser Distanz schon in gewisser Weise frei davon. Aber so werde ich auch passiv. Die Wirkungen, die dies als Ausdruck der Vereinfachung unserer Realität bei vermeintlicher Vielfalt erzeugen wird, sind noch unübersehbar. Aber erkennbar wird schon ein Ver-Lust an An-Trieb, den das Reale bei Menschen immer wieder dann erzeugen kann, wenn sie Extremsituationen (schwere Krankheit, Todesangst, Schockzustände usw.) überstanden haben: Je unverfälschter wir dem Realen in direkter Begegnung ins Auge sehen, desto mehr werden wir darauf reflektieren, was wir imaginär und symbolisch vom Leben noch aktiv wollen.

Thesen über den Zusammenhang von Symbolischem, Imaginärem und Realem:

---

1. In Kapitel 2 und 3 haben wir festgehalten, daß es ein stetes Wechselspiel von Inhalten und Beziehungen gibt: Alle Inhalte spielen in Beziehungen hinein, und es gibt keine Beziehungen ohne Inhalte. Aber die jeweiligen Beobachtungen durch Beobachter sind für beide Aspekte sehr unterschiedlich. Diese Un-

terschiedlichkeit erscheint uns in diesem Kapitel in neuen Perspektiven: Zunächst gibt es den Beobachtern gegenüber symbolische und imaginäre Wirklichkeiten. Beobachter neigen dazu, sich vor allem die symbolischen zu erschließen und imaginäre dadurch auszuschließen, daß sie vorrangig mittels symbolischer Kriterien ihrer Verständigung über Beobachtungen vertrauen. Dies führte in den Wissenschaften zu einer Unterbewertung des Imaginären. Aber gerade in der Pädagogik benötigen wir eine Hochschätzung des Imaginären, weil es erst das individuelle Vorstellen und Begehren in Beziehungen mit den Inhalten zu verknüpfen gestattet. Von hier aus verstehen wir erst, wie wenig wir inhaltlich erreichen können, wenn die imaginäre Begegnung gestört oder unzureichend ist (vgl. auch Reich 1998 c, 1999 b).

2. Es ist eine nie endende Aufgabe der Selbst- und Fremdreflexion von Beobachtern, symbolische Vorgängigkeiten zu beachten. Die sinnliche Gewißheit gilt als Basis einer solchen Beachtung, aber sie funktioniert nur, wenn sie sich des Blicks des Anderen versichert - sie ist also intersubjektiv abgesichert und in ein Verständnis von Wahrnehmung, das der Sozialisation und Sprachfindung und -regelung unterliegt, eingebunden. Imaginär erscheint hier eine Sprachmauer, weil wir uns in unseren Imaginationen, in unserem Bild vom anderen, noch nicht sprachlich verständigen können. Dazu benötigen wir den Umweg über das Symbolische, das aber eine andere Dimension als das Imaginäre ist: Hier verständigen wir uns mit Bezeichnungen über das, was wir in uns sehen, fühlen, was ambivalent oder ungeklärt, vielleicht auch unbewußt sein mag. Wir spüren häufig die Differenz zwischen dem, was wir sagen und meinen, sprechen und fühlen, ausdrücken und nicht auszudrücken vermögen. Dies hat für alle Inhalte eine Bedeutung, denn auch ihnen gegenüber sind wir stets in imaginärer Spannung, mehr noch für die Beziehungskommunikation: Gerade sie wird durch die *imaginäre Vermitteltheit jeder Kommunikation* bestimmt. Deshalb ist es insbesondere für Pädagogen wichtig, sich dem Imaginären nicht zu verschließen. Als Pädagogen sind wir besonders gefordert, die symbolische Übermacht durch konstruktive Erweiterungen zu unterlaufen, um das Imaginäre zu stärken. Wir sollten Arbeitsformen entwickeln, um Beziehungen in farbiger Vielfalt gegen die Macht von Klischees und symbolischer Disziplinierung zu entfalten (vgl. Kapitel 5).

3. Konstruktivistische Pädagogik ist in ihrer Ethik nicht beliebig, nur weil wir anerkennen wollen, daß Menschen unterschiedlich ihre Wirklichkeit konstruieren. Wir sehen im Prozeß der (Post-)Moderne immer wieder, wie einige Andere der Masse Konstruktionsarbeit abnehmen und damit eine breite konstruktive Autonomie gefährden. Gerade die Pädagogik wirkt hier negativ, wenn sie zum Konsum von Bildung anhält, indem sie das Symbolische bevorzugt und in einen Kanon relevanter Schulbücher gießt. Wie soll da hinreichend Raum für ein Imaginäres entstehen, das sich selbst aktiv sein Wissen, seine Bücher, seine

Konstruktionen von Wirklichkeiten schafft? Zu den Grundannahmen einer konstruktivistischen Ethik gehört aus pädagogischer Sicht vor allem, daß wir - denken wir nur noch einmal an das Karussel des Selbst und Anderen aus Kapitel 3 - Lernen oder Bildung als Beziehungskommunikation begreifen und uns in dieser nicht einseitig symbolisch über die Lerner bzw. Teilnehmer erheben. Wechseln wir nämlich auf die imaginäre Seite der Kommunikation, dann sehen wir gerade hier erschrocken die Trugbilder der Pädagogik: Den "besten Weg" finden zu wollen, die "wahre Natur" zu beachten, die "einzig richtige Methode" zu beherrschen, über alle Normen und Werte "sicher entscheiden" zu können. Solche Trugbilder sind Imaginationen eines mächtigen Erziehers. Wenn sich diese Macht mit den symbolischen Ordnungen verbindet, dann wird sie scheinbar auch unangreifbar: Der Erzieher zieht sich dann auf Inhalte zurück, er wirkt scheinbar bloß symbolisch, um sich damit aber letztlich doch auf der Beziehungsseite und in die Imaginationen der Lerner einschleichen zu wollen. Genau diesen indirekten, unreflektierten Weg aber lehnen wir aus Sicht einer kulturbezogenen konstruktivistischen Ethik ab.[32]

4. Was sieht ein Beobachter, wenn er auf seine Realität schauen will? Seine Realität ist, das mag aus der bisherigen Argumentation deutlich geworden sein, immer auch das Symbolische wie das Imaginäre. In ihrem Hintergrund lauert das Reale, das sich ereignishaft zeigt. Jede dieser drei Perspektiven kann dem Beobachter, wenn er sie bemerkt, erscheinen. Solches Erscheinen wird von Beobachtern, die es be-merken als Realität bezeichnet. Was ist das - kategorial betrachtet - für eine Realität? Sie zerfällt in unterschiedliche Akzentuierungen, die wir als Beobachter festhalten (vgl. genauer Reich 1998 a):

☐ Die symbolische Realität ist die bereits kodifizierte und tradierte Symbolik, die sich als Schriftsystem, als Denken einer Institution in Regeln, Normen, Gesetzen usw. niedergelegt hat und mittels dieser ständig neu reproduziert wird. Sie unterscheidet sich graduell in ihrer Anerkennung durch Verständigungsgemeinschaften, indem sie von vielen oder sehr wenigen als Realität anerkannt wird. In solcher Anerkennung strebt der Beobachter im Blick auf ihre Ordnung nach Eindeutigkeit, nach Objektivität, die deutlich - mit Grenzsetzungen und Ausschlußtatbeständen - kommuniziert werden kann. Dies reicht von Kodierungen, die eine ganze Kultur bestimmen, bis hin zu sehr individuellen Abweichungen in einer solchen Kultur. Dies ist in jedem Fall die Grenz- bzw. Schnittstelle gegenüber den bloßen Phantasien in einer Kultur, es ist das Drängen nach Handlung und Realisierung, nach Gerinnung und Festhalten jener Aussagen einer Kultur, die als kodifiziertes Gedächtnis an die Nach-

---

[32] Weitere Grundsätze, die auch ethische Implikationen enthalten, haben wir am Ende von Kapitel 3 angeführt. Sie werden in den nächsten Kapiteln weiter fortgeführt werden. Zu beachten ist, daß solche ethischen Postulate immer Konstrukte jener Verständigungsgemeinschaften sind, die sich auf sie einigen können. Vgl. weiterführend Burckhart/Reich (2000); Reich (2000 b).

geborenen weitergegeben werden. Solche Symbolik bleibt dabei auch nicht Texten vorbehalten, obwohl sie in ihnen im wissenschaftlichen Lernen besonders erscheint, sondern zeigt sich als Architektur, Verkehrs- und Regionalplanung, Ökonomie, Ökologie usw. Oft erscheint es so, als müßten Pädagogen nur auf dieses Feld setzen und in ihm ihre symbolischen Züge gegen den Lerner ausrichten. Sie werden dann zu Paukern oder Trainern, die kurzsichtig und angepaßt konventionell bleiben. Im glücklichsten Falle sind sie wenigstens in dieser symbolischen Welt gebildet, in ihren Traditionen erfahren, um zumindest in ihrer Einseitigkeit eine gewisse Tiefe der Argumentation zu erreichen. Aber solche Tiefe kann meistens kreativ und konstruktiv nur *gegen sie* angeeignet werden, indem die Lerner in Auseinandersetzung mit ihnen ihr eigenes Welt-Bild finden. Dadurch werden ggf. imaginäre Kräfte frei, die intentional bei solchen Pädagogen gar nicht vorgesehen waren.

□ Dieser symbolischen Realität steht eine imaginäre Realität zur Seite, die, wenn wir über sie sprechen, auch in Symbolik erscheint, aber in ihr nicht aufgeht. Es ist, so könnte man auch sagen, die bloße Kehrseite des Symbolischen, die aufscheint, wenn die Intuition uns mitteilt, daß die symbolische Ordnung doch wieder nicht alles erfaßt hat. Es ist die Imagination der Bewegung selbst, die Unendlichkeit der Bewegungsmöglichkeiten in einer und gegenüber einer symbolischen Welt, die eine merk-würdige Grenzbedingung unseres Daseins selbst ist. Solche Imagination bleibt nicht bei dem Erreichten stehen, sondern bewältigt es mit sich und öffnet neue Seiten, auch wenn diese nie in die Handlungswirklichkeit reichen mögen. Dies führt zu einer unendlichen Vielfalt, denn jeder Beobachter kann die imaginäre Realität anders komponieren. Solche Realität produziert Erfindungsreichtum, spontane Einfälle und Ungewöhnliches. Sie fördert Intuitionen und verkörpert einen Pädagogen, der das Begehren seiner Schüler erreicht, um es zu entfesseln. Nur wenn der Pädagoge anerkennt, daß seine Schüler imaginative Kräfte in sich tragen, die seinen in keiner Weise nachstehen, sogar über seine weit hinausragen können, die bloß herausgefordert werden wollen, nur wenn er sich auf die Tiefe der möglichen imaginären Beziehung selbst einlassen kann, wird er über die Nützlichkeit des symbolisch vermittelten Wissens hinausgelangen und in Sphären kommen, wo es um Selbstwertgefühle, innere Antriebe und ein Begehren geht, das das Rad der symbolischen Vermittlungen antreibt.[33] Dann allerdings wird er auch Überraschungen erleben, denn trotz der symbolischen oder imaginären Realität sind die realen Ereignisse nicht vorhersehbar.

□ Das Symbolische und Imaginäre als jeweilige Realität eines Beobachters sind bloß Grenzbegriffe, mit denen wir Fühlen, Denken und Handeln beobachtend situieren können. Was in ihnen nicht erscheint, ist die Grenzbedingung des

---

[33] Dies soll uns an das Karussell des Selbst und der Anderen erinnern. Im Imaginären schlummern die oft unbewußten Kräfte, die das Karussell bewegen und die uns die Plätze wechseln lassen.

realen (unvorhersehbaren) Ereignisses, das immer erst im nachhinein verstanden oder erklärt werden kann, und das wie ein Einbruch aus nicht geahnter Realität wirkt. Je angepaßter und ängstlicher Pädagogen sind, desto mehr werden sie solche Grenzgänge vermeiden - und desto trockener und uninteressanter wird ihr Tun sein.

5. Der Gültigkeitsraum von Realität, die nicht bloß privat und intim bleibt, setzt auch für Konstruktivisten eine Verständigungsgemeinschaft voraus, dies wird in allen Sichtweisen, die wir hier erproben, deutlich. Eine Verständigungsgemeinschaft besteht aus mindestens zwei Subjekten. Um zu allgemeinen, gesellschaftlich tragfähigen Verständigungen zu kommen, bedarf es größerer Gruppen von Menschen. Allerdings ist eine solche Realität von Verständigung stets auch dem Mangel ausgesetzt, der durch Imaginationen einzelner und durch symbolische Vorschläge weniger ausgedrückt und in den kulturellen Symbolvorrat nie vollständig integriert wird. Dabei ist die Verständigungsgemeinschaft für die menschliche Lebensform keine wählbare, sondern zunächst immer schon vorausgesetzt: Die wechselseitigen Spiegelungen der Blikke, der Körper mit ihren Bedürfnissen, der Sprache bedingen den anderen, um selbst sein zu können. Verständigung ist immer schon der Diskurs des anderen/Anderen. Da ich durch Heranwachsen in einer Kultur aber zugleich selbst und anderer bin, gehört es zu meiner Möglichkeit, als reales Ereignis in dieser Kultur mich in meinen Wirkungen zu imaginieren und - bei entsprechender Umsetzung - in die Symbolvorräte einzuschleichen.[34] Je mehr Mitmenschen dieses Ereignis bemerken, desto wahrscheinlicher wird die Befriedigung meiner Imagination von Wirksamkeit. Dabei werden all jene Interaktionen in meinen eigenen Imaginationen und Symbolsetzungen gerne vergessen, die die Spiegelungen anderer/Anderer in mir erzeugten. Hier wird die Rückkopplung interaktiver Prozesse - von Beziehungen - vernachlässigt, sofern Beobachter bloß noch auf das Resultat, aber weniger auf den Prozeß sehen. Es gehört nach wie vor zu den Fiktionen der Beobachter, sich Meisterbeobachter zu imaginieren und symbolisch namhaft zu machen, die wie gleichsam aus dem Nichts ihr kreatives Potential für Andere bereitstellen. In der Identifikation mit solchen Realisationen, die nur wenigen zu gelingen scheinen - besonders erkennbar bei Idolisierungen von Sportlern, Künstlern, Genies usw. - erhöht sich das eigene Selbstwertgefühl. Und dies ist auch Pädagogen nicht fremd. Da sie oft mit Abhängigen beschäftigt sind, parasitieren sie an solcher Abhängigkeit, um den Genuß einer Überlegenheit zu erlangen. Sie wähnen sich in der klugen, der "besser-wissenden" Rolle, bis sie vielleicht in Momenten von der Abwesenheit ihres Besserseins überrascht werden: Auf einmal erscheinen ihre Lerner in einer Eigenständigkeit, in einem Licht eigenen Selbstwertes, eigener Kreativität, die bisher bloß verstellt war durch die pädagogische Erwartung ihrer in-

---

[34] Exemplarisch werden wir dies am Beispiel der Robinsonade in Kapitel 6 diskutieren.

haltlichen Unvollkommenheit. Nimmt man solche Momente als Pädagoge ernst, sieht man sie überhaupt, dann ist der erste Schritt getan, die eigene Unvollkommenheit einzugestehen. Man kann seinen Lernern erlauben, ihre Wirklichkeit zu konstruieren und das Staunen über das Vermögen, die Kreativität der Anderen zurückgewinnen. Die Möglichkeit einer Spiegelung des wechselseitigen Staunens eröffnet sich nun als größere Offenheit von Beziehungen, deren Er-Leben nicht durch die Ängstlichkeit vor Fehlern im Symbolischen erschlagen wird (vgl. dazu als pädagogischen Ansatz Giroux 1993, 1993, 1997).

6. Realität ist damit kein Absolutum einer Außenwelt im Sinne eines geschlossenen, gegliederten Seins, und auch kein Absolutum einer konstruierten Welt, sondern eine Multiplizierung der unterschiedlichen Realitäten von Beobachtern. Für Pädagogen scheint es mir unumgänglich zu sein, dabei drei Sichtweisen auf die Realität hin zu entwerfen und diese in einem stets reflektierten Verhältnis pädagogisch-strategisch[35] einzusetzen:

1. Strategie: die symbolische Realität entfalten
Seit der Aufklärungsbewegung ist das Interesse am Aufdecken bewußter symbolischer Ordnungen in der Moderne offensichtlich geworden. Dabei wurde das Imaginäre zwar noch geduldet, aber dem Symbolischen einverleibt. Und genau dies ist die Krise der gegenwärtigen Pädagogik: Sie hat zu sehr auf das Feld des symbolischen Wissens gesetzt und ihre Beziehungsebene vernachlässigt. So erscheint das, was Pädagogen tun sollen, auf einmal als Praxisschock, als Angst vor Schülern, als »burn-out-Syndrom«, obwohl die Beziehungsseite als eine Seite der Lebendigkeit, der möglichen Lebensfreude, der kommunikativen Gestaltungsmöglichkeiten den Kern pädagogischen Tuns ausmachen sollte. Aber dieser Kern wird heute häufig nicht wie ein Ideal behandelt, sondern wie ein Gegner, nicht wie eine Aufgabe, sondern wie ein Schock, eine Zumutung, eine Unmöglichkeit. Und diese Krise komplettiert sich darin, daß ausgerechnet Pädagogen wenig Ideen entfalten, die eigene Krise zu bekämpfen. Gerade von ihnen hört man hingegen immer wieder Sätze wie: "Das wird nie gehen", "das können wir nicht umsetzen", "da müßte man erst die Gesellschaft verändern", zusammengefaßt und auf einen Nenner gebracht: "Das läßt das symbolische System nicht zu". Darin offenbart sich eine Krise mangelnder eigener Imagination und dies drückt ein nicht anerkanntes Be-

---

[35] Strategien sind als Konstrukte immer auch eine Instrumentalisierung von Kommunikation. Dies scheint mir ausweglos, aber diese Ausweglosigkeit ist stets mit den Beteiligten an Lernprozessen aufzudecken. In der Pädagogik wird es nie herrschaftsfreie Diskurse geben, weil ein kommunikatives Handeln, das z.B. Habermas als ideale Sprechsituation unterstellt, an den Konkretionen der Macht (Foucault) zerschellt, die alle pädagogischen Situationen, die mir bekannt oder vorstellbar sind, durchkreuzt. Sofern herrschaftsfreie Diskurse als Mangelzustand beobachtet werden, kann aus dieser Idealsetzung allerdings durchaus kritisch im analytischen Sinne auf Machtdiskurse - auch auf unsere - geschaut werden. Vgl. genauer Reich (1998 a, b).

gehren aus. Vielleicht lohnt es, über diese mangelnde Anerkennung zu spekulieren: Warum ist das eigene Begehren gegenwärtiger Pädagogen immer weniger auf eine Spiegelung wechselseitiger Anerkennung einer gemeinsamen pädagogischen Utopie bezogen, sondern reduziert sich zunehmend auf die Idee des
Jobs? Warum lächeln wir wissend und ablehnend, wenn jemand von pädagogischer Berufung spricht? Warum entwickeln Pädagogen zunehmend weniger Phantasie, wie sie Begegnungen mit Lernern anders und kreativer gestalten
könnten, aber zusehends mehr Theorie, wie sie das Fach selbst immer stärker
inhaltlich spezifizieren und differenzieren können? Haben uns gar die "neue
Unübersichtlichkeit", die "Entwertung vieler Werte" und der "Metaerzählungen", die uns noch eine ganze Welt oder eine vollständige Lösung versprechen
wollten, haben sie uns mit der Anerkennung der relativen Wahrheiten und der
beschränkten Dauer von Gewißheiten auch die imaginären und begehrenden
Impulse genommen, Anderen mit einem klaren Begehren, einem engagierten
Auftrag, einer weniger inhalts- als vielmehr beziehungsorientierten Rolle ent-
gegenzutreten? Wo ist unsere imaginäre pädagogische Realität, die symbolisch
als kreativer Erfolg zu uns zurückkehren könnte? Wann haben wir zuletzt mit
Lernern darüber gesprochen? Wann haben sie uns gesagt, daß etwas Über-
raschendes eingetreten ist? Wann waren wir zuletzt von uns selbst überrascht?

2. Strategie: die imaginative Realität entfalten
Imaginative Realität spielt im Spannungsfeld kollektiven Erlebens bis hin zu
individueller Imagination. Für Beobachter sind die Unterschiede in der Wirksamkeit solcher Imaginationen auf Kollektive bzw. Individuen wesentlich, da
in ihnen meist unbewußte Spiegelungen und Phantasien, ein Begehren des anderen ersichtlich wird, das den Traum der symbolischen Ordnung und Harmonie durch das Träumen als Ausdruck unendlicher und widersprüchlicher Be-
gehrensmöglichkeiten selbst erschüttert. Solche Imagination schlägt sofort in
Symbolik um, wenn sie sich formuliert, auch wenn die Motive solcher Formulierung selbst unbewußt bleiben mögen.
Und müßte dies nicht die Basis eines pädagogischen Optimismus sein, einer
sich selbst erfüllenden Prophezeiung, die pädagogische Arbeit mit einem
grundlegenden Selbstwertgefühl versieht? Wäre dies nicht ein vorrangiger
Wert, den man benötigt, wenn man möglichst lange pädagogisch arbeiten will?
Dann aber sollte jeder Pädagoge bei sich selbst anfangen und seine Imaginationen stärken, bis sie stellenweise in Symbolik umschlagen und mit Anderen
gelebt werden können, ohne die Illusion zu hegen, daß dies nach erreichter
Arbeit (also in *einem* symbolischen System) abgeschlossen werden könnte.

3. Strategie: die Grenzen der Realitätskonstruktionen entfalten
Reale Ereignisse erreichen den Menschen direkt oder vermittelt. Direkt bedeu-
tet, daß er in sinnlicher Gewißheit steht, wahrnehmend und empfindend, als
Augen-Zeuge, dessen Zeugnis allerdings schon die Vermittlung ausdrückt: Es

werden eben alle Ereignisse im Spannungsfeld symbolischer und imaginativer Beschreibungen festgehalten. Je symbolischer, desto dramatischer fällt ihre gesellschaftlich sanktionierte Rolle aus. Es ist ein Wissen um Gefahren und Katastrophen, das eine ungeheure Kodifizierung von Bewältigungsleistungen hervorbringt. Imaginär erscheinen hier Ängste, aber auch Wünsche, Hoffnungen, Bilder und Intuitionen, die uns Energien geben und freisetzen. Für Pädagogen sind reale Ereignisse nicht bloß Löcher, in die man fallen kann, wenn man sich zuvor zu sicher war. Sie sind Möglichkeiten, mit der konstruierten Wirklichkeit in eine Beobachterperspektive wechseln zu können, die die Konstruktion selbst dekonstruiert, die ihr die Absolutheit nimmt und sie an die Singularität eines Hier und Jetzt zurückgibt. Und es sind die Blicke aus dem Hier und Jetzt, die von den realen Ereignissen zu schauen scheinen, auch wenn wir sie sofort symbolisch kontrollieren oder imaginär richten wollen. Insoweit sollten Pädagogen nicht versuchen, reale Ereignisse durch Rückzug auf die symbolvermittelte Welt Schule bloß kontrollieren zu wollen, sondern sie müssen zurück in die Vielfalt des Lebens. Sie werden dabei nie die Realität finden, die nichts als Realität ist, weil ja auch jede Welt des Lernens schon Realität ist, aber sie werden zumindest der Vielfalt realer Ereignisse näher sein, um sie später nicht bloß als Schock oder Schreck und als Objekt von Verdrängung und Angst den Schülern oder Teilnehmern überantworten zu müssen.

Es wäre eine Illusion, nach dem bisher Gesagten zu glauben, daß wir uns nur in einem dieser beobachtbaren Felder aufhalten können. In unserem (Un-)Bewußtsein zirkulieren sie ständig. Für Pädagogen ist dies eine Herausforderung. Unabhängig vom Alter ihrer Lerner sollten sie Beobachtermöglichkeiten vermitteln helfen, die die Gegensätzlichkeit von symbolischer, imaginärer und realer Welt - genauer von den darin konstruierten Wirklichkeiten - erfahrbar hält (vgl. Kapitel 5). Die Ausgrenzung eines der Bereiche - insbesondere die Bevorzugung der symbolischen Ordnung - verkürzt den Erfahrungsraum auf eine Welt des Verstandes und eingeschränkter Verständigung. Ereignisse aber zirkulieren in den Beobachterbereichen, die hier unterschieden sind. Sie zirkulieren in den Beobachterrollen, die ein Ich ihnen gegenüber einnimmt, um sich durch die Unterscheidungen in seiner Realität und im Diskurs des anderen/Anderen[36] zu situieren.

---

[36] Der andere mit kleinem a, so will ich nochmals erinnern, symbolisiert die imaginäre Kommunikation, der Andere mit großem A die symbolische Kommunikation. Beide sind realen Ereignissen ausgesetzt. Zur weiteren Bedeutung dieser Differenzierung für eine konstruktivistische Diskurstheorie vgl. ausführlich Reich (1998 b, Kap. 4).

5. Konstruktion, Rekonstruktion, Dekonstruktion: über neue Muster pädagogischen Denkens

Das erste Kapitel zeigte schon, daß die Vorrangstellung des Rätsels vor den Lösungen auch Ungemach bereiten kann: Hier wird eine Einführung gegeben, die zunächst mehr Fragen als Antworten aufgibt. Im zweiten und dritten Kapitel stellten wir die Inhalts- und Beziehungsebene in den Vordergrund, um für uns zu entdecken, daß Pädagogik - auch wenn sie sich immer an Andere wendet - zunächst in unserem Selbst anfängt und dann in ständiger Zirkulation mit Anderen steht. Im vierten Kapitel rückten das Symbolische, das Imaginäre und das Reale vor unsere Augen, um unsere möglichen Aufgaben für die Inhalts- und Beziehungsseite aus der Enge eines bevorzugt symbolisierenden Informationsmodells herauszuführen. Damit erschienen breitere Lösungen, aber auch neue Rätsel. Und dieses Verfahren setzt sich jetzt fort, denn ich will von Perspektiven sprechen, die wir als Beobachter einnehmen können, wenn wir Pädagogik betreiben, ohne jedoch genau vorgeben zu können, was wir in diesen Perspektiven konkret machen sollen. Eine Perspektive ist wie ein Blick von einem besonderen Aussichtspunkt: Ich schaue weit, erkenne Konturen, messe Entfernungen ab, erfahre vielleicht auch ein gewisses Glücksgefühl, einen Überblick gefunden zu haben und mache mich letztlich mit irgendeinem Ziel auf einen Weg. Ich kann mir meine Perspektive in die Erinnerung zurückrufen, in die Vorstellung zurückholen, um mich auf meinem Weg ein gutes Stück zu orientieren. Aber irgendwann brauche ich gewiß einen neuen Beobachterpunkt. Die Aussichtspunkte, die ich vorstellen will, stammen nicht aus der Pädagogik, sondern aus der Erkenntnistheorie. Es sind Erfindungen, die ich in einem anderen Kontext begründet habe (Reich 1998 a, b), und sie verweisen auf drei für die Pädagogik neue Beobachterperspektiven:

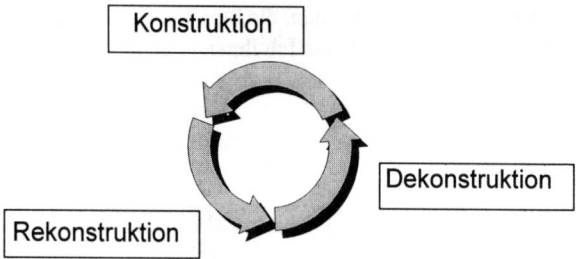

Alle Perspektiven haben eine Gemeinsamkeit: den Konstruktivismus. Ein wesentliches Ziel der konstruktiven Erkenntnishaltung ist es, wie wir in Kapitel 1 schon darlegten, Konsequenzen aus neueren Einsichten der Erkenntnistheorie zu ziehen. Zu solchen Konsequenzen gehört die Einsicht in die prinzipielle konstruktive Basis unseres Erkennens und die Aufgabe von geschlossenen, abbildenden, ganzheitlichen Weltbildern. Damit wird die Position des Beobachters gestärkt. Der Konstruktivismus gibt den Beobachtern Selbstvertrauen und Mut für die eigene konstruktive Erkenntnistätigkeit und für die Gestaltung ihrer Beziehungen nach einem von ihnen selbst auszuhandelnden Muster zurück. Dabei setzt die konstruktivistische Einstellung aber nicht auf ein neues ganzheitliches Muster, auf einen klaren ideologischen Ansatz, der Versprechen gibt, die Andere halten müssen. Vielmehr verdeutlicht die konstruktivistische Theorie zunächst vor allem drei für sinnvoll gehaltene Beobachterperspektiven, drei Denk- und Handlungsweisen, die in dem hier behandelten Kontext pädagogisch umgesetzt werden müßten:

1. Perspektive einer konstruktivistischen Pädagogik: Konstruktion

Eine konstruktivistische Pädagogik sollte sowohl ihre Inhalte als auch die zwischenmenschlichen Beziehungen im Unterricht, in Arbeitsgemeinschaften und allen möglichen pädagogischen Lebensformen grundsätzlich konstruktivistisch ausrichten: selbst erfahren, ausprobieren, experimentieren, immer in eigene Konstruktionen ideeller oder materieller Art überführen und in den Bedeutungen für die individuellen Interessen-, Motivations- und Gefühlslagen thematisieren. Ihr Grundmotto lautet: *"Wir sind die Erfinder unserer Wirklichkeit."*
Seit Piaget wissen wir, wie wichtig die konstruktive Tätigkeit für den Aufbau von Weltbildern ist, aber zusätzlich zu seinem Ansatz haben wir auch die interaktive Seite solcher Tätigkeiten stärker zu berücksichtigen.[1] Insoweit greifen Selbsttätigkeit und Selbstbestimmung notwendig ineinander. Eine konstruktivistische Pädagogik, die sich auf bloße kognitive Konstruktionsarbeit reduzieren läßt, würde ihr eigenes Postulat der wechselnden Beobachter mit unterschiedlichen Konstruktionsebenen schnell unterlaufen. Wir erfinden uns eben auch die Beziehungen, in denen wir existieren. Erleben wir hierin die Macht unserer Konstruktionen, dann werden wir Selbstvertrauen gewinnen können, solche Beziehungen auch als veränderbar zu erfahren.

2. Perspektive einer konstruktivistischen Pädagogik: Rekonstruktion

Zeit, Raum und soziale Welt, unsere Lebensformen in unserer Kultur, werden zwar nur angeeignet, indem wir sie - psychologisch betrachtet - konstruktiv verarbeiten, aber hierbei erfinden wir nicht alles neu. Immer mehr Lernzeit wird darauf verwendet, die Erfindungen Anderer für uns nachzuentdecken. Das Motto der Rekonstruktion lautet: *"Wir sind die Entdecker unserer Wirklichkeit."*
Zwar sind *unsere* Erfindungen notwendig, um Entdeckungen machen zu können. Aber unsere Erfindungen sind dadurch relativiert, daß es sie schon gibt.

---

[1] Eine Auseinandersetzung mit Piaget führe ich hier nicht. Vgl. zur Einschätzung des konstruktivistischen Ansatzes von Piaget von Glasersfeld (1996), Reich (1998 a, 138 ff.).

Die älteren Wissenden belächeln unsere Unschuld und unser Selbstvertrauen, wenn wir so tun, als hätten wir das alles selbst allein für uns erfunden. Und je wissender man in den Symbolsystemen der Moderne wird, desto kleinlauter mag der eigene Ansatz vertreten werden: Unübersichtlichkeit, Bedeutungslosigkeit, Ohnmacht vor dem Wissen Anderer verführen viele dazu, sowohl die eigene Erfindungs- als auch Entdeckungsgabe zu vernachlässigen und bedeutungslos werden zu lassen. Auch eine konstruktivistische Pädagogik in der gegenwärtigen Lebensform wird es sich nicht zur Aufgabe machen können, für wichtig erachtete Rekonstruktionsaufgaben in der Sozialisation der Gesellschaftsmitglieder zu vernachlässigen. Aber sie wird *alle* bei der Auswahl aktiv - Lehrer wie Schüler in jedem Einzelfall - beteiligen wollen. Und sie wird notwendig die Methode solcher Rekonstruktion verändern müssen, indem sie sie nicht überbetont, sondern dem ersten Prinzip der Konstruktion an die Seite stellt. Entscheidend hierbei ist die Markierung der Beobachterposition. Da heißt es z.B.: "Dies sehen wir aus unseren Augen konstruktiv so; jetzt schauen wir aus den Augen von X rekonstruktiv, was er oder sie gesehen hat." Damit wird die immer noch übliche Rekonstruktion verschwinden, die etwa behauptet, "damals war es so oder so", "es ist gewiß, daß die Menschen gar nicht anders konnten als so oder so zu handeln", "das Ereignis Y mußte genau so und nicht anders eintreten". Eine konstruktivistische Pädagogik wird unter der Perspektive der Rekonstruktion ihre Teilnehmer anders fragen lassen: "Wer hat es damals so und wer hat es anders gesehen? Welche Handlungsmöglichkeiten haben Beobachter damals festgestellt und welche fallen uns hierzu ein? Was veranlaßt wissenschaftliche Beobachter der Gegenwart dazu, ein Ereignis kausal so zu bestimmen, daß es notwendig erscheint?"

Zugleich wird es konstruktivistisch gesehen wichtig, daß wir in Prozessen der Rekonstruktion verstehen lernen, was die damaligen oder jetzigen Beobachter dazu veranlaßt haben könnte, ihre Beobachtungen so und nicht anders festzulegen. Wir fragen nach Motiven und wollen nicht bloß Fakten lernen. Wir behaupten, daß wir Fakten dann sinnverstehend besser behalten, wenn wir etwas über die Motive - und in diesem Zusammenhang immer auch über unsere Motive - erfahren.

Als Einwand gegen eine solche Methodik drängt sich sofort die unendliche Stofffülle auf, die es zu verbieten scheint, solche Bedeutungen anzurühren. Schon jetzt sind die Symbolvorräte, die in die Pipeline Schule eingepumpt werden, viel zu groß. Und genau hier setzt eine konstruktivistische Pädagogik und Didaktik an. Wer behauptet denn die Notwendigkeit dieser Vorräte? Bemerken nicht gerade jetzt die Hochschulen, daß die von ihnen als Voraussetzungen für ein Studium geforderten und angeblich vermittelten Vorräte gar nicht im Gedächtnis der Schüler gelagert werden?[2] An immer mehr Universitäten gibt es Vorkurse, um die Studierenden angeblich studierfähig zu machen. Doch nicht die Breite eines oberflächlich angeeigneten Wissens und die Fähigkeit zu zeit-

---

[2] Ein durchaus altes Problem, dem sich früher insbesondere Wagenschein (1970) widmete.

lich begrenzter Reproduktion von Faktenwissen macht studierfähig oder orientiert die Schüler besser für Berufe und auf den Alltag hin. Wirkliche Hilfe könnte hier nur ein System des Lernens schaffen, in dem Eigenverantwortlichkeit, Selbstvertrauen und Motivation von Lernern durch Selbsttätigkeit und Selbstbestimmung gestärkt werden, in dem die Aufgaben der Rekonstruktion in das Spannungsfeld der eigenen Konstruktion zurückgeholt und hierbei gezielt verarbeitet werden.

3. Perspektive einer konstruktivistischen Pädagogik: Dekonstruktion

Aber diese beiden Positionen reichen nicht aus. Der zufrieden zu einer Übereinstimmung mit sich und Anderen gelangte Beobachter wird vor ein weiteres Motto gestellt: *"Es könnte auch noch anders sein! Wir sind die Enttarner unserer Wirklichkeit!"*
Hier ist nicht einfach ein skeptischer Zweifel an allem gemeint, was hervorgebracht wird, damit vor allem nicht ein neues zynisches Besserwissertum. Vielmehr geht es bei der Dekonstruktion vor allem um die Auslassungen [3], die möglichen anderen Blickwinkel, die sich im Nachentdecken der Erfindungen Anderer oder in der Selbstgefälligkeit der eigenen Erfindung so gerne verstellen. Je mehr auf klare Linearität und Kausalität in der Wissenschaft gesetzt wird, um so mehr wird der Dekonstruktivist verabscheut, weil er zirkulär und systemisch denkt und alles durcheinander bringt. Er ist jener Chaot, der das System verstört, weil er an den selbstverständlichsten Funktionsweisen innehält und dumme Fragen stellt. Sehr oft ist die Wissenschaft dann zu dumm, um darauf antworten zu können. In einer konstruktivistischen Pädagogik aber sollen alle zu Dekonstruktivisten werden können, um dann in den Zirkel der Konstruktion und Rekonstruktion zurückzufinden. Wenn ich als Beobachter etwas in Zweifel ziehe, wenn ich nach Auslassungen frage, Ergänzungen einbringe, den Blickwinkel verschiebe, den Beobachterstandpunkt fundamental wechsle und so andere Sichtweisen gewinne, dann kann ich zugleich sehen und enttarnen. Als Enttarner versuche ich kritisch zu sein. Aus dieser Position heraus sollte ich dann allerdings auch thematisieren, inwieweit ich daraus für mich konstruktive Schlußfolgerungen ziehen kann und wie dies Andere vor oder neben mir schon gesehen haben.

Mit dem »Dreiklang« von Erfinden, Entdecken und Enttarnen beziehen wir uns direkt auf Selbsttätigkeit und Selbstbestimmung in pädagogischen Prozessen, wie sie uns z.B. im Karussell von Selbst und Anderen schon begegneten. Hier geht es um Gestaltungen, die mit Abstand betrachtet eine Art Einheit darstellen, aber aus der Nähe gesehen in Unterschiede zerfallen. Gleichwohl müssen wir in pädagogischer Theorie und Praxis in beide Richtungen denken: Die Gestaltung pädagogischer Prozesse ist möglichst weitreichend so durchzuführen,

---

[3] Zur Bedeutung des Dekonstruktivismus bei Derrida, auf den ich teilweise zurückgreife, vgl. einführend z.b. Reich (1998 a, 128 ff.); Bennington/Derrida (1994). Praktisch z.B.de Shazer (1989, 117 ff.).

daß sie uns symbolisch noch als gewisse Einheit, *als Pädagogik* erscheinen kann, obwohl die einzelnen Gestalten durchaus ein unterschiedliches Eigenleben entfalten können. In anderen Worten: Als Pädagogen haben wir auch diese Einheit zu verantworten, wir sollten nicht nur eine ihrer Seiten bevorzugen. In einzelnen pädagogischen Prozessen jedoch können je nach Fall einzelne dieser Perspektiven in den Vordergrund rücken.

Aus diesen Perspektiven sollen drei Grundforderungen an Pädagogen abgeleitet werden, die konstruktivistisch orientiert ihren Ansatz begründen und entsprechend handeln wollen:

1. Postulat: "So viel Konstruktion wie möglich!"

Je rezeptiver Wissen angeeignet wird, desto mehr bleibt es äußerlich bzw. oberflächlich und wird schneller vergessen. Zwar mögen sich Lerner so kurzfristig sehr viel Wissen einpauken, um Prüfungen zu bestehen oder irgendwelche für sie formalen Abschlüsse zu realisieren, aber je mangelhafter dabei ihre eigene konstruktive Erarbeitung ist, desto schlechter fallen in der Regel die längerfristigen Behaltenseffekte und Motivationen aus. Wer für Prüfungen lernen muß, der weiß, daß man dabei die Inhalte des abzuprüfenden Wissens in Übersichten bringen muß, sie in Schaubildern zu veranschaulichen hat - klassisches Beispiel sind die sogenannten Schummelzettel -, sie also auf Wesentliches zu reduzieren hat, um hinreichende Behaltenseffekte zu erzielen. Dieses Minimum an Re-Konstruktion von Stoffgebieten wird aber nie befriedigen, wenn ein Wissen nicht bloß um des Wissens willen geprüft wird, wie es in der Mehrheit schulischer und hochschulischer Abschlußprüfungen immer noch unzureichend geschieht, sondern tatsächlich in irgendeiner Praxis zur Anwendung kommen soll. Wenn es um den Transfer von Wissen in Handlungen geht, um die Variation und Angleichung an unterschiedliche Handlungsbedingungen, um eigenständige und kreative Umsetzungen auf der Basis eines Wissens, dann muß der konstruktive Anteil erhöht werden.

Nun wissen wir bereits aus Kapitel 4, daß dieser konstruktive Anteil unterschiedlich akzentuiert werden kann:

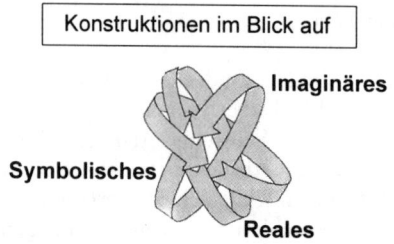

Symbolische Konstruktionen richten sich als Ausdruck einer selbsttätigen Suche, eines Ausprobierens, Experimentierens und Herstellens auf Zeichensysteme, die von signifikanten Gesten in Rollenspielen bis hin zu dokumentierten

Erfindungen reichen. Aus der Sicht des selbsttätigen Individuums sind solche Erfindungen grundsätzlich immer notwendig, um *seine* Wirklichkeit zu konstituieren.

Ein Szenario negativer pädagogischer Einflußfaktoren soll erläutern helfen, was hierbei noch zu oft übersehen wird: Jeder muß zum Erfinder seiner Wirklichkeit werden, auch wenn es einem äußeren Beobachter so scheint, als würde nur nachgeahmt, nachgeplappert oder nacherzählt. Je mehr der Lerner als innerer Beobachter hier mit einem äußeren Beobachter übereinstimmt, der seine Erfindungen entwertet, desto schneller wird seine Motivation absinken. Es gehört zur schlechten Kunst der Pädagogik, daß sie die ursprüngliche Motivation etlicher Kinder und Schüler durch gezielte Entwertungen zum Erliegen bringt, statt sie umfassend zu nutzen und auszubauen. Solche Entwertungspraxis hat unterschiedlichste Gründe. Ich will drei mir wesentlich erscheinende nennen:

☐ Die eigentlichen Erfindungen scheinen nur noch in Spezialstätten des Wissens und der Forschung möglich, die als hochtechnisiert und differenziert erscheinen und die der Schule oder Pädagogik überhaupt unzugänglich bleiben.

☐ Der »Größenwahn« der Kinder, der für den Schuleintritt noch üblich ist, soll durch harte Realitätsfakten gebremst und am Leistungsdenken einer hierarchisierten und statusbezogenen Bildungsauslese orientiert werden.

☐ Die Lehrer bzw. Pädagogen selbst haben sich in ihrer Ausbildung und eigenen Tätigkeit kaum je als Erfinder erfahren, so daß sie jetzt nicht diese Position den Kindern lassen können.

Die Folgen für die Pädagogik sind dramatisch:

○ Stets muß man den Erfindungen Anderer mehr trauen als dem eigenen Vermögen: Schulbücher, Wissenstexte, Aufgabenstellungen, die Herkunft der Lernziele und Lerninhalte, die Zulässigkeit wünschenswerter Methoden und Medien, den Zeittakt, die Raumordnung, soziale Strukturen, dies alles überläßt man einer äußeren Fertigung durch Experten, deren meist bloß theoretisches Wissen unhinterfragt die Lehrer/Pädagogen dominiert und die Schüler/Teilnehmer diszipliniert.

○ Durch die Abgabe eigener Kompetenzen entschwindet zusehends ein Bewußtsein für Erziehung, das sich in der menschlichen Begegnung bewährt hat und dialogisch begründet wird: Bildung, Inhalte, Leistungsabschlüsse rücken *vor* die menschlichen Beziehungen, obwohl sie nur in solchen Beziehungen verwirklicht werden können; aber das Bewußtsein ordnet die Ziele nach Verwertbarkeit, nach dem Funktionieren im System der Abschlüsse, nach funktionaler Differenzierung immer mehr vor pädagogische Frageweisen, die nach dem Sinn des Ganzen fragen, die solchen Sinn gar aus der Situation der Beziehungen im Hier und Jetzt selbst ableiten wollen.

○ Es entsteht eine virtuelle Pädagogik, die wie ein Fernseher funktioniert: Jeden Tag auf Sendung werden Klischees von Bildung transportiert, die nach den Zufallskriterien der ausgewählten Sender (= Lehrer) sich formulieren; nur selten wissen Lerner, warum oder woraufhin sie etwas lernen, weil die Bedeutung und der Kontext selbst jenen fremd geworden ist, die für sie lehren.

O Insoweit sind Versuche des Staates, die Lehrer zu dequalifizieren, indem Studienzeiten verkürzt, Inhalte verknappt, Ausbildungsgänge vereinfacht werden, nicht nur ein Mechanismus, um insbesondere Lehrer niedriger einzustufen und auf lange Sicht Geld zu sparen, sondern auch ein Reflex auf jene virtuellen Pädagogen, die wie eine Maschine funktionieren und Bildung transportieren, ohne selbst noch weitreichend gebildet sein zu müssen.

O Setzen Pädagogen sich nicht gegen die virtuelle Pädagogik durch, dann werden sie durch die virtuellen Wirklichkeiten der Computersysteme noch mehr bedrängt werden, denn obwohl diese »nur« individualisiert arbeiten, werden langweilige Lehrprozesse durch die Möglichkeiten interaktiver Lernprogramme zunehmend in Motivationsfragen und Visualisierungsmöglichkeiten in Frage gestellt werden.

Eine systemisch-konstruktivistische Pädagogik wendet sich klar gegen solche Entwicklungen. Sie will keine virtuelle Pädagogik sein, in der bloß symbolisches Wissen ausgetauscht wird, sondern eine Beziehungspädagogik, in der die eigene Konstruktionsfähigkeit aller Lerner vor die Übernahme fremder Expertenkonzepte rückt.

Aber geht dies auch? Sind aufgrund der funktionellen Differenzierung moderner Arbeitsprozesse Experten nicht vielmehr notwendig, wenn es um Wissensvermittlung geht?

Eine konstruktivistische Pädagogik wird und kann kein Expertenwissen bestreiten. Aber sie bestreitet die Notwendigkeit, daß Lernprozesse am Wissen von Experten einseitig ausgerichtet werden.

Beispiel:

Ein einfaches Beispiel soll dies verdeutlichen.[4] Schüler einer vierten Klasse haben dem Lehrer gegenüber Interesse bekundet, zu erfahren, wie Nachrichten im Fernsehen entstehen. Sie wurden in ihrer Lebenswelt hiermit konfrontiert, und sie wunderten sich, daß Nachrichten in so vielen Fernsehkanälen gesendet werden. Der Lehrer nimmt ihr Interesse auf. Er nimmt sich die Freiheit, den Lehrplan so auszulegen, daß er mit den Interessen seiner Schüler einhergeht. Nun hat er unseren Text zur Hand. Das erste Postulat lautet, daß er die Schüler konstruieren lassen soll. Sie selbst also müßten eine Nachrichtensendung gestalten. Dies schlägt er als Anregung seinen Schülern vor.

Es beginnt eine Phase gemeinsamen Sammelns von Ideen. Dafür gibt es in der Klasse Stellwände, auf Papierkarten werden stichwortartig Ideen gesammelt.[5] Die gemeinsame konstruktive Frage lautet: "Wie machen wir eine Nachrichtensendung?" Die Frage hätte gewiß auch anders lauten können, aber die Schüler

---

[4] Dieses Beispiel baut auf eigenen Unterrichtserfahrungen auf und erweitert diese.

[5] Zu den systemisch-konstruktivistischen Methoden gehören Materialien und Medien, die konstruktives Arbeiten besonders ermöglichen helfen. Vgl. dazu Kapitel 9.

haben sich schnell hierauf geeinigt. Nachdem jeder Schüler drei Karten geschrieben hat, werden aus der Klasse zwei Moderatoren gewählt, die die Karten allen einzeln zeigen. Alle Schüler bestimmen auf Zuruf, wo die Karten an den Wänden plaziert werden sollen. Bei Streit wird der Minderheitenmeinung entsprochen und die Karte gesondert plaziert. So ergeben sich mehrere Problemwolken, die die Schüler im »Brainstorming« mit den Karten zusammenstellen. In diesem Fall sind es eine ganze Menge Wolken: der Sprecher, die Sendezeit, Herkunft der Nachrichten, Nachrichtenarten (Wirtschaft, Politik, Sport usw.), Richtigkeit der Nachrichten, Wirklichkeitsnähe der Nachrichten (Sprachnachrichten, Sprach-Bild-Nachrichten, filmisch dokumentierte Nachrichten), die Zuschauer.

Nachdem diese Assoziationen gesammelt sind, fragt der Lehrer, was sie denn tun müßten, um zu diesen einzelnen Punkten mehr zu erfahren. Die Schülerantworten werden systematisiert auf einem Flipchart[6] festgehalten:

○ Als erstes wollen alle einen Nachrichtensender besuchen und dort Punkt für Punkt alles erfragen, was sie an der Stellwand gesammelt haben;

○ damit aber alle Punkte vorbereitet genug erfragt werden können, werden für jede Problemwolke Arbeitsgruppen gewählt (da die Schüler sich nicht direkt einigen können, werden hier 7 Gruppen ausgelost);

○ alle Artbeitsgruppen sollen sich Fragen aufschreiben, mit denen sie bei dem realen Nachrichtensender Interviews führen;

○ eine Gruppe von Schülern plus Lehrer soll im Vorfeld einen Fernsehsender aufsuchen und um einen Termin bitten.

Bevor alle zum Sender gehen (was übrigens nur durch Vermittlung über Beziehungen von Eltern gelingt), stimmen die Schüler ihre Interviewleitfäden ab. Sie simulieren auch einige Gespräche mit verteilten Rollen, um sich sicherer in ihrer Interviewrolle zu fühlen.

Im Sender führen sie Interviews mit dem Sprecher, der Redaktion, Kameraleuten und Technikern, sie verfolgen die Nachricht von der Meldung bis hin zur Ausgabe. Einige Schüler dokumentieren den Prozeß durch Fotos. In der Klasse erstellen sie eine Dokumentation an Stellwänden, wobei sie die gemachten Fotos gemischt mit Berichten einsetzen.

Hier nun ist eine Zwischenüberlegung notwendig. Der Lehrer ist von unserem Postulat der Konstruktion ausgegangen. Seine Schüler haben ihre Kategorien konstruiert, mit denen sie versuchen, eine Nachrichtensendung, so wie sie in einem Fernsehsender entsteht, nachzuvollziehen. Unter dem Druck der Realität ist ihre Konstruktion also in eine Rekonstruktion umgeschlagen. Zwar sind sie dabei selbsttätig und im Vorgehen auch durchaus selbstbestimmt, sie sind in Teams aktiv und haben ihre Kenntnisse stets abgeglichen, diskutiert und

---

[6] Der Vorteil des Flipcharts ist hier, daß man etwas Notiertes abhängen und an der Wand archivieren kann. Stellwände und Flipcharts sind in der Weiterbildung gängige Standards, aber in deutschen Schulen noch eine Rarität. Da ihre Nutzung eher aktive Lernformen spiegeln, kommen vorwiegend lehrerzentrierte Verfahren ohne sie aus. Vgl. Kapitel 9.

schließlich auch dokumentiert, aber sind sie so hinreichend konstruktiv tätig geworden? Selbsttätigkeit, so haben wir im Karussell von Selbst und Anderen gesehen, kann durchaus eher nachahmend und weniger innovativ ablaufen. Ist aber Konstruktion nicht immer auch als Erfinden etwas Neues?

Unser Lehrer erkennt bei kritischem Nachdenken an dieser Stelle, daß eine konstruktivistische Pädagogik sich mit der erarbeiteten Dokumentation nicht zufrieden geben kann. Also regt er an, daß die Schüler nun doch ihre eigene Nachrichtensendung gestalten sollten. Sie wüßten ja nun, wie eine solche Sendung entstehe, und es wäre doch gut, wenn sie einmal ihre eigene Sendung mit der des Fernsehsenders, wo sie waren, vergleichen könnten. Aber wie soll das gehen? fragt er sie.

Nach einigen Überlegungen finden die Schüler in eigener Diskussion eine Lösung. Sie suchen sich einen bestimmten Tag aus und nehmen an diesem Tag die Nachrichten des Fernsehsenders mit Video auf. Für den gleichen Tag erstellen sie eine eigene Sendung. Da es aber schwierig ist, an das Ursprungsmaterial aller Nachrichten heranzukommen, wollen sie in ihrer Vorbereitung dieser Nachrichtensendung auf alle verfügbaren anderen Nachrichten (insbesondere Zeitungen) zurückgreifen, um ihre Auswahl zu treffen. Damit der Vergleich gerecht sei, soll ihre Nachrichtensendung genau so lange dauern wie die des Fernsehsenders.

Erneut werden Gruppen gebildet, die verschiedene Aufgaben haben: Sprechergruppe, Technik und Bühnenbild, Redaktion mit Unterabteilungen, die die Nachrichtenauswahl treffen. Die Nachrichtensendung wird aufgenommen, und es werden nur für diesen Tag X die anderen, verfügbaren Nachrichten ausgewertet. Dann, Tage später, findet die eigene Nachrichtensendung statt. Als Bühnenbild haben die Schüler den Rahmen eines Fernsehers gewählt, der wie eine Bühne vor die Klasse gebaut wird. Dahinter sitzt der Sprecher, und Helfer zeigen fotokopierte Bilder, die als Illustration dienen. Das ist natürlich alles nicht so perfekt wie im Fernsehen, aber es illustriert, wie man es sich denkt. Auch diese Sendung wird als Video aufgenommen.

Dann kommt der Vergleich. Ich kann die Schilderung hier abkürzen. Die Schüler haben eine andere Nachrichtenwirklichkeit konstruiert als der Fernsehsender. Und dies, obwohl bereits ihr Nachrichtenmaterial durch die Zeitungen, die sie als Nachrichtenbasis zugrunde gelegt haben, gefiltert ist, was sie auch selbst bemerken. Aber ihre Prioritäten sind andere. Sie beziehen sich stärker auf ihre Lebenswelt und ihren Erfahrungshorizont. So kann ihre Konstruktion ihnen helfen, kritisch zu betrachten, was ausgewählte Erwachsene (Redakteure) für eine Wirklichkeit konstruieren. Sie werden, mit anderen Worten, in den Prozeß einer Wirklichkeitskonstruktion eingeführt, weil sie selbst konstruktiv ihre Nachrichtensendung entwickelt haben. Nun sehen sie viele Schwierigkeiten solcher Konstruktionen, die insbesondere die Breite und den Richtigkeitswert von Nachrichten betreffen. Sie sind aus der passiven Rolle der Zuschauer herausgetreten, um den wesentlichen Riß jeder Nachricht direkt erfahren zu können. Eine Schülerin formuliert dies treffend: "Ich glaube, im Fernsehen sind deshalb so viele Bilder und Filme, damit wir denken, daß dies alles wirklich so ist, damit wir vergessen, was alles ausgelassen und nicht gesendet wurde." Sie hat den Riß zwischen der eigenen Sendung und den offiziellen Bildern bemerkt. Sie hat bemerkt, daß die Suche des Fernsehens nach immer realitätsnäheren Bildern, um Nachrichten zu untermauern, auch schon eine Konstruktion von Wirklichkeit mit Auslassungen und Auswahl ist.

So gesehen erscheint mir dieses Beispiel als ein Versuch, die konstruktivistische Perspektive möglichst weit zu nutzen und nicht bei einer Konstruktion als bloßer Nachahmung bestehender Wirklichkeit stehen zu bleiben. Dies unterscheidet eine konstruktivistische Pädagogik von reformpädagogischen Ansätzen, die die Selbsttätigkeit oft nur zur Nachahmung bestehender Lebenswelten und zu einer möglichst harmonischen Einführung in diese nutzen wollten. Konstruktivistische Pädagogik bedeutet hingegen, den Stachel der Konstruktion gegen andere Konstruktionen wenden zu können. Nichts aus den Wirklichkeiten ist ein Heiligtum, das uns absolute Werte oder konstante Normen vermitteln könnte, sofern wir uns nicht in *unseren* Konstruktionen von dem dahinterstehenden Sinn und dem Wert für uns überzeugen können. Dies gilt für Schüler wie für Lehrer gleichermaßen.

Nachdem seine Schüler erkannt haben, daß die Nachrichtensendung von Erwachsenen gemacht ist und wenig ihrer Lebenswelt und ihren Erfahrungen entsprochen hat, kommt der Lehrer auf die Idee, dies auch für sich zu hinterfragen. Und er sagt seinen Schülern, daß die Nachrichtensendung auch nicht seinen Bedürfnissen als Erwachsener entsprochen hat, weil sie ihm als einseitig erscheint. Deshalb würde er eher Zeitungen mit größerer Breite der Berichte lesen, um sich zu informieren.

Und auch hier endet der Konstruktionsprozeß noch nicht. Jetzt wollten einige Schüler wissen, wie ihre Eltern sich informieren. Daraus entsteht ein neues Projekt. Und als die Klasse ein halbes Jahr später vor dem Regierungspräsidenten protestiert, weil an ihrer Schule ständiger Lehrermangel herrscht, da bemerken sie, daß diese Nachricht nicht einmal als Nachricht in ihrer Stadt einen Wert hat. Sie erscheint nirgendwo, nicht einmal im Regionalteil der Zeitungen ihrer Stadt. So dekonstruieren sie ihren Glauben an die Richtigkeit von Nachrichten.[7]

Dieses Beispiel sollte helfen, eine Grundannahme der konstruktivistischen Pädagogik zu illustrieren, nämlich daß wir keine Experten von außen benötigen, um konstruktiv Wissen zu erwerben. Experten tauchen auch in unserem Beispiel auf, aber sie werden durch die Konstruktionen der Schüler herausgefordert, ihr Wissen gezielt und nach den Bedürfnissen der Schüler weiterzugeben.

---

[7] Eine Abgeschlossenheit ist hier nicht in Sicht. So, wie wir weiter oben im Blick auf die Kommunikationstheorie von den vier Seiten einer Nachricht gesprochen habe, ließe sich das Thema der Nachrichten z.B. unter einem kommunikationstheoretischen Schwerpunkt noch einmal aufnehmen. Damit käme die Rolle der Zuschauer, die in diesem Modell noch zu randständig blieb, stärker in eine systemische Perspektive.

Auch der Lehrer bleibt Experte, insbesondere wenn er seinen Schülern helfen muß, ihre Fragen sprachlich in eine korrekte Form zu bringen, wenn er sie anregen kann, ihre Dokumentationen stilistisch und künstlerisch ansprechend zu gestalten, aber er drückt ihnen nicht sein Wissen auf, was Nachrichten wie und warum sind oder zu sein haben.

Eine weitere Überlegung bleibt zu beachten. Schüler und Lehrer konstruieren ihre Wirklichkeit in der Kunstwelt Schule, deren Kunstcharakter auch dadurch nicht aufgehoben wird, daß sie sich möglichst dem Alltag und außerschulischen Systemen öffnet. Solche konstruktive Beschränkung gilt für Pädagogen allgemein, weil und insofern Bildung und Erziehung in ihren unterschiedlichsten Formen Orte der Arbeitsteilung, der Institutionalisierung und ritualisierter Handlungsabläufe geworden sind. Zwar gibt es hierin immer auch den konstruktiven Zufall, aber er wird zusehends weniger zur Regel. Dennoch ist es in unserem Beispiel den Schülern und dem Lehrer gelungen, die Institution Schule an mehreren Stellen zu öffnen:

○ durch Bezug auf einen Fernsehsender, der tatsächlich besucht wurde;
○ durch konkrete Untersuchung der Verarbeitung von Nachrichten in dem Fernsehsender und durch Abgleich mit Nachrichten aus Zeitungen (auch hier wäre ein Besuch bei anderer Gelegenheit wünschenswert);
○ durch Videoaufnahmen, die außerschulische Prozesse dokumentieren.

Je nach Unterrichtsstoff sind solche Bezüge zur außerschulischen Realität immer wesentlich. Allerdings benötigen wir viel Phantasie und großes Engagement, diese Bezüge zu entfalten. Warum jedoch sind sie so entscheidend für eine konstruktivistische Pädagogik?

Weiter oben haben wir festgestellt, daß Konstruktionen symbolische, imaginäre oder reale Bedeutungen und Kontexte für Beobachter aufweisen können. Greifen wir auf dieses Konstrukt zurück, dann erkennen wir, daß wir bisher sehr stark in der symbolischen Perspektive verblieben sind. Welche Aspekte sind uns deshalb in unserem Beispiel entgangen?

Imaginäre Konstruktionen bilden nicht nur in den Beziehungen zwischen Schülern und zum Lehrer einen Vermittlungsgrund, sondern auch bezüglich der Nachrichten. Die Schüler haben eine Imagination von Nachrichten, bevor sie genauer analysieren, was Nachrichten sind. Wir könnten auch von einem intuitiven oder impliziten Wissen[8] sprechen, über das die Schüler bereits verfügen, wenn sie an Nachrichten denken und hierüber Assoziationen anstellen. Oft handelt es sich um Dinge, von denen wir Vorstellungen haben, ohne sie genau und eindeutig aussagen zu können. Insoweit hat unser Lehrer folgerichtig gehandelt, als er versuchte, zunächst durch »Brainstorming« solche Assoziationen freizulegen und dabei auch Imaginationen seiner Schüler zu wecken. Geradezu methodisch tödlich wäre es für das Imaginäre gewesen, wenn der Lehrer hier eine Vorgabe gemacht hätte. Aber wie oft geben Lehrer oder Schulbücher den Rahmen, die Assoziationen, die Bedeutungen vor, statt jenem intuitiven oder

---

[8] Polanyis (1985) Begriff des impliziten Wissens geht stellenweise in diese Richtung.

impliziten Wissen zu vertrauen, das schon mitgebracht wird oder vorhanden ist? Das Imaginäre begleitet uns ständig. Deshalb wäre es unsinnig, wenn wir es jetzt bloß gegen das Symbolische wenden würden. In Kapitel 4 haben wir das Imaginäre mit Begriffen wie Begehren, Antrieb, Motivation charakterisiert, die selbst wiederum nur symbolisch zu verstehen sind. Es ist die Tücke des Imaginären, daß es für uns erst verfügbar wird, wenn wir eine symbolische Form dafür finden. Gleichwohl aber ist es eben die Differenz zu dieser symbolischen Form. Auch dies will ich an unserem Beispiel näher bezeichnen: Pädagogen konstruieren ihre Wirklichkeit meist in der Bevorzugung des Symbolischen. Dort sehen sie Resultate, Ordnungen, einen Stil, sie können exakte Beobachtungen machen und klare Aussagen treffen. So wird z.b. der Sprecher der Nachrichtensendung in seinem Auftreten beurteilt, in dem, was er und wie er es sagt, auch noch in seiner Körpersprache, um seine Beziehungskommunikation auszudrücken. Aber wo bleibt sein Imaginäres? Was hat ausgerechnet dazu geführt, daß dieser Schüler und kein anderer die Rolle des Sprechers einnimmt? Was bewegt ihn dabei? Welche Gefühle und intuitiven Vorstellungen hat er? Welche Wertschätzung der Gruppe erlebt er in seiner Rolle? Welches Selbstwertgefühl entsteht ihm daraus? Wird ihm dabei etwas bewußt oder bleibt diese Erfahrung unterschwellig? Und jetzt erweitert: Wie geht es den Anderen, jedem von ihnen? Welche Fragen können erscheinen, wenn wir ihr Begehren betrachten? Was an ihnen ist unterschiedlich? Wirkt es irgendwie zusammen? Was ist für wen wichtig? Wie wichtig ist es? Eine unendliche Kette von Fragen bietet sich an. Pädagogik dient offensichtlich dazu, diese Fragen auszuklammern und sich auf wesentliche Erwartungen zu orientieren. Denn der Pädagoge wäre überfordert, wenn er sich auf imaginäre Verflechtungen und Unschärfen einlassen würde. Wie könnte er dann noch zielorientiert handeln? Gleichwohl muß jeder Pädagoge zugeben, daß in der Beziehungskommunikation das Imaginäre eine Kraft ist, die das symbolische Rad antreibt. Unter der Oberfläche des Wissens schlummert die Kraft, Wissen zu entbergen und zu entfesseln. Hier schlummert die Kraft, Probleme zu erkennen und neue Lösungen zu gewinnen: also vor allem Kreativität, Selbstwert, Konstruktivität. Doch zugleich ist das Imaginäre ein Chaos, wenn ein Pädagoge mit Gruppen arbeitet, weil jedes Individuum in seinem systemischen Netzwerk von Beziehungen imaginäre Verbindungen produziert, deren Rückkopplungen und Vermittlungen kaum je explizit nachgezeichnet werden können. Es ist wie mit der Liebe: Jede Bezeichnung wird ein stummes Abbild, eine traurige Verkürzung, denn die Intuition, das implizite Vorstellen erweist sich als Meer und Wellenbewegung gegenüber den an die Oberfläche gelangenden Schaumkronen und Spiegelungen. Ohne diese Kraft im Untergrund ist jede Pädagogik verloren, belanglos, mechanistisch und maschinell.

In der Beziehungskommunikation treibt solches Begehren ein munteres Wechselspiel. So uninteressant ein Stoff sein mag, Schüler lernen für ihre Lehrer, wenn sie sich in deren Begehren spiegeln können. So interessant ein Stoff sein mag, er kann abgewehrt und entwertet werden, wenn keine gemeinsame Imagi-

nation die Beziehung trägt. Darin wurzelt die gegenwärtige Krise des Imaginären in der Pädagogik, weil und insofern sie sich diesen Beziehungen und ihrer
Unschärfe verweigert. Im symbolischen System bezeichnen ihre Lösungen bloß
immer mehr desselben, denn jede neu angebotene Lösung wird in der Regel
als eine Erweiterung, eine Ergänzung vorhandener symbolischer Lösungen angenommen. Dazu studiert man, dies ist der Prüfungsstoff. Und dies ist die Krise einer Schule, die sich dem Imaginären verweigert. Dennoch verschwindet
das Imaginäre dadurch nicht.

In unserem Nachrichtenbeispiel haben Schüler und Lehrer Raum für das Imaginäre gelassen. Durch offene Fragestellungen, durch Betonung der Selbsttätigkeit im Blick auf eigene Konstruktionen - der Höhepunkt ist die eigene Nachrichtensendung mit Bühne und Rollenspiel -, durch expressive Darstellungsmöglichkeiten usw. wird das Imaginäre sehr stark angesprochen und aktiviert.
Diese Aktivität spürt man als Beobachter in einer solchen Klasse sofort: Sie
drückt sich als Spannung, als Erwartung in der Engagiertheit, im Temperament
deutlich in Gestik, Mimik und Sprachverhalten aus. Zwar kann in diesem Unterricht das Imaginäre nicht ständig zum Gegenstand subtiler Reflexion werden, etwa indem man alle Beziehungen auf ihre Vorstellungen hin zerpflückt
und ständig Gefühle und Erlebnisse schildern läßt. Aber das ist auch gar nicht
erforderlich. Unterricht mag zwar manche therapeutischen Effekte haben, aber
er ist keine Therapiestunde. Dennoch muß das Imaginäre stets vorkommen
können und gelebt werden: In den unterschiedlichen Rollen, die ich spielen
kann und die meinen Vorstellungshorizont erweitern, im Wechsel von Beobachterperspektiven, die mich in meinen wechselnden Rollen spiegeln, in der
Selbstdarstellung, die genossen werden kann, in der Produktion eigener Ideen
und deren Umsetzungen, in den Visionen, etwas auch noch anders machen zu
können, denn alle diese Möglichkeiten bewerkstelligen den Fluß vom Imaginären ins Symbolische. Und in Momenten solcher Prozesse sollte durchaus nachgefragt werden: Warum hast gerade du dich in dieser Rolle wohl gefühlt? Weshalb ist sie dir zugeschrieben worden? Worauf willst du nach diesen Erlebnissen achten? Worauf müssen wir in der Beziehung zu dir achten? usw.
Wie aber sollen Pädagogen das Imaginäre fördern, wenn es nicht zur vordring-
lichen Aufgabe ihrer Ausbildung gehört? Pädagogen müßten Künstler des Imaginären sein, Beziehungskommunikation erscheint ohnehin mehr als Kunst
denn als Wissenschaft im herkömmlichen Sinne. Kunst will ich in diesem Bezug als eine Form von Gestaltung, von Schöpfertum, von Wertschätzung sich
selbst und Anderen gegenüber, von Ausdrucksfähigkeiten und spontanen Ein-
fällen, von Überraschungen verstehen, Kunst ist angefüllt mit begreifbarem
oder unbegreiflichem Begehren. Um die imaginäre Krise der Pädagogik zu
überwinden, um kreativ eine neue Pädagogik zu gestalten, benötigten wir pädagogische Künstler mehr als alles andere.[9] Aber zum Künstler muß man sich

---

[9] Die derzeitig aufgrund von Finanzmangel diskutierten neuen politischen Grundsätze, den
Schulen und Hochschulen mehr Spielraum in der Verwaltung von (viel zu knappen) Mitteln,

berufen, getrieben fühlen, und es muß gleichgültig sein, was Andere hierüber denken. Allerdings will ich damit nicht wieder den alten Gegensatz zwischen Kunst und Wissenschaft heraufbeschwören. Wir brauchen pädagogische Künstler, aber diese Künstler benötigen zugleich eine Verankerung in den symbolischen Systemen, die sie lehren. Sagen wir es umgekehrt: Auch die Wissenschaften vernachlässigen vielfach das Imaginäre und damit die Kunst, Wissenschaft kreativ zu betreiben. Für Pädagogen gelten beide Seiten, die Beziehungskunst und die symbolische oder wissenschaftliche Ordnung, aber beide Seiten setzen Kreativität voraus. Die Gestaltung pädagogischer Prozesse als Erfinden, Entdecken und Enttarnen kann ohne diese Kreativität auf beiden Seiten auch nicht gelingen.

Reale Konstruktionen erscheinen Pädagogen oft als Rettung aus dem Dilemma der Spannung zwischen dem Imaginären und dem Symbolischen. Man müßte nur den realen Ort der Dinge und Beziehungen aufsuchen, um doch noch Sicherheit zu finden und eine unangreifbare Ordnung herzustellen. Wo hat man nicht überall diesen Ort vermutet: in der Natur, in der Seele, in einem Ideal von Humanität und Indivdualität, in der Faktizität des Beobachtens und der Wahrnehmung der Dinge, wie sie sind, in einem absoluten Geist oder einem Horizont, der ontologisch die gültige Welt umschreibt, schließlich und letztlich immer wieder: in der Realität.

Und müssen wir nicht von vornherein zugeben, daß materielle, empirisch durch Wahrnehmungen, Empfindungen, durch Sinnlichkeit nachprüfbare Gegenstände etwas gänzlich anderes sind als geistige Vorstellungen, Ideen, Phantasien und dergleichen mehr?

Aber wo ist diese reine Realität? Wir sprechen jetzt über sie, und schon ist sie entschwunden. Stets verwandelt sie sich in ein symbolisches System, wenn wir sie ausdrücken wollen. Also lassen wir sie, wie sie *ist*. Dann ist sie Realität, dann nähern wir uns dem Realen, aber es erscheint nunmehr als Abwesenheit, als etwas, worüber wir noch nicht sprechen, was wir noch nicht sagen können. Und unterschwellig lauert in dieser Realität auch das Imaginäre, das uns verleitet, sie ganz unterschiedlich sehen zu wollen. Somit ist die Realität stets nur ein Über-Gang, den wir symbolisch beruhigen. Deshalb ist ein Haus z.B. kein einfaches Ding, das wir bloß wahrnehmen und in uns als Realität empfinden, sondern zugleich Architektur, ein Ausdruck von Stadt- und Regionalplanung, schön oder häßlich, anheimelnd oder abstoßend, oder wie immer wir unsere Beobachterperspektiven jetzt wählen wollen. Und es ist ein Haus, das wir begehren oder übersehen, das unsere Imaginationen anregt oder bloß an uns vorbeihuscht.

Wenn Pädagogen mit Lernern realistisch arbeiten wollen, wenn sie in eine reine Realität vorstoßen wollen, aus der heraus sich alles fundiert, dann unterlie-

---

der Einstellung neuen Personals usw. zu geben, könnten hierfür eine wichtige Grundlage abgeben. Aber sie wird wirkungslos bleiben, wenn sich nicht auch die von mir angesprochenen Einstellungen ändern. Wirkliche Reformen setzen ein hohes imaginäres Begehren voraus!

gen sie bereits einer symbolischen Illusion, die das Widerständige, das Mangelnde, das Zufällige des Realen übergeht, um ein Konzept von Wirklichkeit *vor* das Erleben von Wirklichkeiten zu stellen.

Wo aber sind die Wirklichkeiten? Sie sind offenbar im Mangel selbst, d.h. immer dort, wo wir imaginär gerade nicht sind und wo das symbolische System versagt. Sie sind dort, wo wir in Zeit und Raum uns zu bewegen trauen, wo wir bereit sind, neu schauen zu lernen, wo wir anders zu schauen lernen müssen, weil unsere Umwelt uns Veränderungen, mitunter als harte Lebensfakten, aufgibt.

Gehen wir noch einmal auf das Beispiel der Nachrichten ein. Wo liegt hier die Realität der Konstruktionen? Sie scheint an mehreren Stellen situiert zu sein. Zunächst in den Nachrichten selbst, die als symbolische Aussagen sich auf eine Realität beziehen. Dann in der Situation, wo Nachrichten real verarbeitet, gesendet und empfangen werden. Aber diese Aussagen sind bereits ein symbolisches Konstrukt von Realität, die wir unterstellen, weil wir uns jetzt symbolisch mit Nachrichten und deren Realität beschäftigen wollen. Vielleicht ist die Realität des Augenblicks für einzelne Schüler ganz woanders. Vielleicht erscheint sie dem einen, wenn er die Tür öffnet und den Wind verspürt, einer anderen, wenn sie ein Sonnenstrahl auf dem Weg zum Fernsehsender trifft, wieder einem, wenn er ein Gefühl der Fremdheit beim Betreten der Eingangshalle verspürt. Auf welchem Plateau welcher Beobachtungen befinden wir uns, wenn wir die Multiplizität von Wahrnehmungen, Empfindungen, sinnlichen Erlebnissen und dann auch noch deren unendliche Verknüpfungen mit dem Imaginären und Symbolischen einfangen wollen? Wir fangen sie ein und sind in einem konstruierten Sein, das den Mangel des Realen ausschließt. Dies ist die ständige Realitätsfalle, in der wir sitzen, eben weil wir die Realität in unserem Denken nie so sein lassen können, wie sie außerhalb von uns ist.

Damit ist Realität ein Grenzbegriff. Er teilt Pädagogen mit, sich solchen Grenzen zu stellen. Sie werden sehr wenig von der Realität finden, wenn sie sich in symbolischen Systemen einmauern und die monadischen Zellen der Schulgebäude wenig verlassen. Sie werden Realitäten verleugnen, wenn sie sie bloß aus der Perspektive symbolischer Ordnung, eines Zugriffs immer nur über das Begreifen und nicht auch des Zugeständnisses des Mangels wahrnehmen wollen.

Wie aber sollen wir den Zustand des Mangels mitteilen? Auch hier benötigen wir Pädagogen als Künstler, die das Künstlertum in ihren Lernern wecken, indem sie die Stellen der Ver-Fremdung zwischen Realem und Symbolischem und Imaginärem erfahrbar werden lassen: als Gefühl, als Ahnung, aber dann auch als Formulierung: als Ausdruck, Stil, Aussage, Reflexion im jeweiligen symbolischen System, das sich beobachtend gegen andere Perspektiven stellt. Im Blick auf die Nachrichten erscheint es deshalb als eine wesentliche Erfahrung, daß die Schüler irgendwann, wenn wir konstruktivistisch konsequent bleiben wollen, sich selbst als Nachricht in ihrer Wirklichkeit sehen, um hierin den immer möglichen Riß von Nachricht und Realität überhaupt aufzuspüren.

Dies geschieht in ihrer Demonstration vor dem Regierungspräsidenten, die wegen der Alltäglichkeit und Selbstverständlichkeit des Lehrermangels als Nachricht nicht mehr taugt. Sie selbst empfinden ihre Situation als eine, die einer Nachricht wert sei, um dann zu erkennen, daß niemand außer ihnen diese Nachricht schätzt. Hier erscheint der Riß zwischen Realem, Symbolischem und Imaginärem: Ihr imaginäres Begehren ist auf ein Gefühl der Anerkennung ihrer Probleme gerichtet, ihre symbolische Erwartung die Formulierung dieser Anerkennung zumindest als einer Nachricht unter vielen, die Realität hierzu aber verdoppelt sich: In ihre durch Dabeisein informierte Perspektive und die der Anderen, die nicht informiert sind, die damit auch gleichgültig bleiben können. Daraus aber lernen alle,

○ daß es nicht eine Realität gibt, auf die sich alle beziehen können, weil sie, sofern sie besprochen wird, je schon unterschiedlich *ist*,

○ daß es der Formulierung als symbolisches Anliegen und der Durchsetzung solcher Anliegen bedarf, wenn man sich in unserem kulturellen System bemerkbar machen will, wenn man sich Gehör verschaffen will;

○ daß es dabei aber auch sehr auf eine Gleichheit des Imaginären, des wechselseitigen Begehrens von Menschen ankommt, denn auf Interesse trifft gemeinsam nur das, was sie anrührt, was sich mit ihren Bedürfnissen, Einstellungen, Erwartungen verbindet, auch und gerade wenn sie symbolisch noch gar nicht wissen, warum dies der Fall ist und was sie dazu antreibt.

Wenn wir von solchem Lernen sprechen, dann ist dies niemals abgeschlossen oder vollendet. Es ist stets offen, weil es die Realität eben nicht zu fassen bekommt. Aber im Wechsel der Beobachtungen, die sich gerade durch konstruktives Lernen ergeben, wird es leichter fallen, nicht nur konstruktiv selbsttätig möglichst effektiv zu lernen, sondern dies auch zunehmend selbstbestimmt realisieren zu können. Die Realität steckt in der Multiplizität der Realisationen, die Selbstbestimmung als kritisches Vermögen im Dialog mit Anderen, der

○ die Fremdheit des Imaginären des Anderen nicht ausklammert,

○ die Gemeinsamkeit symbolischer Ordnungen auf der Basis der Anerkennung der Unterschiedlichkeit diskutieren und abstimmen läßt,

○ die Realitäten als Orte des Mangels und der Beunruhigung in die Versuche, die Imaginationen gleichzuschalten und die Symboliken einseitig auszurichten, zurückkehren läßt.

Aus diesen Kreisläufen begründet sich die für mich wichtigste Regel für Pädagogen: So viel Konstruktionen wie möglich zuzulassen. Sie sind die Basis einer eigenen Welt-Anschauung: Sie zeigen uns als Erfinder unserer Wirklichkeit und lassen in allen Momenten von Erfindung unsere Verantwortung gegenüber den Folgen solcher Erfindungen als *unsere* Aufgabe erscheinen.

2. Postulat: "Keine Rekonstruktionen um ihrer selbst willen!"
Immer mehr erschlagen die symbolischen Vorräte der (Post-)Moderne die guten Vorsätze unseres ersten Postulats. Insbesondere die Wissenschaften in ihren spezialisierten Formen sind zu mächtigen Konstrukten angewachsen, die alle

Freiheiten junger und unerfahrener Konstrukteure entwerten, indem sie ihre tastenden Versuche lächerlich machen oder als schon bekannt entlarven. Das fördert das Besserwissertum, das dem Imaginären seiner Protagonisten durch narzißtischen Lustgewinn Energien zufügt, die als Status, Prestige und Anerkennung in die soziale Gemeinschaft zurückkehren. Rekonstruktionen bereiten Prüfern, Kontrolleuren, die Zugangswege und Abschlüsse selektieren, Genuß und Freude, indem sie ihre Macht ermöglichen, ihren Status und ihr Prestige sichern, ihre Karrieren und ihre Abgrenzung als Eliten gegenüber den Massen verstetigen. Solche verstetigenden Kontexte erscheinen deshalb auch nur aus einer Beobachterperspektive von unten her anmaßend, sie sind allenfalls durch die Möglichkeiten anderer Realitäten zu erschüttern, indem z.B. der Lehrerstudent, der in einer Fachprüfung scheitert, trotzig sagen kann: "Aber ich wäre doch ein guter Lehrer geworden, denn ich habe erfahren, daß meine Beziehungskommunikation mit Schülern im Praktikum sehr gut war." Was interessieren in einer Prüfung mögliche Realitäten, wenn man sich hier auf eine nur symbolische Komplexitätsreduktion zu verständigen hat, die auf der Ebene des Imaginären und der Beziehungen eine Komplexitätsverschleierung oder gar -negierung darstellt? Die ganze Wissenschaft wäre infrage gestellt, wenn sie ihr Geheimnis des richtigen Wissens preisgeben müßte, dessen vermeintliche Rekonstruktion unendliche Zeit verschlingt. Aus dieser Unendlichkeit greifen sich die Professoren den größten Brocken heraus, um kleine Häppchen an ihre Prüflinge weiterzugeben. Haben sie die Prüfungen bestanden, so folgen diese Prüflinge als Lehrer, als Pädagogen oder in anderen Berufen treu der erworbenen und gemeisterten Maxime, um nun ihrerseits ihre Rolle abzusichern und ihre Herkunft aus diesem bestandenen symbolischen System nicht zu verraten. So entsteht Bildung als symbolisches Kapital (vgl. Bourdieu 1993, 1987, 1979), das in sozialen Prozessen zirkuliert. Solchermaßen werden die Kreisläufe von Rekonstruktionen im Blick auf die Vermehrung eines symbolischen Kapitals angetrieben, um mit der Zunahme spezialisierter symbolischer Vorräte sich immer weiter zu vermehren. Aber wir sollten weitsichtiger schauen:

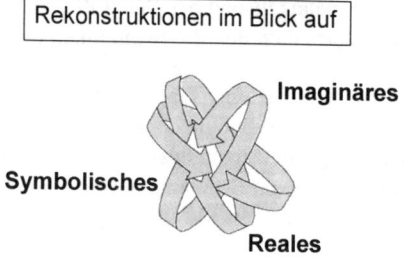

Rekonstruktionen im Blick auf

Imaginäres

Symbolisches

Reales

Im Symbolischen gefangen kann man aus dem Symbolischen nicht einfach aussteigen. Dies kennen wir bereits aus Kapitel 2: Wenn ich eine Lösung auf der Inhaltsebene erreichen will, und ich verharre auf der Ebene, obwohl auch Beziehungsprobleme angesprochen sind, dann verfange ich mich leicht in Lösungen, die nicht wirklich neu sind. Ich mache mehr desselben, was meist die übergangenen Beziehungsprobleme nur verschärft. Dies geschieht insbesondere dann, wenn man Beziehungsprobleme auf der Inhaltsebene austragen will. Der Beziehungskonflikt führt nun dazu, daß er auf der Inhaltsseite alle Variationen zeigt. Aber einem außenstehenden Beobachter fällt auf, daß die Beteiligten immer nur mehr desselben, nämlich ihren Beziehungsstreß, produzieren. So kann es uns auch gehen, wenn wir vorrangig im Symbolischen alles lösen wollen. Um über unsere Enge hinauszugelangen, müssen wir grundsätzlich die Perspektive wechseln:

Das Imaginäre könnten wir befragen. Was treibt uns an, gerade im Symbolischen immer mehr desselben zu versuchen? Warum halten wir alles für so wichtig, was wir selber lernten? Warum fällt es uns so schwer, die Macht der Rekonstruktion zugunsten von Konstruktionen zu verringern? Welchen Gewinn ziehen wir aus den Rekonstruktionen? Warum haben wir Angst vor Neuem? Am besten lassen wir unsere Imaginationen schweifen, um immer weitere Fragen ins Symbolische gleiten zu lassen. Aber dann müßten wir schon einen Zweifel in unserem Begehren verspüren, der uns hieraus eine neue Lust beziehen läßt.

Es gehört zu den klassischen Generationskonflikten, daß diese Lust gerne von der älteren Generation gegen die jüngere kontrolliert wird, um Sinn und Werte symbolisch gegen mögliche Visionen von Veränderung auszuspielen. Reform oder Revolution, auf diese beiden symbolischen Konfigurationen von Veränderung, wurden pädagogische Theorien oft bezogen, um mehrheitlich allenfalls als Reformen zugelassen zu sein. Dabei hat sich im Kapitalismus längst eine Entwertung von Sinn und Werten allgemein vollzogen, die das Generationenproblem durch Unübersichtlichkeit, Widersprüchlichkeit und Individuierung von Sinn und Werten auf eine andere Ebene hebt. Hier scheint eine Form gegen die Inhalte zu siegen: Zwar kommt es immer noch auf symbolische Ordnungen an, in denen wir handeln, aber diese sind nur fest in ihrem Handlungsrahmen, der durch Tausch, Geldgeschäfte, damit auch Austauschbarkeit von Inhalten charakterisiert ist, hingegen variabel in den einzelnen Inhalten, in den Klischees von kaufbarem Sinn und Tauschwerten, die gegen Gebrauchswerte streiten. In einer Welt der Waren-Ästhetik zählt Sinn nicht mehr bestimmend als eine aufklärerische Vernunft oder als ein Kunstwerk, das für sich selbst stehen soll, sondern gilt als Mechanismus von Angebot und Nachfrage, von Werbung und Massenwirksamkeit, der durch Kauf und Konsum angetrieben wird. Solche Konsumhaltungen inflationieren den Sinn der (Post-)Moderne und entwerten alle Werte, die im Ringen um modische Gunst und leichte Verwertbarkeit nicht mithalten können. Und sie entwerten damit auch die alten Generationenkonflikte, weil die Begrenzung von Lust und die Kontrolle von Visionen selbst fragwürdig geworden sind. Insoweit wirkt gerade hier ein Druck auf die ältere Generation, die noch an bestimmten Weltbildern festhalten will und den postmodernen Geist der Vervielfältigung aller Werte verweigert.

135

Dies hat für ein rekonstruktives Denken in der (Post-)Moderne gravierende Folgen. Wir sind unserer Rekonstruktionen zunehmend unsicherer. Im Alltag bereits werden sie durch die Klischees von Werbung und Überredung überlagert, in der Wissenschaft geraten sie zusehends in den Bereich von Moden und in eine Vermehrung von symbolischen Systemen, deren Wert und Sinn nur noch aus den Meta-Perspektiven von Spezialisten, die sich mit Erkenntnisformen beschäftigen, in eine Art vagen Überblick gebracht werden kann. Insoweit gibt es starke Tendenzen, sich auf »wahre« Rekonstruktionen zu stützen, die in einem stillen Reservoir »wahrer« Erkenntnisse vermutet werden. Dies sind in der Regel sprachliche Kon-Texte, wissenschaftliche Grundaussagen, durch Gremien und Institutionen anerkannte Sachverhalte, die als Lehrpläne festgeschrieben werden, die als gesellschaftliches Grundwissen verankert, als Tugend- und Moralleistungen empfohlen erscheinen. Und dennoch ist das 20. Jahrhundert mit einer Umwertung aller traditionellen Werte verbunden, mit einem Nihilismus, der als Entwicklung von Nietzsche klar und weitsichtig vorausgesehen wurde. Keiner der noch so sicheren Werte des Abendlandes war im 20. Jahrhundert sicher. Keine Rekonstruktion verfügt mehr über die Macht, die ein »wahres« Wissen bewahren könnte.

Drängen uns aber nun nicht gerade Imaginationen hin zu einer Wahrheit, die über den alltäglichen Sinneswandel, die Klischees der Warenwelt, die Brüchigkeiten der Ent-Wertungen hinausgeht? Gehört es nicht dem Fluß des Imaginären an, sich aus den Entwertungen hin zu neuen Werten zu bewegen, die Ausgangspunkte für Beobachtungen, für neue Perspektiven, für die Definition dessen, was uns als lebenswert erscheint, sind?

Aber dies ist bereits eine symbolische Vereinseitigung, die das Imaginäre bloß benutzt, um es zu begrenzen. Es gibt gerade imaginär gesehen kein konstruktives Muster der Erkenntnis, das uns eine stete Rekonstruktion sichert. Aber es gibt die Notwendigkeit der Rekonstruktionen, die gegen das Imaginäre stehen. Es gibt die strukturellen Notwendigkeiten, die uns machtvoll als räumliche, zeitliche und soziale Vorbedingungen durchqueren, und die unsere Visionen und Phantasien begrenzen oder ausnutzen.

Früher kamen solche Grenzen überwiegend von außen: aus der Herrschaft, der Souveränität, den Dogmen des Glaubens, den Ordnungssystemen der Wissenschaft und der Autorität der Lehrer.[10] Heute ist diese äußere Grenzziehung brüchig geworden, weil sich das 20. Jahrhundert selbst in diesen Setzungen als brüchig entlarvte, weil es Gegensätzlichkeit von Interessen, Unterschiedlichkeit von Werten, Multiplizität von Sinn selbst beobachtbar werden ließ. Damit jedoch haben wir nur ein Dilemma aufgeworfen, ohne es je lösen zu können: Das Symbolische begrenzt stets in der einen oder anderen Weise das Imaginäre und tritt als Rekonstruktion so notwendig in den Kreis der Erkenntnis, der Selbsttätigkeit und Selbstbestimmung zurück.

Insofern kann ich keine Regel anbieten, die Rekonstruktionen in bestimmter

---

[10] In Kapitel 6 werden wir näher den Übergang von Fremd- zu Selbstzwängen herleiten.

Weise festschreibt. Als einzige Regel bleibt, wenn überhaupt, eine Form: Da es auf interaktive Abstimmung des zeitbedingten, des raumbezogenen und des sozial wesentlich erscheinenden (wenngleich wechselhaften) Sinns ankommt, sollten zur Bestimmung seiner Geltung nicht nur jene befragt werden, die ihn vorrangig herzustellen versuchen, sondern auch jene, die ihn konsumieren sollen. Pädagogen müssen, da sie in Verständigungsgemeinschaften existieren, anerkennen, daß es nicht nur auf Verständigung ankommt, sondern auch auf die Gemeinschaft, deren Begehren in den Individuen vervielfältigt ist und die sich über diese Vielfalt verständigen müssen. Auch wenn wir alle Individuen an solcher Verständigung beteiligen, mögen hierbei einzelne Abstimmungen am Individuum vorbeigehen, aber dies läßt sich nur thematisieren, wenn das Individuum von der Abstimmung selbst nicht ausgeschlossen bleibt. Pädagogische Ziele, Lehrpläne, Seminarplanungen, Bildungsmaßnahmen usw. sollten nie ohne *wirkliche* Beteiligung aller Teilnehmer geplant, organisiert und abgestimmt werden. Dies ist eine wesentliche Regel einer systemisch-konstruktivistischen Pädagogik. Die rekonstruktive Kompetenz, die durch Studium und Ausbildung als Professionalität behauptet wird, ist nur eine Seite von Verständigung, die sich in ihren Rekonstruktionen immer den Konstruktionen derjenigen stellen muß, an die sie sich richtet.

Auch hier kommen Pädagogen oft mit der Behauptung einer Realität, die als begründeter Ausweg erscheint, um die Rekonstruktionen, die man selbst erlernt hat, als richtige durchzusetzen. Dabei ist eine rekonstruierte Realität immer eine, die erst im nachhinein festgestellt wird. Erst wenn es zu spät ist, dringt die Realität als Symptom, als Widerstand, als schicksalhaftes Ereignis usw. ein, woraus man dann Lehren und Konsequenzen zieht, die symbolisch notiert werden. Und dennoch gibt es hier den Umkehrschluß, den eine konstruktivistische Pädagogik stets beachten sollte: Reale Ereignisse lassen sich imaginär oder symbolisch antizipieren, so daß über diese Vermittlung das Reale als Vision oder Voraussage durchaus in den Kreis von Verständigung und in die Entscheidungen einer Gemeinschaft zurückkehren kann. Über solche unsicheren Gebiete zu handeln, kann einer rekonstruierten Realität unter Umständen mehr dienen als die minutiöse und doch immer unzureichende Aufzählung von vergangenen Ereignissen.

Beispiel 1: Kehren wir noch einmal zu unserem Nachrichtenbeispiel zurück. Es enthält auf der symbolischen Ebene viele Rekonstruktionen, die dadurch erfahren werden, daß die Schüler mit Material umgehen, das herkömmlich in unserer Zeit für Nachrichten steht. Sie lernen durch Auswertungen und Befragungen hierbei Muster kennen, nach denen Nachrichten verarbeitet werden und können sich über diese Vorgänge ein Bild machen. Wie aber wird dies erreicht? Hat es ein Lehrplan vorgeschrieben? Im Grunde ist die Lösung hier sehr einfach: Die Schüler sind unabhängig von Lehrzielvorgaben oder Intentionen des Lehrers vom Material, das ihnen verfügbar war, selbst ausgegangen. Sie analysieren die Nachrichtenverarbeitung einer Fernsehredaktion an einem bestimmten Tag X. Ein singuläres, lokales Ereignis steht für eine Beobachtung, die auf das Thema Nachrichten hin verallgemeinert wird. Weitere Rekonstruktionen, von denen noch nicht die Rede war, können hierbei eingreifen: Korrekturen des Lehrers an der Rechtschreibung und Zeichensetzung, am Ausdruck und Stil, Hilfen bei der Zusammenfassung von Texten, bei der Auswertung der Interviews usw. In diesen Rekonstruktionen verbergen sich Arbeitstechniken, die der Lehrer symbolisch tradiert, Verfahrensweisen, wie sprachlich Sachverhalte aufbereitet werden können, Vorstellungen, wie Bildmaterial eingeordnet werden kann, Ideen, wie abstrakte Aussagen anschaulich zusammengefaßt und transparent gemacht werden können. Hier deutet sich ein heimlicher symbolischer Lehrplan über das engere Thema hinaus an. Für den Lehrer erhebt sich die Frage, ob und inwiefern er nicht auch gerade hier die Rekonstruktionen den Konstruktionen öffnen muß. Zumindest muß er im Lernprozeß den Schülern in ihrer Selbsttätigkeit und möglichen Selbstbestimmung sein Verfahren selbst transparent halten, um nicht in angeblich formalen Gesichtspunkten doch seine einzig »wahren« Rekonstruktionen zu bewahren.

Beispiel 2: Rekonstruktionen sollten auch nie um ihrer selbst willen geschehen. Sie haben immer einen konstruktiven Anteil. Als Beispiel will ich ein Seminar mit Studenten über »Erziehung im Nationalsozialismus« anführen. Nachdem wir in mehreren Arbeitsgruppen uns historisch mit Quellen und Sekundärliteratur beschäftigt haben, geht es um die Frage, wie die unterschiedlichen theoretischen Erkenntnisse einem größeren Teilnehmerkreis vermittelt werden können. Da die Studenten um den hier besprochenen Zusammenhang von Konstruktion und Rekonstruktion wissen, entscheiden sie sich für eine radikale Lösung. Eine Gruppe, die sich mit der Hitlerjugend und dem Bund deutscher Mädchen beschäftigt hat, organisiert für alle Teilnehmer eine Propagandaveranstaltung, auf der Teilnehmer, die mit den dort vertretenen Inhalten oder Formen nicht einverstanden sind, sofort aus dem Saal entfernt werden. So müssen wir uns über längere Zeit Propaganda der Nazis in einer Spielsituation anhören. Eine andere Gruppe geht noch radikaler vor. Bei einem Lagerfeuer führen sie unter Nazi-Liedern eine Bücherverbrennung durch, in der sie Bücher von kritischen Autoren der Gegenwart verbrennen. Die Studenten versuchen, die Anlässe der Vergangenheit in eine Spielsituation mit möglichst hohem Ernstcharakter in die Gegenwart zu transformieren.

Hier erhebt sich ein möglicher kritischer Einwand. Reicht unser Vorstellungsvermögen nicht mehr aus? Müssen wir jetzt jedes schreckliche Ereignis der Vergangenheit nachspielen, um davon betroffen zu sein?

Darum geht es den Studenten nicht, denn solche Betroffenheit werden auch Spielsituationen nie ganz wiederbeleben können. Ihre rekonstruktive Arbeit hat eine andere Intention. Sie wollen vor allem den Berührungspunkt der theoretischen Aufarbeitung mit ihren eigenen Einstellungen aufbrechen und sichtbar machen. So hat die Gruppe mit der Propagandaveranstaltung die Hypothese, daß sie eine solche Veranstaltung auch heute noch durchführen können, wenn sie nur genügend Gewalt gegen Teilnehmer einsetzen. Für sie ist es wichtig, eine Verallgemeinerung für uns aus der Rekonstruktion einer Vergangenheit abzuleiten, die in einem erlebten singulären Ereignis sich begründet. Die Gruppe mit der Bücherverbrennung hat auch diese Intention. Sie will zugleich mit der Aktion eine Aktualität zu jenen Rechtsradikalen bezeichnen, die heute nicht nur Bücher verbrennen. Die Diskussionen solcher Gruppenarbeiten können nicht bloß kognitiv-distanzierend geführt werden. Hier kann kein akademisches Oberseminar nur mit Daten und Fakten einer Vergangenheit umgehen, die in Distanz gehalten werden und die Illusion der Gnade einer späten Geburt heraufbeschwören. Hier zeigt sich körperlich und seelisch eine Verbundenheit, die es erlaubt, Gefühle (nach)zuerleben, Gewalt in Realität überführt zu sehen und sie nicht symbolisch ad acta legen zu können. Die Teilnehmer sind durch diese Veranstaltung nicht nur geschockt, sondern auch für neue Beobachtungen offen: Was theoretisch schnell wegdiskutiert wird, daß man nämlich durch Gewalt zu Dingen gezwungen werden kann, offenbart sich als Realität eines Ereignisses, in dem sich nur eine Frau mit aller Macht traut, gegen die gespielten Nazis anzukämpfen. Nachdem sie abtransportiert wurde, beginnt zwar ein subversiver innerer Kampf gegen die Versammlung, aber sie kann nicht verhindert werden. Die Beschreibungen von Ohnmacht auf der einen Seite, die wir ausgiebig diskutieren, korrespondieren mit den Allmachtgefühlen auf seiten der Nazi-Rollenspieler, die daraus jenen Lustgewinn beobachten und analysieren lernen, der die Versuchung solcher Positionen ausmacht. Die Bücherverbrennung überführt mich als Dozenten einer Peinlichkeit. Während der sehr lauten Lieder und der Verbrennung von Büchern, die von den uniformierten und anonym erscheinenden Nazi-Rollenspielern so überzeugend gespielt werden, daß ich denke, in einer rechtsradikalen Veranstaltung zu sein, bekomme ich Angst vor *dieser* Rekonstruktion, denn mögliche Passanten hätten sie nur mißdeuten, nur verurteilen können. Was hätte nicht alles an Mißverständnissen entstehen können: Obwohl wir die Nazi-Zeit kritisch analysieren wollen, dringen wir in einem Spiel so weit in ihre Formen und inneren Strukturen ein, daß wir als Nazis identifizierbar werden.

Meine Frage an die Teilnehmer, die durch die Angst begründet ist, nicht mehr demokratisch identifizierbar zu sein, wenn wir eine solche Rekonstruktion vornehmen, lautet, ob wir so weit gehen sollen. Es ist offensichtlich gut, daß nicht meine Angst die Antworten bestimmt, sondern eine wesentliche konstruktive Erfahrung. Eine Studentin faßt sie auf den Punkt zusammen: "Früher dachte ich immer, daß mir nicht das passiert wäre, was meine Eltern gemacht hatten. Nun habe ich an mir erfahren, daß ich dort keinen Widerstand geleistet habe, wo es nur um ein Spiel ging. Ich war so eingeschüchtert, daß ich nichts riskieren wollte." Diese Rekonstruktion, die die Studenten übrigens sehr differenziert und sorgfältig, d.h. unter Einbeziehung der Erfahrungen aller Teilnehmer, durchführten, verlagert sich nach der Schilderung der Erfahrungen mit dem realen Ereignis so in eine konstruktive Richtung: "Was können wir beim nächsten Mal tun, um Widerstand zu leisten, wenn es an unsere Menschenrechte geht?"

Verallgemeinern wir die pädagogische Grundeinstellung einer systemisch-kon-struktivistischen Pädagogik zu Rekonstruktionen, dann mag aus den Beispielen klar geworden sein, daß wir pädagogisch keine Rekonstruktionen um ihrer selbst willen rechtfertigen können. Es ist schon problematisch, wenn wir sie bloß für uns pädagogisch inszenieren wollen. Werden Rekonstruktionen hin-gegen in bezug auf Lerner, Teilnehmer und ihre weitläufigen Bedeutungskon-texte gesehen, dann eröffnen sich erst alle Chancen, über das Symbolische hinaus an das Imaginäre und Reale zu rühren.

3. Postulat: "Keine Konstruktionen ohne Ver-Störungen!"

Alle unsere bisherigen Beispiele sind Produkte von singulären, lokalen und ethnozentrischen Handlungen in einer bestimmten Kultur zu einer bestimmten Zeit. Sie sind in diesem Rahmen weder vollständig planbar noch sind sie je nach allen möglichen Seiten hin zu überschauen. Dennoch habe ich in den Pro-zessen immer wieder bemerkt, wie wir versuchten, möglichst eine Ordnung in die pädagogischen Prozesse zu bringen, um die Unschärfe der Ereignisse selbst, um das Chaos, das wir nicht denken können, symbolisch zu begrenzen, imaginär gleichzuschalten oder durch Begrenzung von Realität selbst in den Risiken zu minimieren.

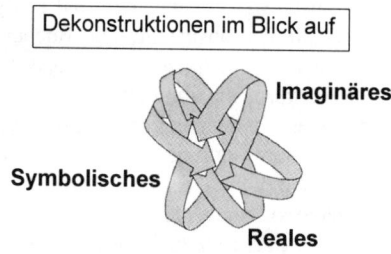

Deshalb ist es abschließend für mich wichtig, diese Tendenz zu verstören, in-dem wir sie an die Dekonstruktion des jeweils Erreichten anknüpfen. Damit stören wir unsere symbolischen Gewohnheiten, und wir verstören die ver-meintliche Sicherheit unseres Blickens. Symbolische Dekonstruktionen finden ständig statt, aber es gibt die Illusion, sie vermeiden zu können. Solche Illusio-nen fördern wir, indem wir Ereignisse und Sachverhalte in ein Nach- und Ne-beneinander bringen. Im Nacheinander historisieren wir sie, bringen sie in eine zeitliche Abfolge, die uns selbst über die Ereignisse beruhigt: "Das war früher, heute ist es anders!" Eine solche Aussage erscheint als Kernsatz einer solchen Verarbeitung. Wir können ihn auch in die Zukunft projizieren: "Morgen erst kann dies anders werden!" Im Nebeneinander erscheinen die unterschiedlichen Beobachter, die ein Ereignis oder einen Sachverhalt notwendigerweise anders sehen müssen. So grenzen wir unzählige Beobachter voneinander ab, um uns daraus als eigener Beobachter die scheinbar richtige Beobachtung abzulesen. Der symbolische Dekonstruktivist hingegen treibt gerade hier sein Spiel mit uns, um unsere Sicherheit zu verstören: Er verschiebt ein wenig den Rahmen der Zeit und des Raumes, er wechselt Perspektiven oder führt neue ein, er erklärt das vermeintliche Opfer zum Täter und umgekehrt, er gibt sich nie mit unserer Erklärung zufrieden und fragt vor allem nach dem, was wir in unseren Beobachtungen ausgelassen haben. Dies ist ein unendliches Spiel, das viele Namen hat: Kritik, Skepsis, Verfremdung, Ironie sind einige. Aber Dekonstruktionen finden nicht nur im symbolischen Denken statt.

Dekonstruktionen des Imaginären bleiben oft unbewußt. Sie ereignen sich, ohne daß wir sie besprechen können. Sie äußern sich in Gefühlen, über die wir sprechen sollten, für die aber in pädagogischen Situationen meist keine Zeit zu bleiben scheint. Doch genau hier sollte jeder Pädagoge dekonstruktivistisch sein, denn die Störungen in jeder Beziehungskommunikation haben Vorrang. Es bedarf eines Einfühlungsvermögens, einer Feinfühligkeit, die Pädagogen benötigen, wenn sie diese Seite des pädagogischen Prozesses gestalten wollen. Gelingt es ihnen, dann werden sie mehr über die Imaginationen ihrer Lerner erfahren, was überhaupt die Voraussetzung dafür ist, die Krise des Imaginären in der Pädagogik überwinden zu helfen.

Dekonstruktionen von Realitäten können nie nur von einem Beobachter festgestellt werden. Im nachhinein sehen wir ebenso mehr als im Nebeneinander. Hier ist der traditionelle Ort der Ideologiekritik, die für unseren Ansatz wichtig bleibt, ohne daß wir immer alle Implikationen *eines* Wahrheitsdenkens übernehmen werden. Gleichwohl ist theoriengeschichtlich zu beobachten, daß insbesondere jene Theorieschulen, die die Welt in ihrem Sinne verändern wollen, oft schärfere Realitätsanalysen vorlegen als jene anderen, die nur skeptisch bleiben. Als Beobachter und Konstruktivisten sind wir frei, alle Konstrukte zu prüfen. Als Dekonstruktivisten sind wir gefordert, die jeweils gesellschaftlich und individuell unangenehmsten Perspektiven aufzunehmen. Kritisch ist anzumerken, daß der Konstruktivismus bisher - vor allem in seinen biologistischen (Maturana/Varela), funktionalistisch systemtheoretischen (Luhmann) und radikalen (von Foerster, von Glasersfeld) Ausprägungen wenig Gesellschafts- oder Ideologiekritisches hervorgebracht hat. In der Euphorie des neuen Weltbildes haben bisher Dekonstruktionen wenig Platz. Pädagogen jedoch agieren nicht nur auf einer System-Bühne, die relativ abgekoppelt als Pädagogik sich bloß auf ein Erziehungs-System bezieht, sondern sie sind stets als Beobachter auch subjektiver und konkreter Teil all dieser Bezüge. Sie leben deshalb auch in ökonomischen, ökologischen, politischen, ethischen, kulturellen usw. Systemen, deren konkrete Problemlagen nicht nur aus der Ferne geschaut, sondern oft sehr direkt erlebt werden. Ideologiekritik als Beobachterkritik in solchen systemischen Erfahrungen kann gerade im Konstruktivismus nur durch eine Erweiterung von Perspektiven und einen klaren Bezug auf gesellschaftliche Problemlagen erreicht werden. Deshalb werden wir uns in Kapitel 6 gezielter mit solchen Theorien auseinandersetzen, die Aspekte wie Fremd- und Selbstzwänge, Macht, Beobachterrollen unter strukturellen Vorgaben (Rekonstruktionen) behandeln. Nur so werden wir einer dekonstruktivistischen Erweiterung

gerecht werden können. Auch eine konstruktivistische Sicht hat ihr Normen-
problem, wenn sie sich mit konkreten gesellschaftlichen Prozessen auseinan-
dersetzt.

Allerdings sollten wir auch in Dekonstruktionen einer Grundeinstellung treu
bleiben, die wir bisher als Beteiligung aller Teilnehmer an pädagogischen Prozessen hervorgehoben haben. Auch an den Dekonstruktionen sollen sich alle
beteiligen können. Gerade hier ist es wesentlich, das Machtgefälle komplementärer pädagogischer Beziehungen aufzubrechen. Die konstruktivistische Pädagogik setzt deshalb auf möglichst viele Beobachter, die mit wechselnden Rollen den erreichten Stand einer Verständigungsgemeinschaft verstören. Innerhalb pädagogischer Gruppen können dies vor allem »Reflecting teams« sein,
die den professionellen Pädagogen aus seiner Sonderstellung entlasten und den
Dekonstruktivismus als Rückmeldungen über symbolische und Beziehungskommunikation organisieren (vgl. Kapitel 10).

Dekonstruktivisten erscheinen sicher als unangenehme Zeitgenossen. Wir haben gerade in der Pädagogik noch viel zu wenige von ihnen, denn ihre Positionen sind stets fragwürdig, sie sichern in einer symbolischen Leistungsgesellschaft wenig Gewinn und akzeptablen Profit, sie erscheinen mehr als Satiriker
einer Gesellschaft, aber wir halten ihnen entgegen, daß wir doch nicht ständig
in einer Satire leben können. Und dennoch lassen sie uns Staunen und Überraschungen erleben, was eine Pädagogik so nötig braucht wie die Pflanze das
Wasser. Es sollte zur Kunst der Pädagogen gehören, den Dekonstruktivisten zu
fördern, ohne ihn ins Abseits bloßer, sich zum Selbstzweck werdender Dekonstruktion gleiten zu lassen, ohne ihn als bloßen Skeptiker der Gesellschaft ver-
einsamen zu lassen, denn wir benötigen ihn in jeder Gemeinschaft, in uns, um
nicht im Größenwahn eigener Konstruktionen oder im Konsum der Rekonstruktionen unser Schöpfertum, unseren Selbstwert, unsere Konstruktivität
als möglichen Stillstand wieder zu verraten.

Fragen zur Re-/De-/Konstruktion in pädagogischen Prozessen:

Da wir kaum eindeutige Regeln zur Behandlung von Konstruktionen, zur Begründung von Rekonstruktionen und zur Notwendigkeit von Dekonstruktionen
formulieren können, will ich den umgekehrten Versuch unternehmen und wenigstens einige Fragen auflisten, die Pädagogen beachten sollten, wenn sie
unter diesen drei Perspektiven arbeiten. Die Fragen sind allenfalls durch meine
Erfahrungen im Umgang mit re-/de-/konstruktiven Ergebnissen und Prozessen
begründet, sie können deshalb hier bloß als ein mögliches, vielleicht hilfreiches
Konstrukt verstanden werden, das selbst eben nicht Anspruch auf irgendeine
symbolische Abgeschlossenheit erhebt.

Konstruktionen:

1. Wir erfinden unsere Wirklichkeiten:
   O Haben wir ausreichend Gelegenheit erhalten, dies selbsttätig zu tun?
   O Sind unsere Selbstbestimmungsmöglichkeiten erhöht worden?

2. Waren unsere Konstruktionen überwiegend kognitiv oder sind auch andere Dimensionen unserer Erfahrungs- und Erlebenswelt zur Geltung gekommen?

3. Wurden Konstruktionen, wo immer es sinnvoll war, auf Rekonstruktionen bezogen?

4. Wie haben wir unsere Beziehungskommunikation als Konstruktion unserer Wirklichkeit erlebt?

5. Wurde der Grundsatz "so viel Konstruktion wie möglich" in die Tat umgesetzt?

6. Unter welchen Perspektiven standen die Konstruktionen und wie wurden sie durch die anderen ergänzt?
   O Unter einer symbolischen Perspektive? War diese Perspektive mehr ergebnis- oder prozeßorientiert und was bedeutete dies für die Beobachter? Gab es hinreichend Raum und Zeit für symbolische Konstruktionen?
   O Unter einer imaginären Perspektive? Welche Möglichkeiten hatten Beobachter, miteinander über ihre Imaginationen zu sprechen? War genug Raum und Zeit für imaginäre Konstruktionen?
   O Unter dem Anspruch der Realitätsbeobachtung? Welche Möglichkeiten hatten Beobachter, reale Erfahrungen zu machen und mit ihren anderen Perspektiven zu vergleichen? War genug Raum und Zeit für realitätsbezogene Konstruktionen?

Rekonstruktionen:

1. Wir entdecken unsere Wirklichkeiten:
   - ○ Haben wir genügend jene Wirklichkeiten selbsttätig entdecken können, die für unsere eigenen Konstruktionen als Voraussetzung wichtig sind?
   - ○ Ist unsere Selbstbestimmung durch diese Rekonstruktionen erhöht worden oder dienten sie zur Selbstdarstellung der Interessen anderer?

2. Knüpften Rekonstruktionen hinreichend an unsere Erfahrungs- und Erlebenswelten an?

3. Wurden Rekonstruktionen, wo immer es möglich war, in Konstruktionen überführt?

4. Bezogen Rekonstruktionen unsere Beziehungskommunikation mit ein?

5. Wurde der Grundsatz "Keine Rekonstruktionen um ihrer selbst willen!" beachtet?

6. Unter welchen Perspektiven standen die Rekonstruktionen und wie wurden sie durch die anderen ergänzt?
   - ○ Unter einer symbolischen Perspektive? War diese Perspektive mit unseren Vorerfahrungen und -kenntnissen abgestimmt und wurde hinreichend erhoben, was die Rekonstruktionen für uns - in unserem Selbstbild und im Fremdbild von Anderen - bedeuten? Wurden diese Bilder mit allen hinreichend diskutiert?
   - ○ Unter einer imaginären Perspektive? Wurde die imaginäre Ebene sowohl für die Rekonstruktionen (welche Imaginationen hatten die ursprünglichen Erfinder) als auch für uns (welche Imaginationen haben wir als Entdecker) thematisiert?
   - ○ Unter dem Anspruch der Realitätsbeobachtung? Wurden Erfahrungsmöglichkeiten bezüglich des Themas ausgeschöpft? Haben wir hinreichend Erfahrungen und Erlebnisse außerhalb unserer symbolischen Welt und imaginären Vorstellungen sammeln können? Gab es genügend Raum und Zeit, dies zu diskutieren?

Dekonstruktionen:

1. Wir verstören unsere Wirklichkeiten:
   - Haben wir genügend jene re-/konstruktiven Wirklichkeiten aus einer anderen Perspektive selbsttätig hinterfragen, ergänzen, in Zweifel ziehen können?
   - Haben wir unsere Selbstbestimmung durch solche Dekonstruktionen erhöhen können oder entdecken können, wo Mängel in unserer Selbstbestimmung vorliegen?

2. Knüpften Dekonstruktionen hinreichend an unsere Erfahrungs- und Erlebenswelten an und weckten sie Zweifel an unseren Re-/Konstruktionen?

3. Gab es hinreichend Dekonstruktionen für unsere Re-/Konstruktionen?

4. Bezogen Dekonstruktionen unsere Beziehungskommunikation mit ein und verstörten sie hinreichend Selbstgefälligkeiten und Tabuisierungen in unserer Kommunikation?

5. Gelang es uns insbesondere beim Abschluß von Re-/Konstruktionen zu einer erweiterten, einer veränderten, einer neuen und unabgeschlossenen oder offenen, einer anderen Sicht zu kommen?

6. Unter welchen Perspektiven standen die Dekonstruktionen und wie wurden sie durch die anderen ergänzt?
   - Unter einer symbolischen Perspektive? War diese Perspektive hinreichend auf das Ungesagte, das Verborgene, das Ausgelassene bezogen? Hatten wir hinreichend Raum und Zeit, hierüber zu sprechen?
   - Unter einer imaginären Perspektive? Wurden Visionen und Phantasien, die nicht in dem enthalten waren, was wir re-/konstruierten, genügend von uns eingebracht, um unsere Ergebnisse und unseren Prozeß in einem anderen Begehren erscheinen zu lassen?
   - Unter dem Anspruch der Realitätsbeobachtung? Wurde hinreichend dekonstruiert, was Realität für wen (wann und wie) in den Ergebnissen und Prozessen jeweils bedeutete?

145

6. Die Macht der Rekonstruktionen: über strukturelle Beschränkungen konstruktivistischer Freiheit

Bisher haben wir die systemisch-konstruktivistische Pädagogik in ihrem Spannungsfeld zwischen Konstruktionen, Re- und Dekonstruktionen angesiedelt. Aber überschätzen wir damit nicht das Erfinder- gegenüber dem Entdeckertum? Gibt es nicht einen steten Kampf zwischen Rekonstruktionen als vorhandenen Strukturen, Lebensformen, als Zivilisation, Kultur, als Denk- und Verhaltensmuster - oder wie immer wir solche rekonstruktiven Zusammenhänge nennen wollen - und den beabsichtigten Konstruktionen, die durch solche Voraussetzungen schon *bestimmt* sind? Dies ist ein Streit, der durchaus auch in konstruktivistischen Ansätzen seine Positionen gefunden hat: Etwa im »radikalen Konstruktivismus«, der sehr wenig auf rekonstruktive Voraussetzungen eingeht, gegenüber verschiedenen Ansätzes eines »sozialen Konstruktivismus«, der stärker die soziale Einbettung jeglicher Konstruktionen in Prozesse der (Post-)Moderne betont.[1]

Für Pädagogen ist der Zusammenhang von Rekonstruktionen und pädagogisch offenen - konstruktiven - Möglichkeiten fundamental. Wie offen sind wir *in* einer Zeit, *in* einem sozialen Raum, für neue Perspektiven, für Veränderungen? Umgekehrt könnten wir auch fragen: Wie beschränkt sind unsere Konstruktionsmöglichkeiten, wenn wir näher auf die Rekonstruktionen schauen und sie als strukturelle Vorbedingungen unserer Handlungsmöglichkeiten sehen?

Eine erste Antwort haben wir in der vorausgehenden Argumentation schon gegeben. Auch Rekonstruktionen, so mächtig sie auch als materielle oder geistige Gestaltung von Lebenswelt erscheinen mögen, bedürfen der konstruktiven Aneignung durch Individuen, um überhaupt real zu werden. Diese Aneignung findet ihre Begründung darin, daß Rekonstruktionen strukturell betrachtet für jeden Menschen neu als Konstruktionen gelten.

Aber nun sollten wir schärfer schauen, denn trotz solcher konstruktiver Aneignung bleibt nicht zu bestreiten, daß es schlecht um *neue* Beobachterperspektiven bestellt wäre, wenn die Lebenswelt uns faktisch zwingen würde, alles das traditionell oder konventionell anzueignen, was uns vorgängig begegnet. Dann mag dies zwar konstruktiv geschehen, wird aber im Ergebnis zu bloßen - ggf. verdeckten - Rekonstruktionen führen.

Suchen wir also eine zweite Antwort. Sie wurde gerade immer wieder pädagogisch gefordert und findet ihren Höhepunkt, so denke ich, in der Robinsonade. Eine Robinsonade ist eine Vorstellung der Moderne, in der man scheinbar

---

[1] Vgl.z.B. Schmidt (1994, 13 ff.); zum sozialen Konstruktivismus vgl. z.B. Garrison (1998), Gergen (1991), Reich (2000 a).

ganz von vorne, allein auf sich gestellt, anfangen kann, sich seine Wirklichkeit zu erfinden. Versetzen wir uns also in eine Robinsonade, dabei in die Fiktion über eine Autonomie, die als Robinson die Imaginationen und Symbolwelten unterschiedlicher Generationen beschäftigt hat, und prüfen wir, wie autonom Robinson in der Moderne in seinen Erfindungen sein kann. Der fiktive Text wird für uns zum anschaulichen Beispiel, für den wir versuchen werden, strukturelle Hintergründe in Annäherung an die kulturelle Realität zu rekonstruieren.

6.1. Robinson als Paradigma »natürlicher« Erziehung

Daniel Defoes *Robinson Crusoe* ist einer der heimlichen Klassiker der Pädagogik: Nicht nur, daß er von Heranwachsenden bis in die neuere Zeit immer wieder mit Interesse gelesen wurde, vielleicht für sehr viele, bis er durch Filme in gestellten Bildern eingeholt werden konnte, auch die Pädagogen selbst wünschten diese Lektüre, um ihre Reform der Erziehung zu bewerkstelligen. So erlaubt Rousseau seinem *Emile* bis zum 15. Lebensjahr, allein den *Robinson* als das einzig sinnvolle, weil die Natürlichkeit des Aufwachsens betonende Buch zu lesen. Aber ganz gleich von welcher Richtung man die Robinsonade betrachtet, sie hat über Generationen die Phantasie außerordentlich angeregt. Ich will deshalb hier die Frage in den Mittelpunkt stellen, warum gerade die Robinsonade auf den bürgerlichen Menschen eine solche Faszination ausübte bzw. immer noch auszuüben scheint. Die Vermutung besteht, daß hier ein Grundkonstrukt, ein pädagogisches Rekonstruktionsmuster der Moderne vorliegt, das uns auch die Frage beantworten helfen kann, ob es überhaupt sinnvoll ist, pädagogische Rekonstruktionen angesichts der Heterogenität des Wissens und der Unübersichtlichkeit sogenannter (Post-)Moderne aufzuspüren. Ich werde dies in zwei Schritten zu beantworten versuchen. Zunächst soll der Robinson-Text selbst näher betrachtet werden. Später werden wir daraus Ableitungen versuchen.

Bevor Robinson auf seine Insel in die Einsamkeit verschlagen wird, gibt es lange Textpassagen, die uns klar machen sollen, daß sein Unglücksfall kein Zufall war. Robinson wurde 1632 in York geboren, seine Familie gehörte dem Mittelstand an. Sein Vater ermahnte ihn getreu der Regeln des Mittelstandes, um ihn von seinen Seereisen abzuhalten, folgendermaßen: "Du bist deinem Stande gemäß auf das angewiesen, was weder zu hoch noch zu niedrig ist, oder, mit anderen Worten, auf das, was man die oberste Stufe der unteren Klassen nennen kann - du gehörst in den Mittelstand. Einer langen Erfahrung verdanke ich die Überzeugung, daß er der beste Stand der Welt ist und die Menschen am meisten beglückt. Gehört er dieser Klasse an, so ist er weder dem Elend, den Anstrengungen und Leiden des Handwerkers ausgesetzt, noch quälen ihn der Stolz, die Prachtliebe, der Neid und der Ehrgeiz der vornehmen Klassen." Der Mittelstand, so schien es bereits im 17. Jahrhundert dem aufstrebenden Bürgertum, erlaubt es, ein ausgefülltes Leben zu führen und mit seinem Ich zu einer gewissen Harmonie zu gelangen. Und Robinsons Vater sprach es dann noch deutlicher aus: "Der Mittelstand erleidet das wenigste Mißgeschick und ist den Wechselfällen des Lebens bei weitem nicht so ausgesetzt wie der Vornehmste und Geringste; ja, sowohl dem körperlichen als auch dem geistigen Ungemach ist er minder unterworfen als die beiden anderen, die durch Ausschweifung und Laster aller Art oder durch allzu harte Arbeit, Entbehrung des Notwendigsten, unzureichende Nahrung und Hunger, Elend und Leiden über sich bringen."

Deutlich wird hier eine Moral, die in der bürgerlichen Gesellschaft bis heute erkennbar ist. Zwar hat die Industrialisierung dazu geführt, daß in den reichen Nationen sich der Mittelstand in die Masse verbreitern konnte, aber die Absetzung der Masse von den ganz Reichen und den Armen - heute wird die »absolute« Armut meist in einer sogenannten dritten Welt situiert - ist immer noch kennzeichnend für die bürgerliche Vorstellung, die Robinsons Vater artikulierte. Man muß von Geburt aus Glück haben, so meinte er, um ein friedliches und angenehmes Leben führen zu können. Und als Robinson 18 Jahre alt wurde, ermahnte er ihn, daß er als Vater nunmehr seine Pflicht getan hätte, und er warnte ihn vor den Seereisen, die sein Verderben werden würden. Diese prophetisch scheinende Warnung des Vaters wurde Robinson zur sinnlichen Gewißheit. Er verstieß gegen das Gebot, Mutter und Vater zu ehren und ihren Anweisungen zu folgen, indem er sich von Hull nach London einschiffte. Wie das Unglück es so wollte, geriet das Schiff nach einem ersten Sturm, den es heil überstand, in einen zweiten, und nur dank glücklicher Umstände wurde die Besatzung und mit ihr Robinson gerettet, das Schiff aber versank. Der Kapitän, als er von der von Robinsons Vater nicht gebilligten Anwesenheit erfuhr, war sich der Ursache des Untergangs sogleich bewußt, und er warnte noch einmal eindringlich den jungen Mann, sich niemals auf die hohe See hinauszuwagen und das Unglück noch einmal herauszufordern. Die damit in die Welt gesetzten Zweifel Robinsons an der Notwendigkeit und Vernünftigkeit seines Strebens wurden jedoch durch seinen jugendlichen Elan kompensiert. Leidenschaftlich drängte er hinaus in die weite, unbekannte Welt, und er drückte damit eine andere Seite der bürgerlichen Welt aus: Die Sehnsucht nach Abenteuer, schnell und glücklich verdientem Geld, den Reiz des Fremden - vielleicht auch sexuelle Phantasien, die uns der Autor verbirgt - die ihn Dinge wagen ließen, vor denen der wohlsituierte Vater zurückschreckte, was eben auch die Kehrseite des Mittelstandes zeigt: Mittelmaß.

So wurde Robinson zum Rebellen, zu einem Aussteiger und Außenseiter, der die Kraft in sich spürte, das Selbstvertrauen, das der bürgerliche Stand für seine Unternehmungen braucht, nur daß Robinson es übertrieb, indem er die moralischen Fesseln seiner Herkunft, die Bindung an seine Familie unterschätzte. Später, als das Unglück eingetreten war, wird er selbstkritisch sagen: "Ich stand jetzt wieder ganz unter dem bösen Einfluß, der mich zuerst aus dem väterlichen Haus getrieben, der in mir den abenteuerlichen Gedanken geweckt hatte, mein Glück machen zu können, und der mir dieses Trugbild so tief in die Seele geprägt hatte, daß ich jedem guten Rat, allen vernünftigen Ermahnungen, ja selbst den ausdrücklichen Befehlen meines Vaters gegenüber vollkommen taub wurde. Dieser gleiche Einfluß, welchen Ursprungs er auch sein mochte, war es, der mich bewog, an Bord eines Schiffes zu gehen, das nach der afrikanischen Küste segeln ... sollte."

Ein Einfluß, welchen Ursprungs er auch sein mochte. Die Interpretationen können hier in die verschiedensten Richtungen gehen: sei es z.b. aus der Sicht einer katholischen oder protestantischen Ethik, die hier beide den Verstoß gegen Gebote Gottes in der Nichtanerkennung der elterlichen Gebote sehen mögen, sei es, wie Rousseau es akzentuiert hätte, daß die Leidenschaften, die Trugbilder der Begierden und geheimen Wünsche Robinson in die Irre leiteten. Er jedenfalls segelte nach Afrika, dies nicht als Matrose, sondern als Kaufmann, der mit Glas und Spielwaren versehen auf seiner ersten Fahrt sogar einen Gewinn zu verbuchen vermochte, was ihm aber dann, auf einer weiteren Fahrt, mit doppeltem Unglück heimgezahlt wurde. Hier wurde er von Mauren gefangengenommen und über zwei Jahre versklavt. Eine abenteuerliche Flucht ermöglichte es ihm, sich zu befreien. Er gelangte nach Brasilien, wo er eine Plantage aufbaute und fast vier Jahre ausharrte. So wurde er zu dem, was seine Familienbotschaft ihm mit auf den Weg gegeben hatte: zum Mittelstand in einer fremden Welt. Aber seine Gier nach schnellem Reichtum, die keine Rücksicht nehmen will, ließ ihn nach dem Vorbild eines Nachbarn ein Schiff ausrüsten, um Sklaven aus Afrika für die Plantagenarbeit zu beschaffen. Eben auf dieser Reise ereignete sich das Unglück, aus dem Robinson als einzig Überlebender hervorgehen sollte, womit wir beim Hauptteil des Buches angelangt sind. Ich will hier nicht im Detail nachmalen, wie Robinson sich rettete, welche Gefühle er dabei zunächst empfand, und was er aus den Trümmern des Schiffes sich an Produktions- und Lebensmitteln herbeischaffen konnte, denn dies sind allseits bekannte Dinge. Meine Überlegungen setzen vielmehr dort ein, wo Robinson nach einer Zeit der Eingewöhnung in sein neues Schicksal mit einer eigenartigen Buchhaltung begann, die er kalkulierend wie bei Soll und Haben nach Gut und Böse aufteilte.

Böse ist, daß das Schicksal ihn auf eine Insel verschlagen hat, ohne die Hoffnung, je befreit zu werden. Gut hingegen ist, daß er lebt, daß er nicht, wie seine Gefährten, ertrunken ist. Böse ist, daß er von der menschlichen Gesellschaft getrennt leben muß. Gut ist hingegen, daß er auf wunderbare Weise gerettet wurde, wobei nur der liebe Gott ihn aus diesem Zustand befreien kann. Böse ist, daß er nicht mehr zu den Menschen gehört, sondern ein Einsiedler und Verbannter ist. Gut aber, daß er nicht vor Hungers sterben muß, sondern auf fruchtbarem Boden gelandet ist. Böse allerdings ist, daß er fast wehrlos dasteht und wenig Mittel hat, mit denen er sich gegen die Wildheit der Natur behaupten könnte. Aber gut ist hierbei, daß er ausgerechnet auf einer Insel lebt, auf der gar keine bösen Menschen oder wilden Tiere existieren. Böse ist, daß er kaum Kleidung hat. Gut jedoch, daß er in einem Klima lebt, wo man kaum Kleidung braucht. Böse ist auch, daß er kein einziges Wesen hat, mit dem er sprechen kann, auch keines, das ihn trösten könnte. Gut jedoch insgesamt, daß Gott ihm auf wunderbare Weise das Wrack geschenkt hatte, aus dem er alles, was zur Befriedigung seiner Bedürfnisse wesentlich war oder in Zukunft an Mitteln wichtig sein könnte, sich holen konnte, bevor es gänzlich versank.

Aber diese Buchhaltung trügt. Ein Wert ist in ihr nicht genannt, aber gerade dieser rettet ihm das Leben. Er repräsentiert das eigentliche väterliche Erbe: Der Mensch muß - sei die Lage, in die er gerät, auch noch so entsetzlich - aus allem das Beste machen, indem er vor allem durch Arbeit an sich selbst, durch die Beherrschung seines Selbst, durch die Zügelung seiner Leidenschaften und Wünsche, seiner Träume und Begierden dazu gelangt, in der Arbeit seine Befriedigung zu finden. Er muß sich auf das Notwendige seines Lebens einlassen, indem er die äußere Natur mit Willen und Arbeitskraft beherrscht, indem er durch Arbeit Bedürfnisse befriedigt.[2] Und so sagte es Robinson, nachdem er seine Kalkulation aufgemacht hatte, auch deutlich zu sich selbst: "Nachdem ich mich also daran gewöhnt hatte, meiner Lage Geschmack abzugewinnen, und nicht mehr so oft auf das Meer hinausblickte, in der Hoffnung, dort ein Schiff zu entdecken, fing ich an, mich auf die Verbesserung meiner Lebensweise zu verlegen und mir alles so bequem und angenehm wie möglich einzurichten." Aus ihm wurde eine zivilisatorische und kulturerschaffende Kraft, die nunmehr die kleine Insel Schritt für Schritt eroberte.

Die einzelnen konstruktiven Schritte dieser Eroberung sind aufschlußreich, weil sie das imaginäre Hoffen und das symbolische Grundmodell der Evolution der bürgerlichen Gesellschaft, so wie sie sich häufig selbst interpretierte, widerspiegeln:

a) Robinson baute sich eine Höhle und Wohnstätte, die mit einem Schutzwall und einer festen Bewehrung versehen war, nicht nur um sich vor den Einflüssen der Witterung zu schützen, sondern auch, um möglichen Übergriffen von Feinden begegnen zu können. Dies Handeln ist paradox: Die vermuteten Feinde sah er gerade unter den Menschen, obwohl andererseits nur Menschen seine Rettung herbeiführen konnten.[3]

b) Ausführlich schilderte Robinson, daß er seine ganze Habe, sein ihm gegebenes Privateigentum, in diese Umzäunung hineinbrachte, um es zu sichern. Ob-

---

[2] In dieser Ansicht spielen die Naturrechtstheorien von Hobbes und Locke hinein. Vgl. einführend aus meiner Sicht z.B. Reich (1988).

[3] Kant sprach im Blick auf solche Ambivalenz z.B. von der geselligen Ungeselligkeit des Menschen. Robinsons Verhalten stellt hierfür ein soziales Vorbild dar.

wohl auf der Insel eine Unterscheidung nach privat und öffentlich völlig sinnlos war, so gehörte es zu den Denkprinzipien des Robinson, diese Trennung,
wenn schon nicht in gesellschaftlicher Realität, so doch zumindest dem Schein
nach zu leben. Ja, er gewann sogar Freude dabei, sein Eigentum zu ver-
größern, wobei er es im Schein gegen nicht vorhandene, aber immerhin denk-
bare menschliche Gegner, in der Realität aber gegen die Widrigkeiten der Natur verteidigte.[4]
c) Robinson erfuhr sich selbst als Natur-Macht. Mit seiner Arbeit stellte er sich
den Widrigkeiten des Lebens entgegen. Zuerst fertigte er Tisch und Stuhl, um
an diesen den Überblick über menschliches Dasein zu ermöglichen: Nur sie
gewährten ein einigermaßen kultiviertes Essen und sein Schreiben. Zwar hatte
er niemals Handwerkszeug zuvor in den Händen gehalten, aber nun wurde der
Prozeß seiner Selbstbeherrschung zu einer bewußten Regulierung der Muskel-
kräfte, zum Einsatz von Fleiß, Ausdauer, Mühe und Geduld. Mangels Werkzeugen brauchte er unökonomisch viel Zeit zur Herstellung von Brettern, für
die er jeweils einen Baum am Stück fällen und bearbeiten mußte, aber Zeit
spielte keine Rolle im Blick auf den Vergleich mit anderen, schneller produzie-
renden Herstellern, weil die Waren, die Robinson fertigte, nur für den eigenen
Gebrauch und nicht den Tausch hergestellt wurden.[5]
d) In seinem Tagebuch trat an die Seite der körperlichen Arbeit die geistige, in
der er sein Schicksal überdachte, es kommentierte und sein weiteres Lebenskonzept plante. Er führte dieses Tagebuch, solange seine Tinte reichte. Später
trat der innere Dialog in den Vordergrund. Das Wesen seiner geistigen Arbeit
bestand darin, daß er versuchte, ein festes Ordnungsschema seines Denkens
einzurichten, das der Selbstbeherrschung, die in seiner körperlichen Arbeit
erforderlich war, vollends entsprach. So legte er seine Arbeits-, Ausgangs-,
Essens-, Schlafens- und Erholungszeiten genau fest, um nicht zu verwahrlosen.
Er erfüllte damit genau das, was bürgerliche Pädagogen als den Inbegriff von
Erziehung ansahen: Über die Herausbildung von Gewohnheiten soll der
Mensch dazu kommen, sich nicht gehen zu lassen und bloß in den Tag hinein
zu leben, sondern sich in seinen Alltäglichkeiten in der Auseinandersetzung mit
der Natur, mit der Arbeit, mit der Bemächtigung seines Selbst so zu beschäftigen, daß keine Entfremdung des Ichs, keine Krankheit und Störung, keine ex-
treme Haltung hervorgerufen wird.[6]
Nach diesen Maximen verbrachte Robinson über 28 Jahre auf der Insel. Dabei
erfahren wir aus seinen Selbstgesprächen Merkwürdigkeiten, die nur deshalb

---

[4] Es ist eine allgemeine Redensweise geworden, daß der Reichtum der bürgerlichen Gesellschaft auf Waren und mithin auf einer steten Vermehrung von Eigentum sich gründet.

[5] Diese romantische Seite seiner Produktion machte für viele Beobachter denn auch das Abenteuer seiner Existenz aus.

[6] John Lockes "Gedanken über Erziehung" sind eine andere Formulierung dieser Ideen gewesen.

als solche empfunden werden, weil wir, die Leser, als Mitglieder einer bürgerlichen Gesellschaft, für uns Ungewohntes, neue Blickwinkel und Beobachterperspektiven sehen lernen.

Die Insel erscheint als Privateigentum Robinsons, aber dies ist eine durch traurige Gedanken getrübte Freude, denn er ist nicht mit Reichtümern aus der Welt dem hektischen Leben entflohen, um auf einer Insel zu sich zu kommen, weil er schon alles hat, sondern muß sein Eigentum erst durch Arbeit vergegenständlichen, um Nutzen und Genuß zu erreichen. Dieser Nutzen ist für andere Menschen wertlos, er ist nur Nutzen im eigenen Gebrauch. Robinson sagte: "Aber nur das, was ich gebrauchen konnte, war von Wert für mich. Ich hatte Nahrungsmittel genug und war im Stande, meine sämtlichen Bedürfnisse zu befriedigen; wozu sollte mir ein Überfluß dienen? Hätte ich mehr Wildbret erlegt, als ich verzehren konnte, wäre ich genötigt gewesen, es meinem Hund oder den Würmern zu überlassen; und hätte ich mehr Getreide ausgesät, als ich brauchte, wäre es verdorben. Die Bäume, die ich gefällt hatte, blieben auf der Erde liegen und verfaulten; ich konnte sie nur als Brennmaterial benutzen, aber Feuer brauchte ich bloß, um meine Speisen zu bereiten." Hier tauscht sich nichts gegen nichts, hier gibt es keinen allgemeinen Markt, um Andere übers Ohr zu hauen oder selbst übers Ohr gehauen zu werden, hier gelten auch nicht mehr die Gesetze der Ökonomie der Zeit, denn es bleibt den Gegenständen und der Natur völlig gleich, wie lange Robinson braucht, um etwas herzustellen. Nur sein Bedürfnis zählt und nicht eine mögliche Konkurrenz zu anderen Menschen. Dies macht ja auch idyllische Vorstellungen von solchen Inseln aus. Und in dieser nicht entfremdeten Form seiner Arbeiten, die er frei vom Gefühl des Zeitdrucks erlebte, schrieb er: "Ich empfand jetzt bei meiner Lebensweise viel mehr innere Zufriedenheit als am Anfang und fühlte mich sowohl geistig als auch körperlich ungleich glücklicher." Zwar gab es in diesem arbeitenden Glück auch enorme Rückschläge, so etwa als er ein großes Kanu aus einem riesigen Baumstamm herausgearbeitet hatte, dann aber nicht in der Lage war, das Teil zu Wasser zu bringen, weil es zu schwer war. Aber dies zeigte nur einmal mehr, daß zu einer guten Arbeit auch ein vernünftiger Plan gehörte. In seinem überschaubaren Kalkül fügte sich Robinson in sein Glück. Er sagte: "So lebte ich denn endlich sehr zufrieden, mein Gemüt war vollkommen ruhig geworden, ich fügte mich in den Willen Gottes und überließ mich ganz der Vorsehung; ich lebte sogar besser, als wenn ich mich in einem geselligen Kreise befunden hätte. Und bedauerte ich auch zuweilen, daß es mir nicht vergönnt war, mich mit meinesgleichen zu unterhalten, so sagte ich mir, daß die Unterhaltung mit mir selber und die Gespräche mit Gott in meinen Gebeten weitaus besser seien als die Gegenwart menschlicher Gesellschaft."

Damit sind wir bei einer entscheidenden Merkwürdigkeit angelangt, die als Plan hinter allen Ereignissen zu stehen scheint. Robinson hatte bemerkt, daß Gottes unsichtbare Hand die Fäden der Ereignisse offensichtlich zusammengebracht und vorausgedacht hatte. Er bemerkte erst jetzt, daß der Tag, an dem er sich mit seinem Vater und den Verwandten überworfen hatte der gleiche war, an dem er sich von Hull nach London eingeschifft hatte, der gleiche, an dem er später gefangengenommen und zum Sklaven gemacht wurde. Ferner war der Tag, wo er dem Schiffbruch glücklich entging, der nämliche, an dem er sich aus seiner Gefangenschaft heimlich auf einem Fahrzeug davonmachte. Endlich war auch der Tag, an welchem er das Licht der Welt erblickte, der 30. September, der gleiche, an dem er, 26 Jahre später, vom Tode errettet wurde. Dies konnte kein Zufall mehr sein. Gottes Ratschluß, sein bis dahin undurchschauter Plan, hatte Geltung, und in seiner Einsamkeit entdeckte Robinson, daß Gott nicht nur die Welt geschaffen hat, sondern die Menschen lenkt und ihnen Zeugnisse gibt, wie es die Bibel ausdrückt. Die Bibel wurde ihm zur großen Hilfe. Obwohl sein materielles Leben sich in seinem Inseldasein im Gegensatz zur zivilen Welt verschlechterte, so besserte sich durch diese Einsichten seine Moral. Er bereute seinen früheren Lebenswandel. Er erkannte seine Sünden, beichtete sie seinem Herrn, fastete und übte Andacht zum Gedenken an seine Rettung. Und er formulierte schließlich die wahre Ursache seiner Abwege: "Die menschlichen Leidenschaften haben gewisse heimliche Triebfedern, die unsere Seele mit solchem Ungestüm nach dem Gegenstand ihrer Wünsche fortreißen, daß uns das Entbehrenmüssen dieses Gegenstandes in der Tat unerträglich wird."

Die Mahnungen seines Vaters holen Robinson so ein. Wir sehen ihn in einer gänzlich ambivalenten Welt:

Einerseits wird hier ein Mensch in seiner Einsamkeit gezeigt, wobei er, der eigentlich Ungeschickte, sich nach und nach über Arbeit aus seiner Misere befreit und als Naturmacht auf seiner Insel der Natur trotzt, sich als Mensch beweist. Er verkörpert damit ein Ideal des Menschen, der es aus eigener Kraft versteht, Gebrauchswerte zu fertigen, sich als Mensch zu behaupten gegen alle Widrigkeiten.

Andererseits ist die Einsamkeit ein Extrem, sie ist fernab aller Konventionen und gesellschaftlicher Reglementierungen, so daß es zu einem Prüfstein für das bisherige Bewußtsein, die christliche Weltauffassung, die die Familie ihm als Mission aufgab und die die Gesellschaft forderte, wird, inwieweit sie für ihn »natürliche« Geltung behält. Und »wahrhaftig« zeigt sich: Eben weil die Form der Geselligkeit, die Abschweifung, die Lust und die Leidenschaften hier so völlig fehlen, gelingt es Robinson, das zu finden, was wahres Christentum ausmacht. Er hat sich als Nichts erblickt, er hat seine Endlichkeit begriffen, er lernt sich in dieser selbst zu beherrschen und Demut zu bezeugen. In der aufgezwungenen Askese sieht er die Askese als sinnvolle und beglückende Lebensperspektive, er wird Moralist.

Befriedigt die erste Sichtweise aus dem Blickwinkel einer politisch-ökonomischen Berechnung, daß nämlich der Mensch ein Mensch der Tat sei, der sich von keinen Widrigkeiten unterkriegen läßt, der als Pionier des Fortschritts selbst mit unzureichenden Mitteln jede Wildnis erobert, so befriedigt der zweite Aspekt besonders Pädagogen, die Wert auf eine unerschütterliche bürgerliche Verhaltenserziehung legen. In beider Hinsicht ist Robinson ein Modellfall: arbeitsam und verhaltenstreu. Diese Form menschlichen Daseins, die große Teile des bürgerlichen Bewußtseins des 17. und 18. Jahrhunderts auf alle menschlichen Zeiten projizierte, die dem Grunde nach reine und ursprüngliche menschliche Wesensart sein soll, wird in der Begegnung mit dem eigentlich Wilden, mit Freitag, überaus deutlich. Dieser kann gar nicht anders, als die Reinheit seines Herren anzuerkennen und seine eigenen Begierden hintanzustellen, weil er von der Natürlichkeit dieses Herren überwältigt, von seiner Güte übermannt, von seiner Christlichkeit überzeugt wird. Freitag, zunächst selbst Kannibale, wird in die europäische Kultur, ihre Sprache, besonders aber ihre Religion eingeführt, um seine Wildheit zu verlieren, und er will nun um keinen Preis nach der Befreiung in diese zurückkehren.

Die ganze Konstruktion mündet in eine Rettung, die aber zur Rettung der Seele eigentlich nicht mehr so wichtig ist. Denn Robinson, dieser Mensch des Mittelstandes, hat längst zu jenen Werten gefunden, die der Mittelstand als Ideal so hoch hält, aber so schwer erlernen muß. Dieser Sozialisationsprozeß kann keinem abgenommen werden. Wer sich nicht fügt, so wie Robinson, braucht längere Wege der Selbstreflexion, um sich zu durchschauen, seine Leidenschaften zu bezähmen und der Vorsehung vernünftig zu folgen.

Von den Leidenschaften, den Träumen, den Wunsch- und Phantasievorstellungen Robinsons im Blick auf Sexualität, auch von einer möglichen Homosexualität mit Freitag, hören wir jedoch nichts. Die unterdrückten Triebe werden ausschließlich in ihrer Sublimation, im Prozeß der Arbeit und Kulturerschaffung präsentiert, was sie durch Rationalisierung entschärft. Daraus entsteht eine Konfiguration von Sinn, deren eigentliche Erziehungsaufgabe sich erst enthüllt, wenn wir die vom Autor mitgedachte Konstruktion seines Lesers mit in die Betrachtung einbeziehen:

(1) In seiner Arbeit repräsentiert Robinson den Traum einer nicht entfremdeten Arbeit, die ganz gegenstandsbezogen und bedürfnisorientiert ist. Besonders die Sinnlosigkeit des Geldes erscheint als die eigentliche Chance, Entfremdungen zu überwinden und selbstreflexiv auf sich in seiner Natur zu kommen. Aber der Leser weiß ja, daß es eine Robinsonade ist, Robinson ist allein, und nur daher muß der durch Geld hergestellte Austausch als sinnlos oder unnütz erscheinen. Es ist so, als ob man selbst in eine Robinsonade entflieht, in Gedanken, auf Zeit in Urlaubsparadiesen, aber als aufgeklärter Mensch weiß man um die Begrenztheit eines solchen Lustgewinns. Als Robinson wieder ein gesellschaftliches Wesen wird, bei seiner Rettung, da ist seine Seele durch die Arbeit, die er geleistet hat, bereits gerettet, aber die Goldstücke, die Münzen, die er gefunden hatte, bescheren ihm einen Reichtum, der die gebrauchswertbezogene Seite seiner Inselexistenz im gesellschaftlichen Zustand vergessen läßt. Diese Differenz muß jeder wissen, der Teil nicht nur der Natur, sondern auch einer bürgerlichen Gesellschaft ist. Das schließt die Träume, die Robinso-

naden nicht aus. Durch ihre Konstruktion läßt sich im Gegenteil sogar Geld verdienen, wie die vielen Auflagen des Robinson beweisen, denn der Autor bedient sich des Wechselspiels von Sein und Schein, ohne bloß in den Imaginationen des Scheins steckenzubleiben.

(2) Die von Robinson inspirierten Verhaltensmaximen haben besonders Pädagogen beeindruckt. Robinson hat in seiner Selbsttätigkeit selbstbestimmt erkannt, warum Gebote der Eltern sinnvoll sind, warum der Mittelstand eine behütete Gesellschaftsklasse ist, die einem ein Lebensglück sichern kann, warum es wesentlich ist, sich von ungezügelten Leidenschafen loszusagen und die Macht der Gewohnheit zu akzeptieren. Seine spätere Gottesfürchtigkeit wurde von manchem Robinson-Interpreten zum Anlaß genommen, eine Pädagogik des Zeigefingers, der Moralunterweisung zu betreiben. Aus einer ganz anderen Sicht könnte man sagen, daß Robinson seine Reue und Gottesgläubigkeit nur aus der Einsamkeit heraus, aus einer Psychologie der Extremsituation heraus entwickelte, als Wahnvorstellung, so wie es überhaupt ein Wahn sei, an jene gelenkte, hinter dem Rücken der Menschen geplante, gottgegebene Welt zu glauben. Aber solcherlei Zuschreibung fällt schwer, weil das Verhalten Robinsons ja geradezu paradigmatisch für die gesellschaftlich gemeinhin anerkannte bürgerliche Normalität ist. Er symbolisiert einen bürgerlichen Traum: Ein selbst in einer so extremen Situation in sich stabil bleibender Mensch, der nicht psychisch erkrankt, sondern sich zu beherrschen weiß, ohne sich abspalten zu müssen, ohne in seine Träume abzugleiten, ohne verrückt zu werden. Dabei wäre die Verrücktheit doch das eigentlich »Normale« in einem solchen Fall. Robinson hingegen war nur in seinen jüngeren Jahren ein wenig verrückt, in der Verrücktheit seiner Einsamkeit ist er hingegen bürgerlich gesehen *normal* geworden.

(3) Jetzt wäre es an jenen, die den Text lesen, verrückt über dieser Geschichte zu werden. Was um alles in der Welt fasziniert uns an dem Bild einer Einsamkeit auf einer abgelegenen Insel, wo sich doch ein jeder ausmalen kann, welche Mühsal es bezüglich der Arbeit und dem Antrieb hierzu, welche Seelenqualen es hinsichtlich fehlender mitmenschlicher Kontakte, Berührungen, Zärtlichkeiten, Bedürfnisse geben muß. Welcher Lustgewinn bleibt in solcher Einsamkeit? Steckt in der ganzen Geschichte vielleicht jener Traum der alleinigen Verfügungsgewalt, der unumschränkten Macht, der dann erreicht wird, wenn man eine Insel ganz sein eigen weiß? Oder berührt uns die Angst vor dem Einsamen oder die Abwehr der Angst durch Literatur, mit der wir uns solcherlei Existenz verdeutlichen? Wie immer auch unsere Antworten ausfallen mögen, verrückt bleibt es für uns, es ist eine »verkehrte Welt«, wie sie z.B. Hegel in der "Phänomenologie des Geistes" beschreibt, an der auffällt, daß wir besonderen Genuß aus Geschichten ziehen, die uns unsere vertrauten Ordnungsschemata, den Normalfall unserer Erziehung und unseres Lebens durch Gegensätze erschüttern. So erkennen wir uns im Robinson in unserem Dilemma. Verrückt daran ist, daß viele den Robinson lesen, um das Dilemma gleich

wieder zu verdrängen. Gerade noch sehen wir ihn in unserer Phantasie, jenen Robinson, der in seinem Unglück das Glück hat, alle Gegenstände, die er zur Befriedigung braucht, selbst herzustellen, wenngleich kaum die Liebe. Aber er kennt nur die Not der Natur, was Rousseau so faszinierte, daß er den Robinson seinem Emile als Hauptlektüre empfahl, er kennt weder Geld noch Luxus noch übertriebene Eigensucht, weil er zwischen sich und andere Menschen nicht jene Dinge schieben, nicht Verhältnisse errichten muß, die nicht natürlich genannt werden könnten. Und doch handelt er hierbei paradox, denn er baut sich eine Burg, einen Schutzwall, weil er Erinnerungsspuren an die Menschen in sich trägt, von denen er errettet werden will. Und bei all dem Glück in der Natur wiegt die Freiheit in einer entfremdeten, von Gemeinheiten geprägten Zivilisation am Ende höher. Wir können nicht anders, wir müssen immer in die Zivilisation, die Heimat, zurück.

Könnten wir dabei nicht einen Zipfel der Insel uns erhalten? Es scheint sich die Robinson-Insel auf Inseln im bürgerlichen Strom, in der Gesellschaft der Ungeselligen ausdehnen zu lassen, es scheint, als ließen sich solche Orte auch in der bürgerlichen Welt errichten. Dies ist besonders in der Trennung von privat und öffentlich gegeben. Viele Menschen der bürgerlichen Welt leben diese Insel an einem privaten Ort, wo sie niemand sieht, und der sie genauso einsam machen kann wie Robinsons Insel. In den Konflikten um solche Inseln - und hier gibt es eine nie enden wollende Ratgeberliteratur - macht sich dennoch als Hoffnung, als Begehren, als Wunsch immer wieder geltend, was Daniel Defoe als Antrieb empfunden haben mag, als er seinen Robinson schrieb: Jemanden zu zeigen, der einmal in allen Dingen von vorne anfängt, alle Konventionen und Angebote in den Wind schlägt, der frei über sich nach einem Maßstab verfügt, der mit weitem Blick, mit trotziger Hoffnung und mit großen Sehnsüchten nach Unbekanntem ausgestattet ist. In der Realität kommen die Träume bei Defoe auf den Boden. Aber der Robinson ist ohnehin ja nur eine Imagination. Also selbst in der Imagination kommen die Träume wieder auf den Boden. Die symbolische Ordnung holt sie ein. Aber sie lassen bei Robinson den Generationen von bisherigen Lesern das Gefühl, daß es jemand selbst so gewollt hat, daß er zu sich gekommen ist. Weil es sich nach Gut und Böse interpretieren ließ, so wie Robinson selbst seine Buchführung leistete, deshalb wurde das Stück zu einem Klassiker der Aufklärungspädagogik. Die Aufklärung hoffte für die Vernunft das Beste, nämlich ein Gutes zu erreichen. Die Robinsonade kann das vermeintlich Natürliche oder letztlich Vernünftige aber nur als das je menschlich Konstruierte symbolisch untermauern und imaginär veranschaulichen.

Haben wir damit eine Antwort auf unsere Ausgangsfrage gefunden? Kommt nicht auch schließlich Robinson, wenn er denn ein geselliges Leben führen will, auf die vorgängige Macht der Rekonstruktionen zurück? Als Beobachter haben wir in diesem ersten Interpretationsschritt, der Assoziationen unserer

Gegenwart zum Ursprungstext bildete, nicht nur etwas über die Robinsonade als bürgerlichen Mythos ausgesagt, sondern zugleich auch schon über den Konstruktivismus gesprochen. Schließlich beweist ja gerade der Robinson der Moderne, daß ein Mensch aus eigener Kraft mittels Konstruktionen überleben kann. Die darin steckende Allmachtsphantasie ist auch konstruktivistischen Ansätzen zu eigen, die wie Robinson auf seiner Insel sich ihre Wirklichkeiten erfinden, indem sie Aussagen behaupten, die zu ihnen »passen«.[7] Vernachlässigen sie damit aber nicht das, was Andere schon im historischen, kulturellen, gesellschaftlichen Prozeß passend gemacht haben? Genau diese andere Seite, die jenseits des Abenteuers liegt, zeigt Robinson ja auch: Die Mahnungen des Vaters, die nicht ungestraft bleiben, Gottes Ratschluß, der ihn als Strafe erreicht, dies sind Warnungen einer höheren Wertigkeit, die das Konstruieren relativieren. Es sind z.b. Rekonstrukte des Glaubens. Sie geben Sinn, Werte und Bedeutungen, nach denen sich Robinson verhält. Hier ist er weniger Erfinder, als vielmehr erfindender Entdecker. Und solche Entdeckungen stecken strukturell überhaupt seinen Erfindungsreichtum ab. Insoweit ist es notwendig, diese Seite präziser zu erforschen. Deshalb suchen wir nun solche Konstruktionen heraus, die schärfer im symbolischen System selbst rekonstruktives Wissen verankern. Damit werden die Texte gegenüber den literarischen Vorlagen allerdings trockener.

6.2. Jenseits von Gut und Böse: Fremdzwang und Selbstzwang als rekonstruktive Beobachtermuster[8]

Bei Robinson hören wir immer wieder etwas über das Gute und Böse. Diese Werte tragen eine materielle Herkunft. Nietzsche verwies darauf, das ein Gut zunächst jenes Landgut war, das einen weltlichen Besitz und damit Befriedigung der Bedürfnisse garantierte. Erst auf dem Überleben, der puren Selbsterhaltung baut sich die Moral auf, die eine neue Form des Gutes sich zu unterscheiden und zu begrenzen weiß. Brecht drückte dies sehr drastisch aus: "Erst kommt das Fressen, dann die Moral!" Aber bei Robinson kann eine solche Spaltung in weltliche Belange und geistige Bezüge noch nicht akzeptiert werden. Bei ihm sind Natur und Gott noch eng miteinander verwoben. Deshalb verschweigt die Robinsonade auch die weltlichen Bezüge seines Gottes- und Moralbildes, um die Heiligkeit des Unternehmens nicht zu gefährden und sich damit selbst die Freude an der Projektion zu nehmen. Robinson braucht einen starken Gott, der an die Stelle seines Vaters rückt, um seine Entbehrungen zu begreifen, um sich über ihn durch sie zu stärken. Nietzsche sah ebenfalls, daß

---

[7] Das Prinzip der Passung findet sich besonders im »radikalen Konstruktivismus«, z.B. in den Arbeiten von Glasersfelds.

[8] Eine ausführlichere Darlegung findet sich in Reich (1998 a, insbesondere in Kap. 1).

es tragisch wäre, würde man den Menschen Gott nehmen, denn dann wären sie in ihren extremen Situationen hilflos.

Aber mit diesem Bild haben wir nur das Erscheinen einer Unsicherheit beschrieben, deren Bedeutung für die Rekonstruktion von Weltbildern noch unzureichend ist. Wir suchen einen rekonstruktiven Rahmen, der uns strukturell angeben kann, was sich durch den Mythos von Robinson verändert.

Norbert Elias hat durch seine Theorie über den "Prozeß der Zivilisation" hierzu eine wichtige Beobachtertheorie entwickelt. Durch ihn werden wir beide Seiten der Robinsonade verstehen: einerseits die göttliche Seite, die wie ein Fremdzwang Robinsons Schicksal bestimmt, andererseits den aktiven und konstruktiven Robinson, der selbst sein Schicksal in die Hand nimmt und zum Konstrukteur seiner Wirklichkeit wird, wobei er Selbstbeherrschung und Selbstzwänge in hohem Ausmaß entwickelt. Damit schauen wir auf äußere als auch innere Vorgänge von Verhaltensänderungen im Prozeß der Zivilisation. Wir wechseln damit den Blick hin zu einer neuen Begrifflichkeit, die Robinson als Erziehungsklassiker verständlicher werden läßt und die Argumente differenzieren hilft.

In der zivilisatorischen Entwicklung hin zur bürgerlichen Gesellschaft zeigte sich vermittelt über die Erziehung ein zunehmender gesellschaftlicher Zwang, der aus den Beziehungsgeflechten der wirtschaftlichen, sozialen, ökologischen und weiteren Felder selbst ungeplant, aber gleichwohl effektiv hervorging. Norbert Elias betont, daß dieser Vorgang zwingender und stärker ist "als Wille und Vernunft einzelner Menschen", die in ihn bewußt eingreifen mögen (Elias 1976, 2, 314). Er betont in seiner Beobachtertheorie hierüber also die rekonstruktive Seite. In diesen Verflechtungszusammenhängen können wir bei einem sehr groben Betrachtungswinkel erkennen, daß in der Heraufkunft der bürgerlichen Gesellschaften aus Strukturen des Mittelalters, die durch feudale - überwiegend agrarische - Produktionsweisen gekennzeichnet sind, immer kompliziertere Aktionsketten, immer mehr Langsicht, stärkere Triebbeherrschung zur Gewinnung von aufgeschobener Lust und Triebbefriedigung erforderlich werden[9], d.h. daß die Selbstkontrollmechanismen, die Selbstbeherrschungsleistungen der Menschen zunehmen. Der Mensch verliert das, was in den frühen Zeitaltern das Ausleben der freien Natur zu sein scheint. Zwar gab es schon immer Beschränkungen der eigenen Triebe in der menschlichen Geschichte, da die Menschen in gegenseitiger Abhängigkeit seit jeher lebten, aber die Versachlichung der Lebensverhältnisse im Übergang zur Geldwirtschaft, zu längeren Handlungs- und Planungsketten, zur immer weiter voranschreitenden Arbeitsteilung dramatisierte die Notwendigkeit von Selbstbeschränkungen im Verhalten. Dies setzte voraus, daß sich die Menschen in diesem Prozeß ihrer eigenen Leistungen, ihrer größeren Gleichheit durch die Versachlichung der Lebens-

---

[9] Sigmund Freud spricht in diesem Zusammenhang von Sublimationsleistungen; vgl. z.B. Freud (1977. 1978, 1984); vgl. weiterführend bes. Marcuse (1984).

verhältnisse, durch die Gleichmacherei des Geldes, das keinen Geburtsadel kennt, sondern nun versachlichte Unterschiede schafft, bewußter wurden. Es führte - zunächst durchaus in Vermittlung mit der höfischen Gesellschaft und ihrer Tendenz der Höflichkeitssetzungen[10] - zu einer neuen Selbstbeherrschungsapparatur, die die Erziehung zu vermitteln und das Individuum sich anzueignen hatte und bis heute hat. Die Modellierung des Individuums wurde dabei immer differenzierter, schwieriger und kostete mehr Zeit, was sich in der Verlängerung der Erziehungszeiten im Abendland auffällig dokumentiert.[11] Diese von Elias beschriebene Tendenz sehen wir in der Robinsonade recht deutlich. Sie erscheint an jenen Stellen, die die konstruktive Freiheit Robinsons auf der einen Seite und die Notwendigkeit seiner Selbstkontrolle auf der anderen Seite beschreiben. Seine wilde Natur bäumt sich gegen die Selbstbeherrschung zunächst noch auf, doch in seiner Gefangenschaft zwingt ihn die Natur, wenn er denn Überleben will, das Gesetz der Moderne auf: Langsicht zu üben, Vorräte anzulegen, seine kurzfristigen Bedürfnisse zugunsten langfristiger zu verschieben, seinen Tag minutiös zu planen usw. Hätte er doch auf seine Erzieher gehört! Für diese scheint es aus der Sicht der Zivilisierung des Menschen besonders auf die Verinnerlichung des gesellschaftlichen Zwanges durch äußere Fremdzwänge anzukommen. Wir denken sofort an Robinsons Vater, der diesen Zwang verkörperte. Auch andere Figuren aus Robinsons Umfeld, seine Lehrer und besonders der Pfarrer, drängen sich auf. Dann jedoch erkennen wir auch, daß Robinson trotz seines wilden Gemüts bereits solche Zwänge verinnerlicht hat, in sich aufgenommen hat. Wie sonst hätte er auf seiner Insel überleben können? Auf einmal kehrt diese Seite seines Verhaltens - durch den Druck des Überlebenskampfes - zu ihm bewußt zurück. Hier erscheinen die Selbstzwänge. Und sie stehen durchaus in Übereinstimmung mit dem, wie wir die Begriffe Fremd- und Selbstzwänge als Konstrukte gebrauchen[12]:

a) Zunächst gibt es allgemein menschliche Zwänge wie Hunger, Selbsterhaltung, Geschlechtstrieb, die durch die animalische Natur des Menschen überhaupt bedingt sind; sie sind schwer abzugrenzen und bilden vielfach eine Einheit mit den Bedingungen der äußeren Natur, die der Mensch zu bewältigen hat: Nahrungssuche, Wohnung und Geborgenheit, soziales Beisammensein und vieles mehr. Im historischen Prozeß reicht diese allgemeine Beschreibung

---

[10] Diesen Prozeß analysierte Norbert Elias in mehreren Studien "Über den Prozeß der Zivilisation" und über die "höfische Gesellschaft". Es mag erstaunen, daß die bürgerliche *Höf*lichkeit durchaus auf eine Übernahme höfischer Sitten und Gebräuche zurückgeht. In seinem Kampf um Selbständigkeit gegenüber dem Adel orientierte sich das Bürgertum stark an den Konventionen des Hofes, die es in eigenes Verhalten überführte.

[11] In seiner Schrift "Über die Zeit" machte Elias auf den Zusammenhang von gesellschaftlichen Zwängen und einer immer perfekteren Zeiterfassung in der Neuzeit aufmerksam.

[12] Die Definition folgt hier abgesetzt von Elias (1990 b, S. 47 f.), der die natürlichen Zwänge in allgemein menschliche und durch die Natur gesetzte zusätzlich unterscheidet.

menschlicher Zwänge aber kaum mehr hin, weil in jeder Form von Gesellschaftszuständen eine Differenzierung eintritt:

b) Menschen leben immer komplex zusammen, so daß wir von gesellschaftlichen Zwängen sprechen. Hier handelt es sich um Zwänge, die Menschen auf Menschen im Alltag ausüben. Diese Zwänge können wir auch als Fremdzwänge bezeichnen. Sie sind immer gegeben, wenn wir komplementäre Beziehungen (vgl. Kapitel 2) beobachten können, die sich nach Herr und Knecht, oben und unten, stark und schwach usw. organisieren. Hier erscheint ein Fremder, der auf mich Zwang ausübt. Wechseln wir allerdings die Beobachterposition, dann müssen wir zugeben, daß auch ich für einen Anderen zum Fremden werde. Deshalb sind Fremdzwänge insgesamt typisch für Paar- und Familienbeziehungen sowie für allgemeine gesellschaftliche Beziehungsgeflechte. Neben ihrem symbolischen Auftreten, das sie verkörpert in Institutionen und geistig-materiellen Kodifizierungen wie z.B. Recht, Wissen in allen Varianten zeigt, tragen diese Beziehungsgeflechte immer auch eine imaginäre Seite. Castoriadis (1984) spricht überhaupt von gesellschaftlichen Institutionen als imaginären Gebilden, weil sie nur über unsere imaginären Konstruktionen zu funktionieren scheinen. Dies deckt sich mit dem Gedanken des Selbstzwanges von Elias, der ebenso die selbstbezogene Seite der psychischen Verarbeitung betont. Ich will dies folgendermaßen ausdrücken: Das symbolische Zusammenleben der Menschen benötigt offensichtlich einen konstruktiven imaginären Zusammenhalt, der das Rad der Symbolik antreibt.

Solche Fremdzwänge sind auch für Robinson offensichtlich. Alle wollen etwas von ihm: der strenge Vater, der bestimmende Pfarrer, die Lehrer, weitere Personen des Umfeldes, die alle Konventionen und Traditionen einer Gesellschaft verkörpern, die stets das Gleiche spricht: "Du sollst, du darfst, du mußt!" Und wann sprechen sie so? Immer wenn die eigene Lust, der eigene Trieb, das eigene Begehren, Wünsche usw. trotzig nach etwas ganz anderem als den Konventionen verlangen. Gegen diese Zwänge treibt es Robinson in die Welt hinaus, denn sein Imaginäres befriedigt sich nicht an dem symbolischen Wissen über die Fremde und Abenteuer, sondern treibt Robinson an, es auf *seine Art* zu versuchen.

c) Von den animalischen oder triebbedingten Zwängen der ersten Stufe unterscheiden wir einen "zweiten Typ von individuellen Zwängen", der durch den besonderen Begriff der Selbstkontrolle, einer Kontrolle durch den Verstand und die Vernunft, besonders aber durch das menschliche Gewissen[13] charakterisiert wird. Die daraus entspringenden Zwänge nennen wir Selbstzwänge. "Sie sind von den naturalen Triebzwängen verschieden, da uns biologisch nur ein Potential zum Selbstzwang mit auf den Weg gegeben ist. Wenn dieses Potential nicht durch Lernen, also durch Erfahrung, aktualisiert wird, bleibt es latent. Grad und Gestalt seiner Aktivität hängen von der Gesellschaft ab, in der ein

---

[13] Vgl. dazu auch Sigmund Freuds Begriff des Über-Ichs; in Freud (1978).

Mensch aufwächst, und wandeln sich in spezifischer Weise im Fortgang der Menschheitsentwicklung." (Elias 1990 b, 48)[14] Wenn noch die erste Stufe des menschlichen Zwanges in allen Entwicklungsstufen der Menschheit gleich blieb, so änderte sich im Laufe des Zivilisationsprozesses besonders das Verhältnis von Fremd- und Selbstzwängen. Selbstverständlich gibt es in allen menschlichen Gesellschaften, auch in sehr ursprünglichen und einfachen Gesellschaften, Erziehungsmaßnahmen, die die Normen des Zusammenlebens als Fremdzwang in einen Selbstzwang der Gruppenmitglieder verwandeln. Aber diese Selbstzwangapparatur erscheint verglichen mit der der hochdifferenzierten, auf Interessengegensätzen beruhenden und mehrparteilichen Industriegesellschaften als relativ schwach und lückenhaft. Das heißt, daß die Mitglieder der frühen Gesellschaften zur Selbstzügelung "in sehr hohem Maße der Verstärkung durch die von anderen erzeugte Furcht, dem von anderen ausgeübten Druck bedürfen." (Ebd.) Solcher Druck kann direkt von Personen ausgehen, aber auch von Imaginationen wie Geistern, Ahnen, Göttern. Der Fremdzwang dient der meist ritualisierten Erfüllung eines Lebens- und Herrschaftsgefüges, das für das Überleben der Menschen erforderlich und damit notwendig erscheint. Moderne Industriegesellschaften haben demgegenüber vor allem eine Selbstzwangapparatur entwickelt, die auf die ständige Kontrolle durch äußeren, fremden Druck verzichtet, indem sie sich als Disziplinargesellschaft im inneren Bewußtsein der Menschen entfaltet (vgl. Foucault 1992). Und dafür ist wiederum Robinson ein Prototyp, denn er beschreibt ja gerade den Wechsel vom fremden Druck hin zu eigener Einsicht. Und er unterstellt zugleich ein Lernprinzip: Das Lernen aus innerer Einsicht, aus Selbstzwängen heraus, ist viel effektiver als ein Lernen, das auf Fremdzwänge vertraut.

Verlassen wir die Robinsonade und blicken wir auf die Entwicklung der Moderne, dann dokumentiert sich dieser Prozeß in einer Veränderung der Verhaltensstandards, die folgende wesentliche Aspekte aufweisen:[15]

☐ Eine enorme Erhöhung des Nationalprodukts, eine damit einhergehende Verbesserung des Lebensstandards, eine zunehmende Abnahme von harter körperlicher Arbeit und eine Verkürzung der Arbeitszeit in den Spätphasen des

---

[14] Inwieweit Elias in seiner Zivilisationstheorie im Einzelfall richtig argumentiert, oder ob, wie Duerr (1988) meint, es äußerst problematisch sei, von einer solch fortschreitenden Zivilisierung als Zunahme von Selbstzwängen auszugehen, steht hier nicht zur Debatte. Gewiß hat Duerr im Einzelfall recht, wenn er auf schon vorhandene Selbstzwänge in der ferneren Vergangenheit aufmerksam macht und damit die scheinbare Neuartigkeit des Argumentes von Elias zerstört. Andererseits ist aber der Zivilisationsprozeß verallgemeinert ein Prozeß der Veränderungen im Bereich der vom Menschen produzierten Wirklichkeiten, d.h. der Produktion des materiellen Lebens und idealer Institutionen, die die Selbstzwangapparatur *in unserer Moderne* entscheidend im Sinne von Elias verändert haben.

[15] Hier nach Elias (vgl. 1990 b, S.33 ff.) und um einige Punkte erweitert.

Industrialisierungsprozesses führen zu breiteren und aktiveren Handlungsmöglichkeiten der Menschen; die Steigerung der Produktivität im Prozeß der Industrialisierung, die zunehmenden Märkte und immer unüberschaubareren Tauschverhältnisse bedingen aber andererseits geradezu aktives, selbständiges Handeln, um überleben und mitleben zu können;

□ Industriegesellschaften sind von Emanzipationsbewegungen erfüllt; zunächst besiegte das Bürgertum den Adel; der Klassenkampf zwischen Bürgertum und Proletariat konnte durch eine materielle Besserstellung der Arbeiter entschärft werden. Es bildeten sich neue Machtbalancen, um den Gang der wissenschaftlich-technischen Revolution nicht zu bremsen. Die dabei erreichten Versöhnungen sind aber immer heikel, wenn die materielle Seite erschüttert, der Wohlstand der Massen gefährdet wird; es hat sich ein Bewußtsein entwickelt, daß dieser Prozeß nicht abgeschlossen ist;

□ die Institutionalisierung der Gewaltenteilung in exekutive, legislative und judikative Mächte, wobei insbesondere ein relativ unabhängiges Rechtssystem zur Verhaltenssicherheit beitrug, festigte die jeweils erreichten Machtbalancen und stabilisierte die Herrschaftsverhältnisse durch Versachlichung; an die Stelle der persönlichen Unterwerfung rückte die versachlichte Unterordnung, was zu einer Erhöhung der Selbstzwänge als Einsicht in sachlich-rationale Fremdzwänge unabhängig von der Autorität bestimmter Personen führte;

□ im 20. Jahrhundert veränderten sich in den Industriegesellschaften besonders die Machtgefälle zwischen den Menschen:

○ zwischen Männern und Frauen, wobei Frauen stärker berufliche Rollen einnahmen und mehr Freiraum gegenüber der patriarchalischen Struktur traditioneller Familien gewannen;

○ zwischen der älteren und der jüngeren Generation, wobei eine neue Werteorientierung stattfand: Die Ideale der Älteren haben nicht mehr unbefragt Gültigkeit; Jugendideale werden von zahlreichen gesellschaftlichen Altersgruppen als geeigneter Ausdruck einer sich ständig wandelnden Lebenshaltung vertreten; autoritäre Abhängigkeiten werden gebrochen oder zumindest verunsichert; das Recht auf Selbstorientierung der Jüngeren findet allgemeine gesellschaftliche Anerkennung;

○ zwischen den europäischen Gesellschaften und ihren ehemaligen Kolonien bzw. zum Rest der Welt gibt es einschneidende Veränderungen, indem Abhängigkeiten abgeschüttelt wurden und werden (z.T. ersetzt durch die Rolle anderer Weltmächte);

○ zwischen Herrschenden und Beherrschten, indem demokratische Gebräuche, besonders durch rechtliche Einbindungen, zur Versachlichung von Macht führten, die, sofern demokratische Grundsätze der freien Wahl und Gewaltenteilung gegeben sind, - mit Einschränkungen - zur Kontrolle von Macht beitrugen;

□ die Veränderung des Machtgefälles, die die strikte Hierarchisierung feudaler oder früher bürgerlicher Lebensformen auflöste, geht aber zugleich mit einer wachsenden Verhaltens- und Statusunsicherheit der Menschen einher; für dynamische Industriegesellschaften stellt damit das Problem von sozialisierenden Maßnahmen, die die Identitätsfindung garantieren, in weit stärkerem Maße eine Verkomplizierung der Sozialisation dar als für überwiegend agrarisch produzierende Gesellschaften, in denen Identitätsfindung noch im relativ überschaubaren Rahmen der Familie erfolgt und wesentlich auf diese beschränkt bleiben kann;

□ hier erscheint auch ein Bewußtseinsproblem, das typisch für den Verlust der Machtgefälle ist: Erst durch den Abbau von Macht konnten die Menschen in den Industriegesellschaften überhaupt das Problem erkennen, was Macht zuvor bedeutete und warum sie in ihrem Gebrauch kritisch zu betrachten ist[16]; erst hieraus konnten auch wissenschaftliche Untersuchungen entstehen, die nicht nur das traditionell Überlieferte in Frage stellen, sondern zugleich auch sich selbst, den eigenen Ansatz als einen relativen im Prozeß der Zivilisation erkennen.

Der Wandel der Machtbalance in den Industriegesellschaften hatte eine hohe Bedeutung für den Status von Beobachtungsleistungen in diesen Gesellschaften. Er aktivierte gerade die Kultursicht, die die inneren Kräfte des Menschen mehr betont als die Fremdzwänge. So entstand auch hier ein Wandel der Beobachtungsverhältnisse: Da, wo im Entstehen der bürgerlichen Gesellschaft die Beobachtung noch als Maxime begriffen wurde, mit der eine reine Wahrheit und ein positives Wissen sich aufbauen ließen, wo die naturwissenschaftlichen Revolutionen geradezu durch Beobachtung erzwungen wurden[17], fand insbesondere im 20. Jahrhundert eine Wendung hin zu einer Beobachtung statt, die Beobachtungsleistungen tendenziell[18] stärker als Bildungsprozeß in Selbsttätigkeit und mit Selbstbestimmungsmomenten des Beobachters verstand, als Selbst-

---

[16] Elias gibt dafür folgendes Beispiel: "Wir sind uns heute stärker als je zuvor bewußt, daß ein überwältigend großer Teil der Menschheit durch das ganze Leben hin an der Hungergrenze lebt... Ganz gewiß ist das kein neues Problem. Mit wenigen Ausnahmen gehören Hungersnöte zu den immer wiederkehrenden Erscheinungen der Menschheit. Aber es ist eine Eigentümlichkeit unserer Zeit, daß man Armut und hohe Sterblichkeitsraten nicht mehr als selbstverständlich und als eine gottgegebene Bedingung des menschlichen Lebens hinnimmt." (Elias 1990 b, 37 f.) Menschen der Industrieländer empfinden es nunmehr als Pflicht, etwas dagegen zu tun. Tatsächlich wird zu wenig getan, aber das Mitverantwortungsgefühl ist verglichen mit früher gewachsen. Hier liegt ein Zusammenhang mit der neuen Statusunsicherheit vor: Sie schärft den Blick für das mögliche Leid, das man selbst erfahren könnte und öffnet so den Blick für das Leid Anderer. Daraus entstehen allerdings auch psychische Mechanismen der Verdrängung oder Abwehr.

[17] An die Stelle der ersten, mehr oder minder direkten Beobachtungen der Wissenschaft rückten nach und nach immer mehr gezielte Laborexperimente, die das freie - unscharfe - Schauen der Beobachter in die Schranken der Beobachtungsmittel verwies. Dies führte aber gerade in den Verhaltenswissenschaften zu Entstellungen, wie es Devereux (1967) herausarbeitete.

[18] Dies gilt gewiß nicht durchgängig und überall, es ist zudem mit widersprüchlichen gesellschaftlichen bzw. individuellen Kämpfen verbunden.

bewußtwerdung eigener Mächtigkeit, die den Beobachter vermittelt über die gesellschaftlich herrschenden Normen zu seiner eigenen Entwicklung kommen lassen will.

Konstruktivistische Weltsichten konnten in diesem - ethnozentrisch geprägten - Kontext entstehen. Dies geschah aber weniger als konsistente Theorieschule, sondern vielmehr in unterschiedlichsten Ansätzen, die sich auch nicht unbedingt den Namen Konstruktivismus gaben. Für sie alle wurde es entscheidend, den eigenen, subjektiven oder subjektiv vermittelten Anteil an der Konstruktion von Wirklichkeit stärker zu berücksichtigen. Es sollte im Blick auf die bereits vorliegenden radikalen philosophischen Ansprüche untersucht werden, inwieweit der Mensch selbst vorgängig jenes projizierende Wesen ist, das sich Mächte und Institutionen schafft, die nur scheinbar unabhängig von ihm walten und sein Schicksal bestimmen. In aller Aufklärungsphilosophie bis hin zum Marxismus wohnte bereits eine Ambivalenz, die sich dadurch ausdrückte, daß spätestens seit der Französischen Revolution der Mensch hatte erkennen können, daß er sein politisches Lebens selbst bestimmen kann, was die Maxime der Freiheit ausdrückte. Gleichzeitig aber sollte und mußte aus vernünftigen Gründen diese Maxime durch neue Ontologien mit ganzheitlichen Sichten beschützt werden, weil die Furcht vor dem Chaos des Subjektiven und Heterogenen eine grundlegende Furcht der harten bürgerlichen Wirklichkeit war und in jenen Teilen der Welt ist, wo es kein soziales Netz zur Milderung kapitalistischer Grausamkeiten gibt. Wenn hingegen die Autonomie des Menschen gleichzeitig mit materieller Sicherheit zunimmt, dann kann er sich stärker jener Ambivalenz hingeben, die seine Konstruktionen durchzieht; dann erst kann er zugeben, daß alle Wirklichkeit und Normen eine Erfindung von Menschen sind. Allerdings gehen konstruktivistische Erkenntnisbemühung und gesellschaftliches Interesse dabei immer eine Verbindung ein, die je nach den Voraussetzungen auf den Konstrukteur wie auf das, was er je konstruiert, zurückwirken: In einer Gesellschaft, die ihre Arbeitskräfte willkürlich ausbeutet, wäre die konstruktivistische Behauptung, daß alle Erfahrung je subjektiv sei, gewiß anders politisch zu begreifen, als in einer Gesellschaft, in der die Ausbeutung nach gewissen gemeinsamen Regeln unter Einhaltung von Menschenrechten erfolgt.[19] Hier ist zu beachten, daß in der gegenwärtigen Post-Moderne alle sozialen Konstruktionen ambivalent erscheinen und Unbehagen erzeugen können oder sollten (vgl. dazu Baumann 1999).

In diesem Kontext entstand auch ein Wandel der Erziehungsverhältnisse: Da, wo im 19. Jahrhundert noch Erziehung als Zwangsapparatur und Kommando-

---

[19] Vergessen werden sollte nicht, daß solche Regeln keineswegs freiwillig entstehen, sondern ihrerseits Kampfprodukt gesellschaftlicher Interessengruppen sind. Konstruktionen von Wirklichkeit sind ohne Berücksichtigung dieser Interessenzusammenhänge bloß idealtypisch isolierte Erkenntnisversuche und verkümmern schnell zu technischen Regelwerken. Ein Teil der konstruktivistischen Ursprungsschulen zeigt in ihrer naturwissenschaftlichen und geradezu antihistorischen Haltung diesen Mangel ganz deutlich (so z.B. Maturana/Varela).

pädagogik[20] entwickelt wurde, in der der Lehrer eine führende und gewaltvolle Position innehatte, um die gesellschaftlichen Werte den Heranwachsenden aufzuzwingen, fand im 20. Jahrhundert eine Wende hin zu einer Erziehung statt, die sich als Bildungsprozeß in Selbsttätigkeit und mit Selbstbestimmungsmomenten des Schülers verstand, die den Schüler vermittelt über die gesellschaftlich herrschenden Normen zu seiner eigenen Entwicklung kommen lassen will. Im Abendland war der Selbstzwang sehr stark individualistisch orientiert. Mit dem Aufkommen der frühbürgerlichen Märkte wurde der Egoismus als Triebkraft der gesellschaftlichen Entwicklung hervorgehoben, der Mensch erschien als des Menschen Wolf, der entweder durch die Herrschaft des Staates[21] oder durch die innere Aneignung gesellschaftlicher Normen[22] seine Individualität entwickeln konnte, ohne die Mitmenschen dabei gleich zu vernichten. Robinson ist in dieser Hinsicht ein Modellfall von Erziehung, die einen Wechsel von der bloßen Fremdbestimmung hin zur Selbstbestimmung gestattete, ohne die bürgerlichen Tugendforderungen zu übersehen.

Insgesamt wandelten sich im Prozeß der Zivilisation Fremdzwänge hin zu Selbstzwängen. Daraus entstanden vielfältige individualistische, die Singularität des Menschen betonende Sichtweisen ständiger Konkurrenz gesellschaftlicher Klassen und Schichten, die bis heute andauern.

Schauen wir jetzt noch einmal rückblickend auf Robinson. Als Beobachter sehen wir in der Robinsonade ein schönes Spiel mehrerer Beobachter: Wir sind zunächst Fremdbeobachter, wenn wir Robinson wörtlich lesen. Wir versetzen uns in eine fremde Person, die sich selbst beobachtet. Aber es ist eine konstruierte Person, die von ihrem Autor als Beobachter entworfen wurde. Und dieser Autor dachte an Leser, die als Selbstbeobachter aus dieser Geschichte Lehren ziehen sollen. Ganz deutlich sehen wir in diesen skizzenhaft beschriebenen Rollenwechseln genau das, was Elias mit einer Zunahme an Langsicht, mit längeren Interdependenzketten und insgesamt mit einer Zunahme der Selbstzwänge meint: Wir müssen sehr unterschiedliche Beobachtungsseiten unterscheiden, um in der Zivilisation als hinreichend sozialisiert zu gelten.

---

[20] Erziehungstheorien des 19. Jahrhunderts, die wir heute als klassisch bezeichnen, hatten sich nie ausschließlich auf solche Kommandopädagogik, wie sie die pädagogische Praxis beherrschte, beschränkt; diese Klassiker sind daher als Denkmodelle oder praktische Versuche im kleinen Maßstab für uns heute immer noch analytisch reizvoll, um einzelne Wandlungen zu studieren und das sich verändernde Selbstverständnis der Pädagogik herauszuarbeiten. Daher lohnt es Analysen z.B. zu Pestalozzi, Humboldt, Herbart, Diesterweg, um nur einige der bekanntesten zu nennen, durchzuführen.

[21] Dies war die Lösung von Thomas Hobbes: Mittels eines Herrschaftsvertrages sollten sich die Menschen der Gewalt des Staates unterwerfen, um ihre egoistischen Interessen zu zügeln.

[22] Diese Lösung schlug besonders John Locke vor, der in der Erziehung des Menschen die Möglichkeit zur vernunftorientierten Unterwerfung unter den Bedingungen eines auf Gegenseitigkeit beruhenden Gesellschaftsvertrages - mit gewählten Herrschern auf Zeit - erblickte.

Insoweit können wir Robinson als Modellfall einer Erziehung hin zum Selbstzwang interpretieren. Und dieser Modellfall verrät uns viel über rekonstruktive Strukturen der Gesellschaft, in der wir als "geistige Erben Robinsons" existieren.

Kehren wir auch noch einmal kurz zu den Gedanken unseres vierten und fünften Kapitels zurück.

Zunächst sind unsere perspektivischen Unterscheidungen des Symbolischen, Imaginären und Realen im Blick auf Robinson interessant. Die Robinsonade ist ein eindringliches Beispiel für die Wirkungsweise unserer drei Konstrukte. Symbolisch ist die Geschichte selbst und die Lehre, die wir aus ihr ziehen sollen. Aber hätte diese Symbolik zu einem so wirksamen Mythos der Moderne führen können? Sicherlich nicht. Die Symbolik bleibt uns eher äußerlich, es ist eine Geschichte wie andere auch. Sie besteht aus Zeichen und Text. Offensichtlich ist es die imaginäre Beziehung, die viele Leser mit Robinson verbindet, die die besondere Wirkung dieses Mythos erzeugt. Und diese Imagination ist sehr vielschichtig. Den einen mögen eher vordergründig Abenteuerlust, ferne Reisen, Ausbruch aus der Langeweile des bürgerlichen Alltags leiten. Andere begehren vielleicht auch eine Insel, die einen von vorne anfangen läßt, was auch eine gewisse Omnipotenzphantasie ausdrücken kann: Hier kann ich ganz allein, ganz für mich, meine Welt gestalten! Wieder andere mag die Selbstbehauptung reizen, die ohne Hilfe anderer Menschen gelingt und am Ende sogar einen reichen Mann hervorbringt. Da vergessen wir dann gern das Reale, das in dieser Geschichte immerhin als Schicksal, als Naturkraft, als Kannibalismus und von außen kommender Schrecken erscheint. Und gerade darin liegt wahrscheinlich die größte imaginäre Kraft dieser Geschichte: Sie zeigt Robinson als erfolgreichen Konstrukteur gegen das Reale, das als äußerer Schrecken ihm begegnet und als innere Verzweiflung niedergerungen werden muß. Gleichwohl aber treibt das Reale, das hier auf merkwürdige Art mit Gottes Lenkung der Welt gekoppelt zu sein scheint, Robinson erst an, vernünftig zu werden. Die Robinsonade bezeichnet damit das Schicksal der Moderne: Sie wehrt sich gegen die Erscheinungen des Realen, indem sie symbolisch eine Welt erzeugt, die den Sieg der Vernunft letztlich auch als Imagination eigener Stärke genießen kann - zumindest in ihren Mythen.

Damit erkennen wir die drei Beobachterperspektiven aus dem vierten Kapitel deutlich in der Robinsonade wieder. Sie können uns helfen, die Wirksamkeit der Erzählung als Selbst- oder Fremdbeobachter näher zu verstehen. Und sie zeigen kritisch, daß dieser Mythos der Moderne letztlich eine einseitige symbolische Lösung favorisiert: Am Ende ist aus dem verrückten Wilden der gezähmte Bürger entstanden. Verquickt sich mit dieser symbolischen Lösung ein pädagogisches Denken, dann wird das Imaginäre zurückgedrängt. Dann erscheinen all die trockenen und langweiligen Unterrichtsstunden, die gerade einen wie Robinson zu seinen Abenteuern fliehen ließen. Selbstzwänge repräsentieren auf der Seite bürgerlicher Normalität eben auch Spießertum und Langeweile. Aber das Imaginäre subvertiert dies nicht nur in der Robinsonade. Aus der Sicht des fünften Kapitels bemerken wir, daß die Robinsonade auch für unsere Perspektiven der Re-/De-/Konstruktion Gemeinsamkeiten aufweist. Zunächst handelt Robinson überwiegend aus einer konstruktiven Einsicht. Gerade dies betont eine neue Erkenntnistheorie, die den Menschen als Hersteller seiner Wirklichkeit sieht. In gewisser Weise ist also Robinson ein Konstruktivist. Damit trägt er auch die Verantwortung für seine Taten und Unterlassungen. Zugleich jedoch wird dies in der Robinsonade rekonstruktiv eingebunden. Die bürgerlichen Tugenden wie Fleiß, Ordnung, Pünktlichkeit, Zuverlässigkeit, Treue zur Sache, erscheinen einerseits aus der Natur der Dinge selbst abgeschaut und hierin als vernünftig, andererseits als gottgegeben und hiermit von höchster Seite legitimiert. Damit ist strukturell eine Konstruktion vorgegeben, die selbst unzweifelhaft erscheint. Ihre symbolische Aneignung gegen den Überschwang des Imaginären macht den pädagogischen Sinn der Geschichte aus. Die Rolle des "I" soll zugunsten der Anerkennung des "Me", der verinnerlichten vernünftigen Gebote Anderer gezähmt werden. Die Rolle der imaginären Spiegelung aber wird auf Selbstgespräche reduziert, die Robinsons Selbstzweifel am Gelingen seiner Taten ausdrücken. Hier schimmert teilweise in seinem Zweifel ein dekonstruktives Moment auf, das aber durch den Überschwang der letztlich symbolischen Lösung aufgehoben wird. Und das bedeutet dann für Freitag, daß er sich nicht als Gleicher neben einem gebildeten Weißen etablieren kann, daß die Beziehung komplementär und damit kolonial bis zum Schluß bleibt: Die symbolischen Werte der Vernunft siegen über alles, auch über die vermeintliche menschliche Gleichheit, die sich als Illusion erweist. Der arme Freitag fügt sich in sein Schicksal und wird hierbei auch noch als glücklich beschrieben.

Aus diesem grundlegenden Mythos der modernen Gesellschaft, der so konstruktivistisch angelegt ist, lernen wir, daß wir als Konstruktivisten den Strukturen der Gesellschaft nicht naiv begegnen können. Sie verbergen immer schon Vorgängiges, das sich oft unbemerkt in unsere vermeintlich autonomen Konstruktionen einschleicht. Wenn Konstruktivisten von der Erfindung der Wirklichkeit sprechen, so ist darin die Entdeckung einer Welt von Fremd- und Selbstzwängen stets schon enthalten. Wird diese rekonstruktive Seite von Erfindungen verschwiegen und verschleiert, dann erscheinen Menschen als rein autonome Wesen, was zu einer illusionären Vernachlässigung vorgegebener Strukturen führt. Aber auch der umgekehrte Schluß, daß Menschen überwiegend durch solche Strukturen determiniert und eindeutig bestimmt seien, führt in die falsche Richtung, weil sie hier nur als abhängige Variable eines schon vorentschiedenen Spiels erscheinen.

Suchen wir den konstruktiven Weg einer Vermittlung der Spannung zwischen Autonomie und struktureller Vorbestimmtheit, dann kommt es darauf an, daß wir uns genauer mit unserer Beobachterrolle in der Re-/De-/Konstruktion von Wirklichkeiten beschäftigen.

In verkürzter Form will ich zu diesem Problemkreis einige Hinweise geben:[23]

(1) Die Beobachter haben sich im 20. Jahrhundert ihren Beobachtungen und damit verbundenen Rollen bewußter gestellt. Die Wissenschaften, insbesondere die Geistes- und Gesellschaftswissenschaften, weisen dabei Kränkungsbewegungen[24] auf, die uns heute erkennen lassen, warum wir die Konstruktivität der Erkenntnis betonen sollten:

☐ Universelle Werte und absoluter Sinn sind entschwunden, weil sie sich in den Interessen der Menschen vervielfältigen und auch die Wissenschaft kein Modell finden konnte, Universalität jenseits der menschlichen Interessengegensätze zu bewahren. Alles Absolute unterliegt einer Relativierung, was die Heraufkunft von Beobachtern als Gleichberechtigte neben- und nacheinander bedingt. Übereinstimmungen sind Übereinstimmungen auf Zeit, die Beobachter schließen, wenn sie sich in Gemeinschaften verständigen. Da sie sich aber über Sprache verständigen, wird die Sprache als rekonstruktiver Ort von Verständigungsleistungen wesentlich. Doch auch hier scheitern alle Versuche, uns einen Rest von Absolutheit festzuhalten, weil wir zwar ideale Sprechbedingungen z.B. eines herrschaftsfreien Diskurses behaupten mögen, sie aber nicht als universell durchsetzungsfähig in menschlicher Praxis nachweisen können. Insoweit erscheint hier die Heraufkunft des Konstruktivismus als Erkenntnistheorie, der sich Beobachterpositionen zu eigen macht, ohne eine letzte und ausschließliche behaupten zu können. In dieser Kränkungsbewegung relativiert sich damit die Wahrheit, indem sich zeigen läßt, daß Wahrheiten in unterschiedliche Konstruktionen von Wirklichkeiten zerfallen. Doch Wahrheit bleibt trotzdem bedeutsam: Als Ausdruck der Einigung einer Verständigungsgemeinschaft auf Zeit. Solche Wahrheiten, die z.B. in sprachlichen Vorgaben, in den Lebensformen als konventionelle, traditionelle Werte usw. vorliegen, die aber auch materiell in Landschaften, Städten, Industrien erscheinen, werden von Beobachtern rekonstruktiv angeeignet, wenn diese konstruktiv vorgehen wollen. Keine Konstruktion fängt ganz von vorne an. Insoweit ist das Erfinden zugleich Entdecken. Das Enttarnen aber allein hilft uns, die Kränkungen in beiden Prozessen aufzuspüren: Die Übertreibung, das wir alles tatsächlich neu erfinden können, im Einzelfall als Illusion zu entlarven, aber auch die Behauptung in konkreten Fällen als unzulänglich zu überwinden, daß alles immer schon vorgegeben sei.

☐ Eine zweite Kränkungsbewegung wird erkennbar, wenn wir das Verhältnis

---

[23] Ausführlich in Reich (1998 a, b).

[24] Freud führte den Namen der Kränkung ein, um darauf aufmerksam zu machen, daß in der Neuzeit zunächst die Vorstellung des Mittelpunktes der Erde in der Natur, dann die Auffassung von der Einmaligkeit des Menschen außerhalb jeglicher Evolution und schließlich die Hoffnung auf Einsicht in alle Dinge durch menschliche Vernunft durch die Existenz des Unbewußten gekränkt wurden. Ich nehme den Begriff Kränkung auf, fülle ihn jedoch mit anderen Inhalten.

von Individuum und Anderen näher betrachten, das in Beiträgen zur ersten Kränkungsbewegung meist übergangen wird. Die Behauptung eines autonomen Subjekts, eines freien Ichs, relativiert sich von vornherein dadurch, daß dieses Ich eine Konstruktion von Beobachtern ist, die ohne die gleichzeitige Konstruktion von Anderen nicht gelingen kann. Behaupten wir ein Selbst, so müssen wir einen Anderen schon mitdenken. Aus solchen Überlegungen heraus differenzierten sich Beobachtungen, die Rollen, Identität, Wechselwirkungen menschlichen Verhaltens zu beschreiben versuchten. Die Beziehungswirklichkeit als zirkulärer Prozeß von Menschen und die Unterscheidung einer Inhalts- und Beziehungsebene sind Konstrukte aus dieser Kränkung des isoliert gedachten, autonomen Subjekts heraus. Nehmen wir diese Kränkung ernst, dann verkompliziert sich wissenschaftliches Beobachten erheblich. Es hat sich den unschärferen Beobachtungen menschlichen Verhaltens und dabei zirkulärer Beziehungen zu stellen, die nicht nach dem Kalkül quantitativer Forschung und enger empirischer Sichtweisen durchführbar sind. Gerade Pädagogen müßten für diese neue Sicht sensibel sein, denn kritischen Beobachtern in pädagogischer Praxis ist schon sehr lange bewußt, daß komplexe Interaktionen nicht durch einfache Regeln oder Techniken zu kontrollieren sind.

□ Eine dritte Kränkungsbewegung ist insbesondere durch Freud und die Psychoanalyse in Gang gesetzt worden, weil wir bisher überwiegend auf bewußte Vorgänge schauten, aber als Beobachter auch unbewußte Vorgänge in unserer Psyche zugestehen müssen. Denken wir dieses Zugeständnis im Zusammenhang mit den beiden eben beschriebenen Kränkungen, dann wird die Beobachterposition uneindeutiger, als es sich die meisten Wissenschaftler in ihrer Reduktion von Wirklichkeit und Wahrheit auf bewußte und hier meist nur kognitive Prozesse vorstellen wollen. In diese Kränkungsbewegung fällt auch, was wir im vierten Kapitel als imaginär vermittelte Kommunikation herausgestellt haben. Kommunikation weist in ihrer komplexen Interaktion nicht nur äußere, zirkulär bedingte Unschärfen auf, sondern auch innere, weil und insofern die Subjekte in der Kommunikation auch imaginäre Wesen sind.

(2) Mit der durch die Kränkungsbewegungen von Erkenntnis und Wahrheitskonstruktion veränderten Rolle der Beobachter entsteht ein Vakuum z.B. an klarem Sinn, eindeutigen Werten, herleitbarer Moral. Dieses Vakuum ist besonders für Pädagogen schwer erträglich, weil es ihnen eine Verantwortung zurückgibt, die sie zuvor z.B. als Delegation der herrschenden Wissenschafts- und Staatsmeinung oder einer Aufklärungsbewegung empfangen haben. Aus solchen Intentionen heraus konnten Pädagogen ihre spezifischen Denkweisen legitimieren und entfalten. Wer diesem Druck ausweichen wollte, der suchte sich individuelle, oft esoterische Wege, um einen anderen, aber ebenso festen Sinn und Wert zu erzeugen. Die Anthroposophie Rudolf Steiners ist hierfür ein exemplarisches Beispiel. Eine konstruktivistische Pädagogik kann diesem Vakuum aber weder klaren Sinn noch eindeutige Werte entgegensetzen, sondern

nur die Schwierigkeit des Prozesses von Re/De/Konstruktionen selbst anbieten. Sie nimmt die Rolle des Beobachters ernst, ohne einen letzten Meta-Beobachter - d.h. eine letztgültige Wahrheitsinstanz: Robinsons Gott - etablieren zu können. Aber dies entbindet sie aus keiner Verantwortung *als* Beobachter. Diese leben in Verständigungsgemeinschaften und in ihrem Stückwerk von Wahrheiten, das trotz der Relativierung bestimmend für Handlungen und Perspektiven des Beobachtens bleibt. Von einem konstruktivistischen Beobachter verlangen wir nicht die Aufgabe dieser notwendigen Einseitigkeit, die von externen Beobachtern stets konstatiert werden kann. Aber wir fordern immerhin, daß sich unser Beobachter in seinem Dilemma reflektiert und offen bleibt, andere Perspektiven als Möglichkeiten zuzulassen. Ihm unangenehme Sichtweisen sollte er nur begründet, einschränkend, in offener Thematisierung zurückzuweisen.

(3) Unter diesen Voraussetzungen finden wir nun eine präzisierte Antwort auf die Frage, ob Rekonstruktionen nicht übermächtig in unserem Leben sind, weil sie Strukturen, Ordnungen, Muster vorgeben. Die neuere Geschichte solcher Re-Konstruktionen zeigt eine eigentümliche Ambivalenz zwischen Fremdbestimmung und Selbstzwang, zwischen Determiniertheit von Ereignissen und individueller Kreativität, Veränderungen herbeiführen zu können. In jeder Rekonstruktion ist das Konstruktive dabei notwendig enthalten, ohne jedoch je zu vollständiger Freiheit eines Neubeginns gelangen zu können.[25] So müssen wir unsere Beobachtungen auf jeden Einzelfall abstellen, um für uns - als Beobachter - festzuhalten, wie sehr wir festgefahren im Überkommenen sind oder inwieweit wir offen für Neues sein können. Gerade eine systemisch-konstruktive Perspektive kann uns helfen, dieses Problem im Einzelfall zu lösen. Indem wir den Beobachter so sehr schätzen und seine Kraft der Konstruktion von Wirklichkeit betonen, werden wir auch aufmerksam dafür, daß sich Beobachtungsbereiche anbieten, die diesen Beobachter veranlassen können, schärfer zu schauen, tiefer und weiter zu sehen. Deshalb wollen wir unsere bisherigen Antworten weiter präzisieren, indem wir Beobachterbereiche konstruieren, die sich unterscheiden lassen, um Sinn und Werte in der Erziehung zu situieren.

6.3. Drei Beobachtungsebenen für pädagogischen Sinn in der Erziehung

Bisher sind wir von zwei Beobachterebenen in der Pädagogik ausgegangen, die immer ineinandergreifen: Inhalte und Beziehungen. Es ist für alle Beobachter

---

[25] Das Beispiel Robinsons, das ich exemplarisch für dieses Kapitel auswählte, ist selbstverständlich nur eines von vielen Belegen für diese These. Systematisch kann die These vor allem im Gebrauch der Sprache nachvollzogen werden: Sprache ist als Voraussetzung unserer Konstruktionen stets schon rekonstruktiv vorausgesetzt.

in pädagogischen Prozessen sinnvoll, sich stets zu fragen: Sprechen wir jetzt auf der Inhalts- oder Beziehungsebene? Dazu haben wir von Kapitel 2 an zahlreiche Hinweise gegeben. Nun verkompliziert sich unsere Beobachterperspektive jedoch. Ich will eine neue Aufteilung vornehmen, in der die Unterscheidung von Inhalts- und Beziehungsebene enthalten ist, durch die sie aber zugleich mit mehr Bedeutungen angereichert wird. Dies scheint mir gerade nach den Erkenntnissen dieses Kapitels als sinnvoll. Wie sieht die neue Aufteilung aus?

Der Mensch nimmt gegenwärtig in seinem Verinnerlichungsprozeß verschiedene Positionen der Weltaneignung und -entäußerung an, die ich als Seiten der auf Objektivität und Wahrheit gerichteten (engeren) Beobachtung, der Beziehungswirklichkeit und der Welt bzw. Produktion bezeichnen will. In vereinfachter Form ausgedrückt heißt dies z.b.:[26]

☐ Beobachten muß ich insbesondere, wenn ich etwas schon Vorgegebenes wahrnehmen und für mich als Wissen und Erkenntnis übernehmen will. Beobachten muß ich auch, wenn ich die Folgen meiner Handlungen kontrolliere, mit der Umwelt abstimmen will. Dabei dominieren oft *enge* Sichtweisen: Ein Automechaniker z.b. sucht die technischen Fehler zu beheben, die das Auto nicht oder nur schlecht fahren lassen, aber er wird sich in solcher Perspektive nicht damit beschäftigen, welche Verkehrsprobleme durch Autos entstehen oder was ein Auto ökologisch bedeutet. Im Hier und Jetzt seines reduzierten Blickes wird er auch nicht die Technik hinterfragen und neue Lösungen ausprobieren, sondern nach eindeutigen Reparaturregeln, so hoffen wir als Nutzer, vorgehen. Eine Ärztin, die eine Mittelohrentzündung bei uns behandelt, wird nicht fragen, was wir alles hören und wozu unser Ohr für uns gut ist, sondern reduktiv nur auf seine Funktionen schauen und diese in den Vordergrund ihres behandelnden Interesses stellen. Ein Lehrer, der einen begrenzten Stoff laut Lehrplan vermittelt, kann schon aus Zeitgründen nicht allen möglichen Verästelungen und Wirkungen dieses Stoffes in den Vorstellungen seiner Schüler nachgehen, sondern setzt überwiegend darauf, seine Lernkontrollen am reduktiven Maßstab z.B. des vorgegebenen Schulbuches auszurichten. In all diesen Fällen haben wir es mit einer *engen Beobachtungswelt* zu tun, die entweder aus der Sicht wissenschaftlicher, technischer oder anderer Spezifizierungen die Komplexität von Welt reduziert oder aus Gewohnheitsbildung uns auf vertraute Wege führt, die unsere Perspektiven gezielt einengen und unsere Beobachtungen einseitig ausrichten. Wir haben es hier also mit einer reduzierten Inhaltsebene zu tun, mit Inhalten, die wir durch Nützlichkeiten, Passungen, Gewohnheiten usw. definieren. Auf solcher Einseitigkeit basiert in der (Post-)Moderne

---

[26] Anderen Ortes (Reich 1998 a, b) habe ich eine Topik des Beobachtens aufgestellt, die zu zeigen versucht, in welchen wesentlichen Feldern oder Bereichen Beobachter in der Neuzeit operieren und die sie voneinander unterscheiden können, um sich besser in vorgängigen Perspektiven, die sie einnehmen, zu erkennen.

mehr, als wir meist denken. Und diese Einseitigkeit ist begehrter Ort gerade von Rekonstruktionen, die über Erziehung und Ausbildung an die Nachwelt weitergegeben werden sollen.

□ In *Beziehungen tätig werden* muß ich insbesondere, wenn ich mit anderen Menschen - in welchen Formen auch immer - zusammenkomme. Aber wo bin ich nicht irgendwie immer mit Menschen zusammen?

Der eben beschriebene Automechaniker arbeitet in einem Team, er vergleicht seinen Lohn mit Anderen, er hat Gefühle, Wertschätzungen, Anerkennungen, die sich auf seine Arbeit auswirken, auch wenn es so scheint, als hätten seine Beziehungen nichts mit der Arbeit zu tun. Die Ärztin mag noch so sehr auf oder in das Ohr schauen, sie ist zugleich in einer Beziehung zu einem Patienten, in der es hier im doppelten Sinne auf das feine Hören ankommt. Leider sind gerade auf der Beziehungsseite Ärzte meist nicht hinreichend ausgebildet. Und auch der Lehrer steht in vielfältigen Beziehungen zu seinen Schülern. Aber auch dies ist nur ein Randgebiet seiner Ausbildung und dabei oft noch theoretisch vereinseitigt. Der Wissenschaftler, um unsere Reihe fortzuführen, steht in Beziehungen zu seinen Kollegen, aber auch zu jenen Menschen, für die seine möglichen Erfindungen eine Veränderung ihrer Beziehungswirklichkeit bedeuten könnte. Doch genau diese Seite bleibt in seinem wissenschaftlichen Denken ausgeklammert. Ganz gleich welche Menschengruppen oder Menschen wir anführen, sie sind kulturgeschichtlich ohne Beziehungen überhaupt nicht denkbar, obgleich in Beobachtungsmodellen konkrete Beziehungen aufgrund reduktiver Aussagen eben möglichst keine Rolle spielen sollen.

Aus der Sicht der Beziehungswirklichkeit erkennen wir einen Trick, eine Falle, die uns enge Beobachtungen stellen. Sie klammern aus technischer Regelsuche, aus Wünschen nach Eindeutigkeit, gerade die Unschärfen von Beziehungen aus, um dennoch irgendwann und irgendwie in Beziehungen zurückzukehren. Gerade für dieses Wechselspiel aber müssen wir als Pädagogen sehr sensibel sein, denn wir haben weiter oben bereits argumentiert (insbes. Kapitel 2 und 3), daß Pädagogen in den Schnittpunkten von Inhalten und Beziehungen situiert sind und keine der beiden Seiten ausklammern können. Oder stärker gegen die auch in der Pädagogik vorherrschende enge Inhaltsdominanz gesetzt: Wir müssen zunächst Anwalt der Beziehungen sein, bevor wir mit engem Beobachtungswissen sie in unsere zu reduktiven Fallen führen. Besonders problematisch aber wird enges Beobachtungswissen immer dort, wo es auf ein sehr komplexes Wesen zielt: den Menschen.

□ Der Mensch mag sich in seinen Beobachtungen oder Beziehungen noch so mächtig fühlen, aber er ist nicht allein auf der Welt. Er mag alles konstruieren, was er will und kann, aber seine Grenze wird ihm durch eine Um-Welt gezeigt, die selbst gleichgültig gegen all seine An-Maßungen bleibt. Der Tod *unserer* Welt ist vorprogrammiert, wie uns die enge Beobachtung unseres Verhältnisses zur Sonne lehrt, in die wir in zwar noch weit entfernt liegender Zeit, aber doch definitiv hineinstürzen werden. Unsere bescheidenen Hypothesen über das Weltall lehren uns zugleich, daß wir wegen der Entfernungen kaum dieser Situation als Gattung entfliehen können. Diesen Umstand können wir heute noch gut verdrängen, denn er liegt weit hinter unserem Leben. Aber auch in unserem Leben kehrt die Welt ein. Von außen kommt immer wieder etwas auf uns zu, was wir erst in dem Moment, wo es erscheint, als *Wirk*-lichkeit, als Realität anerkennen. Dies gilt auch für unser engeres inhaltliches Beobachten und unser Beziehungshandeln: Es kehrt irgendwann und irgendwie - oft überraschend - aus der Welt zu uns zurück.

Ein anschauliches und perverses Beispiel des sogenannten Fortschritts der Moderne sind die Atombombenversuche, in denen man Menschen als Versuchspersonen einsetzte. Die Versuche, die selbst geheim waren, mußten Beobachtungen erbringen, in denen man nachweisen konnte, was man eng beobachten wollte: Wie sich der Mensch als Lebewesen durch die Radioaktivität verändert, was aber nur nach quantitativer Seite beobachtet wurde. Die Zeitdauer bis zum effektiv organisierten Tod war das Problem, für das eine Lösung gesucht wurde. Die Versuchspersonen erlebten diese Veränderungen. Sie wurden krank. Ihre Beziehungen änderten sich, ihr Leben wurde nach allen Seiten verändert. Aber den engen Beobachter interessierte nur die Krankheit als Geschwindigkeit ihres Ablaufs. Es ist eine pervertierte Wissenschaft und Medizin, die sich in solchen Beobachtungen ausdrückt. Ihre Wirklichkeit und die der begrenzt Überlebenden aber sind sehr unterschiedliche Wirklichkeiten. Die Wissenschaft spielt in solchen Fällen Schicksal, sie setzt auf die Risiken der (Post-) Moderne. Dieses Schicksal ist geplant, und es gibt kein Wissen, hinter das man sich entschuldigend verstecken könnte, denn der potentielle Mord wird in dem Versuch selbst wissentlich angelegt. Auch demokratische Gesellschaften, so zeigte das 20. Jahrundert, sind von solchen Schicksalsproduktionen nicht frei. Sie provozieren sie vielmehr immer wieder gerade durch die engen inhaltlichen Beobachtungspositionen, die als vermeintliche wissenschaftliche Geltung nur das akzeptieren, was zählbaren Erfolg bringt. Gesellschaften, die so sehr auf Risiken und deren Verwaltung setzen, treten immer stärker als Schicksalskraft auf, die früher den äußeren Naturkatastrophen vorbehalten schien. Aber was bedeutet solches Schicksal für die konkret Betroffenen? Hier endet die enge inhaltliche Betrachtung. Hier beginnt die Unschärfe der Beobachtungen, die Individualität der Ereignisse. Aber hier sind auch die individuell bedeutsamen menschlichen Fragen nach dem Sinn unseres Lebens angesiedelt.

Je mehr wir als Menschen in die Umwelt eingreifen, je mächtiger wir selbst Schicksal spielen und Risiken produzieren, desto schwieriger wird es, die Kräfte der äußeren Natur und einer von uns beeinflußten Natur als Beobachter zu unterscheiden. Deshalb habe ich den hier zu beachtenden Beobachterbereich auch Welt und/oder Produktion genannt.

Warum aber hebe ich die Rolle der Produktion aus den vielen Welt-Möglichkeiten so besonders hervor? Zunächst ist folgendes zu bedenken: Die menschlichen Produktionen von Industriegesellschaften haben sich so sehr mit Welt, mit Um-Welt verwoben, daß es immer schwerer wird, sie beobachtend zu unterscheiden. So sprechen wir in einem Atemzug von Naturstoffen, um damit von uns hergestellte Arzneien zu bezeichnen. So denken wir an Naturkatastrophen durch Klimaveränderungen, und ahnen bereits, daß wir Urheber solcher Veränderungen selbst sind. Es ist schwer geworden, die systemischen Ketten, Rückkopplungsprozesse und Eskalationen von Naturvorgängen, die durch Menschen hergestellt werden, von einer nur noch fiktiv als *reine Natur* zu behauptenden Erde zu unterscheiden. Dann sollten wir aber auch klarer auf die Bedeutung von Produktionen schauen. Die Produktion ist eine konkretere Form von Konstruktion. Produktiv werden muß ich, wenn ich etwas hinterlassen will, etwas herstellen, was für mich und andere Bedeutung hat. In der (Post-)Moderne scheint die Produktion ganz besonders auf Waren abgestellt zu sein. Produktionen beziehen sich damit auf einen eingeschränkten konstruktiven Sinn: Als ökonomischer Fortschritt, Profit, Rentabilität, als Konsum und Genuß, als Wohlstand usw. setzen Produktionen wie auch menschliche Reproduktionen (Fortpflanzung der Gattung) gezielt vor allem auf materielle Herstellung und damit Verdinglichung bzw. Vergegenständlichung unter Einschluß geistiger Konstruktionen.

Der Unterschied zur Konstruktion besteht auf einer gezielten Einengung, deren Erfolge aber als Um-Welt zirkulieren und damit alle möglichen zukünftigen Konstruktionen begleiten können bzw. auch beschränken. Dies ist eine Paradoxie der (Post-)Moderne, die wir auch als Modernisierungsfalle bezeichnen können. In den Konstruktionen scheinen wir noch völlig frei, uns alle möglichen Wirklichkeiten erfinden zu können. In dem Maße, wie wir mittels unserer Erfindungen produzieren, indem wir Waren, Verkehr, Häuser und Städte, Industrien, Landschaften usw. schaffen, verengen wir strukturell zugleich die nachfolgenden Möglichkeiten, weiter frei zu konstruieren. Die Produktionen als realisierte Konstruktionen zirkulieren in unseren zukünftigen Entscheidungsmöglichkeiten. Dabei nehmen die Lasten der Rekonstruktion ständig zu.

Auch in pädagogischen Prozessen sind wir nie frei von den Bedingungen der Welt und Produktionen. Wir existieren pädagogisch immer in einer Umwelt, die wir je nach Beobachterstandpunkten breiter oder enger ausfallen lassen, und wir produzieren in dieser Umwelt, was diese Umwelt bereits bei kleinsten Eingriffen verändert. Hier wirken die beiden vorher genannten Perspektiven einer engen Beobachtung und von Beziehungen eigentümlich ineinander. Eben noch scheinen wir bloß in engster Perspektive uns um eine technische Formel, eine mathematische Gleichung, eine mögliche Übersetzung eines Fremdsprachentextes, eine Definition oder Argumentation in bezug auf einen Text zu konzentrieren, um uns dann darin als verwickelt in Beziehungen zu erblicken. Hier erscheint der Gegensatz von Inhalten und Beziehungen. Aber nun erkennen wir, daß es sich eigentlich gar nicht um einen Gegensatz handelt, sondern um jeweilige Perspektiven, die immer dann, wenn wir sie in irgendeiner Form für uns entwickeln und festhalten, für Andere weiter zirkulieren: Sie gehen über in Welt und/oder Produktionen, sie kehren damit zu uns oder Anderen zurück, so daß wir eine dritte Perspektive einnehmen müssen, um nicht in den uns bloß enger bekannten Inhalten und in uns vertrauten Beziehungen perspektivisch stehen zu bleiben.

An dieser Stelle aber hilft uns die Behauptung nicht, daß wir immer erst neu die Welt erfinden, um uns vom rekonstruktiven Gefüge einer Welt und der Macht von bisher geleisteten Produktionen zu befreien. Gleichwohl klärt die konstruktivistische Grundeinstellung hier die Sachlage: Wir sind nicht ausschließlich Gefangene der Rekonstruktionen, sondern zugleich Produzenten dieser Gefangenschaft. Damit haben wir bedingten Einfluß auf die Ereignisse. Und gerade deshalb ist die dritte Beobachterebene so entscheidend, denn in ihr halten wir unsere zivilisationskritische, kulturkritische, ideologiekritische Sicht fest, mit der wir nicht nur die Macht der Rekonstruktionen durchleuchten, sondern auch uns selbst stets enttarnen sollten.

Das aber ist es auch, was Pädagogik so besonders schwierig macht. Als Pädagogen sind wir in diesen Beobachterebenen sehr komplexen Theorie- und Praxisfragen ausgesetzt:

○ Auf der engeren inhaltlichen Seite den jeweiligen spezielleren Inhalten, die wir in der Ausbildung, im Unterricht, in Beratungen usw. vermitteln; hier können alle Fachwissenschaften und verfügbaren Kulturtheorien zu nicht enden wollenden Studien herangezogen werden.

○ Auf der Beziehungsebene menschlicher Kommunikation, die nicht nur ein Studium und eine Analyse herausfordert, sondern auch Selbsterfahrungen und -erprobungen, um in diesem Beobachterbereich nicht nur symbolisch reduktiv vorzugehen, sondern auch imaginäre und reale Prozesse nicht auszuschließen; in diesem Feld hätten Pädagogen vor allem psychologische Studien zu betreiben.

○ Auf der Welt- und/oder Produktionsebene, die uns zu einer interdisziplinären Sicht herausfordert, und in der insbesondere soziale, politische, ökonomische und ökologische Fragen entstehen; in diesem Feld hätten Pädagogen z.B. Grundlagenfächer wie Soziologie, politische Wissenschaften, Ökonomie oder Ökologie zu studieren und auf Imaginäres und Reales zu beziehen.

Damit ist eine Forderung angezeigt, die immer auch Überforderung ist. Dies macht Pädagogik zu einem schwierigen Fach. Aber es bietet umgekehrt die Chance, besonders weitsichtig zu schauen und auch nicht bloß einem Studium oder einer begrenzten Zeit in der Universität zu vertrauen. Wenn Pädagogen heute stillschweigend von Lernern und Teilnehmern erwarten, daß sie ein Leben lang lernen, dann gilt dies umgekehrt für ihre Bereitschaft zur Weitsichtigkeit: Nur wer im Anspruch der Erweiterung und Veränderung seiner Beobachterperspektiven bleibt, wird auf Dauer systemisch und konstruktiv pädagogisch arbeiten können. Dabei wird keinem der engere Inhalt, die Richtigkeit von Beziehungen, die einzig sinnvolle Entwicklung von Welt und/oder Produktionen vorgegeben oder festgelegt werden können, aber jeder hat sich in diesen

Beobachterbereichen stets möglichst weitreichend in konkreten Situationen für oder gegen etwas zu entscheiden.

Hier nun wird auch klar, weshalb neben Inhalte und Beziehungen die weiterreichende Perspektive von Welt und/oder Produktionen rückt. Wenn wir die dekonstruktivistischen Ansprüche unseres Ansatzes ernst nehmen wollen, dann können wir uns nicht auf engere pädagogische Aufgaben in scheinbar geschützten Räumen zurückziehen. Solche Räume wurden im Prozeß der (Post-)Moderne als Illusion entlarvt. Dann müssen wir neben dem engeren inhaltlichen Engagement, neben der vorrangigen Bedeutung der Beziehungswirklichkeit, immer auch weiter auf jene gesellschaftlichen, politischen, sozialen und ökologischen Folgen sehen, die wir konstruieren. Dann stellen sich auch dem Konstruktivismus alle Normenprobleme, die auch andere theoretische Ansätze haben.

6.4. Zur Rolle von Beobachterbereichen in Erziehungsprozessen

Keine dieser drei Seiten der Beobachtung sollte vollständig fehlen, wenn wir menschliches Denken und Handeln als Pädagogen betrachten. Wenn wir dieses Beobachterkonstrukt, das damit selbstverständlich auch nur eine mögliche Setzung darstellt, auf Erziehungsprozesse anwenden, dann erkennen wir wesentliche Veränderungen - auch im Blick auf den Übergang von Fremd- zu Selbstzwängen -, die uns die neuere Entwicklung des wandelnden Verständnisses von Erziehungsprozessen einsichtiger machen kann. Dies mag helfen, uns selbst in dem Gefüge von Rekonstruktionen besser zu situieren. Und es wird auch verständlich machen, weshalb heute eine systemisch-konstruktivistische Perspektive für die Pädagogik in unserem Kulturkreis *möglich* ist.

Zur Verdeutlichung der drei Beobachterbereiche für den Kontext Erziehung will ich ihre - von mir konstruierte - Bedeutung rückblickend in der neueren Erziehungsgeschichte in Grundzügen illustrieren. Damit konkretisiert sich der Übergang vom Fremd- zum Selbstzwang am Beispiel der Erziehung in unserem Kulturkreis.

a) Die eng-beobachtende Ebene

Der Fremd- und Selbstzwang als psychische Apparatur des mehr oder minder erfolgreich sozialisierten bürgerlichen Individuums wird zunächst auf einer *beobachtenden Ebene* angeeignet. Langsicht, Abschätzung eigener Handlungsketten mit den Ketten Anderer, Wirksamkeitsbeobachtung eigenen Verhaltens, Nachahmung erfolgreichen Verhaltens Anderer setzt einen hohen Standard der Beobachtung voraus. Die frühe bürgerliche Erziehung betonte besonders diesen Punkt, weil sie erwartete, daß durch exakte Naturbeobachtung und Beobachtung natürlicher Vorbilder gleichsam von allein der Selbstzwang als natürlicher, menschlicher Zwang eines guten Verhaltens produziert werde. Auch hier ist unser Robinson-Modell wieder wegweisend für die Pädagogik geworden. Aber diese differenzierte zugleich das Problem: John Locke z.b. stellte sich den menschlichen Verstand als eine leere Tafel vor, in der durch den Umwelteinfluß Kenntnisse eingeprägt werden.[27] Diese auf Naturrechtstheorien basierende Betrachtungsweise wirkte im 18. und 19. Jahrhundert fort. Rousseau beispielsweise suchte idealtypisch in seinem Erziehungsroman *Emile* eine Wirklichkeit abzubilden, in der sein Zögling nur natürlich beobachten[28] und damit natürlich erzogen werden konnte. Pestalozzi verallgemeinerte die Natur in seiner Pädagogik als Beobachtungsaufgabe natürlicher Gegebenheiten, die der Erzieher geschickt und an ausgewählten, elementaren Materialien den Schülern vorzustellen hatte. Fröbel gab bereits kleinen Kindern Material, an dem sie ihre Welt beobachtend entdecken konnten, wobei bei all diesen Ansätzen die passende Form, die stimmige Sicht von Individuum und Außenwelt *durch Beobachtung* vermittelt wurde. Aber dies ist noch sehr von der Seite der Dinge, einer gelungenen Abbildung der Natur und ihrer Gesetze, von im Material selbst liegenden Eigenschaften her gedacht. Sollte es dort die Wahrheit geben, dann kommt es ja in der Tat auf die richtige Beobachtung an. In diesen Ansätzen ist ein für die damalige Zeit aufklärerischer Kulturbezug solcher Beobachtungen sehr stark hervorgehoben. Aber gleich, ob progressiv oder konservativ in den Intentionen, für alle pädagogischen Ansätze kam es neben der inhaltlichen Wertung auch für das menschliche Verhalten in bezug auf Disziplin, Ordentlichkeit, Pünktlichkeit, Triebbeherrschung als Errungenschaften der Zivilisation insgesamt aufs *richtige* Beobachten an. Hierfür ist der Herbartianismus ein entschiedener Ausdruck geworden.[29] Die lehr- und lernmethodische Stufung bei Herbart sah zu Beginn von Unterrichtsprozessen die Stufe der Klarheit vor, in der eine Sache oder ein Gegenstand vor das beobachtende Auge der Schüler zu rücken war. Klarheit erreicht man aber nur, wenn bereits das Auge des Lehrers klar gesehen hat und den Schülern nicht nur Elementarien vermittelt, sondern komplizierteste Problemstellungen so vereinfacht, daß

---

[27] Vgl. zu dieser und anderen abendländischen Theorien z.B. meine Einführung, Reich (1988).

[28] Dies war allerdings nur eine Seite der Theorie Rousseaus, die im 19. Jahrhundert vereinseitigend im Anschauungsunterricht betont wurde. Die andere Seite - sein Tätigkeitskonzept - entdeckte später die Reformpädagogik neu.

[29] Es wird in der Forschung vielfach hervorgehoben, daß Herbarts ursprüngliche Theorie differenzierter als die stereotype Zucht in den Schulen war, die sein Schema anleitete; die Einseitigkeit des Herbartianismus lieg in der Ausschließlichkeit der Lehrerrolle und in der hohen Formalisierung des Lehrprozesses, was zu einer Gefangenschaft in einem geschlossenen Unterrichtssystem führte. Zur Unterscheidung geschlossener und offener Systeme des Unterrichts vgl. z.B. Heimann (1976); ferner Reich (1977). Der Nachteil dieser Arbeiten ist allerdings, daß sie die umfassendere Interpretation von Fremd- und Selbstzwängen, wie sie hier hervorgehoben werden, zu wenig herausstellen und auch die Bedeutung der konstruktiven Beobachterperspektiven nur andeuten. Vor allem die Beziehungswirklichkeit kommt hier - wie überhaupt in allen didaktischen Ansätzen - zu kurz. Vgl. weiterführend dazu Kapitel 11.

sie verstanden werden. Das aber wurde genau zur kritischen Stelle in den Anwendungen der Herbartianer, die mittels dieser Methode die Welt vereinfachen wollten, um ihren Gesinnungsunterricht (Ziller, Rein) zu etablieren. An dieser Klarheit sollten sich nach Herbart in zweiter Stufe Assoziationen der Schüler ausbilden, die als Beobachtungen kritisch hinterfragt werden müssen, wobei in der Praxis der Herbartianismus allerdings die Dominanz des Lehrers diesen Prozeß steuerte. Die dritte Stufe, die Synthese aus der Klarheit und den Assoziationen der Schüler, sollte die Beobachtungsleistungen zusammenführen. Als vierte Stufe blieb dann die Anwendung dieses Beobachtungslernens, wobei es aber, auch dies zeigte die Praxis des Herbartianismus, vor allem auf Fälle paßte, die der eingeschränkten Beobachtungsaufgabe als richtiges Beobachten durch die dominanten Lehrer zugeteilt wurde.

Auffällig an dieser Form der Erziehung ist, daß Beobachtungen immer eine Autorität zu benötigen scheinen, die den Schülern richtige, zielorientierte und kontrollierbare Beobachtungen ermöglicht. Zwar ist bei Herbart das Erreichen einer ausgewogenen Balance von Fremd- und Selbstzwang das Ziel, aber die Methodik des Herbartinismus, der Anwendungen seiner Postulate in eine Ständegesellschaft mit hierarchisierten Rollenzuschreibungen, betonte den Fremdzwang. Dies ist auf dem Hintergrund zu interpretieren, daß die Erzieher auf dieser Stufe in der Regel von richtigen Denkannahmen, unfehlbaren Wissenstatbeständen und natürlich klar erscheinenden Verständnisleistungen ausgehen, insgesamt also von einem Wissenschaftsverständnis, das den erreichten Stand stärker betont als die möglichen Veränderungen. Damit ist diese Beobachtungsebene die Produktionsstätte von Besserwissern und Bildungsphilistern, die besonders Nietzsche anprangerte.

Fremd- und Selbstzwänge erscheinen aus der Sicht beobachtungsorientierter Erziehungstheorien bis hinein ins 20. Jahrhundert überwiegend als natürlich, als selbstverständlich, als durch die gesetzten gesellschaftlichen Verhältnisse bestimmt, sofern diese mit der Vernunftsetzung übereinstimmen. Spätestens seit der Französischen Revolution war aber deutlich geworden, daß die Aufklärung über gesellschaftliche Verhältnisse auch einen Freiraum des Handelns ermöglicht. Der geistige Freiraum des Menschen, Künstlertum, Ästhetik und Religion erscheinen aber aus der Sicht von Vernunftsetzungen, wie wir sie in der klassischen deutschen Philosophie am besten ausgearbeitet finden, als Ausdruck dieser in ihrem objektiven und notwendigen Charakter unhinterfragten Zivilisation. Die Vernunft erscheint im Gewand großer Metaerzählungen, wie Lyotard es nennt, deren Narrationen man erst einmal nachvollzogen haben muß, bevor man zu seiner *wirklichen Freiheit* kommen kann. Dieser Vorgang spiegelt sich in der Erziehung: Es ist ein langer Weg der Beobachtung, der diesen Freiraum eröffnet, wobei die Schüler auf dem Weg dorthin oft zu kurz gehalten wurden - hier wendete sich die bürgerliche Erziehungstheorie in der Praxis dann auch gegen ihre eigenen Ursprünge, indem z.B. Rousseaus Erziehungsideal einer langsamen, natürlichkeitsbezogenen Erziehung »durch die

Dinge« durch eine lehrerzentrierte Pädagogik ersetzt wurde. Um frei zu werden, so hieß es im 19. Jahrhundert, muß den Schülern erst einmal das Hören und Sehen vergehen (Hegel); der Gang der Abstraktion, der Begriffe in den Vordergrund schiebt, die immer abgehobener von beobachtbarer Wirklichkeit werden, entwickelt sich hier als theoretische Spezialform einer Beobachtungseinstellung, wobei das Beobachtungslernen in dieser Definition von sehr konkreten bis zu höchst abstrakten Gegenständen reichen kann. So geraten die Schüler immer wieder in stärkste Abhängigkeit von Lehrern, d.h. in Fremdzwänge, und die staatliche Erziehung zeigt in ihren Kontrollformen von Lehrern und Schülern ein hohes Maß beobachtender Übernahme gesellschaftlicher Normen.

In Gesellschaften, in denen die strikte Befolgung solcher Normen durch gesellschaftliche Kontrollen verlangt wird, gibt es als Gegenbewegung zu solchem Beobachtungslernen die »Gedanken-sind-frei-Bewegung«. Man beobachtet, lernt und scheint das Gelehrte anzunehmen - und denkt sich seinen Teil.[30] So können Lehrkräfte einen völlig falschen Eindruck von dem Erfolg der Stoffvermittlung erhalten. Lernerfolge der Schüler bemessen sich aus der beobachtenden Sicht durch direkte Lehrerkontrollen bei der Stoffvermittlung, also durch die Überprüfung des Fremdzwangerfolges. Hier dominieren Techniken wie Auswendiglernen, Abfragen, Texte vorlesen, schriftliche Lernkontrollen, Abschluß- und Aufrückungsprüfungen. Nach der Vereinigung beider deutscher Staaten erscheint die überwiegend fremdzwangorientierte DDR-Didaktik gerade deshalb als fragwürdig, weil sie nicht die Diskrepanz zwischen dem vermittelten Stoff gerade im politischen Bereich und den - als nicht relevant empfundenen - Gedanken der unterrichteten Schüler bemerkte. So folgten zwar alle Schüler beobachtend dem Unterricht, etliche dachten sich aber zugleich einen unausgesprochenen - weil durch den Fremdzwang nicht erwünschten - Teil. Dies sind keine Sonderfälle bestimmter politischer Systeme, in offensichtlich ideologisch reglementierten tritt dieser Aspekt bloß konzentriert und ständig auf. Aber auch sonst bleibt es in jedem Einzelfall jedem Individuum vorbehalten, im Beobachtungslernen abzuweichen, ohne daß dies kontrollierend bemerkt werden kann. Die Lehrer gewinnen hierüber oft einen falschen Eindruck über die Lernfortschritte ihrer Schüler. Die Erziehungstheorie macht sich auf dieser Stufe[31] meist auch zu wenig Gedanken über die spätere Wirksamkeit des

---

[30] Diese Erfahrung ist nicht nur eine der Vergangenheit, sondern auch heute noch gegenwärtig. Während eines längeren Aufenthaltes in China beobachtete ich sie durchgängig. Vgl. z.B. Mallm/Reich (1989).

[31] Es gehört bis heute zum Kampf von Lerntheoretikern, die besonders die aktive, tätige Seite menschlichen Lernens im Zusammenhang mit neueren Ergebnissen der Lernforschung - insbesondere der biologischen Grundlagen des Lernens - betonen, das Beobachtungslernen im Zusammenhang mit fremdzwangorientierten Lehrmethoden wie Frontalunterricht und überwiegendem Vortrag zu bekämpfen. Vgl. als ältere, aber in den Intentionen durchaus noch aktuelle Einführung z.B. Vester (1975). Vgl. weiterführend auch Kapitel 8.

Gelernten. Wo sie es tut, da sind ermittelte Ergebnisse sehr oft ernüchternd.[32] Gleichwohl gehört das Beobachtungslernen trotz seiner möglichen Nachteile zum notwendigen Repertoire der Aneignung gesellschaftlicher Lebens- und Wissensformen. Wenn man als Kind in eine Gesellschaft hineingeboren wird, dann ist die Beobachtung der Vorkommnisse in dieser Gesellschaft eine wesentliche Sicht der Aneignung und des persönlichen Lernprozesses. Allerdings kann es nie beim reinen Beobachten bleiben. Die Eltern und Lehrer erwarten den Übergang zur Tätigkeit und auch zur Produktion, sie verlangen Fleiß und Arbeit, damit das zur Beobachtung gegebene Wissen auch kontrollierbar angeeignet wird. Je mehr jedoch der Fremdzwang hierbei im Vordergrund steht, je mehr die Eltern und Lehrer durch ihre Autorität vorgeben, was beobachtet werden soll oder darf und wie das Beobachtete zu interpretieren ist, desto heikler bleibt der Lernerfolg. Dies gilt in mehrfacher Hinsicht, wenn das Beobachtungslernen eng inhaltlich ausgelegt wird:

o Solches Beobachtungslernen betont zu sehr den Fremdzwang und damit eine Auffassung von Lernen, die statisch bleibt, indem sie die passive und kontemplative Seite betont und die Lernkontrollen auf einfache Wiedergabe hin ausrichtet. So entsteht zu wenig ein Bewußtsein über die Notwendigkeit eines lebenslangen Lernens, über die Veränderung der Wissensbestände und für die ständige Erneuerung und Hinterfragung scheinbar bewährter Ausgangspunkte.

o Zu enges Beobachtungslernen fördert blinden Gehorsam und die Erwartung, daß Andere neues Wissen schon produzieren werden. Es verringert damit die Chancen zur Stärkung der Selbstverantwortlichkeit und eines hohen Selbstbewußtseins.

o Damit trägt es dazu bei, kooperative und kommunikative Kompetenzen zu vernachlässigen, weil es die Schüler einseitig abhängig vom Lehrer und den Beobachtungen an Unterrichtsgegenständen macht. Es führt zu einer methodischen Verarmung des Unterrichts und damit zu einer fragwürdigen Lernwirksamkeit.

o Solches Beobachtungslernen suggeriert den Erziehern Erfolg, weil sie scheinbar sicher messen können, was gelernt wurde.[33] Doch das noch so ausgeklügelste Prüfungssystem bietet keine Garantie für die tatsächliche, lebenspraktische Umsetzung angeeigneten Wissens oder Verhaltens.

---

[32] So stellte Wagenschein (1970) fest, daß die Behaltensleistungen gerade im naturwissenschaftlichen Bereich kaum den Aufwand der Schulzeit vertretbar erscheinen lassen. Er plädierte als Ableitung aus seinen empirischen Studien daher für einen exemplarischen Unterricht, der auf die beiden nächsten, noch anzusprechenden Vermittlungsebenen verweist.

[33] Der Behaviorismus förderte in der Lerntheorie hier immer wieder Illusionen, obgleich er selbst nur ein äußerst reduziertes Beobachtungsverständnis im Blick auf äußerliches Verhalten anbot. Die daraus erwachsende scheinbare Sicherheit wird bis heute in naiven Lerntheorien, die Lernen als Konditionierung oder überwiegendes Problem von Gedächtnisspeichermodellen erfassen, fortgeführt.

Was ist vom engen Beobachtungslernen in einer systemisch-konstruktivistischen Pädagogik zu erhalten?

Die hohe Wertschätzung der Rolle des Beobachters in unserem Ansatz bedeutet auch, daß engere Beobachtungen durchaus dann ein Recht bewahren, wenn den Beobachtern der Nutzen, der Sinn und die Notwendigkeit solcher Beobachtungen deutlich wird. Allerdings dürfen wir diesen Aspekt nie überschätzen und müssen zugleich versuchen, ihn aus anderen Perspektiven zu erweitern. Der Blick auf die Beziehungen oder die Welt und Produktionen wird stets zu einer Relativierung der Erwartungen und Ergebnisse engen Beobachtens beitragen. Wo eine enge Beobachtung Inhalte oder Beziehungen als völlig klar und eindeutig identifizierbar, beschreibbar, vielleicht auch normativ kontrollierbar erlebt, da werden Veränderungen der Blicke und Perspektiven uns aus solcher Eindimensionalität herausführen müssen.

b) Die tätige Seite
Der Unterricht des 19. Jahrhunderts, der die eng beobachtende, dabei aber eher passive und kontemplative Art des Lernens der Schüler einseitig in den Vordergrund geschoben hatte, scheiterte in den westlichen Industrieländern an seiner Ausschließlichkeit: Zwar ließ sich die Welt so als wohlgeordnete behaupten und beobachten, auch ließ sie sich als natürlich ausgeben und in einer immer stärker anwachsenden Stoffmasse sammeln, aber dies entsprach nicht genügend den Aufgaben der bürgerlichen Wirklichkeit, die sich nur in speziellen Bereichen als beobachtende, in erster Linie aber als *tätige* begreifen mußte. Mit den wachsenden gesellschaftlichen Anforderungen nach Veränderung der Wirklichkeit, nach einer Erhöhung und Verbesserung der Tätigkeiten im Bereich der Produktion, nach einer Differenzierung und Spezialisierung im Bereich der Berufe und ihrer Voraussetzungen, nach mehr Mitbestimmung der Menschen in politischen Bedingungen, was sich im Demokratisierungsprozeß etlicher bürgerlicher Nationen ausdrückte[34], gab es in der Erziehung - besonders vermittelt durch die Reformpädagogik - eine entscheidende Veränderung in den bürgerlichen Erziehungstheorien. Ein Kernpunkt dieser Veränderung ist die bis heute nicht abgeschlossene Ergänzung der eher beobachtenden Seite der Lerner in Lehr- und Lernprozessen durch die Selbsttätigkeit der Schüler. Dies meint nicht nur das selbsttätige Beobachten, sondern auch eine freiere Form der Hypothesenbildung gegenüber der lehrerzentrierten Sichtweise des 19. Jahrhunderts. Hier kommt es zu einer Neuentdeckung und Neuinterpretation Rousseaus, dessen Anliegen an eine natürliche Erziehung immer auch den Aspekt der Tätigkeit des Zöglings eingeschlossen hat und der politisch an einer Republik mit einem allgemeinen Volkswillen und nicht an feudalen Strukturen

---

[34] Bei diesen Faktoren handelt es sich um ein Beziehungsgeflecht, wobei sich die einzelnen Faktoren gegenseitig beeinflussen, ohne daß ein eindeutiger Anfangs- oder Endpunkt ausgemacht werden könnte; Elias spricht daher von ungeplanten Wirkungen.

orientiert war.[35] In dieser Orientierung wird erkannt, daß Erziehung in gesellschaftliche Verhältnisse und Interessensetzungen eingebunden ist, die sich zur Selbstlegitimierung als natürliche ausgeben. Aber es läßt sich nur noch naiv an der Setzung einer bloß natürlichen Erziehung festhalten. Von der Natur bleibt allenfalls eine Seite bestimmend erhalten, die sich vor allem auf die Selbsttätigkeit bezieht. Der Mensch wird nunmehr als aktives, ausprobierendes Wesen konstruiert, das stets erst etwas tun muß, bevor es etwas begreifen kann. Wer von Natur spricht, muß bedenken, daß sie ein Konstrukt von Wirklichkeit ist. Maßgebend in dieser Richtung war z.b. John Dewey, der die Selbsttätigkeit in Zusammenhang mit Selbstbestimmungsrechten der Schüler sah: Nicht nur der Lehrer hat zu bestimmen, was zu unterrichten sei, sondern gerade die Schüler sollen aufgrund ihrer Beobachtungen in der Welt selbst bestimmen lernen, was sie tätig bewältigen müssen, um sich Welt konstruktiv anzueignen. Dies aber können sie effektiv nur durch Tun (*learning by doing*), niemals aber durch bloßes Anschauen (Beobachten) erreichen. Dies gilt nicht nur für die Gegenstände des Unterrichts, sondern auch für die Handlungen im sozialen Kontext: Auch hier müssen die Schüler Selbstbestimmungsrechte (Schülermitverwaltung in den Schulen) wahrnehmen können (vgl. dazu Kapitel 8).

Die tätige, lebenspraktische Seite in ihrem Verhältnis zu eher nachahmenden, beobachtenden Aufgaben innerhalb des Lehr- und Lernprozesses ist im 20. Jahrhundert in allen westlichen Ländern zu einem Dauerthema der Erziehungstheorien geworden. Bei der Aufarbeitung dieses Themas ist insbesondere interessant, daß die Erziehungswissenschaft als Fach zunehmend mehr von anderen Grundlagenfächern wie der Psychologie und der Soziologie ergänzt wurde, daß zugleich alle Fachwissenschaften im Lehrerstudium fachdidaktische Teildisziplinen ausbildeten - also Disziplinen, die die besondere didaktische Aufbereitung ihres Stoffes für verschiedene Unterrichtsstufen ausarbeiten -, und daß zudem die Erziehungswissenschaft sich Spezialgebiete wie die Didaktik und Schulpädagogik verschiedener Lernstufen geschaffen hat. Obwohl dies zunächst den Blick erweiterte, so verengt er sich doch wieder, wenn in all dieser Zersplitterung das Interdisziplinäre verschwindet und neue enge Beobachtungen aufgerichtet werden. Es gibt eine Fächervielfalt im 20. Jahrhundert, die angesichts interdisziplinärer Fragen jedoch schon wieder Einfalt ist. Zwar soll die Idee der Allgemeinbildung phasen- und schubweise die Verluste von zu hohen Spezialisierungen ausgleichen, aber die Praxis der Allgemeinbildung hinkt immer ihren hohen Idealen aus dem 19. Jahrhundert hinterher. Als Fazit aus dieser nur skizzenhaften Beschreibung bleibt eine Zunahme der pädagogi-

---

[35] Rousseau kann in seiner Erziehungstheorie nicht ohne die gesellschaftliche Sicht auf die Republik hinreichend verstanden werden; vgl. dazu bes. Fetscher (1988); einen interessanten Vergleich der Bestimmung des Lehrer-Schüler-Verhältnisses bei Rousseau mit Konfuzius führt Wei (1993) durch: Er verdeutlicht die stark dominierende beobachtende Seite der Unterrichtsbestimmung in der chinesischen Tradition.

schen Unsicherheit festzuhalten: Zwar weiß man zunehmend um die hohe Bedeutung der Tätigkeit in pädagogischen Prozessen, aber die Moderne mit ihren symbolischen Lasten drängt immer wieder auf eine Bevorzugung rezeptiven Beobachtungslernens.

Deshalb machte die tätige Seite die beobachtende Seite auch nicht überflüssig. Im Unterricht entstanden vielmehr Mischformen, die bis heute andauern. Gleichwohl bedeutet dies nicht, daß einerseits in manchen Stunden nach der alten und in anderen Stunden nach einer neuen Methodik unterrichtet wird. Auch in den beobachtungsorientierten Stunden bleibt der Tätigkeitsaspekt - dies ist zumindest der einhellige Wunsch fast aller neueren pädagogischen Ansätze an die pädagogische Praxis - nicht mehr so ausgeschlossen oder auf individuell-reproduktives Lernen beschränkt wie früher. Die Veränderungen hin auf Tätigkeit kann man besonders an veränderten Sitzordnungen feststellen. Die Frontalform wird vielfach in eine Kreis- oder U-Form aufgelöst, so daß sich alle Schüler sehen und miteinander in Kommunikation treten können. Eine Strukturierung des Raumes mit Tischgruppen ist auch beliebt. Methodisch sollen Einzel-, Partner- und Gruppenarbeiten mit stärker lehrerzentrierten Phasen abwechseln, so daß differenzierte Interaktionen im Unterricht stattfinden. Die Erhöhung des Lehrers durch ein Pult oder besondere räumliche Hervorhebung wurde fast überall - bis auf die Universitäten (!) - abgebaut.

Und dennoch werden wir bei näherer Hinsicht entdecken, daß das enge Beobachtungslernen nach wie vor eine gewisse Dominanz bis in die Gegenwart behauptet. Dann sehen wir auch, daß die Soll-Forderungen moderner Pädagogik längst nicht mit den Lernrealitäten übereinstimmen. Woran liegt dies? Betrachten wir zunächst die Lehrerrolle. Trotz der zunehmenden Schülerorientierung bleibt die führende Rolle durch den Lehrer von fast allen pädagogisch-didaktischen Ansätzen unbestritten, auch wenn Lehrer sich an den Interessen der Schüler orientieren sollen. Lehrer bedürfen einer speziellen beruflichen Vorbereitung auf ihre pädagogischen und didaktischen Aufgaben, um solche Kompetenz der Führung zu legitimieren. Dies gilt besonders für den Legitimationszwang von Beurteilungen. Und hier ist Lernerfolg nach der tätigen Seite hin schwerer zu beurteilen als im Blick auf enges Beobachtungslernen. Dort, wo früher besonders das moralische Verhalten der Schüler gelobt oder getadelt wurde, treten nunmehr die Mitarbeit, die Kooperationsfähigkeit und die Kommunikationsbereitschaft bei Leistungsbeurteilungen hinzu. Es herrscht ein stillschweigendes Einverständnis bei Lehrern, Eltern und Schülern, daß diese Fertigkeiten zusätzlich zu Fachkenntnissen von hoher Relevanz für das spätere Leben sind. Aber wird solche Relevanz auch hinreichend umgesetzt? Ist es nicht viel bequemer, den traditionellen Weg einer Leistungsbeurteilung nach den scheinbar klaren Kriterien eng abgesteckter Beobachtungen zu gehen?[36]

---

[36] Daß es sich hierbei um Scheinklarheiten handelt, zeigt die Forschung über die Fragwürdigkeit der Zensurengebung deutlich. Dennoch - und vor allem das will ich hier betonen - er-

Es gibt aber auch äußere Faktoren wie Zeit, Architektur (Räume, Ausstattungen), Bürokratien, die den Übergang zur tätigen Seite behindern. Bei der Zeit ist es insbesondere der Zeittakt von 45 Minuten, der wie ein Lehr-/Lernkorsett angelegt werden muß, um zu »Erfolgen« zu kommen. Aber Lernprozesse haben ihre eigenen Strukturen und Lerner ihre Eigenzeiten. Je mehr Tätigkeiten in Lehr-/Lernprozessen entfaltet werden, desto stärker wird der Zeittakt moderner Schulen in Frage gestellt. Und auch die Räume sind wenig auf individualisierende Tätigkeiten abgestellt. Meist gibt es unflexibles Mobiliar, wenig variable Medien, zu kleine Räume, starre Abgeschlossenheiten nach außen, die allenfalls Schulhöfe als Außenwelt für Pausen nach dem Gang der Gewohnheit bereitstellen. Werden nun individuellere Wege beschritten, so wirkt eine kontrollierende Bürokratie, für die nicht gehen kann, was nicht gehen darf. Dabei ist in der Tat so vieles durch Gesetze und Verordnungen verunmöglicht, daß eine konsequente konstruktiv-tätige Unterrichtsgestaltung für normale Schulen eher unwahrscheinlich geworden ist.

Denken wir dann auch noch an das Schülerverhalten, dann kann die Betonung der Tätigkeit besonders in zweifacher Hinsicht anstrengend werden: einerseits verkomplizieren sich die Lernprozesse nach Planung, Ablauf, Analyse und Bewertung, denn je mehr die Schüler aktiv in den Lehrprozeß eingreifen, um so flexibler, mobiler und kreativer müssen Lehrer und Schüler re-agieren; andererseits erscheint dann aber auch klar die Beziehungsseite im Unterricht, die von der modernen Pädagogik so sehr vernachlässigt wurde und heute erst aus Kommunikationstheorien importiert werden muß. Gerade dieser notwendige Import aber, der ein Kernanliegen systemisch-konstruktivistischer Pädagogik darstellt, zeigt uns warnend, daß offensichtlich die tätige Seite des Unterrichts bis heute zwar verbal anerkannt sein mag, aber darin noch zu einseitig im Blick auf sachliche Vermittlungen praktiziert wird.

Betrachten wir die tätige Seite in Absetzung zur beobachtenden, dann fallen folgende Merkmale im Selbstbild der Pädagogik in der Veränderung von Fremd- und Selbstzwängen auf:

○ Die tätige Seite betont eindeutig eher den Selbst- und weniger den Fremdzwang. Zwar bleibt die führende Rolle des Lehrers unbestritten, aber sein inhaltlicher und organisatorischer Einsatz soll sich nunmehr zugunsten einer erhöhten Aktivität der Schüler auswirken, indirekte Lenkungsformen wie Einzel-, Partner- und Gruppenarbeiten, selbständige Referate von Schülern, projektorientierter Unterricht und andere nehmen zu. Das allgemeine Bewußtsein der selbstverantwortlichen Tätigkeit wächst in reformpädagogischen Orientierungen und in ihrer Wirkung auf die Pädagogik. Dabei werden Lernprozesse nicht mehr so sehr an Schul- oder Ausbildungszeiten gebunden gesehen.

---

scheint hier eine Bevorzugung der Fachinhalte, weil man leichthin meint, diese seien beobachtend besser zu kontrollieren.

○ Eigene Tätigkeit stärkt Selbstvertrauen und Selbstbewußtsein. Sie fördert zudem in der Auseinandersetzung mit anderen Schülern kooperative und kommunikative Kompetenzen und baut Autoritätsgläubigkeit ab.

○ Tätigkeiten von Lernern beanspruchen Zeit, so daß das Mißverhältnis von gesellschaftlich intendierter Stoffvermittlung (das gültig und notwendig erscheinende Fachwissen) und zur Verfügung stehender Lernzeit gesteigert und zu einem Dauerthema der an der Erziehung beteiligten Instanzen wird. Schulische und berufliche Ausbildungsgänge dauern in westlichen Ländern immer länger. In den durch Schul- und Ausbildungsabschlüssen erreichten beruflichen Rollen werden zunehmend Weiterbildungen erforderlich. Bei Berufsbildern sind Umschulungen und Fortbildungen auch für ältere Berufstätige notwendig. Die darin liegende Flexibilität, Disponibilität und Mobilität wird durch die Betonung der tätigen Seite des Lernens schon früh in Industriegesellschaften vorbereitet.

Nun sind wir bereits gewarnt, daß dieses Selbstbild einer »modernen« Pädagogik ein trügerisches Konstrukt sein mag, weil es pädagogisch gar nicht hinreichend umgesetzt wird. Eine systemisch-konstruktivistische Pädagogik sieht vor allem die Seite der Tätigkeit anders und schärfer als andere pädagogische Richtungen. Für sie ist die Tätigkeit nicht nur sachbezogen herzustellen, sondern immer vorrangig ein Ort der Beziehungswirklichkeit. Deshalb stellt sie, was heute noch in der Lehrerausbildung eher rudimentär vorkommt, Theorien und praktische Selbsterfahrungen aus dem pädagogischen Beziehungsbereich ins Zentrum ihrer eigenen Theorie und Praxis. Und sie fordert, die Tätigkeit nach sehr unterschiedlichen Seiten hin zu entfalten:

○ Als Ausdruck sehr vielfältiger Inhalts- und Beziehungsverbindungen (vgl. das Modell des Karussells von Selbst und Anderen in Kapitel 3),

○ nicht nur auf der symbolischen Ebene, sondern auch imaginär und realitätszugewandt,

○ nicht nur als Rekonstruktion, sondern mit so viel Konstruktion und Dekonstruktion wie möglich.

c) Die produzierende Seite
Von der beobachtenden und tätigen Ebene unterscheidet sich die *produzierende Seite*. Hier machen wir auf den Umstand aufmerksam, daß die menschliche Vernunft nicht nur schaut, nicht nur interaktiv, sozial und kommunikativ agiert, sondern auch produktorientiert vorgeht, sich gegenständlich vermittelt und durchgängig Gegenstände hinterläßt[37], die Mittelpunkt der eigenen Lebens-

---

[37] Es gibt auch eine vom Menschen nicht gemachte Umwelt, die als Welt in unser Leben eingreift, die sich unabhängig von unserem Tun verändert, die verändernd in das menschliche Leben eingreift. Allerdings erfassen wir solche Welt letztlich vor allem nach unseren konstruktiven Möglichkeiten, und wir verhalten uns in ihr beobachtend, tätig und produktiv.

weise sind und notwendig Ausgangspunkte für spätere Generationen werden.[38] An dieser Stelle tritt für einen Teil pädagogischer Ansätze das Erkennen der Problematik einer Abkoppelung von Schule und den realen Lebensvorgängen in den Vordergrund. Die Lehrpläne für den Unterricht entsprechen einer arbeitsteiligen Welt, indem sie das Weltwissen in bestimmte Fächer aufteilen und theoretisch segmentiert verarbeiten. Damit wird zwar einerseits eine Wirklichkeitsrepräsentanz erreicht, andererseits aber auch eine Fremdheit gegenüber der Wirklichkeit erzeugt, die dysfunktional gegenüber den Anforderungen der Gesellschaft werden kann. Lehrpläne und Schulen müssen diese Abkoppelung zu minimieren versuchen, indem sie entweder ihre Lehrpläne stärker an tatsächlichen Lebensbedürfnissen der menschlichen Praxis ausrichten oder sich selbst auf diese Praxis hin differenzieren und spezialisieren (hier sind besonders die Gründungen von Berufsschulen, Berufsfachschulen und auf bestimmte Berufe hin orientierende Fachhochschulen zu nennen).

Für die Ebene der Produktion gilt im besonderen Maße der Anspruch gesellschaftlicher Funktionalität. Das Zeitalter der großen Industrie und des raschen wissenschaftlich-technischen Fortschritts benötigt qualifizierte Arbeitskräfte, deren Ausbildung in den Fabriken bereits durch allgemeine Ausbildungsgänge effektiv vorbereitet werden muß. Die kapitalistischen Länder, die hoch entwickelt sind, verfügen alle über ein Vorbereitungssystem der Qualifizierung hoch spezialisierter Arbeitskräfte. Neben allgemeine Qualifikationen treten besondere berufliche Ausbildungsgänge, die Qualifikationsaufgaben übernehmen. Vielfach ist die Qualifikationsleistung Aufgabe des Staates geworden und entlastet die Kosten der Betriebe. In der deutschen Bildung hat sich ein duales System entwickelt, das parallel in der schulischen (Berufsschule) und betrieblichen Ausbildung eine Verzahnung allgemein-beruflicher und spezieller betrieblicher Ausbildungsaspekte intendiert. Es hat sich eine Verknüpfung von Interessengruppen der Unternehmer und der Arbeiter in der Bestimmung der Bildung ergeben, die von staatlichen Stellen vermittelt und deren Kosten sehr stark auf alle Mitglieder der Gesellschaft mittels Steuererhebung verteilt werden.

Hierbei entstehen zwei vorrangige Zielkonflikte: Einerseits gerät die zunehmende Spezialisierung der Berufe und ihrer Anforderungen in Gegensatz zu

---

[38] Der Ausdruck produktiv trägt eine doppelte Bedeutung: Einerseits markiert er in direkter Weise ein gefertigtes und hinterlassenes Produkt, das in einer warenproduzierenden Gesellschaft in seiner vergegenständlichten Form (Gebrauchswert) den Ausgangspunkt für gesellschaftlichen Warentausch (Tauschwert) bildet. Gilt nur diese ökonomische Sicht, so erscheint nur das als produktiv, was Ware wird. Andererseits bedeutet produktiv aber auch allgemein ein Handeln, das irgend etwas materiell oder geistig herstellt - unabhängig von der Warengestalt. Diese letztere Sicht ist für Erziehungsverhältnisse entscheidend, da sie sowohl eine Vorbereitung auch der im engeren ökonomischen Sinne produktiven Seite als auch aller anderen dienstleistenden Tätigkeiten bedeutet. Den engeren Produktivitätsbegriff kann man nur dann auf Lernprozesse sinnvoll anwenden, wenn man darauf aufmerksam machen will, daß es ökonomische Abhängigkeiten in der Bestimmung und Bewertung von Lerntätigkeiten aufgrund von produktiver Arbeit gibt.

wichtig erscheinenden allgemeinbildenden Qualifikationen, wobei eine weitere Ausdehnung der schon sehr langen Ausbildungszeiten als nicht mehr praktikabel und zu teuer erscheint; andererseits zeigt sich aber auch, daß der wissenschaftlich-technische Fortschritt nicht automatisch immer besser qualifizierte Arbeitskräfte benötigt, sondern die produktiven Kräfte immer stärker in qualifizierte und unqualifizierte scheidet, weil der Arbeitsprozeß durch Automation in vielen Bereichen die Arbeit immer stärker dequalifiziert und vereinfacht. Besonders diese letztere Tendenz wirkt sich nachteilig auch auf die Ebenen der beobachtenden und tätigen Seite der Lehr- und Lerntraditionen aus, denn für viele Schüler besteht als industrielle Reservearmee keine notwendige Qualifizierungsaufgabe im Sinne einer umfassenden Bildung, wenn sie im beruflichen Leben nur einfache Arbeiten ausüben können. So entsteht ein gesellschaftlich tolerierter Kulturanalphabetismus.

Für die Vorbereitung produktiv in der Gesellschaft tätiger Menschen gehört es zu den fundamentalen Erziehungserfahrungen in der Familie und Schule, daß sie nicht nur vorhandene Erkenntnisse übernehmen, sondern selbst produzieren. So setzen sich z.B. im Bereich des Spielzeugs für die Kinder zunehmend Materialien durch, die in produktiver Weise benutzt werden können. Dies gilt sowohl für konstruktiv-instrumentelles Handeln - z.B. Bauwerke nach vorgefertigten, mehrfach kombinierbaren Materialien - als auch für Rollenspiele - z.B. mehrfach kombinierbares Figuren- und Situationsmaterial -, mit deren Hilfe kommunikatives Handeln eingeübt wird. Allerdings wird der konstruktive Umgang durch die rekonstruktiven Muster zugleich entschieden beschränkt. Da aber weder Familien noch Schulen industriell produzieren können, da zudem die industriell vorhandene Fertigung eher nachahmende Tätigkeiten in der Anlernphase bevorzugt, scheint es in der neuzeitlichen Erziehung vielmehr darauf anzukommen, in anderen Feldern des Lernens Möglichkeiten der produktiven, selbsttätigen Verarbeitung von Wirklichkeit kennenzulernen und das Selbstbewußtsein der Heranwachsenden hieran zu stärken. Solches Lernen kann dann später auf die unterschiedlichsten Bedingungen verschiedenster Berufe und dabei erforderlicher Handlungen übertragen werden. In hoch industrialisierten Ländern ist somit ein Lernen zum engeren Beobachtungslernen und zum tätigen Lernen hinzugetreten, das den Heranwachsenden Freiraum bei der produktiven Selbst- und Fremdgestaltung der Aneignung von Wissen, Verständnis und Anwendungen ermöglichen soll, indem sie eigenständig Inhalte erarbeiten, vortragen, diskutieren und in Frage stellen dürfen. Zudem sollen die Entwicklungsphasen der Heranwachsenden beachtet werden, um ihnen Lernerfolgserlebnisse gemäß ihres Kenntnisstandes zukommen zu lassen. Dies bedingt eine veränderte pädagogische Sicht: Ein hohes Selbstbewußtsein entwickelt sich sehr stark dort, wo ein Lernfortschritt, gemessen an dem Kriterium des bisherigen Wissens, orientiert ist und dieses nicht durch den tatsächlichen Wissensstand der Spezialisten frustriert. Es ist ganz selbstverständlich, daß ein Erstklässler nicht das Wissen eines Wissenschaftlers hat, aber das soll uns als Pädagogen nicht davon abhalten, seine Entwicklungsfortschritte mit Lob und Anerkennung zu begleiten, ihn schon von Anbeginn an eine forschende Einstellung zu seiner Umwelt und zu sich selbst zu vermitteln, wenn er denn später auch einmal forschend tätig werden soll. Dazu aber muß er Ergebnisse in seinen Lernprozessen produzieren, um ein Selbstbewußtsein für die Möglichkeit seiner Produktivität - im weitesten Sinne - aufzubauen. Der Selbstzwang, der in der Erziehung angeeignet werden soll, benötigt den kulturellen Teil eines Freiraums, einer Gedankenfreiheit, die wesentlich für alles Schöpfertum auch im wissenschaftlich-technischen Prozeß ist. Nicht nur Künstler, sondern auch Naturwissenschaftler benötigen diesen Gedankenfreiraum, der sich besonders dort entfaltet, wo die Fremdzwänge durch Lehrerautoritäten oder andere gesellschaftliche Autoritäten zurücktreten. Zwar funktioniert diese produktive Seite nicht ohne die beobachtende und tätige, in denen auch Fremd- und Selbstzwänge wie Disziplin bei der Arbeit, Fleiß, Ordnung und andere enthalten sind, aber sie wird sofort zerstört und unproduktiv, wenn durch hohe Verschulung der Freiheits- und individuelle Verantwortungsraum der Lerner geschmälert ist.

Lernerfolge werden aus der Sicht solcher Pädagogik in einer neuen Dimension gesehen. Um zu einer produktiven Lösung selbst kleiner Aufgaben zu gelangen, muß der Schüler beobachtende und tätige Handlungen in seinem Lernprozeß ergreifen und miteinander vermitteln. Es wird dabei erwartet, daß er nicht nur reproduktiv einen Stoff wiedergibt - auch wenn dies als Sonderform selbstverständlich immer wieder auftaucht -, sondern sich zu diesem Stoff auch in ein persönliches, selbstverantwortliches Verhältnis und Handeln setzt. Dies setzt voraus, daß es einen Übergang von einer beobachtenden, auf strikter Lehrerautorität basierenden Richtigkeit des Unterrichts, hin zu einer produktiven, auf Selbsteinsichten der Schüler basierenden Erforschung und Erkundung der Welt gibt, in der das enorme Machtgefälle auch der Wissenschaft zunehmend abgebaut wird. Die Lerner können und dürfen Fehler machen, denn dies ist durchaus auch ein Zeichen der Wissenschaften selbst. Dies bedeutet nicht, daß Fehler in den Mittelpunkt des Lernprozesses treten. Es heißt vielmehr, daß es vornehmlich auf die Wege der Lernlösungen, die Techniken der Beherrschung eines Wissens, die Übertragbarkeit solcher Technik auf späteres berufliches und alltägliches Handeln, weniger aber auf das konkrete Einzelergebnis ankommt. Zugleich müssen alle Ergebnisse immer wieder in Frage gestellt werden dürfen, denn auch die noch so sicher erscheinende wissenschaftliche Tatsache kann durch den weiteren Forschungsprozeß relativiert werden. Die tätige Haltung, die produktive Einstellung in der Erziehung zählt mehr und stärker als das einzelne, abfragbare Resultat.

Betrachtet man unterschiedliche gegenwärtige pädagogische Ansätze, so wird man erkennen können, daß sie sich in theoretischer Allgemeinheit mit diesen freieren Lern- und Lehrperspektiven im wesentlichen einverstanden erklären können. Doch grau ist alle Theorie im Blick auf praktische Widerstände: Die fachwissenschaftliche Ausbildung der Lehrer, ständig sich wandelnde Lehrpläne sorgen heute für eine sehr gebremste Freiheit.[39] In der Mischung aus beobachtenden, tätigen und produktiven Aufgaben dominieren die engen Beobachtungsaufgaben nach wie vor stark. Zwar sollen Lerner sich den Selbstzwang zu Perspektivwechseln theoretisch aneignen, sie sollen den Wechsel von eher passiven - aneignenden - und aktiven - entäußernden - Rollen beherrschen. Aber diese Perspektivwechsel werden noch sehr stark rekonstruktiv angeeignet, sie bleiben zu sehr auf marktorientierte Erwartungen der Industriegesellschaft als Bereitschaft zur Mobilität, Disponibilität und Flexibilität gegenüber den eigenen Lebenserwartungen beschränkt und unterstützen auch oft einseitig eine Bereitschaft zur Konsumhaltung. Nur wenige pädagpogische Ansätze fordern eine radikale Besinnung auf die *umfassende* Bedeutung der produktiven Seite in Form konkreter Modelle.

Fassen wir auch hier die Ergebnisse zusammen, so müssen wir betonen, daß die produktive Seite eine erweiterte Form der tätigen darstellt. Hier wird nicht nur kooperiert und kommuniziert, sondern auch produziert. Warum ist diese Sicht wichtig?

o Eine Gesellschaft, die ihren materiellen Reichtum aus einer unzähligen Warensammlung schöpft, benötigt eine aktive und bejahende Einstellung zur Produktion geistiger und materieller Gegenstände und Werte. Dabei tritt die reproduktive Tätigkeit in Formen des Fremdzwanges zwar immer noch auf (Erlernen von Grundfertigkeiten und Kulturtechniken), aber die Tendenz geht hin zum selbstzwangvermittelten Lernen, das vielen Individuen ein hohes Selbstbewußtsein bei der Aneignung und Veränderung von Gegenständen vermitteln will. Dabei sollten allerdings Dekonstruktionen der erwählten Bejahungen immer möglich sein, um nicht in einem naiven Positivismus des scheinbar ungetrübten Wohlstandsglücks zu landen.

o Die ökonomischen Bedingungen setzen in kapitalistischen Gesellschaften gleichwohl durch qualifizierende und dequalifizierende Tätigkeiten Möglichkeiten und Grenzen. In westlichen Schulsystemen erscheinen zunehmend mehr untere Ausbildungsebenen, in denen es auf Qualifikation nicht so sehr ankommt. Diese Tendenz haben wir aus einer systemischen Sicht zu bekämpfen, denn sie widerspricht dem Anliegen, möglichst gleichermaßen

---

[39] Die westlichen Erziehungstheorien sind sich über den notwendigen Grad der Freiheit sehr unsicher. Es ist auch keineswegs so, daß es nicht immer wieder Rückfälle in die beobachtende Ebene und damit den Aufbau neuer Lehrerautoritäten gibt, aber die gesellschaftlichen Erwartungen an die Erziehung drängen in solchen Fällen sehr stark auf die Rückkehr zu einer Schülerorientierung, die zumindest die tätige Seite zuläßt. Im Kampf der gesellschaftlichen Systeme war insbesondere der Sputnik-Schock, der erste Weltraumsatellit durch die Sowjetunion, für die westlichen Länder eine treibende Kraft, ihr Schulsystem zu effektivieren. Ein neues Problem stellt sich im westlichen Erziehungssystem gegenwärtig: Die Vernachlässigung gewisser disziplinierender Techniken auf der beobachtenden Seite kann zu mangelhaften Grundkenntnissen und fehlenden Fertigkeiten im reproduktiven Bereich führen (Kulturanalphabetismus).

allen Lernern ein hohes Maß an Re/De/Konstruktionen zu ermöglichen.
o Die produktive Einstellung steht im Zusammenhang mit dem Wertewandel westlicher Gesellschaften. Eine moralische Tugenderziehung im Sinne eindeutiger Verhaltensmoral hat zunehmend abgenommen und den Schülern einen breiten Freiheits- und Selbstverantwortungsraum eröffnet. Ein Leistungsversagen in diesem System wird immer auch als individuelles Versagen (bzw. Versagen der Familie) interpretiert. Als systemische Pädagogen haben wir sehr viel stärker den Umstand zu reflektieren, inwieweit nicht gerade wir als Pädagogen solches Versagen mit verursachen.

Eine systemisch-konstruktivistische Pädagogik wird sich durch vorwiegend rekonstruktive Leistungen nicht befriedigt sehen. Sie will immer auf das Konstruktive übergreifen, so daß eine eigene Produktion von Wirklichkeit im Blick auf alles, was sie unternimmt, zur Frage steht und Anlaß für Handlungen werden sollte. Dabei will sie auch die Dekonstruktion nicht vergessen, die sich kritisch gegen das Handeln Anderer wie gegen die eigenen Produktionen wendet. Perspektivwechsel folgen also keinem Zwang einer Anpassungspädagogik an bestehende Verhältnisse, sondern radikalisieren unseren Umgang mit diesen Verhältnissen: Von der Übernahme der Produktionen Anderer zur begrenzten Selbst-Produktion zu gelangen. Diese Aufgabe ist in der Gegenwart nicht unmöglich, da unser Ansatz insbesondere dazu geeignet ist, ein allgemein in der Pädagogik anerkanntes Problem und ein gesellschaftlich notwendig erscheinendes Vorhaben konkretisieren zu helfen.

Als Zusammenfassung dieser drei Perspektiven zur neueren Entwicklung von Erziehung ergibt sich für die Lehr- und Lerntraditionen eine große Verschiebung innerhalb der Verhaltenseigenschaften und -erwartungen. Die Modernisierung bzw. zunehmende Industrialisierung der Gesellschaft und der damit zusammenhängende Wohlstand auch für breite Massen hat Veränderungen der beobachtenden, tätigen und produktiven Seite der Erziehung bedingt. Dabei gibt es bis heute anzueignende Grundkenntnisse und Fertigkeiten, die jedoch keineswegs bloß als Fremdzwang von den Heranwachsenden oberflächlich angeeignet werden müssen, sondern zum sozialisierten Selbstzwangrepertoire gehören. Solche Selbstzwänge sind dann am erfolgreichsten, wenn sie nicht bloß durch äußeren Druck angeeignet werden und damit relativ ichfremd bleiben, sondern im Aneignungsprozeß selbst mit Trieb- und Lustbedürfnissen des Individuums gemischt werden, seinen Freiraum stärken und seine gesellschaftliche Anerkennung hierüber steuern. Aus diesem Individualismus und Egoismus entspringt gleichwohl die Kehrseite dieser kapitalistischen Entwicklungssicht, die sich in der Bildung gesellschaftlicher Eliten, in einer gesellschaftlichen Schichtung äußert, die sich als Leistungsgesellschaft in verschiedene Einkommensschichten differenziert. Allerdings - und dies ist das eigentümliche an diesem Prozeß - bringen es die hoch industrialisierten Gesellschaften des

Westens dabei immerhin auch zu einem Wohlstand für die breiten Massen, der bisher bei weitem die Armut der Entwicklungsländer übersteigt. Andererseits erhöht die ökonomische Potenz dieser Länder dadurch die Armut vieler Entwicklungsländer, indem Rohstoffe billig eingekauft und Fertigwaren teuer zurückverkauft oder billige Arbeitskräfte ärmerer Länder ausgebeutet werden. Damit sind wir zurück zu den anfänglichen Sinnüberlegungen bei Robinson gekommen. Er war der Repräsentant des frühbürgerlich aufstrebenden Mittelstandes, an dessen Bild sich Generationen orientierten und moralisch belehrt wurden. Gott als Figur der Planmäßigkeit und geheiligten Ordnung ist seither immer mehr in den Hintergrund getreten, er wird zunehmend weniger als Grund für Entwicklung genannt. Damit ist aber unserem Robinson die zentrale Basis seiner Selbstreflexion genommen. Unsere neuen, gegenwärtigen Robinsonaden müssen sich daher neue Bezugspunkte suchen. Die multikulturelle, differenzierte Industriegesellschaft bietet auch hier eine Vielfalt an. Noch hält die Wissenschaft für viele Menschen Theorien bereit, die aufgrund ihrer Rationalität einen Ort der Besinnung darstellen. Aber im Widerstreit des Theoretischen, in seiner Unübersichtlichkeit wird der Wunsch nach Regression, nach einem Zurück zu den Anfängen ebenfalls bei vielen Menschen spürbar, damit oft der Verzicht auf Rationalität. Dann jedoch gerät das Ausgangsbild von Sinngebung der bürgerlichen Moderne, der selbstbeherrschte Kampf unseres tapferen Robinsons und die Idylle der Robinsonade ins Wanken, denn Selbstbeherrschung taugt nur so lange, wie ich im Nachdenken erfahre und mir begründen kann, warum mich wer beherrscht. Es ist Ausdruck einer tiefen Sinnkrise, wenn nach der Auflösung der alten und gewiß oft unheilvollen Bilder von Gut und Böse die versachlichte Welt der (Post-)Moderne nicht einmal mehr begründet aussagen kann, was überhaupt noch Sinn macht - außer in den Tag hinein zu leben und nachfolgenden Generationen die Probleme zur Lösung zu überlassen.

Pädagogen können solchen Problemen gegenüber nicht blind bleiben. Eine systemisch-konstruktivistische Pädagogik ist daher nicht auf einer überschaubaren Insel angesiedelt, nicht in einem Paradies, in dem man jeden Tag etwas Neues erfindet, um sich das Leben leichter zu machen. Sie bedarf insbesondere einer dekonstruktiven Perspektive auf gesellschaftliche Hoffnungen, um

○ enge Beobachtungen nicht deshalb schon gut zu finden, weil sie bisher immer gelehrt wurden und allen darin verständlich, vernünftig, notwendig erscheinen;

○ Tätigkeiten in Lernprozessen nicht überwiegend allein sachorientiert zu begreifen, sondern zu erkennen, daß sie in Beziehungen stattfinden, wobei diese durchaus auch gegen die Intentionen des Pädagogen gerichtet sein können und auch dessen Lebenseinstellungen ständig in Frage stellen;

○ die Welt und/oder Produktionen nicht als unveränderliche Größe zu betrachten und sich damit eigenständiger Initiativen aufgrund einer Übermacht von Rekonstruktionen zu berauben.

7. Der Beobachter in der systemisch-konstruktivistischen Pädagogik: das Problem der Komplexitätssteigerung

An dieser Stelle soll ein Zwischenfazit gezogen werden. Nachdem wir in sechs grundlegenden Schritten wesentliche Perspektiven eines systemisch-konstruktivistischen Ansatzes entfaltet haben, werden wir diesen Ansatz in den folgenden Kapiteln noch weiter zu konkretisieren versuchen. Doch zuvor soll ein Grundproblem betrachtet werden, das uns schon die ganze Zeit begleitet: Reduziert unser konstruktivistischer Ansatz mögliche Wirklichkeiten - wie es Wissenschaften als Ziel immer vor Augen haben - oder dient er dazu, Wirklichkeiten möglichst vielschichtig zu betrachten, wie es die Pädagogik insbesondere im Blick auf Beziehungen eigentlich erfordert?

Eine Antwort finden wir, wenn wir die Rolle des Beobachters in unserem Ansatz bestimmen. Der Beobachter spielt in einer systemisch-konstruktivistischen Pädagogik eine hervorgehobene Rolle. Um diese Rolle in ihrer Vielschichtigkeit zu verstehen, müssen wir den Beobachter deutlich von der Beobachtung unterscheiden. Ein Beobachter kann nicht nur sehr unterschiedliche Beobachtungen machen, er wird bei seinen Beobachtungen auch jeweils von unterschiedlichen Konstrukten seiner Wahrnehmung, seiner Vorstellungen und Begriffe, seiner Welt-Bilder usw. geleitet. Nun hat man sich für wissenschaftliches Beobachten angewöhnt, davon zu sprechen, daß es in jeder Wissenschaft notwendig um eine begründete Komplexitätsreduktion gehen muß. Diese Beobachtermaxime ist zunächst verständlich: Aus der unendlichen Fülle möglicher Beobachtungen, die Beobachter machen können, müssen Wissenschaftler jene herausfiltern und konstruieren, die besonders ergiebig scheinen, die zu eindeutigen Aussagen, Handlungsempfehlungen, mindestens aber zu Entscheidungsalternativen führen, die uns nicht willkürlich und unbegründet eine Wahl treffen lassen. Dies kann aber nur durch Komplexitätsreduktion geschehen: Wir gestehen zu, daß alles, worauf wir uns mit wisssenschaftlichen Konstruktionen beziehen, komplexer ist als das, was wir begrifflich bzw. symbolisch daraus machen.

Bei dieser Einsicht könnten wir stehenbleiben und auf die Wissenschaft vertrauen. Aber der bisherige Argumentationsgang, wie wir ihn hier unternahmen, ging für die Pädagogik in eine andere Richtung. Rekapitulieren wir kurz wichtige Stationen:

Im *ersten Kapitel* war es uns wichtig, neben der Betonung der grundsätzlichen Konstruktivität von Erkenntnis, die zunehmende Unschärfe, Relativität, Ereignisbezogenheit des Erkennens selbst herauszustellen. Solche Einsicht führte zu Beobachterkonstrukten, die von einem Ende der Meta-Erzählungen, der Metaphysik, der großen eindeutigen Weltentwürfe berichten. Drücken wir dies jetzt einmal so aus: Der Vorgang der Komplexitätsreduktion wird nun nicht mehr nur als Vorteil wissenschaftlichen Denkens gesehen, sondern als ein Problem. Damit wird deutlich, daß zu möglichst exakten Beobachtungen zwar die Reduktion gehört, aber zugleich werden wir nicht mehr gezwungen, *als Beobachter* in allen Beobachtungsfeldern diesen ausschließlichen Weg zu gehen, um zu einem »vollendeten« Weltbild zu kommen. Nicht alle Beobachtungen können im Sinne der Wissenschaft hinreichend exakt sein. Und es gibt keine vollendeten Weltbilder mehr. Dem Beobachter wird damit weitgehende Freiheit im Umgang mit der Auswahl von Perspektiven und mit der Komplexitätsreduktion gegeben. Im Gegensatz zur Entsubjektivierung der Systemtheorie Luhmanns gibt die hier vorgestellte konstruktivistische und systemische Theorie gerade dem Subjekt die Freiheit der Gestaltung zurück bzw. markiert Freiräume im Umgang mit Komplexität und ihren Reduktionsformen. Daher betonen wir die Ankunft eines Beobachters, der in seinen Verständigungsgemeinschaften entscheiden kann, wann er eher Komplexität reduzieren oder reduzierte Komplexität perspektivisch erweitern will. Die weitere Argumentation zeigte dann die Konsequenz, daß wir als Pädagogen überwiegend weite, offene und gerade die Komplexität erhöhende Perspektiven benötigen. Wir haben uns als Beobachter in gewisser Weise zu zwingen, mittels immer neuer Perspektiven zu schauen.

Im *zweiten Kapitel* konzentrierten wir unsere Perspektiven zunächst auf die Unterscheidung von Inhalten und Beziehungen. Vielfältige Beobachtermöglichkeiten wurden als Konstrukt von Beobachtung mit Begriffen, Bildern, Beispielen eingeführt, um Sie als Leser aufzufordern, in Ihren Wahrnehmungen auf die genannten Beobachtermöglichkeiten zu achten. So haben wir einerseits Komplexität reduziert, um besonders Inhalte und Beziehungen in pädagogischen Prozessen hervorzuheben, andererseits diese Reduktion aber auch noch möglichst weit und offen genug gehalten, um den Aufgaben der Pädagogik auf der Inhalts- und Beziehungsseite zu entsprechen. In unserer Argumentation haben wir zugleich zu begründen versucht, warum wir in diesem Beobachtungsfeld möglichst weit und offen schauen sollten. Daraus sind uns erste Regeln für pädagogische Beobachter entstanden.

Im *dritten Kapitel* wurde deutlich, daß Pädagogik nicht ohne Beziehungen gedacht werden kann. Enge biologische oder kognitivistische Theorien helfen in der Beschreibung von Beziehungen nur begrenzt weiter. Beziehungen sind - gerade pädagogisch gesehen - ein Entwicklungsland, weil bis heute das Wechselspiel von Selbst und Anderen unter gleichzeitiger Berücksichtigung kultureller Perspektiven vernachlässigt wird. Wissenschaftlich gesehen verwundert dies nicht: Beziehungen erzeugen mehr als technische oder mechanistisch beschriebene Abläufe Unschärfe in den Beobachtungen, sie steigern die Komplexität der Perspektiven, die die Wissenschaft als Komplexität reduzieren will, um zu eindeutigen Aussagen zu gelangen.

Im *vierten Kapitel* wechselten wir die Perspektive. Eine neue Sichtweise erschien, indem wir symbolische, imaginäre und reale Beobachter wurden. Diese neue Sichtweise ist in sich gewiß auch eine Komplexitätsreduktion, aber sie steht in Ergänzung zu unserer ersten Argumentationsfigur »Inhalte und Beziehungen« und läßt diese in anderer Sicht anschauen. Als Beobachter steigern wir hier die Komplexität, weil wir die zunächst gewählte Beobachterposition wechseln und neue Beobachtungen zulassen. Wo wir eben noch einer relativ eindeutigen Kommunikation zwischen A und B z.b. als »vier Seiten einer Nachricht« sicher waren, erscheint nun Kommunikation als ein durch das Imaginäre angetriebener Prozeß, in dem wir wegen einer Sprachmauer überhaupt keinen direkten Zugang zum Anderen haben. Ja, selbst der Zugang zu unseren eigenen Vorstellungen ist begrenzt. Wir erkennen den Entwurf aus den vorangegangenen Kapiteln als überwiegend symbolische Lösung, die uns Grenzerfahrungen des Imaginären und Realen erspart. Indem wir diese nun einführen, steigern wir Komplexität. Deshalb wechseln unsere Regeln für pädagogische Beobachter. Wir behaupten nicht, daß die ersten Regeln, die wir aufgestellt haben, falsch sind. Wir erkennen vielmehr, daß wir als Beobachter viele Regeln konstruieren können, sofern wir nur die Plätze der Beobachtung und die gewählten Perspektiven ändern.

Das vierte Kapitel sollte uns warnen, wie schwierig gerade Pädagogik ist. Nicht nur Inhalte und Beziehungen sind vielfältig und komplex, sondern auch die Verarbeitungsmöglichkeiten durch das, was wir systemische und konstruktivistische Perspektiven nennen. Sie sind keine mechanistisch zu erlernende Lehre, keine Technik und keine Rezeptur, nicht einmal ein homogener Theorieverbund, sondern stets in sich so vielfältig wie die Positionen der Beobachter, die sich über diese Perspektiven verständigen. Da wir solche Verständigung anregen wollen, bemühen wir uns zugleich, möglichst eine breite und offene Ausgangsbasis zu suchen. *Einf*ältig wird sie in Theorie und Praxis jeweils schnell genug.

Und nochmals steigern wir Komplexität, obwohl wir sie auch wieder mit einer neuen Begrifflichkeit reduzieren. Konstruktionen, Re- und Dekonstruktionen erscheinen in *Kapitel 5* als Zauberwörter unseres pädagogischen Ansatzes. Es sind neue Beobachtermöglichkeiten, durch die sowohl Inhalte als auch Beziehungen, durch die aber auch Symbolisches, Imaginäres und Reales wiederum anders geschaut werden können. Und es sind dabei, so scheint es uns, vor allem für die Pädagogik geeignete Perspektiven, weil sie die konstruktive Einsicht fürs Lernen und für pädagogische Prozesse besonders betonen. Worin liegt diese Einsicht? Wissen und Verstehen gründen sich nach einer konstruktiven Theorie des Lernens, wie sie vor allem Jean Piaget entwickelt hat, nicht auf passiver Beobachtung, sondern setzen immer die strukturierende Aktivität des Subjekts selbst voraus. Erkenntnis, so sagte Piaget, setzt immer Aktion voraus. Aktion, so setzen wir hinzu, aber bedingt Konstruktion. Konstruktion zeigt sich auch als Re- und Dekonstruktion.

Unsere konstruktive Zauberei erschließt neue Perspektiven, sie schafft Komplexität, obwohl sie für sich Komplexität reduziert. Damit nun haben wir ein Spiel eingeführt, das wir unendlich weiterführen könnten. Wer sollte auch den letzten Beobachtermaßstab vorgeben? Wer kann behaupten, daß wir eine abschließende Beobachtung einführen könnten? Und dennoch ist nicht alles beliebig. Unsere Gegenwart ist es nicht, unsere Verständigungsgemeinschaften sind es nicht, unsere Kultur bzw. Zivilisation ist bereits strukturiert bzw. konstruiert. In *Kapitel 6* haben wir deshalb erneut eine Komplexitätssteigerung eingeführt, die wiederum für sich Komplexität reduziert. Nun haben wir zunächst über Robinson auf Fremd- und Selbstzwänge geschaut, um die Vermitteltheit unserer konstruktiven Eigen-Position mit Anderen zu beachten. Und wir haben bemerkt, daß unsere vermeintliche Autonomie als kulturelle bzw. zivilisatorische deutliche Grenzen aufweist. Aber diese Grenzen selbst sind nicht einheitlich zu beschreiben. Wir erfahren vielmehr, daß Beobachter sie sehr unterschiedlich *wahr*nehmen.

Deshalb unterscheiden wir Selbst- und Fremdbeobachter. Und wir geben zu, daß im Hintergrund solcher Beobachter immer Fremd- und Selbstzwänge lauern. Wir können dies auf alles Vorherige zurückbeziehen: Kommunikation bzw. Metakommunikation hat immer die Seiten des Selbst und des Anderen. Wichtig ist es vor allem, daß Beobachter über beide Seiten miteinander kommunizieren. Tun sie es nicht, dann wird ihr Konstrukt von Wirklichkeit sehr einseitig.

Aber in welchem Beobachtungsfeld kommunizieren wir? Hier schließt sich in gewisser Weise ein Kreis: Es gibt enge Beobachtungswirklichkeiten, wie sie gerade die Wissenschaften favorisieren. Dies reicht aber für Pädagogen nicht. Es gibt Beziehungswirklichkeiten, ein für Pädagogen stets notwendiges Beobachtungsfeld. Aber dies reicht nicht, wenn wir nicht gesellschaftlich und für die Welt blind bleiben wollen. Es gibt Welt- und Produktionswirklichkeiten. Diese drei Felder steigern *als Beobachtungsfelder* Komplexität, weil sie uns zu Unschärfen führen, zu Ereignissen, über die wir uns jeweils neu werden verständigen müssen.

Es gibt in solcher Verständigung immer auch andere Beobachtermöglichkeiten. Wenn wir die bisherigen hervorgehoben haben, dann nur, um für uns besonders wichtige zu charakterisieren. Sie zeigen, schon jede für sich und erst recht im Verbund, warum Pädagogik ein schwieriges Fach ist: Es wäre naiv und zu ver*ein*fachend, pädagogische Prozesse nur nach *einer* Schablone des Sehens angehen zu wollen. Wir fordern hingegen alle an solchen Prozessen beteiligten Beobachter auf, die Plätze zu wechseln, die Perspektiven zu erweitern, sich wechselseitig hierüber zu verständigen und dabei die Komplexität der Betrachtungen zu steigern. Pädagogik ist keine im vereinfachenden Kalkül sich befriedigende Wissenschaft, sondern ein Fach der Komplexitätssteigerung. Dies macht sie wissenschaftlich für viele suspekt. Aber nur wenn wir dies akzeptieren und die Komplexitätssteigerung vielfältig betreiben, werden wir beziehungsorientiert und inhaltlich weitsichtig genug pädagogisch arbeiten können.

Um eine Metapher von Heinz von Foerster aufzunehmen und weiterzuführen: Pädagogik ist keine triviale Maschine mit einfachem Input und klarem Output. Wir wissen weder genau, was alles für pädagogische Prozesse als Daten in eine pädagogische Maschine eingefüttert werden müßte, noch wissen wir, was bei dem vielfältigen Material herauskommen kann. Sie ist aber auch keine nicht-triviale Maschine mit unklarem Output. Sie ist gar keine Maschine. Denn die Maschinenmetapher taugt kaum, um über menschliche Beziehungen und vielfältige Perspektiven hierüber als mögliche und notwendige Komplexitätssteigerung zu sprechen.

Die nachfolgende Abbildung illustriert noch einmal Bezugspunkte unseres Argumentationsganges:

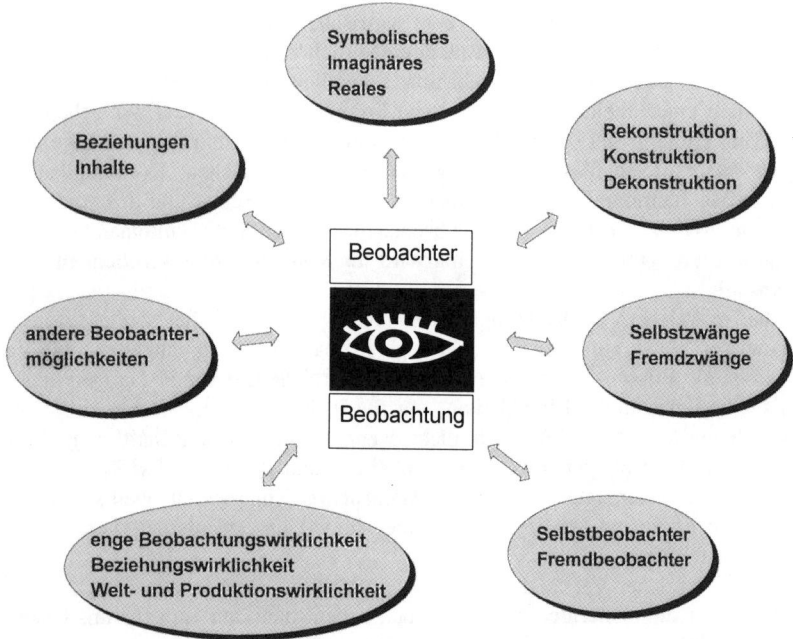

Die folgenden Kapitel werden unsere Ansichten differenzieren helfen:
In Kapitel 8 werden wir mit Dewey zeigen, daß unsere neue konstruktivistische Sicht durchaus ihre pädagogischen Vorgänger hat. Am exemplarischen Beispiel wird sich erweisen, daß wir dabei reformpädagogische Ansprüche auch heute noch für uns geltend machen können.

In Kapitel 9 und 10 werden systemisch-konstruktivistische Methoden aus pädagogischer und psychologischer Sicht näher thematisiert.

Kapitel 11 wendet sich der Didaktik zu. Es schlägt Grundsätze für ein sehr offenes Modell von Didaktik vor.

Das Schlußkapitel wird den Kreis der Argumentationen dann zu schließen versuchen, indem wir unseren Ansatz in Form von drei Bildern nochmals reflektieren.

8. Konstruktion als revolutionäre Idee in der Pädagogik: das Beispiel John Dewey

John Dewey war ein amerikanischer Pragmatist, der ein umfangreiches pädagogisches Werk hinterlassen hat. Er kann als ein Wegbereiter einer konstruktivistischen Pädagogik gelten, weil viele der Prinzipien, über die wir bisher gesprochen haben, auch in seinem Werk, insbesondere aber in seinen praktischen Umsetzungsversuchen, vorkommen.[1] Dabei steht zunächst aber nicht der Begriff der Konstruktion im Mittelpunkt seines Denkens, sondern der Begriff »experience«, den wir mit Erfahrung oder Experiment nur schlecht übersetzen können. Experience meint bei Dewey eine unmittelbar erlebte Einheit von Subjekt und Objekt, die in einer »unanalysierten Totalität« stattfindet. Hier kann uns das Bild eines Beobachters verstehen helfen, was Dewey meint. Nehmen wir ein Kind in seinem Elternhaus als Beobachter. Dort hat es gesehen, wie Wasser sich verhält, wenn es gekocht wird: Es dampft. Dies ist für Dewey ein »primary experience«. Das Kind macht sich weiter keine Gedanken, weil es eben sieht, was es sieht. Verallgemeinert können wir sagen: Ein Beobachter kann im »primary experience« zwar vieles beobachten, aber doch nie die Totalität aller Beobachtungsmöglichkeiten ausschöpfen. So bleibt ein unscharfer Teil von Beobachtungen, eine Unmittelbarkeit, die im Erleben selbst wurzelt, ohne daß dies Erleben, dieses Hier und Jetzt, nach allen Seiten analytisch durchdrungen wird. Dewey meint, daß insbesondere das Was und Wie in diesem unmittelbaren Erleben einfach hingenommen werden. Wir unterscheiden in solchen Handlungen nicht mehr, mit welchen Objekten wir warum umgehen oder zu welchen Zwecken wir sie verwenden, sondern gebrauchen und benutzen sie unreflektiert, so wie es gerade - insbesondere im Zusammenhang mit Gewohnheiten - geschieht. Solche Unmittelbarkeit ist als »primary experience« sozusagen die Elementarstufe des »experience«. Diese Idee ist konstruktivistisch gesehen interessant. Eine Unmittelbarkeit, die erst anschließend, nach Handlungsabschluß oder durch gezieltes Beobachten, in ein reflexives Verhältnis überführt werden kann, beobachten wir häufig im Alltag. Das Kind könnte z.B. seine Eltern fragen, warum das Wasser dampft. Spätestens aber in der Schule, so argumentiert Dewey, wird man das Ziel der Beobachtung nicht nur darin sehen, wie etwas geht, sondern in die Hintergründigkeit des Beobachteten eindringen. Das »experience« verwandelt sich, es wird reflektiert. »Reflective experience« ist deshalb Deweys Ziel, denn Menschen können allein in einem unmittelbaren

---

[1] Es soll mir hier nicht um eine abgrenzende kritische Darstellung gehen. Ich will vielmehr insbesondere die konstruktivistische Seite bei Dewey hervorheben. Eine allgemeine Einführung gibt Bohnsack (1976), eine interaktionistisch-konstruktivistische Neubert (1998).

Erleben nicht stecken bleiben. Deshalb wird man Anschauungen von Schülern aufnehmen können und das Wasser z.B. allgemein in seinen Aggregatzuständen zum Thema machen. Und so wird es mit vielen Gegenständen und Erfahrungen gehen, ohne daß wir eine abgeschlossene Liste davon aufstellen können. Im Gegenteil: Diese Liste verändert sich stets. In menschliche Handlungen der Moderne, die auf kapitalistischen Strukturen eine unendliche Abfolge und Variation von Produktion und Konsumtion errichtet hat, bricht ein steter Wandel ein, der keine Stabilität von Unmittelbarkeit erlaubt, wie sie vielleicht noch Völker charakterisieren kann, die in den Tag hinein lebten. Dewey hebt immer wieder den Zusammenhang solcher Völker mit Kindern, die noch neugierig und offen schauen, hervor. Auch Kinder leben für ihn in gewisser Weise in den Tag hinein, weil und insofern sie noch nicht durch symbolische Funktionen gezwungen werden, ihre Wahrnehmungen spezifisch auszurichten und Unmittelbarkeit durch selbstbeherrschtes und kontrolliertes Verhalten zu ersetzen.[2] Der Prozeß der Zivilisation jedoch richtet sich nun gerade gegen die Unmittelbarkeit und wendet sich dem Reflektieren zu, er wendet sich von einer unanalysierbaren Totalität ab und hin zu einer Komplexitätsreduktion durch Analysen, die die Erfahrung des »primary experience« aufheben.

Diesen Zusammenhang haben wir aus einer anderen Perspektive bereits beschrieben. Symbolische Systeme, so sagten wir, neigen dazu, eine theoretische Beobachterposition festzuhalten, die als Reflexion jeglicher Unmittelbarkeit gelten kann. So allein wird wissenschaftliche Erfahrung zum Festhalten einer reduktiven logischen Ordnung, die über die Brüchigkeiten eines unmittelbaren Alltags hinwegsehen kann. Diese Reduktion taugt für Physiker, die Raketen unabhängig von menschlichen Gefühlen beschleunigen wollen, für Chemiker, die Substanzen vermischen, um unabhängig von menschlichen Erlebnissen Chemikalien zu erzeugen usw. Zwar sind auch solche Produktionen mit Beziehungen von Menschen verbunden, aber die Wissenschaft sucht nach Möglichkeiten, die Grenze zum Menschen hin zu verobjektivieren, indem der Mensch als Störfaktor aus den Beobachtungen eliminiert wird. Vielen erscheint ein solches Vorgehen mittlerweile als Grund für eine wissenschaftliche Krise, die zu wenig die Folgen und Netzwerkwirkungen ihres Tun beachtet. Pädagogen jedoch stehen vor einem ganz anderen Dilemma: Sie können erst gar nicht diese Reduktion hinnehmen, weil so ihr eigentliches Beobachtungsfeld, das sich auf Menschen und deren Intentionen und Handlungen bezieht, das auf Interaktionen und deren inhaltliche und beziehungsmäßige Kommunikation ausgerichtet ist, von vornherein unzulässig halbiert werden würde.

Insoweit können wir mit Blick auf Dewey sagen, daß die unmittelbaren Er-

---

[2] Zu Zeiten Deweys unterschätzte die Ethnologie oft die symbolischen Leistungen früher Völker. Insoweit ist das Beispiel zwar veranschaulichend, aber auch irreführend: Andere Völker und Kinder nehmen jeweils anders wahr als jene Erwachsene, die festlegen, was vernünftige Wahrnehmungen in der Zivilisation sein sollen.

fahrungen und Erlebnisse, die wir im aktiven Tun machen, dann, wenn sie in die Reflexion einer symbolischen Ordnung eintreten, uns zwar eine Zielgerichtetheit, eine inhaltliche Ordnung, ein Muster von Kommunikation usw. als Beobachter verdeutlichen mögen und damit eine Art reflektierte Ganzheit darstellen, daß sie aber damit nicht jene Unmittelbarkeit ersetzen können. Die Reflexionen kehren allenfalls abstrakt zu den primären Erfahrungen und Erlebnissen, zu der sinnlichen Gewißheit des unmittelbaren »experience« zurück. Der Kreislauf, der sich damit andeutet, ist als Beobachterperspektive gerade für Pädagogen grundlegend bedeutsam. Dewey meint, daß immer dann, wenn die unmittelbaren Erfahrungen und Erlebnisse nicht ausreichen, um ein Ziel zu erreichen, eine Handlung auszuführen usw., d.h. also immer dann, wenn ein Problem auftritt, auch eine Reflexion einsetzen muß. Wann immer wir vor ein solches Problem gestellt sind, so sagt Dewey, erscheint eine Entfremdung, weil die Ganzheitlichkeit des Unmittelbaren (= wir denken gar nicht weiter über das nach, was wir tun und erleben) hier einen Riß erfährt: Wir müssen uns Gedanken machen, was wir getan haben oder tun können, wenn wir nicht weiter wissen. Dies meint dann, wir müssen zunächst überhaupt erst einmal wissen, worüber wir bisher gar nicht nachgedacht haben. Ziel des Nachdenkens soll es deshalb sein, diese Einheit symbolisch wieder herzustellen, uns also über die erfahrene Entfremdung zu trösten, sie symbolisch zu kitten und damit das Problem zu lösen.

Dewey beschreibt konstruktive Akte, die Menschen in solchen Situationen vollbringen. Sie konstruieren bedeutungsvolle Zusammenhänge, die die Konfliktsituation in die bereits erstellten Umwelt- und Persönlichkeitsstrukturen integrieren, die mit Bewußtsein und Intelligenz möglichst alle situativen Bedingungen beachten und identifizieren und auf erfaßbare Konsequenzen beziehen. So geht zwar die Unmittelbarkeit des »primary experience« verloren, aber die symbolische Ordnung, die durch Reflexion erreicht wird, kehrt in weitere unmittelbare Beobachtungen als Ausdruck eines Verstehens zurück. Nur in solchem reflektierten Verstehen können wir eine neue Einheit finden und die Entfremdung aufheben.

Den Kreislauf, den Dewey beschreibt, können wir als durch und durch konstruktivistisch verstehen. Ein Beobachter im »primary experience« wird seiner Beobachterrolle gar nicht bewußt, sofern nicht irgend etwas ihn entfremdet, sofern er nicht stutzt und eines Problems oder Konflikts gewahr wird. Sobald eine Ausgangssituation und Handlung stabil bleibt, handelt der Mensch automatisch. Tritt eine Veränderung ein, wird ein Wandel erzeugt, muß der Mensch re-agieren. Da dies in einer sich wandelnden Umwelt aber ständig geschieht, wird dieser Beobachter Reflexionen benötigen, die er als Konstrukte von Wirklichkeit entwirft und die ihn dann zu der ursprünglich erfahrenen Unmittelbarkeit zurückkehren lassen, um das Problem oder den Konflikt zu bezeichnen, in sein bisheriges Weltbild zu integrieren, in seine Anschauungen einzuverleiben und es damit irgendwie zu lösen. Als Pragmatist jedoch sieht

Dewey auch die Kehrseite solcher Lösungen: Sie zirkulieren stets in den Weltbildern, den Anschauungen, die nun wiederum als Voraussetzungen von »primary experience« die vermeintliche Unmittelbarkeit von Erfahrungen und Erlebnissen hintergehen. Deshalb fängt die Konstruktion von Wirklichkeiten nie
beim Punkt Null an, sondern hat ihre je eigene Geschichte, die in die Sozialisation von Individuen eingeschrieben ist, und die in den Normen, Werten, Traditionen, in den Institutionen und Gesellschafts- und Lebensformen der Menschen verankert ist.

Insoweit ist der Mensch zwar frei, stets neu Lösungen im Verhältnis von »primary experience« und »reflective experience« zu konstruieren, aber die Bedingungen der Möglichkeit seiner Freiheit werden durch dabei auftretende Rekonstruktionen beschränkt.[3]

Der besondere Wert der Theorie Deweys für die Pädagogik ergibt sich nun
daraus, daß er die Struktur des »experience« auf die Erziehung bezieht. Er fragt
sich nämlich, was Lernern insbesondere bei der Konstruktion von Wirklichkeit
und der dabei notwendigen Integration von primären Erfahrungen und Erlebnissen hin zu reflektierten Erfahrungen und dem Aufbau von Wissen hilft.
Dabei geht er von unterschiedlichen Voraussetzungen aus, die ich hier recht
frei auf drei Aspekte hin vereinfachen will:[4]

☐ Lerner wirken *interaktiv* zusammen, wobei sie Bedürfnisse, die sie haben,
mit Fähigkeiten, über die sie verfügen, vermitteln müssen. Für Pädagogen ist
es wichtig, diesen sozialen Interaktionskontext zu bedenken und den Bedürfnissen und Fähigkeiten entsprechend Befriedigungen zu ermöglichen und Anforderungen zu setzen, um die Fähigkeiten fortzuentwickeln.

Pädagogische Prozesse scheitern insbesondere, wenn Lerner und Lehrer nicht
effektiv miteinander kommunizieren und Unter- oder Überforderungen nicht
erkannt werden. Je stärker die wechselseitigen Bedürfnisse verschwiegen werden, die Fähigkeiten tabuisiert oder nicht hinreichend thematisiert werden, Erwartungen und Befriedigungen zufällig bleiben, Anforderungen nicht klar aus-
gesprochen und wechselseitig kontrolliert werden, um so stärker erscheint der
interaktive pädagogische Prozeß gefährdet.

☐ Dabei spielt die *Kontinuität* eine entscheidende Rolle, denn die Konstruktionen der Gegenwart bedürfen der Einbettung in die Rekonstruktion eines schon
erreichten Wissens- und Erfahrungsstandes und der Orientierung hin auf eine
als möglich erscheinende Zukunft. Für Pädagogen ist es wichtig, aus Handlungen in der Gegenwart heraus, im Hier und Jetzt, auf Vergangenheit und

---

[3] Mit diesem Problem hat sich Dewey in zahlreichen seiner Schriften aus der mittleren und
späten Periode beschäftigt.

[4] Ich beziehe mich hier vor allem auf "Experience and Nature" (Dewey 1988 a), ferner auf
etliche Stellen aus den Later Works, insbes. in Vol 11, 13 , 16. Deweys Ansichten lassen sich
in bezug auf "experience", "interaction", "continuity", "reflection" usw. gut aus Dewey (1991
b) erschließen.

Zukunft zu sehen. Die Vergangenheit strukturiert hierbei insbesondere die Voraussetzungen und die Bedingungen der Möglichkeit von »experience«, die Zukunft erfordert eine vorausschauende Konstruktion möglicher Konsequenzen des Handelns. Hier scheitern pädagogische Prozesse insbesondere dann, wenn die Rekonstruktionen aus subjektiven Gründen oder sozialen Vorbedingungen heraus vereinseitigt werden. Aus dem Hier und Jetzt heraus wird ohne Rückgriff auf die Vergangenheit und ohne Beachtung möglicher Zukunft nie hinreichend entschieden werden können. Es gehört zur pädagogischen Verantwortung, möglichst umfassend selbst einen Überblick über jene Rekonstruktionen zu gewinnen, die in pädagogischen Prozessen wichtig werden, aber auch ein Klima sozialer Offenheit und Vorurteilsfreiheit herzustellen, das ethnozentrische, kulturmonistische oder andere vereinfachende Zuschreibungsmuster ausschließt. Pädagogische Prozesse mißlingen aber auch dann, wenn Handlungskonsequenzen oberflächlich bleiben oder nicht durchdacht werden.

☐ Die Interaktion und Kontinuität pädagogischer Arbeit wird durch die situative *Rückbezüglichkeit* pädagogischer Handlungen zu unmittelbaren Erfahrungen und Erlebnissen erst sinnvoll.[5] Da der Mensch stets ein Handelnder ist, steht er auch stets in dem Spannungsverhältnis von »primary« und »reflective experience«. Rückbezüglichkeit meint also eine Zirkularität, die der Beobachter im Wechselspiel von unmittelbarer Erfahrung oder sinnlichen Erlebnissen und distanzierender, gedanklicher oder theoretischer Bewältigung erreicht, um damit zu einer neuen Beobachtungseinheit zu gelangen: Mittels der symbolischen Ordnung kehrt er in das ursprüngliche Erlebnis oder die grundlegende sinnliche Erfahrung zurück und löst sein Problem, seinen Konflikt, seine Ent-Fremdung durch Reflexion.

Aber Dewey lehnt ganz klar eine Pädagogik ab, die symbolische Rekonstruktionen um ihrer selbst willen bzw. zum Nutzen für die Karrieren derjenigen durchführt, die sich auf solche Rekonstruktionen spezialisiert haben. Als Pragmatist fragt er nach der Rückkopplung der Reflexionen oder der Theorien für die konkrete Lebenswelt oder Praxis. Allerdings meint er damit nicht ein rigides Nützlichkeitsdenken, das sich bloß an kapitalistischen Erfordernissen (z.B. was bringt Gewinn, was ist machbar?) orientiert, sondern ein Denken, das in den Lebenskreis der Beobachter und in ihre unmittelbaren Erfahrungen zurückkehren kann, um dort für sie von Bedeutung zu sein. Sofern dies eine strikte Pluralität von Rückkehrmöglichkeiten und keine utilitaristische Verkürzung

---

[5] Dewey spricht noch nicht von »feedback«, aber er denkt, wie wir gesehen haben, Handlungen in einem Kreisprozeß von primären, unmittelbaren Erfahrungen/Erlebnissen und Reflexionen, die in die Unmittelbarkeit einer späteren Beobachtung zurückkehren. Zudem betont er die Notwendigkeit einer Rückkehr jeglicher Reflexion auf im Leben erfahrbare Umstände gerade für die Erziehung. In "Experience and Education" unterscheidet er Kontinuität, Interaktion und Situation als drei wesentliche Perspektiven, in denen »experience« stattfindet. Vgl. Dewey (1991a, 1 ff.).

von Handlungen darstellt, deckt sich diese Anforderung mit den Ansprüchen konstruktivistischer Pädagogik. Auch die konstruktivistische Pädagogik wendet sich gerade im pädagogischen Bereich, wie wir weiter oben sagten, gegen Rekonstruktionen um ihrer selbst willen.[6]

Deweys Pädagogik kommt an sehr vielen Stellen einer konstruktivistischen Pädagogik sehr nah. Indem er die Individualität und Einmaligkeit eines jeden Menschen betont, blickt er, wenn auch mit einer anderen Terminologie, durchaus auch auf die imaginäre Seite menschlicher Beziehungen. So schreibt er z.b., daß Kinder ihm im Gegensatz zu Erwachsenen als frischer, offener und visionärer erscheinen, um zugleich den Erwachsenen vorzuwerfen, daß sie diese Eigenschaften durch die Überbewertung der symbolischen Ordnung schnell zum Erlöschen bringen (vgl. Dewey 1988 b). Aber es gibt nun einmal, so betont er immer wieder, sehr individuelle und subjektive Wege zur Erkenntnis. Und sie sind notwendig, wenn wir kreativ mit den Konstruktionen von Welt umgehen wollen. Und für jeden Lerner spricht er einen wesentlichen konstruktiven Grundsatz aus: "Der Wert einer Entdeckung im geistigen Leben eines Individuums ist sein Beitrag, den es für einen kreativen und aktiven Geist leistet; es ist nicht entscheidend, ob irgend jemand schon zuvor dieselbe Idee gedacht hat. Wenn sie ernsthaft und vorwärts gerichtet ist, wenn sie neu und frisch für mich oder für dich ist, dann ist sie originell in ihrer Qualität, selbst wenn andere schon dieselbe Entdeckung gemacht haben." (Ebd., 128) Und er stellt zudem fest, daß man ein inneres Licht, innere Ideen gerade in der Erziehung benötigt, wenn man kreative Lösungen anstrebt. Hier hilft uns unsere Sprache wenig, hier nutzen unsere Verhaltensweisen und Gewohnheiten nicht viel, denn das innere Licht wird allein durch innere Eindrücke und Intuition angezündet (ebd., 139).

Als Dewey 1896 eine Laborschule in der Universität Chicago gründete, wollte er damit veränderten gesellschaftlichen Verhältnissen entsprechen. Es war im ausgehenden 19. Jahrhundert besonders sichtbar geworden, daß die industrielle Revolution einen radikalen Umbruch im Familienleben heraufbeschworen hatte. Waren zuvor noch viele konkrete Arbeitstätigkeiten in der Kindheit am Lebens- und Produktionsort der Familie erfahrbar gewesen, so führte die Zunahme der Arbeitsteilung und die Verlagerung der meisten produktiven Arbeiten "außer Haus" dazu, daß Kinder entweder nur noch einen Teil des Produktionsprozesses (hier oft in harter Kinderarbeit) oder gar nichts mehr davon verfolgen konnten. An dieser Stelle erschien Dewey die Notwendigkeit einer Reform der Schule, um den gesellschaftlichen Wandel in einem Wandel der Schu-

---

[6] Solche Rekonstruktionen drücken meist sehr einseitige Interessen aus. Für unsere Zeit der Kontingenz (Rorty 1991) scheint aber gerade in der Übertragung auf pädagogische Prozesse Pluralität zu einem Kampfbegriff zu werden, denn nur wer den Widerstreit im Lernen kennengelernt hat, wird sich ein hinreichend selbstbestimmtes Bild von Wirklichkeiten machen können. Vgl. dazu auch die Arbeiten von Lyotard.

le selbst aufzuheben. Dewey erlebte den Umbruch der amerikanischen Gesellschaft von einer Pioniergesellschaft, die sich neue Visionen setzte, hin zu einer Industriegesellschaft, die sich mit Plunder und Lasten zudeckte, wie er sich mehrfach ausdrückte, in für ihn eindringlicher Weise. Er verachtete den kapitalistischen Weg, der die Konstruktionsmöglichkeiten und die Intuitionen gerade in der Erziehung sehr einseitig an Nützlichkeit, Profitstreben und Vordergründigkeit von Erkenntnissen ausrichtete. Aber auch der sozialistische Weg, den er sich genau beschaute, konnte ihm nicht als Alternative gelten, da er hier zwar einerseits eine für ihn positive Intention zur Gleichheit von Menschen sah, andererseits aber dabei eine Gleichschaltung der Eindrücke und Intuitionen entdecken mußte, die gerade das Gegenteil von Individualität und Kreativität ausdrückten. So blieb ihm eine pädagogische Utopie im Niemandsland eines dritten Weges, den zu gehen gerade Pädagogen aufgerufen scheinen.[7] Und dieser Weg war mit den Hoffnungen einer Lerntheorie verknüpft, die sich selbst als schrittweiser Aufbau begründete. Wenn wir nämlich die Regeln des »experience« einhalten und Lerner selbsttätig und möglichst selbstbestimmt lernen lassen, dann schien ein evolutiver Fortschritt möglich. Diesen knüpfte Dewey an menschliche Verhaltensweisen (habits), die sich dadurch verändern, daß wir nach und nach in unseren Erfahrungs- und Erlebensprozessen dazulernen. Setzen wir solches Dazulernen in ein Bild um, dann könnten wir idealtypisch das folgende Lernmodell bei Dewey rekonstruieren:

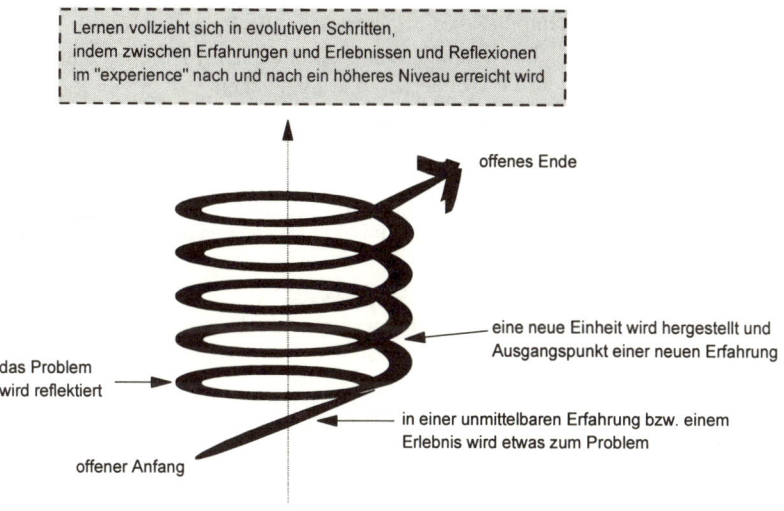

___

[7] Vgl. dazu genauer die Analyse von Bohnsack (1976).

In diesem Lernmodell erscheint der Kreisprozeß des »experience«, der, sofern es zu Lösungen von Problemen bzw. Konflikten kommt, einen Fortschritt für den Lerner ausdrückt.[8] Ausgangspunkt ist zunächst immer eine Handlung, in der etwas unmittelbar geschieht. Wir könnten auch von sinnlicher Gewißheit, ursprünglichem Erleben, Empfinden und Wahrnehmen sprechen. In dieser Situation, in diesem Geschehen jedoch erscheint etwas, was nicht ausreicht, um die Handlung problemlos und automatisch durchzuführen, die Einheit von Subjekt und Objekt oder von Mensch und Umwelt wird gestört, sie wird entfremdet, weil wir entweder selbst auf einen Bruch, einen Riß usw. aufmerksam werden oder darauf aufmerksam gemacht werden. Dies bedingt einen Akt der Reflexion, der nunmehr, unter Einschluß von Impressionen, Kreativität und Konstruktivität des menschlichen Geistes, uns eine neue Einheit als symbolisches Konstrukt, als imaginäre Perspektive[9] eröffnet, die die Entfremdung aufhebt und uns unser »primary experience« aus einer erhöhten Beobachterperspektive deuten läßt. So entstehen Bedeutungen, die sich aneinanderreihen und die, auch wenn sie weder einen klaren Anfang noch ein klares Ende haben können, doch einen fortschreitenden Prozeß, eine Evolution des Lernens erkennbar werden lassen.

Nun hat Dewey dieses Modell nicht wie wir gezeichnet, aber - und diese Konstruktion sei aus dem Studium seiner Werke heraus legitimiert[10] - er hat ein solches Denkmodell intendiert. Hier bleibt eine Aufklärungspädagogik aktiv: Dewey erhofft wie alle Aufklärer auf dem Weg über das Lernen einen Fortschritt der Menschheit zu markieren, die sich über ihre Bedeutungen immer besser verständigen kann und dies im Lernen an alle Menschen gleich weitergeben könnte. Aus solcher Einsicht heraus könnten sich Menschen dann auch vom "unnötigen Plunder der Moderne" und ungleichen Lasten des Kapitalismus befreien, um in einer ausgewogenen Balance von Individualität und Ge-

---

[8] Allerdings gesteht Dewey zu, daß solcher Fortschritt nicht immer eintreten wird. Es gibt für ihn Kontingenzen, die das höhere Niveau gefährden, zu Stagnationen oder auch Regressionen führen können.

[9] Dieser Weg wird von Dewey keineswegs ausgeschlossen. Vgl. z.B. Dewey (1983, 37 f.). Dewey akzeptiert das Imaginäre als Kraft insbesondere bei Kindern, aber er will sie zugleich vom Aberglauben abwenden, indem er nach Möglichkeit Kinder in das »reale« Leben einführt (ebd., 86). Damit unterscheidet sich seine Position der Deutung des Imaginären und des Realen von unserer. Er nimmt beide unter einer naturalistischen Perspektive auf, um so dem »Wesen der Kinder« zu entsprechen, und er verkennt, daß dies bereits sein symbolisches Konstrukt ist. Dadurch kann er die Widersprüchlichkeit des Zusammenwirkens der drei Perspektiven nicht hinreichend erfassen.

[10] Ein solches Modell suggerieren bereits die ersten Sätze aus "The School and Society" (Dewey 1983, 5 f.), in denen er darauf verweist, daß wir von der Schule wie selbstverständlich Fortschritte in vielen Bereichen der Entwicklung von Kindern erwarten. Sein Ziel ist es, diese Erwartungen auf eine breitere Basis zu stellen, weg von der reinen Wissensvermittlung hin auf »experience« zu öffnen.

meinschaft zu existieren.[11] Und hieraus entspringt die Aufgabe und Ethik des Pädagogen, der seine konstruktive und kreative Aufgabe im Blick auf Lerner erfüllt, die im Spannungsfeld von Interaktion, Kontinuität und Rückbezüglichkeit zu eigenem Erkennen kommen sollen, die damit auf der evolutiven Bahn des Lernens vorangebracht werden sollen. Die größte Misere der Pädagogik wäre es, so fasse ich unterschiedliche Arbeiten Deweys als mein Konstrukt zusammen, wenn diese Bahn des evolutiven Lernens zu schnell abgebrochen, zu ungleich verteilt, nach Anfang und Ende abgeschlossen werden würde. Die Abbruchbedingungen können nicht allein von Pädagogen verantwortet werden, sondern setzen Willen und Einsicht, die Selbstbestimmung des Lerners mit voraus.[12] Der Pädagoge hingegen hat auf strikte Gleichheit von Lernern, auf Gleichbehandlung und gesellschaftliche Gerechtigkeit bei der Verteilung von Bildungschancen zu achten und diese voranzutreiben. Und er hat zu vermeiden, daß die Offenheit pädagogischer Prozesse, ihre Unabgeschlossenheit von außen durch politische Interessen eingeschränkt wird.

Deweys aufklärerischer Anspruch ist durch die Entwicklungen im 20. Jahrhundert gewiß ernüchtert worden. Heute steht die konstruktivistische Pädagogik deshalb vor dem Problem, das Scheitern des evolutiven Lernmodells zugeben zu müssen. Denn dieses Modell birgt Gefahren in sich, die pädagogische Arbeit zu überschätzen und implizit ein eindeutiges Modell von Fortschritt in die Pädagogik einzuführen, das sich, konstruktivistisch gesehen, kaum aufrecht erhalten läßt.

Da ist zunächst die Vereinfachung, die eine spiralförmige Entwicklung suggeriert. Solche Suggestion muß vom Detail absehen, sie muß einen großen Blick, ein weiträumiges Ziel umfassen. Und hier erscheint sie als ein Fortschreiten, als eine Bewegung von unten nach oben, was gemeinhin eine Entwicklung zum Besseren symbolisiert. Gegen eine solche Vereinfachung verwahrt sich Dewey selbst in vielen Schriften, in denen er vom Einzelfall aus argumentiert, und in denen er die Rolle der Individualität als je eigene, offene, widersprüchliche, als subjektive und teilweise auch chaotische Perspektive charakterisiert. Aber dennoch will er das gesellschaftliche Verständnis richten, sich zumindest auf den ihm natürlich erscheinenden Kreislauf des »experience« einlassen, weil er daraus die Hoffnung ableitet, die Menschheit zu einem Besseren hin entwickeln zu können. Was aber ist dann für wen in welcher Situation besser? Was wäre, wenn wir alle evolutiven Lernspiralen aller Menschen nebeneinander stellen müßten? Erwartet uns dann immer noch diese Fortschrittskurve als Schnittmenge aller individuellen Ereignisse? Oder müßten wir heute zugeben, daß in all dem Nebeneinander, dem Nacheinander, der Durchquerung und Durchkreuzung in jeder Kurve nicht schon eine unzulässige Vereinfachung steckt?

---

[11] Diesen Aspekt arbeitet besonders Bohnsack (1976) heraus.

[12] Zu Schülermitbestimmung bei Dewey vgl. ebenfalls Bohnsack (1976).

Bilden wir einmal ein Gegenmodell, das von der Individualität aus gedacht ist. Wann immer ich in meinem individuellen Leben mir ein Netzwerk konstruiere, das mir zu einem bestimmten Zeitpunkt zeigen soll, wo ich stehe, wer ich bin, dann ist eine evolutive Kurve nur *eine* meiner Möglichkeiten. Ich wähle sie insbesondere dann, wenn ich mich besser als vorher fühlen will, wenn ich einen Aufstieg begreifen will. Aber ist dies immer so? Wo sind die Abstiege, die Verluste, die Brüche in meinem Leben? Zeichne ich das Netzwerk meines Lebens, dann bin ich sofort überfordert, denn die wechselnden Verknotungen, die in meinen Beziehungen existieren, die sich auflösten, die neu geknüpft wurden, die unterschiedlichsten markanten Punkte, die ich überhaupt erinnere und andere, die ich vergessen habe, die Verdichtungen von solchen Punkten zu bedeutsamen Momenten, dies alles paßt sehr wenig in eine Kurve, die mich bloß von unten nach oben treibt. Gewiß, jeder Konflikt, jedes Problem und seine Lösung brachte mich zu einer neuen gedanklichen Einheit, aber wie viele davon sind gescheitert, vergessen, durch Erfahrungen und Erlebnisse längst durchlöchert worden? Je schärfer ich mich hierin beobachte, um so mehr muß ich zugeben, daß ich immer dann evolutive Kurven in mein Leben hineinkonstruiere, wenn ich vereinfachen will, wenn ich Übersicht benötige, um mich konsequent davon zu überzeugen, daß es gut war, daß es richtig ist, so und nicht anders vorzugehen, und verallgemeinert: daß es, wie immer es kommt, weitergeht.

Wechseln wir solcherart die Perspektive hin in die Unschärfe des individuellen Lebens, dann verblassen die makroskopischen Zeichnungen einer Evolution, in denen wir gefangen uns bewegen sollen. Es benötigt einen großen Abstand, Distanz und Vereinfachung, wenn wir Fortschrittskurven zeichnen wollen. Aber solche Fortschrittskurven gehören nun einmal zum Inventar der Pädagogik:

□ Sie sind schon in den einfachsten Modellen eines Übergangs von der Kindheit über die Jugend ins Erwachsenenalter enthalten, wobei sich die Gelehrten über die Art der Beobachtungen streiten, je nachdem, ob sie eher bloß phänomenologisch herangehen - von einer *eingebildeten* Phänomenologie wie bei Rousseau bis hin zu realen Aufzeichnungen[13] -, psychoanalytisch ein *erwartetes* Konstrukt bearbeiten, ohne Eindeutigkeit erzielen zu können[14] - es sei denn die Eindeutigkeit bestimmter Schulen innerhalb der Psychoanalyse -, oder wie Piaget sich *bestimmte* Aspekte insbesondere der kognitiven Verarbeitung herauspicken, um hierüber verallgemeinerbare Schlußfolgerungen zu erzielen[15];

---

[13] Rousseaus Erziehungsroman "Emile" ist eine Fiktion von Erziehung; er wurde in der Pädagogikgeschichte oft wie eine Tatsache rezipiert.

[14] Der Psychoanalytiker erwartet aufgrund seiner Theorie, daß die Kindheit für das spätere Leben hoch bedeutsam ist, aber die Psychoanalytiker untereinander haben hierzu sehr gegensätzliche Modelle erstellt.

[15] Piaget untersuchte keineswegs *die* kindliche Entwicklung, wie manche vereinfacht sagen,

manche versuchen, wie Kohlberg, dies sogar für die Moralentwicklung, um sich ablesbare Moralisierungsstufen zu bezeichnen.[16] Gewiß, alle diese Modelle funktionieren, weil sie soweit allgemein sind, daß sie das Mikroskopische, das Vernetzte, das systemische Zusammenwirken unterschiedlichster Faktoren von Beobachtung auf *ihr Konzept* vereinfachen und so zu recht eindeutigen Schlüssen kommen können, die jedoch im Abgleich mit den anderen Beobachtermodellen wieder unscharf werden, weil dann jeweils Auslassungen erkennbar werden.

☐ Solche Modelle existieren aber auch in den Fachwissenschaften und Fachdidaktiken, die sich ein curriculares Modell von fortschreitender Erkenntnis ausarbeiten, wie es sinnvoll als schrittweise Einführung in einen Gedankenkreis sein soll, obwohl solcher Sinn immer umstritten ist. Wer kann denn den Sinn festhalten, der für ein bestimmtes Fach absolut notwendig ist? Beginnt man mit dieser Aufgabe, dann ist man schon wieder bei Ausschließungen. Gut, so kann man mir jetzt vielleicht zugeben, das ist nun eben die Art, wie wir allein Wissenschaft betreiben können. Allein die Gewohnheitsbildung hilft, uns über Zweifel zu erheben und uns als Pädagogen zu suggerieren, daß wir insgesamt vernünftig vorgehen, wenn wir die Dinge so und nicht anders strukturieren. Dann müssen wir aber auch konsequent ein evolutiv-eindeutiges Modell aufgeben und das Stückwerk in unserem Tun akzeptieren. Können wir dies, dann werden wir freier, den immer schon zu umfangreichen Stoff auch tatsächlich zu kürzen und den Lernern mehr Chancen auf eigene Konstruktionen einzuräumen. Denn gerade das evolutive Modell behindert uns, weil es uns die Notwendigkeit meist sehr umfassender Stoffvermittlungen legitimiert.

☐ Evolutive Lernmodelle erscheinen aber auch als selbstgestrickte Theorien bei jedem Pädagogen, der irgendwie Ordnung und Sinn in die Erscheinungen bringen will, der vorankommen will, der sich Ziele setzt, die ihm wichtig für seine Lerner erscheinen. Und da es einen allgemeinen grundlagenbezogenen (Psychologie, Soziologie, Pädagogik und Philosophie werden hier meist geltend gemacht) und fachbezogenen (alle Fachwissenschaften und -didaktiken) Legitimationsdruck hier gibt, erscheint unser Pädagoge mit seiner selbstgestrickten Theorie, so naiv sie auch ausfallen mag, immer noch als vernünftig, wenn es ihm nur halbwegs gelingt, seine imaginäre Evolutionskurve des Lernens zu skizzieren.

Betrachtet man nun solche Kurvenkonstruktionen, dann fällt auf, daß sie meist ausschließlich im Symbolischen angesiedelt sind. Dies verwundert weiter nicht, denn wie sollten Pädagogen auch die bei näherer Hinsicht stets unscharfen Beziehungskommunikationen in eine Kurve eintragen? Als Lehrer halten wir eben

---

sondern bestimmte Aspekte in dieser Entwicklung, die fälschlicherweise oft für eine Ganzheit genommen werden.

[16] Bei Kohlberg erscheint der Aufbau der Moral wie ein universelles Gesetz, obwohl seine Theorie ein recht einseitiges Konstrukt bestimmter Sichtweisen hierüber ist.

nicht fest, wer welche Abschweifungen, Ablenkungen, andere Ideen, Verrückt-
heiten usw. entwickelt hat, sondern wir achten vornehmlich darauf und verstärken dies durch Belohnungen, wer das gesetzte Ziel erreichte. Deshalb benötigen wir Entwicklungskurven, um uns selbst an ihnen zu befriedigen und
uns als Faktoren in einem Prozeß zu beweisen, der eine Richtung hat, der einen Fortschritt erbringt, der sich kurzum lohnt und nützlich ist.

Wenn wir nun solche Kurven dekonstruieren, dann müssen wir uns zugleich
dabei ertappen, daß wir sie meist doch irgendwie wieder einführen. Es erscheint als äußerst unwahrscheinlich, daß eine Gesellschaft Pädagogen beschäftigt, die die eigene Nützlichkeit prinzipiell in Zweifel ziehen. Und dennoch
müssen wir dies, um uns vor einer Übererwartung zu schützen und vor zu großer Vereinfachung zu bewahren: Würden unsere Schüler oder Teilnehmer wie
Planeten in festen Bahnen sich bewegen und spiralförmig wie Engel zu einem
höheren Plateau aufsteigen können, dann wären wir von vornherein in einer
pädagogischen Illusion befangen, die uns in der alltäglichen Praxis der Pädagogik schnell verzweifeln und verzagen lassen würde. Dort erleben wir nämlich die mikroskopischen Widerstände: Kaum je wußten wir erfolgreich vor-
auszusagen, was aus unseren Schülern wird, kaum je ist es uns gelungen, überhaupt nur annähernd zu begreifen, welches Potential an Persönlichkeiten, welche Fähigkeiten, aber auch welche Abweichungen von einem fikiven Normali-
tätsideal sich bei uns versammeln oder einmal aus solcher Versammlung heraus
entstehen werden. Da haben wir ihnen nun z.B. Mathematik beigebracht und
dies auf unsere imaginäre Evolutionskurve eingetragen, aber wer von ihnen
wird dies später tatsächlich nutzen können?

Trotzdem scheinen wir auf die Kurven nicht verzichten zu können. Fast das
gesamte pädagogische und psychologische Studium begründet sich ja aus einer
Erwartung, ein Wissen darüber zu erwerben, wie Wissen zielgerichtet vermittelt werden kann. Und schon sind wir wieder in der symbolischen Falle und
der Krise des Imaginären in der Pädagogik: Wir benötigen eine Trendwende,
die den Pädagogen mehr als einen Künstler der Beziehungen zeigt und weniger
als einen bloßen evolutiven Wissensvollstrecker.

Ziehen wir ein erstes Fazit: Wenn wir nicht nur Inhaltsvermittlungen, sondern
auch menschliche Beziehungen als Aufgabe der Pädagogik sehen, dann werden
evolutive Lernkurven fragwürdig. Zwar können sie uns im Einzelfall symbolisch vereinfachend helfen, Veränderungen zu bemerken und auch gesellschaftlich als sogenannte Entwicklung zu legitimieren, aber sie dürfen nicht vergessen machen, daß die Unschärfe des »experience« niemals in eine Lernstatistik
aufgehen wird, daß die Entwicklung der Beziehungen und der Kommunikation
sich kaum als Kurve, sondern allenfalls als Netzwerk darstellen läßt, daß Pädagogen durch die Illusion stetigen Fortschritts zur schnellen Ermüdung und
Verzweiflung getrieben werden. Als Gegenbild bietet sich hier eher Sisyphos
an, der seinen Stein den Berg hochrollt, um ihn stets fallen zu sehen. Dies

kommt pädagogischen Bemühungen oft nah, weil der Pädagoge in der Unschärfe seiner Beobachtungen nie wissen kann, was aus den Momenten wurde, deren Bedeutsamkeit je unterschiedlich von allen Beziehungspartnern aufgefaßt werden konnte.

Obwohl Dewey selbst in seinen aufklärerischen Intentionen Gefangener einer evolutiven Lernerwartung blieb, so hat er andererseits sehr feinfühlig und auch mit praktischen Beispielen zur Dekonstruktion eines zu einlinigen und monokausalen Modells von Pädagogik beigetragen. Ich will dies kurz an seiner Schultheorie und an einigen Beispielen verdeutlichen.

Erstaunlich sind zunächst die Parallelen der Situation von 1899, in der "The School and Society" erstmalig erschien, und der Schuldebatte Ende der 90er Jahre fast 100 Jahre später.[17] Wenn man Hartmut von Hentigs Buch "Die Schule neu denken" (1993) liest, dann stellt man so grundlegende Gemeinsamkeiten fest, daß man fast meinen möchte, es habe sich wenig in 100 Jahren verändert. Es gehört gewiß zur Weitsichtigkeit von Dewey, daß seine Thesen bei Hentig fast ungebrochen wieder erscheinen, sagt aber auch etwas über die Ignoranz aus, die die Pädagogik seit 100 Jahren weitermachen läßt, als wäre nichts geschehen. Die Grundidee bei Dewey ist einfach und konstruktivistisch: Da die Gesellschaft sich ändert, kann Schule weder in ihren räumlichen, zeitlichen noch inneren Gegebenheiten gleich bleiben. Kurzum: Gesellschaftliche Konstruktionen können in schulischen Konstruktionen nicht unberücksichtigt bleiben. Schule muß stets verändert werden, um den Anspruch an Wirksamkeit in einem größeren Kontext zu rechtfertigen. Was aber gehört zur Wirksamkeit?

1) Zuerst soll die Schule dem Leben der Kinder und Jugendlichen dienen, die sie besuchen (vgl. Dewey 1983, 23 ff.). Sie sollte eine Art ideales Zuhause für sie darstellen. Dies provoziert eine Art neuer kopernikanischer Revolution: Nicht mehr die Lehrer oder die Schulverwaltung sind der Mittelpunkt der Welt, sondern die Schüler sind die Sonne, um die alles weitere kreist. Was müßten sie haben, um sich in einer solchen Schule heimisch fühlen zu können? Zunächst brauchen sie ansprechende soziale Beziehungen, Verhältnisse, in denen ihnen mit Wertschätzung und Achtung begegnet wird. Aus diesen Beziehungen heraus erwachsen Interessen, Aufgaben, die motivieren, Diskussionen, die durch Erfahrungen und Erlebnisse bereichert werden. Die Lerner benötigen Beschäftigungen, und indem sie sich beschäftigen, erfahren sie Regeln des gesellschaftlichen, des industriellen, des rechtlichen Lebens, die nur durch konstruktive Beteiligung Sinn ergeben. Nehmen wir das Beispiel demokratischer Werte. Diese bleiben eine leere Hülse, wenn man sie nur kognitiv erlernt, aber

---

[17] Deweys Arbeit antizipiert viele der später von ihm differenzierter, aber auch weniger praxisorientiert entworfenen Arbeiten, so insbesondere "Democracy and Education", "Reconstruction in Philosophy", "The Problems of Men", "A Common Faith". Vgl. Dewey (1983, IX ff.)

in der Schule, seinem Zuhause, keine Möglichkeit demokratischer Beteiligung hat. Nur wenn dieses Zuhause den Regeln der Demokratie selbst folgen kann, wird es ein demokratisches Bewußtsein in den Beziehungen seiner Lerner verankern können. Aber dieses Zuhause braucht noch mehr: Es benötigt Arbeitsbereiche, eine Bibliothek, kleine Laboratorien, in denen »konstruktive Impulse« ausprobiert und experimentelles Verhalten entwickelt werden können.

2) Warum aber sollten wir eine Schule so einrichten? Der Grund liegt im Zentrum, auf das sich die Schule auszurichten hat, im Lerner. Dieser hat, so beschreibt es der empirische Naturalismus Deweys, vier grundsätzliche Neigungen von Natur aus, die zu berücksichtigen sind (ebd., 29 ff.):

a) Das *soziale Interesse*[18] zeigt sich in den Beziehungen, in der Kommunikation, in persönlichen Begegnungen, die für Kinder insbesondere sehr wichtig sind. Wenn wir dagegen die Egozentrik des Kindes setzen, wie sie z.B. Piaget beobachtet hat, so schließt dies das soziale Interesse nicht aus, denn nach Dewey ist sein Horizont zwar begrenzter im Vergleich zu Erwachsenen, aber er kann, wenn man ihn fördert, sich unendlich erweitern.[19] Dies zeigt schon das Begehren von Kindern, die Sprache ihrer Umgebung zu erlernen, weil sie sich nur so sozial ausdrücken können. Es gibt ein soziales Interesse oder Begehren an Unterhaltung und Kommunikation, das schon durch die interaktiven Verständigungsnotwendigkeiten für jedes Kind überlebenswichtig ist. Dewey kommt damit dem heutigen Forschungsstand interaktionistischer Theorien sehr nah (vgl. Stern 1993).

b) Der *konstruktive Impuls*, auch als Instinkt des Machens bezeichnet, äußert sich zunächst bei Kindern im Spiel (play), in Bewegungen, Gesten, Einbildungen und findet Unterscheidungen durch Auseinandersetzung mit der Umwelt. Die traditionelle Erziehung legt ungeheuren Wert auf vorproduzierte Bücher und Nachschlagewerke, die der Konstruktion der Schüler kaum Raum läßt. Durch die Unterdrückung des konstruktiven Impulses wird auch die reflektierende Aufmerksamkeit vernachlässigt, die eine Vermittlung der Beschäftigung mit dem Begehren hierzu voraussetzt (vgl. Dewey 1983, 92 ff., 97 ff.).

c) Das *neugierige Untersuchen*, auch als Instinkt der Nachforschung bezeichnet, wächst im Zusammenhang mit der Kommunikation und konstruktiven Impulsen. Kinder machen gerne etwas und sehen, was passiert. Versuch und Irrtum bestimmen oft diese Untersuchungen, und damit sind Kinder eigentlich Vorreiter der mit Werten verbundenen Experimente in der Forschung Erwachsener.

---

[18] Dewey spricht auch vom sozialen Instinkt. Der Begriff Instinkt ist nicht sehr glücklich, sofern er auf eine rein angeborene Tendenz verweist. Dewey schreibt im gleichen Zusammenhang auch von Interesse, was darauf hinweist, daß er hier keine rein angeborene Tendenz festsetzen will.

[19] In "Democracy and Education" bezeichnet Dewey die Egozentrik des Kindes als ein Konstrukt von Erwachsenen.

d) Der *expressive Impuls*, eine Art Instinkt zur Kunst, wächst ebenfalls mit der Kommunikation und konstruktiven Impulsen. "Mach eine Konstruktion adäquat, mach sie voll, frei und flexibel, gib ihr ein soziales Motiv, etwas zum Aussagen, und du erreichst ein Kunstwerk." (Ebd., 30) Es gibt für Dewey keine menschliche Stufe, wo die Expressivität nicht Kunst werden kann, wo der Ausdruck sich nicht in etwas verwandeln könnte, was wir als Beobachter als Kunst anzuerkennen bereit sind, und so erlebte er in den Ausdrücken seiner Elementarschüler in seiner Versuchsschule in Chicago viele Kunst-Werke.

Diese vier Quellen pädagogischer Tätigkeit werden von Dewey als natürliche Ressourcen bezeichnet, als Ausgangskapital jeder pädagogischen Arbeit. Aus seinen psychologischen Studien hatte er insbesondere erkannt, daß zwei Probleme für effektives Lernen zentral sind: "Das Problem ist hier (1), das Kind mit einer ausreichend großen Menge persönlicher Aktivität, mit Beschäftigungen, Ausdrucksmöglichkeiten, Unterhaltung, Konstruktion und Experimenten auszustatten, so daß seine Individualität, seine Moral und sein Intellekt nicht durch einen disproportionalen Betrag des »experience« von anderen, in das Bücher es einführen, überschwemmt wird; und (2) dieses stärker direkte »experience« so zu führen, daß das Kind die Notwendigkeit fühlt, auf traditionale soziale Werkzeuge zurückzugreifen und sie zu beherrschen - statte es mit Motiven aus und mache seinen Rückgriff auf sie intelligent, zu einer Zugabe zu seinen Kräften anstatt zu einer sklavischen Abhängigkeit." (Dewey 1983, 78) Diese Aufgabe ist allerdings schwierig, weil sie eine stete Balance zwischen individuellem »experience« und der Erwartung eines evolutiven Fortschritts mittels Lernerfolgen erfordert. Aufgrund seiner praktischen Erfahrungen jedoch ist Dewey optimistisch. Seine Schüler zeigten, daß die sehr direkten Methoden der Aktivität, der Kommunikation, der Beschäftigung, des »learning by doing«, wissenschaftlicher Beobachtung, des Experimentierens usw. hinreichend Gelegenheit gaben, neben dem konstruktiven Charakter und der damit verbundenen hohen Motivation auch grundlegende Kulturtechniken wie Lesen, Schreiben, Aufbau einer symbolischen Ordnung, Arbeitseinstellungen usw. zu vermitteln, also rekonstruktiv zu arbeiten. Auffällig war für ihn dabei, daß die aktive, intelligente, weniger mechanische und reproduktive Lernweise zu einer Erhöhung der Kräfte, des Selbstwerts, weniger aber zu bloßer Unterhaltung und Freude ohne pädagogischen Bezug führte. Besonders in den ersten Schuljahren schien diese neue Methode zu greifen, weil hier sehr direkt im sozialen Umfeld gelernt werden konnte und Lernanstöße stets aus der Umwelt kamen, was die Idee des Projektunterrichts hervorbrachte. Denn in der pädagogischen Arbeit wurde deutlich, daß die Konzentration auf ein ausgewähltes, motivierendes Thema, das dann als Synthese vieler unterschiedlicher Konstruktionen und Rekonstruktionen dienen konnte, immer günstiger war als eine Zersplitterung des Wissens in unterschiedlichste Fächer, deren Bedeutung die Grundschüler kaum je überschauten (vgl. ebd., 78 f.).

Deweys empirischer Naturalismus, der ihn seine vier Grundaussagen zur Pädagogik scheinbar aus der Natur des Lerners selbst gewinnen läßt, ist konstruktivistisch gesehen allerdings in der Begründung nicht aufrecht zu erhalten, obwohl die Aussagen als pädagogische Konstrukte noch heute wesentlich sind. Von Dewey unterscheidet uns nicht die Intention, sondern die Reichweite einer Begründung, die wir als Konstruktivisten nicht mehr aus der Natur ableiten können oder als Abbild universeller Gesetze verstehen. Wir relativieren sie als Konstrukt, wobei aber auch wesentlich ist, dieses Konstrukt in seinem gesellschaftlichen Kontext zu diskutieren. Weil Dewey sehr aufmerksam für gesellschaftliche Veränderungen war und Möglichkeiten der Moderne für das Spannungsfeld von Individualisierung und Sozialisierung des Menschen bis in die Praxis hinein untersuchte und zugleich vom Begehren geleitet war, den Prozeß der Demokratisierung voranzutreiben, kam er auf gerade diese Grundaussagen. Sie stellen mithin ein Konstrukt einer Pädagogik dar, die eine Erziehung zur Demokratie bei gleichzeitig möglichst hohen Individualisierungschancen eröffnen will. Diese politische Tendenz gibt den Arbeiten Deweys eine Aktualität bis in unsere Zeit hinein.

3) Die Ressourcen einer aktiven und konstruktiven, einer lebensnahen und motivierenden Schule werden pädagogisch vergeudet, wenn man Schule nicht prinzipiell neu erfindet. Die traditionelle Schule nämlich hat die Kommunikation vernachlässigt - ein Umstand, den wir für die Vernachlässigung der Beziehungsseite schon mehrfach hervorgehoben haben -, sie hat die konstruktiven Impulse unterbewertet und durch Pauken, Drill, äußere Motivation ersetzt, sie hat die Neugierde nie hinreichend befriedigt und den Lernern zu wenig oder viel zu spät Gelegenheit gegeben, sich frei auszudrücken und eine eigene Kunst der Darstellung zu entwickeln. Deweys Gegenentwurf einer Laborschule, mit deren Praxis er sich allerdings nur einige Jahre beschäftigt hat[20], sieht eine Verbindung der Schule mit dem Elternhaus, mit der Umgebung (Garten, Park, Landschaft), mit den Unternehmen der Nachbarschaft, mit der Universität vor. Schule sollte nicht als künstlicher Ort zu sehr von der Lebenswelt abgekoppelt sein, sondern vielfältige Beziehungen zur Außenwelt unterhalten, um so den Schülern »experience« in einem umfassenden Sinne tatsächlich ermöglichen zu können. Der Grundsatz lautet hier, daß die Schule zum Leben dringt. Aber es gilt auch der umgekehrte Grundsatz: Das Leben soll in die Schule einkehren. Es erscheint nicht nur in der Bibliothek, in der das symbolische Wissen versammelt wird, sondern in einer eigenen Küche, einem Eßraum, in Werkstätten (shops) und Arbeitsräumen, in denen die Lerner praktischen Aktivitäten, Beschäftigungen, nachgehen können, die möglichst einem intrinsischen Wert ent-

---

[20] Die Gründe hierfür sind vielschichtig. Seine Interessen gingen verstärkt in Richtung Kulturtheorie, aber es gab auch große Probleme mit der Verwaltung, die ihn zu einem Universitätswechsel veranlaßten. Zu Darstellung des Schulversuches vgl. auch Bohnsack (1976), ferner Dewey (1983, Einleitung des Herausgebers).

sprechen. Dies meint, daß die Beschäftigungen einen Wert in sich tragen, im Hier und Jetzt, und spontan von den Schülern angenommen werden können. Dies geschieht unter der Voraussetzung, daß die Schüler begehren, etwas zu tun, weil es Sinn macht und in ihrer Gemeinschaft auch einen Wert darstellt: also z.b. Essen zu kochen, Kleidung zu fertigen usw. Die Beschäftigungen vermitteln intellektuelle und praktische Anforderungen, denn um einer Beschäftigung nachzugehen, sind mehrere Schritte notwendig: (1) ein Ziel ist aufzustellen, (2) Materialien und Werkzeuge sind bereitzustellen, (3) ein Arbeitsplan ist zu fertigen, um (4) alle zuvor gemachten Hypothesen im praktischen Experiment zu beobachten und zu kontrollieren. Treten nun Fehler auf, so gelangen die Lerner wieder in den methodischen Kreislauf, der ihre Selbsttätigkeit zur Grundlage hat und ihnen Selbstverantwortung für ihr Tun gibt. Diese pragmatische Grundeinsicht basiert, so scheint mir, auf drei argumentativen Säulen: erstens wird die Selbsttätigkeit möglichst umfassend gesehen, aber nicht von gesellschaftlichen Lebens- und Arbeitsprozessen isoliert; zweitens gibt es ein höheres pädagogisches Ziel, das als Stärkung der Selbstverantwortung und besonders der Selbstbestimmung erscheint; drittens entsteht Wahrheit erst in solchen Kontexten, sie kommt nicht von außen, sondern wird aus den sozialen Unternehmungen von Menschen heraus konstruiert.[21]

Allerdings sind solche Konstruktionen für Dewey nicht willkürlich, sondern immer schon an das pragmatisch gebunden, was bereits vorhanden ist. Gerade deshalb will er idealtypisch die Verbindung von Schule zum Leben und umgekehrt herstellen. Wenn die Kinder in der textilen Werkstatt etwas fertigen, dann können sie die Verbindung nach Hause herstellen, aber auch eine Verbindung zum unternehmerischen Leben ziehen. Hier boten sich für Dewey zu Beginn des 20. Jahrhunderts vorwiegend handwerkliche Tätigkeiten an, die er den Schülern vermitteln wollte. Da aber der Prozeß der Industrialisierung sich nur modellhaft in die Kunstwelt Schule integrieren ließ, sollten Labors für Physik, Chemie und Biologie in der Schule eingerichtet werden. Auch ein Schulmuseum gehört hierzu. Ferner Werkstätten für Kunst und Musik. Schließlich sollte die Universität an alle diese Bemühungen angeschlossen sein, indem sie mit ihren Einrichtungen ein offenes Verhältnis zu dieser Modellschule entfaltet, so daß beide Seiten hiervon Entwicklungsimpulse empfangen konnten. Die Universität konnte ihre Forschungen unmittelbar auf die Schule beziehen, aber auch die Lehrerbildung an konkreten Aufgaben und in direkter Vermittlung mit der Schulpraxis entwickeln. Die Schule konnte direkt von den Einrichtungen der Universität profitieren, um so den Kreislauf der pädagogischen Bemühun-

---

[21] Dieser dritte Punkt ist bei Dewey nicht so klar intendiert, weil er dazu neigt, hierfür ein naturalistisches Korrelat zu finden. In der Konsequenz seiner Überlegungen jedoch zielt alles in diese Richtung, wenn man die Konstruktivität von Erkenntnis auf der einen und die Notwendigkeit einer Verständigungsgemeinschaft, die solche Konstruktionen pragmatisch anerkennt, auf der anderen Seite berücksichtigt. Wahrheit kann dann nur noch eine zeitbedingte Konstruktion bestimmter Verständigungsgemeinschaften sein.

gen zu schließen: Niemand in diesem System schulischer Ausbildung sollte in spezialisierte Teile des Wissens oder isolierte Welten abgedrängt werden, sondern Lernen aus einer ganzheitlichen Erfahrung eines Platzes gewinnen, der zwar immer noch eine Art Insel im realen Leben darstellt, aber so vielfältig mit diesem verbunden ist, wie es nur geht.

Das Modell Deweys ist aus der Spannung zwischen Individuum und Gesellschaft entstanden. Einerseits betont er immer wieder sehr stark die individuellen Seiten von Entwicklung, die Singularität des Individuums, andererseits aber auch eine Harmonisierung und Koordinierung der individuellen Bedürfnisse und Interessen mit der Gemeinschaft, damit eine soziale Erziehung. Hier erscheint Schule als etwas, das nicht geht und dennoch gemacht werden muß, wie Paul Heimann sich einmal ausdrückte (Heimann 1976, 113). Strittig bleiben immer die Vermittlungen zwischen Individualität und organisierter Gruppe, weil z.B. das Lern- und Entwicklungstempo des Individuums nicht unbedingt mit dem der Gruppe übereinstimmt, weil es unterschiedliche individuelle Bedürfnisse in einer Klasse gibt, weil Lehrer meist die Individualität an einer Durchschnittsnorm ausrichten. Deshalb bedarf es hoher pädagogischer Aufmerksamkeit, das Individuum nicht in der Gruppe zu vernichten, sondern zu seiner Entfaltung kommen zu lassen. Das aber setzt auch Entfaltungsmöglichkeiten der Gruppe voraus. So gesehen trägt das Erfordernis, alle Lerner umfassend »experience« leben zu lassen, auch eine erzieherische Seite: Pädagogen sollten hierbei z.B. auf eine wachsende Informationsvermittlung achten, die Selbstkontrolle von Kindern erhöhen helfen, ihnen Einsicht in Relationen und Zusammenhänge von Welt ermöglichen helfen, sie auf der evolutiven Kurve des Lernens durch Fortschritte im Denken und in der intellektuellen Kapazität voranbringen, ihre situative Werturteilsfähigkeit steigern.

Alle Studien, so Deweys Ideal, sollten aus den Beziehungen zur einen gemeinsamen Welt, in der wir leben, heraus erwachsen. Nur so könne überhaupt einem Ideal demokratischer Entwicklung nachgekommen werden.[22] Wenn gegenwärtig auch aus systemischer und konstruktivistischer Sicht von einer Krise der Schule am Ende des 20. Jahrhunderts gesprochen wird (vgl. Voß 1996), dann ist die Diagnose Deweys immer noch aktuell, denn in vielen Hinsichten ist unsere Schule traditionell geblieben:

□ Es ist ihr nicht oder nur sehr wenig gelungen, sich möglichst direkt auf das Leben außerhalb der Schule zu beziehen; Leben stellt sich meist noch als Buchwissen dar, das Andere für die Schüler aufbereitet haben und das deshalb von deren Erfahrungen und Erlebnissen meist stark entfremdet ist.

□ Sie lebt zu sehr abgekoppelt von der Universität, die ihr andererseits geeignete Nachwuchskräfte zuführen soll, ohne daß die Universität gezwungen ist,

---

[22] Zwischen diesem Ideal und der Realität seines Schulversuches gab es natürlich Unterschiede. Vgl. Dewey (1983, 57 ff.).

sich möglichst unmittelbar mit den Aufgaben und Schwierigkeiten vor Ort zu beschäftigen; wenn aber die Lehrerbildung nicht geändert wird, indem sie weg von der zunehmenden Spezialisierung der Lehrer nach immer mehr Fächern und Fachwissen auch eine Ganzheit und Vermitteltheit in pädagogischen Fragestellungen erfahren läßt, dann werden überbelastete und konfuse Lehrer auch bei Schülern nur fachliche Überlast und Konfusion produzieren (in Dewey 1983, 275).

□ Sie wird kaum von den Lehrern und Schüler selbst verwaltet, um so als Gemeinschaft demokratische Prozesse erfahren und erleben zu können, sondern ist immer noch eine Bürokratie, deren funktionales Muster Kreativität, Spontaneität und konstruktive Impulse eher behindert als fördert; je weniger Schule aber ihre Mittel selbst verwaltet, ihre Lehrpläne nach Bedarf selbst mit ausformuliert, ihre Ressourcen organisiert, desto unflexibler, abhängiger und mithin konservativer wird ihre Perspektive, desto mehr resignieren jene, die konstruktive Impulse in sie einbringen könnten, desto mehr dokumentiert diese Schule bloß eine Verwaltung einer imaginären Lernevolution, die sich mehr auf dem Papier der Zeugnisse, weniger aber im tatsächlichen Leben der Schüler abspielt.[23]

□ Sie unterschätzt die Lehrer als Künstler, die Notwendigkeit, daß Lehrerpersönlichkeiten sich nicht am Fließband produzieren lassen, sondern ein angemessenes Umfeld und eine geeignete Auswahl voraussetzen. Sie unterschätzt, daß Bildung und Erziehung nicht auf dem Altar der Fachwissenschaften und ihrer Vereinseitigungen in bestimmten Theorierichtungen geopfert werden dürfen, daß die Schüler nicht Opfer ständiger Vorentscheidungen werden sollten, die Lehrplankonferenzen abgehoben von ihren Bedürfnissen und Neigungen sich ausdenken, sondern daß Pädagogik nur am Ort der Begegnung von Schülern und Lehrern gelebt wird und durch diese Interaktion bestimmt sein sollte. Sie unterschätzt mithin die Kompetenzen jener Pädagogen vor Ort, denen sie es nicht zutraut, mit den Schülern eigene Projekte zu konstruieren, ohne gleich einen Verlust an der imaginären evolutiven Kurve des Lernens und einer Imagination von Leistungsgesellschaft erleben zu müssen. So gerät sie in ihre gegenwärtige Krise: Trotz sehr detailliert ausgearbeiteter Lehrpläne gelingt es Lehrern zunehmend weniger, diese überzeugend in die Köpfe ihrer Schüler zu transportieren, weil sie - wie schon Dewey vor 100 Jahren darlegte - die Notwendigkeit von »experience« immer noch unterschätzen und damit die Kräfte und Potenzen ihrer Schüler mit Fremdwissen überschwemmen, das äußerlich bleibt. Eine solche negative Diagnose wird zwar immer wieder durch den einzelnen Fall, in dem das »experience« gegen den Widerstand aus dem Inneren

---

[23] Wenn heute Politiker dies dahingehend ändern wollen, den Schulen mehr Raum für die Selbstverwaltung zu geben, dann gehorcht dies eher einem Impuls, die Finanzkrise des Staates auf die Lehrer und Schüler zu verlagern, weniger jedoch pädagogischen Einsichten. Solche jedoch könnten von Pädagogen und Lernern eingebracht werden.

(= nachlassendes Engagement) und Äußeren (=bürokratische Hürden) durchgesetzt wird, widerlegt, aber man wird heute nicht behaupten können, daß solche Widerlegungen massenhaft auftreten. Insoweit mag Dewey dazu mahnen, Pädagogik konsequenter zu betreiben und sich nie mit einem gegebenen Stand zufrieden zu geben, weder politisch: Hier sollten Pädagogen nach ihm ihren eigenen Weg radikaler Demokratisierung gehen, noch pädagogisch-didaktisch: Hier sollten wir nicht über Konstruktionen bloß sprechen, sondern sie gerade praktisch und konstruktiv, als Kunst-Formen ermöglichen, da wir nur effektiv lernen, wenn wir Selbsttätigkeit und Selbstbestimmung vermitteln können. Darin sind Pädagogen und Lerner kein Gegensatz. Die Pädagogen aber müssen noch besser als bisher lernen, wie sie diese Ermöglichung vorantreiben könnten.

9. Konstruktive Methoden

Célestin Freinet war im Gegensatz zu Dewey weniger ein Kulturtheoretiker, und er begründete auch keine universitäre Laborschule. Er war vielmehr Dorfschullehrer und ein Praktiker, der jedoch wie Dewey auch besonders angetrieben war, eine möglichst hohe Selbsttätigkeit der Schüler mit der politischen Aufgabe einer Ermöglichung von hoher Selbstbestimmung zu erreichen. Freinet hatte hierin ein großes Durchhaltevermögen, und er versammelte unterschiedliche Ideen aus der reformpädagogischen Bewegung zu einem eigenständigen Konzept von Unterrichtsmethoden, die auch in der traditionellen Schule als Möglichkeit innerer Reform eingesetzt werden können. Wenn bei Dewey die Schule insgesamt neu erfunden werden sollte, so wird diese Neuerfindung bei Freinet im kleineren Kosmos einer inneren Veränderung von Schule und Unterricht intendiert, die insbesondere methodisch motiviert ist.

Freinets pädagogischer Theoriehintergrund ist einfach konstruiert, sein methodischer Reichtum dafür groß. Er geht von der Notwendigkeit der Selbsttätigkeit, darin des »learning by doing«, ebenso aus wie Dewey. Er betont hierin die Notwendigkeit des kindlichen Spiels, das schnell Arbeitscharakter gewinnt, umgekehrt auch Arbeiten von Schülern, die in der Form von Spielen eingeübt werden. Er spricht von tastenden Versuchen seiner Schüler, die durch Selbsterfahrung in ein sicheres Probieren und Konstruieren übergeleitet werden. Und er entwickelt eine Bandbreite von Lehr- und Lerntechniken, die das Kernstück seines methodischen Versuches ausmachen, die Schule in Richtung auf größere Konstruktivität zu verändern (vgl. Freinet 1979, 1980).

Gleichwohl ist Freinet kein Konstruktivist. Auch er steht in der Tradition einer Aufklärungspädagogik, die sich als politische Pädagogik versteht. Freinet war ursprünglich Kommunist, er wechselte hin zum Sozialismus, als er bemerkte, daß der Stalinismus kaum noch mit seiner Phantasie eines selbsttätigen und möglichst selbstständigen Schülers und Menschen zu vereinbaren war.[1] Bei Freinet gibt es einen impliziten Konstruktivismus, der sich in seinen Lehr- und Lerntechniken offenbart. Und hierin zeigt sich auch, daß es dabei zu großen Gemeinsamkeiten, aber auch durchaus zu einem Widerspruch zwischen seiner Aufklärungspädagogik und einer konstruktivistischen Pädagogik kommen kann.

Die daraus entstehenden Fragestellungen nach Gemeinsamkeiten und Abgrenzungen sollen die nachfolgenden Betrachtungen leiten. Dabei will ich allerdings nicht alles einfach wiederholen, was Freinet an praktischen Methoden herausgearbeitet hat. Es gibt hinreichend Einführungen in Freinet.[2] Vielmehr soll für

---

[1] Vgl. dazu z.B. Dietrich (1982).

[2] Zunächst sein eigenes Werk: "Die moderne französische Schule" (1979). Vgl. ferner Freinet

die Gemeinsamkeiten direkt ein Konzept möglicher konstruktivistischer Aufnahme von Freinet-Methoden charakterisiert werden, das an unsere bisherigen Aussagen anschließt. Die davor erörterte Abgrenzung betrifft nicht nur Freinet, sondern potentiell alle Pädagogen, die bestimmte Lehr- und Lern*techniken* einsetzen. Hier wird die Frage zu diskutieren sein, inwieweit eine *voraus*gesetzte Methode sich überhaupt mit einer konstruktivistischen Vorgehensweise vereinbaren läßt. Erst auf diesem kritischen Hintergrund werden wir methodisch erscheinende Lösungen in ihren weiteren Kontexten gesellschaftlicher Normen und Wertvorstellungen, aber auch pädagogischer Intentionen als Festlegung dessen, was Schüler bzw. Lerner überhaupt konstruieren sollen, entwickeln können. Solche Kritik aber wird sich als Voraussetzung einer konstruktivistischen Methodenwahl verstehen müssen, die sich nicht blind den Zielen Anderer aussetzen will.

9.1. Methode oder Technik? Das Beispiel Célestin Freinet

Sind Methoden nicht ohnehin ein Trick von Pädagogen? Dienen sie nicht vorrangig dem Ziel, Rekonstruktionen zu erreichen, also das, was Pädagogen vorgeben, möglichst geschickt umzusetzen? Wir wollen diese Frage exemplarisch am Beispiel der Pädagogik Freinets untersuchen.

Die reformpädagogische Bewegung, der auch Freinet angehörte, war sehr durch Rousseaus idealisierendes Bild von Kindheit geleitet. Die ganze Aufklärung des Pädagogen scheint darin zu bestehen, daß er das Kind zu seinem natürlichen Eigenrecht, zu einer in ihm liegenden Dynamik von Entwicklung kommen läßt, die nur behutsam gefördert, aufmerksam gelenkt und in ihre natürlichen Wege geleitet werden muß. Pädagogen entdeckten damit nicht nur eine Subjektposition des Kindes, sondern auch die Notwendigkeit der Selbsttätigkeit, denn als selbständiges Subjekt werden Kinder nur dann zu effektiven Lernern, wenn sie das tun und selbst erleben, was Erzieher von ihnen am liebsten wünschen.

Insoweit dienen Unterrichtsmethoden aber einer klaren Manipulation. Ein Beobachter, der sich Pädagoge nennt, meint hinreichend etwas über die Natürlichkeit von Entwicklung zu wissen, und er mißt an diesem Wissen den Lernfortschritt seiner Lerner. Zu diesem Zweck hat er sich Methoden konstruiert, die dieses Beobachterkonstrukt von »natürlicher Entwicklung« begleiten.

In diesem Bild von Natürlichkeit steckt ein gesellschaftliches Konstrukt von Aufklärung, das in seiner Entwicklung selbst zwar in sehr viele und durchaus unterschiedliche Beobachterperspektiven zerfallen ist, dem aber unterrichtsmethodisch die Rolle eines Besser-Wissens zukommt. Und so haben sich viele

---

(1980), Jörg (1981); als Sekundäreinführungen z.B. Vasquez/Oury (1976), Baillet (1983), Dietrich (1995), Laun (1983), Koitka (1989).

Reformpädagogen auch gegenseitig beäugt, um zu sehen, wer die besten natürlichen Methoden herausfindet, mit denen die Ideale der Aufklärung bedient werden können.

Nun kann man nicht sagen, daß die Aufklärungsideale schlecht waren. Sie waren in ihrer Zeit Forderungen, die die Emanzipation von unterdrückten Bevölkerungsteilen ermöglichen sollten, die die Gleichheit des Menschen vor der Natur und dem Gesetz einklagten, die seine Freiheit erkämpfen wollten, die auf ein vernünftiges Miteinander setzten. In dieser kämpferischen Rolle mußten sie ihrer Werte und ihres Sinns sicher sein, sie mußten es besser als Andere wissen, um im Streit und Konflikt zu überleben und ihr Recht zu erhalten. Dieser Streit fand nicht nur in großen politischen Auseinandersetzungen statt, sondern auch im Kleinen, in der alltäglichen pädagogischen Arbeit. Freinet als praktizierender Dorfpädagoge war hiervon direkt betroffen, was bis hin zu seiner zeitweisen Entfernung aus dem Schuldienst reichte. Er stellte sich einem Kampf, der auch um eine »wahre« Pädagogik ging.

Heute sind wir in diesem Kampf ernüchtert, auch wenn er noch längst nicht vollständig ausgetragen und vorbei ist. Unsere Ernüchterung wurzelt darin, daß wir erkennen mußten, daß auch die Konstrukte von Aufklärung nicht frei von Fehlern waren. Genau dies ist ja die Wegbereitung einer konstruktivistischen Weltsicht: Wir mußten nach und nach zugeben lernen, daß die vermeintliche Natur, aus der wir eindeutig und »wahr« unsere pädagogischen Maximen ableiten wollten, ein Konstrukt von Beobachtern in einer Zeit war und ist, damit eine soziale Konvention, eine Übereinkunft bestimmter ausgewählter und durchsetzungsfähiger Personen zu einer bestimmten Zeit und mit begrenzter Dauer. Damit stehen wir vor einer veränderten Ausgangslage: Wir müssen nun stets bedenken, welchen Verallgemeinerungsgrad von Beobachtungen wir einnehmen wollen, wenn wir Wirklichkeiten konstruieren. Als Pädagogen trifft uns damit ein Dilemma: Schließlich sind nicht nur wir die Konstrukteure von Wirklichkeiten, sondern auch unsere Lerner oder Teilnehmer an pädagogischen Prozessen, so daß es unsere Pflicht sein müßte, nicht nur unsere Beobachterperspektive zum Maßstab für alle zu machen. Unsere Lerner und Teilnehmer haben ihre Sicht, die wir nicht ausschließen sollten, wenn wir nicht in reine Besserwisserei zurückfallen wollen. Dann aber stellt sich ein unterrichtsmethodisches Problem: Welche Methoden sind besonders geeignet, den Lernern bzw. Teilnehmern an pädagogischen Prozessen eine eigene Sicht zu ermöglichen? Betrachten wir die Lösung dieses unterrichtsmethodischen Problems bei Freinet näher, dann stellt sich auf der einen Seite eine sehr konstruktivistische Antwort ein. Freinet will jene Methoden bevorzugt einsetzen, über die die Schüler konstruktiv ihre eigene Welterfahrung machen. Niemand soll ihnen ihre individuelle Auseinandersetzung mit Wirklichkeitskonstruktionen abnehmen, und er hofft, gerade durch eine umfassende Selbsttätigkeit und Selbstverantwortung des eigenen Tuns, daß seine Schüler auch politisch autonomer zu handeln lernen. Auf der anderen Seite bleibt aber auch bei Freinet der Lehrer in gewisser

Weise für die Inhalte weitreichend verantwortlich, d.h. die Konstruktionen der Schüler werden auf dem Hintergrund eines rekonstruktiven Materials erstellt. So z.b. wenn die Schüler ihren individuellen Wochenarbeitsplan erfüllen und Aufgaben aus verschiedenen Bereichen lösen, die der Lehrer als Material mit Übungsaufgaben in Form von Arbeitskarteien und ausgewählten Info-Texten bereitstellt. Bei den Lösungen arbeiten sie zwar selbsttätig, aber die Struktur des Materials und die Perspektiven der Lösungen sind vom Lehrer vorstrukturiert und meist sehr klar vorgegeben. Dies ist der rekonstruktive Anteil, für den wir ja, so könnte man sagen, in die Schule gehen. Wenn wir alles aus uns selbst heraus wüßten, dann müßten wir dort nicht mehr hin.

Damit aber sind wir in einem Knäuel von Widersprüchen angekommen. Auch die Lehrer wissen nicht alles, sondern immer nur sehr begrenzt einiges. Die Rekonstruktionen, die als sicherer Kulturbestand gelten können, sind im Laufe der letzten Jahrzehnte immer unsicherer und fragwürdiger geworden. Und dennoch ist auf der anderen Seite das erste Argument, das wir anführten, nicht von der Hand zu weisen. Freinet hat recht in der Annahme, daß sich eine selbständige, möglichst autonome und dann letztlich später selbstbestimmte Sichtweise nur sinnvoll aufbauen läßt, wenn wir den Schüler von den elementaren Stufen der Bildung an selbsttätig Entscheidungen fällen lassen, selbst wenn diese in den rekonstruktiven Horizont der Erwartungen bestimmter Lehrer eingebunden sind.

Als Konstruktivisten sollten wir dieses Dilemma sehr ernst nehmen, denn unvermeidlich werden wir in seinen Sog und Bann gezogen. Zwar mögen wir wissen, daß unsere Konstruktionen von Wirklichkeiten nur jeweils Möglichkeiten darstellen, aber wir werden sie, pragmatisch gesehen, Lernern und Teilnehmern als unsere Lösung anbieten. Schon aus sozialer Übereinkunft ist es unwahrscheinlich, daß sie abgelehnt werden. Aber gerade dies zwingt uns dann, unsere unterrichtsmethodischen Überlegungen doch genauer auszurichten. Es wird unsere vordringliche Aufgabe sein, gerade hier eine Mischung aus Konstruktion, Rekonstruktion und Dekonstruktion einzubringen, damit unsere Lerner nicht bloß unsere Vorgaben als ihr richtiges Weltbild internalisieren, sondern möglichst weitreichende und offene Chancen auf ihr eigenes haben. Es gehört zu einer konstruktivistischen Ethik in der Pädagogik, diese Einsicht unter Umständen auch gegen eigene, klare und eindeutig erscheinende Momentwahrheiten zu wenden und selbst offen für neue Sichtweisen zu bleiben.

In dieser Hinsicht ist die Pädagogik Freinets von ihrem Ursprungsanliegen her allerdings nicht radikal genug konstruktivistisch. Freinet steht noch stark unter dem Eindruck der Produktivkräfteentwicklung und ihrer positiven Bedeutung für den Fortschritt der Menschheit. Aus seiner sozialistischen Perspektive scheint die Entfaltung der Produktivkräfte (der Technik, Industrie) unproblematisch, wenn sich nur die Produktionsverhältnisse (die Beziehungen der Menschen und die Besitzverhältnisse) in Richtung auf größere Gleichheit und Gerechtigkeit bewegten. Dies hat direkten Einfluß auf seine Unterrichtsmethoden.

Er lehnt den Begriff der Methode ab, und er sieht seinen eigenen Ansatz auf dem Weg zu einer *pädagogischen Technik*. So schreibt Freinet: "Den Weg zu bereiten, der vom wissenschaftlichen Forschungsansatz über das Experiment und die Methode bis hin zu dem führt, was wir Kunst nennen, das ist die Aufgabe der Technik - in unserem Fall der pädagogischen Technik ... Man versuche nicht, dagegen einzuwenden, der Erzieher sei mehr Künstler als Techniker. Erziehungskünstler mögen existieren - selten werden sie geboren -, aber eins ist sicher: Das Erziehungsniveau in einem Land hängt fast ausschließlich von dem *Stand seiner pädagogischen Technik* ab." (Freinet 1980, 36)
Hier sieht es Freinet als Trick politischer Machthaber im Kapitalismus an, den Erziehern und Lehrern die Schuld an Krisen des Erziehungssystems zuzuweisen, ihre Arbeit auf ihre Methode und deren Schwäche zu reduzieren, statt die gesellschaftliche Struktur und das zur Verfügung stehende Material, den technischen Stand im umfassenden Sinne, zum Ausgangspunkt der Überlegungen zu machen. Dann erscheint nicht mehr das Versagen der Lehrer, sondern das eines politischen Systems.
Gleichwohl bleibt auch bei Freinet der Lehrer eine entscheidende Triebkraft, eine pädagogische Produktivkraft, der seine Techniken richtig einsetzen sollte. Und hierbei nimmt er quasi Momente einer klassenlosen Gesellschaft scheinbar vorweg. Der Lehrer muß Machtkämpfe mit seinen Schülern vermeiden, er soll vielmehr eine kooperative Arbeitsdisziplin entwickeln, die die Schüler automatisch über die Sachen diszipliniert (ebd., 48 f.). Denn wenn Kinder sich mit Sachen, mit einer Arbeit beschäftigen, dann beweisen sie uns, "daß in unseren Klassen der Machtkampf seitdem überholt ist. Wir kommen langsam zu einer demokratischen Disziplin, die das Kind darauf vorbereitet, eine demokratische Gesellschaft aufzubauen. Sie wird das sein, was es daraus macht." (Ebd., 49)
Da in der kapitalistischen Gesellschaft die Technik, die Welt der Maschinen, die Menschen beherrscht und unterjocht, weil sie dem einzigen Ziel dieses Systems - dem Profit - dient, will Freinet eine pädagogische Alternative. Sie soll in selbsttätiger Auseinandersetzung den Kindern den tieferen Sinn maschineller Systeme - der Technik - zurückgeben. "Diese Pädagogik soll Werkzeug und Maschine in die Reichweite seiner Hände bringen, so daß es beide lenken und beherrschen kann." (Ebd., 125) Freinet bezieht diesen Vorgang sogar auf die Mimik, Gestik, auf die Sprache in mündlicher und schriftlicher Form. Auch diese erscheint ihm als ein technisches Mittel, das zur Erweiterung der Persönlichkeit eingesetzt wird, als ein "kostbares Instrument, mit dessen Hilfe wir weiter, höher und tiefer reichen als mit dem allerbesten Werkzeug." (Ebd. 126) Und ebenso wie die Werkzeuge im Kapitalismus entarten, so wird die Sprache zu einem Mittel der Unterdrückung, indem sie dazu ausgebeutet wird, Handlungen und Sprechen zu trennen und so eine illusionäre Welt zu erzeugen.
Als pädagogische Maxime leitet er deshalb ab, daß Sprache nur dann für die persönliche Entwicklung bereichernd ist, wenn sie als Ergebnis und Verlängerung der persönlichen Erfahrungen genutzt wird. Dann kann auch die Wissen-

schaft von behutsamen, tastenden und empirischen Erfahrungen bis hin zu methodischen Erfahrungen übergehen und Sprache und Werkzeuge in einen richtigen Gebrauch überführen (ebd., 128).

So bekämpft Freinet einerseits die traditionelle Schule, um sich selbst bestimmter ihrer Seiten durchaus anzunehmen: Wissenschaftsgläubigkeit, die in Kategorien von richtig und falsch mündet, Technikgläubigkeit, die die Produktivkräfteseite überschätzt, Herrschafts- und Machtfreiheit, die sich an sachlichen Arbeiten orientiert und Beziehungskommunikation demgegenüber als sekundär einschätzt, dies sind sehr kritisch zu betrachtende Quellen dieses Ansatzes. Insofern diese Seiten die konstruktiven Methoden, die die Freinet-Pädagogik hervorgebracht hat, wieder unterlaufen, werden sie kaum für eine systemisch-konstruktivistische Pädagogik taugen können. Konstruktivistisch betrachtet wird dann nämlich die Seite der Rekonstruktion vorgefertigter Weltbilder überschätzt und den Lernern auf lange Sicht zu wenig Freiraum gelassen, tatsächlich ein eigenes Weltbild zu konstruieren. Am Ende des 20. Jahrhunderts und auch am Ende einer sozialistischen Versuchsreihe, die stets in Vereinseitigungen und neue Machtverhältnisse mündete, die meist noch rigider als die kritisierten kapitalistischen Verhältnisse sich gegen Menschen auswirkten, sind wir aber gerade bezüglich der drei Unterstellungen von Freinet skeptisch geworden:

□ *Wissenschaftsgläubigkeit* ist nach allen Seiten hin heikel; eine Konzipierung nach richtig oder falsch endet meist in vereinfachenden Weltbildern, die wie ein Gesetz von außen aufgestellt werden und die damit verkennen lassen, daß immer bestimmte Gruppen von Menschen in einer Zeit Urheber solcher Konstruktionen sind.

Eine konstruktivistische Pädagogik legt Wert darauf, daß wir uns als Konstrukteure von Wirklichkeiten erfahren können, daß wir damit auch jegliche Formen von Wissenschaft als relativ in bezug auf ihre Herstellung ansehen. Gerade dies aber stellt uns dann auch vor die entscheidende Frage, was wir als Wissenschaft und als Weltbild wollen und welche Folgen dies für uns und unsere Umwelt hat. Aber wir können keine Einheitsantwort und keine Einheitswissenschaft erwarten, sondern sind hier der Pluralität ausgeliefert. Pluralität sollte andererseits nicht als Entschuldigungsformular für Nicht-Handeln mißverstanden werden. Lerner können und sollten von der Elementarstufe an in Überlegungen eingeschlossen werden, wie sie ihre Sicht mit anderen und gegen andere begründen[3], und was sie aus welchen Gründen für richtig halten, dann aber auch, welche Handlungskonsequenzen sie daraus ziehen können und wollen.

□ *Technikgläubigkeit* ist insbesondere durch die ökologischen Krisen, die durch

---

[3] Denken wir noch einmal daran, wie kompliziert dies ist, wenn wir die anderen/Anderen hier entweder aus der Perspektive imaginärer oder symbolischer Kommunikation bezeichnen. Seit Kapitel 4 wissen wir, daß Beobachtungen immer zwei Seiten haben: imaginäre eigene und fremdbezogene. Pädagogisch gesehen ist es außerordentlich wichtig, nicht die eine gegen die andere Seite bloß auszuspielen.

die Technik heraufbeschworen wurden, erschüttert worden. Die Hoffnung, daß die Produktivkräfteentwicklung den Motor einer Verbesserung gesellschaftlicher Verhältnisse abgeben könnte, erweist sich als problematisch, weil sie zu wenig die systemischen Wechselbezüge von Werkzeugen und Maschinen mit menschlichen Beziehungen und Umwelt sieht. Gerade in technischer Hinsicht können und sollten wir uns auf nichts verlassen, weil bei einer technischen Sicht die Reduktion von Komplexität meist so stark ist, daß gerade Folgewirkungen unberücksichtigt bleiben. Eine konstruktivistische Pädagogik bevorzugt den Begriff der Methode vor dem der Technik. Methoden sind offen für verschiedenste Ausführungen, sie charakterisieren nicht, wie Freinet meint, in erster Linie Dauerhaftigkeit und Zuverlässigkeit, denn der Begriff der Methode hat sich im 20. Jahrhundert selbst verändert. Pädagogische Methoden sind wiederkehrende Wege, sie sind durch eine Art und Weise des Herangehens charakterisiert, die eine bestimmte Vorgabe macht, diese aber nicht absolut stellen kann. Sie müssen flexibel sein, sich situativ anpassen lassen, sie sind selbst Konstruktionsversuche, die vor allem kommunikativ erörtert und kontrolliert werden können und sollten. Der Begriff der Technik hingegen verweist auf Werkzeuge, auf klare sachliche Zusammenhänge, die in solchen kommunikativen Erörterungen bloß noch eingesetzt oder nicht eingesetzt werden können. Gerade dies aber lehnen wir im Blick auf Beziehungskommunikation als einseitig ab: In der Beziehungskommunikation sprechen wir weniger über Techniken des Verhaltens, die wie Sachen zu handhaben sind, sondern vielmehr über die Art und Weise eines Umgangs, über bestimmte Wege, die uns aufgefallen sind, über neue Wege, die wir gehen könnten, dann aber auch über Perspektiven, die wir dabei haben. Wir haben keine Hoffnung darauf, daß uns hierbei eine Technik im Sinne von Werkzeugen oder Maschinen helfen kann, denn wir verstehen unsere Beziehungen und unser Begehren in ihnen *vor* jeglicher Technik. Erst dann, wenn wir Beziehungen vor den Inhalten sehen, werden wir Methoden diskutieren können. Wir werden eindeutig erscheinende Techniken zeitlich begrenzt sinnvoll und gezielt einsetzen können, ohne an ihre vermeintlich universelle Kraft zu glauben.

□ *Machtfreiheit* ist ein Ideal und zugleich eine Illusion. Diese Illusion gar über eine kooperative Arbeitsdisziplin versachlicht erreichen zu wollen, übergeht als symbolisches Konstrukt besonders die imaginären und realen Seiten menschlichen Zusammenlebens. Beziehungen aber stehen, so behauptet eine systemisch-konstruktivistische Pädagogik, vor den Inhalten bzw. Inhalte vermitteln immer auch Beziehungen, und gerade Beziehungen sind keinesfalls machtfrei. Da sie von Macht durchquert sind, sehen wir den Maßstab von Kooperation auch nicht in sachlichen Auseinandersetzungen, die nur einen Teil von Pädagogik ausmachen, sondern in direkter Beziehungskommunikation (vgl. Kapitel 3).

Nach dieser kritischen Abgrenzung zu Freinet läßt sich unsere Ausgangsfrage,

223

ob Methoden im Unterricht bloß den Trick verfolgen, vorgefertigte Ansichten zu übernehmen, beantworten. Eine systemisch-konstruktivistische Pädagogik muß besonders sensibel für rekonstruktive Vorgaben sein, damit ihr nicht unter der Hand die Offenheit des eigenen Materials in eine Geschlossenheit der Methode und damit sehr begrenzter Antwortmöglichkeiten abgleitet. Dies kann man besonders bei Freinet erfahren, dessen Ansatz gerne dazu benutzt wird, unter dem Mantel der Selbsttätigkeit bestimmte eindeutige Weltbilder zu vermitteln, die auf die Ausschließlichkeit einer oder weniger Lösungen drängen. Freinet selbst ist sich teilweise dieses Problems bewußt geworden, als er sich vom Kommunismus in der Form des Stalinismus distanzierte. Dieser mochte in seiner Zeit, so meinte er, dazu taugen, soziale Ungerechtigkeiten zu bekämpfen, aber er konnte ihn als Pädagoge nicht sinnvoll einsetzen, um die Schüler zu Parteigängern zu machen. Dies war mit einer Entwicklung hin auf eine selbständige und möglichst selbstbestimmte Persönlichkeit der sehr unterschiedlichen Schüler nicht zu vereinbaren. Und daraus läßt sich eine Konsequenz konstruktivistischer Pädagogik ableiten: Wer als Pädagoge konstruktivistisch arbeitet, der zweifelt ja nicht daran, daß Konstruktionen von Wirklichkeit passender, gerechter, nützlicher usw. als andere sind. Er kann und soll dies auch *für sich* vertreten. Aber er muß *als Pädagoge* seinen Lernern und Teilnehmern die Chance geben, hier zu ihrer eigenen Lösung zu kommen. Deshalb gilt die Regel: Je übermächtiger die Rekonstruktionen erscheinen und je notwendiger die nur eine mögliche alternative Lösung aussieht, desto mehr sollte auf möglichst umfassende eigene Konstruktionen der Lerner und Teilnehmer mit offenen Methoden (z.B. der Lehrer legt Lösungswege nicht fest) und auch auf Dekonstruktionen geachtet werden (was könnte auch noch ganz anders sein?).

9.2. Systemisch-konstruktivistische Methodenvielfalt

Auf dieser Basis lassen sich fast alle Unterrichtsmethoden einsetzen, die uns überliefert sind. Freinet aber bietet, da er all seine Methoden aus dem reichhaltigen Angebot reformpädagogischer Ansätze schöpfte, einige an, die besonders die konstruktive Seite betonen, andere, die gezielt der Verbindung von Konstruktion und Rekonstruktion dienen. Einige dekonstruktivistische wollen wir hinzudenken. Insgesamt nehmen wir Freinet - und die durch ihn repräsentierten reformpädagogischen Ansätze - auch nur als Anlaß für diese Überlegungen, die wir weiterführen wollen, denn so wie jede Konstruktion von Wirklichkeit immer neu und anders möglich ist, so kann auch eine Konstruktion von pädagogischen Methoden niemals als abgeschlossenes Ganzes oder vollendete Liste aufgefaßt werden. Und anders als Freinet verstehen wir diese Skizze von Methoden auch nicht als Techniken, sondern durch und durch konstruktivistisch als recht offene Wege, die jeweils spezifisch pädagogischen Situationen vor Ort angepaßt werden können.

Bevor wir nun aber eine unvollendete Liste möglicher Methoden entwerfen, soll der Zusammenhang zu unserer bisherigen Argumentation hergestellt werden:

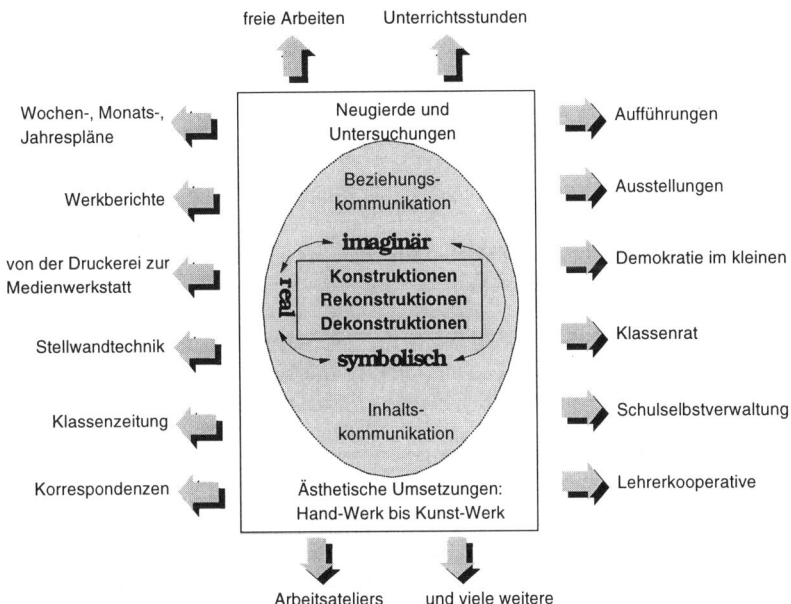

Aus unserer bisherigen Argumentation haben sich als Perspektiven einer konstruktivistischen Lehr- und Lernmethodik die drei Sichtweisen der Konstruktion, Rekonstruktion und Dekonstruktion ergeben. Sie gelten auch für jeden methodischen Einsatz, der sich mit Zielen und Inhalten, mit Medien und räumlichen, zeitlichen und sozialen Bedingungen in pädagogischen Prozessen verbindet. Diese drei Sichtweisen sind Möglichkeiten einer Kommunikation in Lehr- und Lernprozessen, die wir stets nach Beziehungs- und Inhaltsebene unterscheiden können. Dieses Konstrukt hilft uns, in der Unterscheidung deutliche Wechselwirkungen zwischen diesen für pädagogische Prozesse fundamentalen Blickwinkeln (der Mensch in seinen Beziehungen oder die Sache) zu erkennen und die Illusion zu bekämpfen, daß es in pädagogischen Prozessen ausschließlich um sachliche Lösungen geht.

In diesen inneren Kern können wir uns auch die Perspektiven des Symbolischen, des Imaginären und des Realen hineindenken. Sie sind sehr wesentlich, um Hintergründe von Methoden zu erhellen: Was treibt uns z.B. imaginär an, welche Methode symbolisch zu bevorzugen? Mit welchen Methoden lassen

225

sich insbesondere symbolische, imaginäre oder reale Erfahrungen und Erlebnisse machen? Wo bleiben einzelne dieser Perspektiven eher ausgeschlossen oder unbedeutend? Mit solchen Fragen müssen wir uns pädagogisch immer wieder intensiv auseinandersetzen, um die Hintergründigkeit unseres Handelns hinreichend in den Blick zu bekommen.

Dies ist, soweit gesehen, der Fokus einer konstruktivistischen Pädagogik und Didaktik, der besonders beachtet werden sollte. In dem Fokus selbst sind konstruktive und soziale Impulse eingeschlossen, die wir auch schon als Aspekte des Ansatzes von Dewey kennen. Die Neugierde und Untersuchungslust wie auch die ästhetischen Umsetzungen, die als Ausdruck erscheinen, sich als Handwerk oder Kunst präsentieren, sehe ich ebenfalls wie Dewey als ausschlaggebend für den methodischen Bereich an. Alle Methoden in Lehr- und Lernprozessen sollten möglichst durch Neugierde und Untersuchungen wie auch durch ästhetische Umsetzungen (die in einer Vielfalt von Ausdrucksmöglichkeiten vom Hand-Werk bis hin zu Abstraktions-Werken erscheinen können) bereichert werden.

Der methodische Fokus, der in der Mitte des Schaubildes symbolisiert wird, und der sich im konkreten Leben vielfältig mit weiteren Blickmöglichkeiten mischt und durch gezielte Beobachtungen differenzieren läßt, stellt Perspektiven einer systemisch-konstruktivistischen Pädagogik dar. Worauf beziehen sich diese Perspektiven in methodischer Hinsicht? In assoziativer Folge habe ich je konkrete methodische Möglichkeiten aufgeführt, die selbst kein hierarchisches Modell darstellen können. Es ist vielmehr ein methodischer Freiheitsraum, der weder abgeschlossen ist, noch die konkrete Entscheidung für bestimmte Bevorzugungen abnehmen kann. Dies könnte eine konstruktivistische Pädagogik auch gar nicht leisten, sofern sie ihrem Anspruch auf Konstruktion durch jene, die sie einsetzen wollen, treu bleiben will. Sie verweist mehr auf Entscheidungs-*möglichkeiten* als auf konkrete Maßnahmen, die nur vor Ort gefällt werden können.

Gehen wir kurz einige der möglichen Methoden durch:

☐ *Unterrichtsstunden:* Herkömmliche Unterrichtsstunden werden auch in einer systemisch-konstruktivistischen Perspektive nicht verschwinden. Dennoch gibt es vom Kern unseres Schaubildes aus gedacht einige Probleme, die sich insbesondere bei hoher Konstruktivität, intensiver Beziehungskommunikation und im Blick auf möglichst große Kreativität und Realitätsorientierung stellen:

○ Das *Zeit*problem: Der Stundentakt von 45 Minuten kann pädagogischen Erfordernissen oft nicht entsprechen. Flexiblere Zeitgestaltung ist daher ein pädagogisches Erfordernis, das allerdings oft an bürokratische Hindernisse stoßen wird. Gleichwohl müssen wir uns von zu engen Zeitzwängen freimachen, wenn wir systemisch und konstruktivistisch arbeiten wollen. Hier kann es oft sehr kreativ sein, mit den Teilnehmern bzw. Lernern selbst die Frage der Zeit im Blick auf die Arbeitsvorhaben zu thematisieren.

○ Das *Raum*problem: Für konstruktive Methoden fehlen oft geeignete Räume und in diesen geeignetes Material. Auch hier kann jedoch mittels Phantasie vieles ausgeglichen werden, was zunächst von den Methoden oder Medien bzw. Materialien her als unmöglich erscheint.

○ Das *Außenwelt*problem: Realitätserfahrungen sind in der Schule oder in eng abgesteckten pädagogischen Prozessen oft zu schematisch, unrealistisch, eindimensional usw. Es bedarf großer Initiative und einer hohen Erwartung und Bereitschaft zur Selbstverantwortung, wenn der engere Rahmen überschritten werden soll. Insbesondere die Aufbereitung solcher Erfahrungen für eine Gruppe kann andererseits dann aber auch methodisch sehr fruchtbar und anregend werden.

○ Das *Gewohnheits*problem: Gerade in methodischen Fragen legen sich Pädagogen gerne auf Verfahren fest, die irgendwann einmal Erfolg gebracht haben. Anderen und neuen Methoden wird dann eine große Skepsis entgegengebracht. Aber gerade hier wirken sich Gewohnheiten meist negativ aus: Mit methodischer Phantasie lassen sich unter Nutzung bekannter Verfahren Mischformen mit neuen Ideen konstruieren, die für eine aktuelle Situation, für eine Gruppe, für ein Problem passen, aber nie immer passen können.

○ Das *Stoff*problem: Je größer die zu vermittelnde Menge an Stoff im Unterricht ist, desto weniger können Methoden differenziert entfaltet werden. Stoffliche Entlastung ist eine wesentliche Voraussetzung für methodische Vielfalt und hohe Lernwirksamkeit von Unterricht. Denn die Stoffe, die behandelt werden, sollen sowohl in ihren verschiedenen re/de/konstruktiven Perspektiven als auch im Blick auf Imaginationen, auf Realität und im Blick auf Beziehungen thematisiert werden können.

Vor dem Hintergrund solcher - und im Einzelfall weiterer - Problemlagen können in der systemisch-konstruktivistischen Pädagogik prinzipiell alle klassischen Methoden (vom Vortrag über den fragend-entwickelnden Unterricht bis hin zu Einzel-, Partner- und Gruppenarbeit) eingesetzt werden. Beim Einsatz allerdings sollte die konstruktive Seite nie zu kurz kommen, was einige Methoden - wie z.B. den Vortrag - begrenzt: Unterrichtsstunden mit langatmigen Vorträgen oder isolierten Referaten einzelner Teilnehmer lehnt eine konstruktivistische Pädagogik und Didaktik als ineffektiv ab. Verfahren wie Projektunterricht oder sehr lerneraktive Plan- oder Rollenspiele in einer handlungsorientierten Didaktik bieten sich hingegen insbesondere an, um interdisziplinäre Fragestellungen zu bearbeiten. Lernwerkstätten in der Lehrerausbildung sind ein wichtiger Weg, dies vorbereiten zu helfen. Die Bedeutung des möglichen Einsatzes und den Erfolg dieses Einsatzes sollten pädagogische Gruppen stets analysieren und für sich auswerten.[4]

□ *Freie Arbeiten:* Freinet hatte freie Arbeiten eingeführt, um den individuellen Eigenarten und Bedürfnissen von Schülern besser zu entsprechen. Sie haben ihren Sinn nur, wenn der individuelle Lerner selbst das einbringen kann, was

---

[4] Von außen wäre dies als Supervision möglich, von innen mit »Reflecting teams«. Vgl. dazu Kapitel 10.

er bearbeiten will. Hier können neben Rekonstruktionen insbesondere konstruktive (z.B. ich zeige, wie ich es mache) und dekonstruktive (z.B. ich zeige, wie ich es anders sehe) Ansätze verwirklicht werden. Entscheidend ist aber auch, daß diese Re/De/Konstruktionen in den kommunikativen Prozeß der Gruppe bzw. Klasse zurückbezogen werden, um dort z.b. als ästhetische Umsetzung zu erscheinen, in jedem Fall aber, um dem Konstrukteur eine Rückmeldung über seine Erfahrungen und Erlebnisse aus der Sicht Anderer zu geben. Unter diesen Voraussetzungen wird es immer sinnvoll sein, einen Teil von Arbeiten in pädagogischen Prozessen in Form freier Arbeit durchzuführen.

□ *Wochen-, Monats-, Jahrespläne:* Lerner sollten prinzipiell stets auch lernen, ihre Zeit und Lernorganisation selbst mitzubestimmen und zu planen. Hierbei sollten sie kurz-, mittel- und langfristige Perspektiven einnehmen und durch die geleisteten Arbeiten kontrollieren, inwieweit Ziele, Inhalte, Methoden, Medien und Planung mit der Realisation übereinstimmten. Zu Beginn eines Schuljahres bzw. eines pädagogischen Prozesses sollte zusammen mit allen ein Gesamtplan (oder Jahresplan) erarbeitet werden, der allerdings eine gewisse Offenheit für Erweiterungen und Veränderungen läßt. Schulische Lehrpläne, die das ganze Schuljahr festlegen, lehnen wir, konstruktivistisch gesehen, ab. Es sollte allenfalls ein Teil vorgegeben werden, der dann auch noch zusammen mit den Schülern als notwendig erarbeitet werden müßte. Ansonsten benötigen Re/De/Konstruktionen eine zeitliche Offenheit, um nicht durch Vorgaben erstickt zu werden. Monatspläne in Schulen oder Projektpläne in anderen Gruppen dienen einer überschaubaren Einheit, für die ein Zeitplan fixiert und eine Organisation konstruiert wird. Wochenpläne sollten in Schulen zu Beginn jeder Woche bezeichnen helfen, in welcher Abstimmung individuelle und Gruppenarbeiten und ein Plenum sowie Unterrichtsstunden ineinandergreifen.

□ *Werkberichte*: Eine konstruktivistische Pädagogik steht und fällt mit der Realisierung von Konstrukten, von Werken, die Anderen mitgeteilt, gezeigt, die besprochen und als Lösungen für Probleme bzw. Konflikte diskutiert werden können. Solche Berichte gehören stets zu pädagogischen Prozessen, obwohl sie sehr unterschiedlich ausfallen können. Es können individuelle oder Gruppenberichte sein, sie können dokumentiert sein, gespielt werden usw., aber sie müssen immer Teil des pädagogischen Gesamtprozesses werden, wenn Lernvorgänge nicht isoliert werden sollen. Da wir aber Rekonstruktionen um ihrer selbst willen ablehnen, gehören alle Werkberichte in den kommunikativen Prozeß (Beziehung und Inhalt). Eine Form von Werkberichten sind z.B. Heftesammlungen der Lerner, in denen sie ihre Konstruktionen festhalten und Lernfortschritte für sich und Andere dokumentieren. Dabei sind verschiedene Dokumentationsformen zu unterscheiden: Dokumentation von Gruppenarbeiten und Projekten, die für alle gleich aussehen, Dokumentationen von Untergruppen, die ein bestimmtes Ergebnis in einen Gesamtprozeß einer größeren Gruppe einbringen; individuelle Dokumentationen z.B. aus freier Arbeit oder individuellen Lernleistungen im Zusammenhang mit Aufgaben aus Wochenplänen. Es wäre eine konstruktivistische Verschwendung, diese Erarbeitungen bloß isoliert durch Lehrer abzuprüfen. Sie sollten vielmehr Rückmeldungen der Gruppe ermöglichen, um mittels Zirkulation aus der Rolle der Individualisierung von Leistungen auf die Anerkennung und den Ansporn durch die Gruppe zurückbezogen zu werden. Daraus kann eine Motivation erwachsen, die nicht nur egoistisch konstruiert, sondern mit Anderen und für Andere sich entwickelt (Teamfähigkeit, Kooperation). Gerade an dieser Stelle ist der andere/Andere wieder verdoppelt: Als anderer ist es mein mich motivierendes Bild, mein Bild über andere, das mich in einem Team zeigt, wie ich sein möchte; über Andere bekomme ich aber auch eine reale Rückmeldung über dieses Bild, das mir zeigt, wie ich wirke. Erst aus beiden Perspektiven entsteht eine teamorientierte Sicht.

☐ *Von der Druckerei zur Medienwerkstatt:* Bei Freinet gilt die Einführung der Druckerei als größter Fortschritt gegenüber der herkömmlichen Schule. Mit dem Setzen der Buchstaben lernen die Kinder nicht nur Buchstabe für Buchstabe und Wort für Wort, sondern sie machen auch herkömmliche Schulbücher und Lehrmaterialien überflüssig, indem sie eigene herstellen und mit Anderen austauschen. Diese Grundidee ist konstruktivistisch, aber gegenüber Freinet wollen wir sie nicht auf eine Druckerei beschränken, die heute allenfalls als eine Anfängermöglichkeit des Druckens sinnvoll eingesetzt werden kann. Sie ist heute von anderen Medien überholt worden: Computer mit Farbdruckern, Scannern, Multimedia mit Einbindung von Tonaufnahmen, Video, Austausch über lokale oder internationale Netzwerke, dies sind wesentliche Elemente einer Medienwerkstatt, die stets Lehr- und Lernprozesse begleiten sollten. Da diese Medien zum Alltag und zur Berufspraxis aller Lerner gehören oder gehören werden, wäre es schon rekonstruktiv gesehen fahrlässig, sie auszuklammern. Vielmehr sollte gerade ihr konstruktiver Teil gegenüber dem rezeptiven und passiven genutzt und entwickelt werden. Dies hängt mit folgendem Punkt zusammen: Die Ablehnung herkömmlicher Schulbücher ist konstruktivistisch gesehen sehr sinnvoll, denn Schulbücher befördern die Illusion einer Bereitstellung von Wissen in bestimmten Kompendien und vernachlässigen die Rekonstruktion von Lern- und Arbeitstechniken, sich solche Zusammenstellungen selbst zu fertigen. Dies schließt allerdings nicht den Gebrauch von Büchern aus, sondern nunmehr auf erweiterter Basis ein. Es sind jene Bücher und Materialien auszuwählen, aus denen die Schüler bzw. Lerner das auswählen können, was sie interessiert und was sie brauchen, um ein *für sie relevantes Material* zu konstruieren. Nur so werden sie lernen, eigenständige Beobachter und Konstrukteure ihrer Wirklichkeiten zu werden. Gerade hierbei können ihnen neue Technologien dann helfen, wenn sie gezielt eingesetzt werden. Ein Beispiel soll dies verdeutlichen: Wenn Schüler in Zukunft immer mehr mit interaktiven Lernprogrammen - z.B. Vokabeltrainern - am PC arbeiten werden, dann greift dies konstruktivistisch gesehen zu kurz. Sie selbst sollten vielmehr in die Lage gebracht werden, sich einen Vokabeltrainer so als interaktives Lernprogramm herzustellen, wie sie ihn brauchen. Die Pädagogen sollten also Autorensoftware soweit beherrschen, daß sie ihren Schülern helfen können, nicht bloß rezeptiv Programme zu konsumieren, sondern sich selbst Programme herzustellen.[5] Zudem sollten alle Programme möglichst umfassend auf kooperative Teamprozesse zurückbezogen werden: Bevor man am Computer arbeitet, kann man Entwürfe oder Vorstellungen diskutieren. Während man arbeitet, kann man im Team Alternativen besprechen. Nachdem man gearbeitet hat, sollten die Ergebnisse ausgedruckt bzw. visualisiert werden, um ins Gespräch zu kommen. Der PC ist kein Selbstzweck, sondern wird so als *ein* Instrument für konstruktives Handeln erfahren. Andere Medien wie Video oder Tonaufnahmen sind oft geeigneter, Material aus der Alltagswelt aufzubereiten. Die Nachbearbeitung auf dem PC kann aber insgesamt vielen Bearbeitungen eine ansprechende Form verleihen.

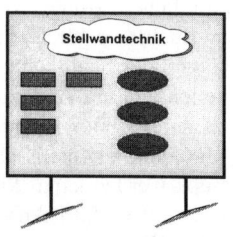

☐ *Stellwandtechnik:* Die Methode des schriftlichen Diskutierens (Metaplantechnik) wird heute überwiegend in der Weiterbildung (Erwachsenenbildung) erfolgreich eingesetzt. Sie ist in den Schulen noch recht unbekannt. Hier werden Pinwände mit Packpapier zum Aufkleben und farbigen Karten zum Anheften benutzt, um insbesondere für Ideensammlungen, für Kartenabfragen, Entwicklungen von Schaubildern usw. in kommunikativen Prozessen Präsentationsformen zu bilden. Dies ist besonders geeignet, Entscheidungen zu finden und transparent zu machen. Es ist zugleich eine demokratisch orientierte Methode, da bei Kartenabfragen z.B. alle Teilnehmer Karten mit Stichpunkten zu einem Problem aus ihrer Sicht schreiben, so daß in einer Gruppe alle Meinungen zu dem Problem (auch Minderheitenmeinungen) erscheinen und schriftlich fixiert werden. Andererseits lassen sich Stellwände besonders gut zur Dokumentation von Werkberichten, von Arbeitsergebnissen in ansprechender Form einsetzen. Die Ergebnisse sind gut archivierbar und können für Ausstellungen genutzt werden. Die Stellwandtechnik gehört aufgrund ihrer teilnehmerorientierten Möglichkeiten (an der Seite anderer Medien) zum unverzichtbaren methodischen Reservoir einer konstruktivistischen Pädagogik (vgl. auch Reich 1998 e).

☐ *Klassenzeitung:* Für Freinet sind Klassen- oder Schulzeitungen Möglichkeiten des Ausdrucks der Schüler nach außen. Sie dokumentieren ein Ergebnis nach außen und hierdurch sind Lerner oft angespornt, Energien freizusetzen. Besonders bei Anlässen persönlicher Betroffenheit werden solche Energien frei. Erweitern wir solche Zeitungen über die Medienwerkstatt auf Produktionen über Wirklichkeitskonstruktionen, dann wird ein ganzes Spektrum von Darstellungsmöglichkeiten eröffnet. Es macht immer einen Unterschied, ob ein Lerner ganz

---

[5] Durch moderne Autorensoftware ist dieses Feld nicht mehr nur Spezialisten vorbehalten. Es sollte fester Ausbildungsbestandteil für Pädagogen an den Hochschulen werden.

für sich lernen soll, oder ob er zusätzliche Motivation dadurch erfährt, daß seine Arbeit für Andere bedeutsam wird. Hier können insbesondere Einzel- und Gruppenleistungen konstruktiv ineinandergreifen.

☐ *Korrespondenzen:* Bei Freinet wird die Druckerei benutzt, um Materialien zu erstellen, die ausgetauscht werden können. Dies läßt sich durch eine Medienwerkstatt erweitern. Insbesondere Computer mit Netzwerkmöglichkeiten eröffnen interessanten Austausch von E-Mail, wobei nicht nur Texte, sondern auch Bild- und Hörmaterial zur Verwendung kommen kann. Dabei lassen sich Inhalte an Beziehungen und Alltagserfahrungen knüpfen, indem Schulklassen unterschiedlicher Regionen Berichte z.B. über ihr Alltagsleben usw. austauschen und sich ggf. auch besuchen. Zugleich können über unterschiedliche Regionen/Länder/Kulturen verschiedene Beobachterstandpunkte aus unterschiedlicher Sicht in den Lehr- und Lernprozeß einfließen.

☐ *Arbeitsateliers:* Freinet räumte den Arbeitsateliers in seiner Pädagogik einen großen Raum ein (vgl. z.B. Freinet 1980, 39 ff.). Eine Schule sollte nach seiner Auffassung bezüglich der Arbeitsateliers einen gemeinsamen Raum für alle haben (auch als Ausstellungsraum nutzbar), spezialisierte Arbeitsateliers im Schulgebäude, Arbeitsateliers im Freien (Feldarbeit und Tierzucht). Er wollte, ähnlich wie Dewey, daß sich die Schule nach außen in die Lebenswelt öffnet, andererseits daß Techniken und Anwendungen in die Schule hineinkommen. Im handwerklichen Bereich stellte er sich Ateliers für (1) Feldarbeit und Tierzucht, (2) Schmiede und Schreinerei, (3) Spinnerei, Weberei, Nähwerkstatt, Küche, Hauswirtschaft und (4) Bau, Metall und Handel vor. Diese elementaren Arbeiten sollten mit Ateliers für differenziertere, soziale und intellektuelle Aktivitäten erweitert werden. Dazu gehören Ateliers für (1) Forschung, Wissen und Dokumentation, (2) Experimente, (3) Kreativität, graphischer Ausdruck und Kommunikation, (4) Kreativität, künstlerischer Ausdruck und Kommunikation. Hier begegnen uns viele der Ideen von Dewey oder anderer Reformpädagogen wieder. Aber es zeigte sich in der Praxis, daß solche umfassenden Ateliers schwer umsetzbar sind. Bis auf wenige Modellschulen sind insbesondere die handwerklichen Tätigkeiten kaum vom herkömmlichen Schulsystem aufgenommen worden, weil es einer strikten Trennung von Hand- und Kopfarbeit unterliegt. Dies ist auch konstruktivistisch gesehen eine Vereinseitigung, weil handwerkliche Konstruktionen damit als gering angesehen werden. Die Tendenz in allen Industrieländern, die geistige Arbeit und vor allem das Studium überzubewerten, ist auch Produkt dieser schulpolitischen Vereinseitigung. In ihr drückt sich auch eine Entfremdung gegenüber den eigenen Ressourcen und konkreten Herstellungen im Lebensalltag aus, die den Konsum gegenüber der Produktion favorisiert und den Menschen stärker vor eine Abhängigkeit in seiner elementaren Lebensversorgung stellt. Da es sich hier um eine kulturelle Entwicklung handelt, helfen in der Regel pädagogische Gegenversuche recht wenig.

Bei dem Arbeitsatelier zu Forschung, Wissen und Dokumentation wünscht sich Freinet eine Sammlung von Dokumenten, die möglichst vollständig ist und die stets auf dem laufenden gehalten wird, indem Kinder sie selbst vervollständigen; ferner Nachschlagewerke, die für die Auffassungsgabe von Kindern gemacht sind; sowie eine Arbeitsbibliothek, in der besonders Dokumente enthalten sind, die über die Werkberichte in den Heftesammlungen hinausreichen. Ferner werden hier Landkarten, Platten, Filme usw. benötigt. Im Experimentieratelier sollen vor allem naturwissenschaftliche Kenntnisse durch Versuche erfahren werden können, die breit zu flankieren sind: Materialien zur gezielten Beobachtung, Beobachtungsinstrumente, Dokumentation von Beobachtungen (Museum). Der graphische Ausdruck soll neben der Druckerei Schreib- und Lesematerial umfassen. Der künstlerische Ausdruck benötigt Musikinstrumente, künstlerische Techniken mit entsprechenden Materialien.

Betrachtet man die Entwicklung von Freinet-Klassen im herkömmlichen Schulsystem, dann erkennt man sehr abgespeckte Varianten dieser Ateliers. Oft ist es neben der Druckerei nur ein kleines Buchregal, was ein Atelier verkörpert. Hier spielen dann Arbeitskarteien eine große Rolle. Auf Karteikarten sind bestimmte Aufgaben verzeichnet, die der Lerner selbsttätig zu bearbeiten hat und worüber er einen Bericht in einem zugehörigen Heft abgibt. Im Wochenplan legt er selbst fest, wann er welche Bereiche bearbeiten will. Seltener werden größere Projekte durchgeführt, die eine gemeinsame Gruppenaktivität über längere Zeit beanspruchen.

Die systemisch-konstruktivistische Pädagogik kann in der Idee von Arbeitsateliers eine Intention entdecken, konstruktive Arbeiten nicht nur verbal, sondern tatsächlich auszuführen. Hier entstehen feste Orte, und es gibt einen Zeitrahmen, der das konstruktive Arbeiten gestattet. Andererseits werden solche Ateliers nach den Vorlieben der Pädagogen konstruiert, die in ihnen eigene Lernerfahrungen konzentrieren und an die Schüler weitergeben wollen. Hier erscheint es als notwendig, die Konstruktion der Ateliers selbst an einen Entscheidungsprozeß der Schüler oder Lerner zurückzubinden, um ihnen nicht für sie fremde und unverständliche Ateliers aufzuzwingen. Insoweit sind Freinets Vorschläge zeitbedingte Konstruktionen, die nicht unbedingt auf die Gegenwart übertragen werden können, sondern uns allenfalls anregen, eigene Positionen einzunehmen. Eine hinreichende Vollständigkeit von Materialien oder Dokumenten wird man nie erreichen können, aber es erscheint als möglich, daß die Schüler nicht nur Material bearbeiten, um Lösungen für sich zu finden, sondern auch Material konstruieren, das Anderen als Vorlage für mögliche Lösungen dient. Die systemisch-konstruktivistische Pädagogik sieht in Arbeitsateliers einen offenen, aber auf konkrete Tätigkeiten und Werke bezogenen Rahmen, in dem kulturbezogen rekonstruktiv und konstruktiv kreativ gearbeitet werden kann. Die kreativen Möglichkeiten entstehen besonders, wenn Pädagogen und Lerner sich engagieren, Arbeiten nicht bloß nachahmend und reproduzierend, sondern umfassend konstruktiv auszuführen.

☐ *Aufführungen:* Die Spielfreude, der Wechsel von Beobachterpositionen und Rollenerlebnisse werden insbesondere durch Aufführungen - im vertrauten Kreis oder mit Wirkung nach außen - erreicht. Dies sind nicht nur Theateraufführungen, nicht nur Stücke, die Andere geschrieben haben, sondern, konstruktivistisch gesehen, möglichst eigene Arbeiten, die vor einem Publikum gezeigt werden, um so Ansporn für eine ästhetische Umsetzung zu sein. Solche Aufführungen bevorzugen wir insbesondere deshalb, weil in ihnen große imaginäre Energien freigesetzt werden können.

☐ *Ausstellungen:* Werkberichte können stets für Ausstellungen genutzt werden. Ausgestellt werden kann nach innen und nach außen. Hier kann auch reflektiert werden, was die eigene Beschäftigung für Andere bedeutet.

☐ *Demokratie im kleinen:* Demokratie als großer, abstrakter und entfernter Prozeß, der nicht durchschaut wird, fängt im kleinen an. Je weniger Beteiligung der Schüler oder Teilnehmer an pädagogischen Prozessen zugelassen wird, desto stärker ist die Folgewirkung einer demokratischen Skepsis, die ohnehin bezweifelt, ob es gerecht, gleich und mit notwendigem Schutz für Schwache in unserer Gesellschaft zugeht. So entstehen auch politische Illusionen über eine Demokratie, die bloßes Idealbild bleibt, weil man nie gelernt hat, sich den Schwierigkeiten demokratischer Prozesse zu stellen, indem man seine Interessen mit anderen oder gegen andere vertritt.[6] Die Demokratie im kleinen beginnt mit einer aktiven und ständigen Beziehungskommunikation, die sich zusätzlich bestimmter Instrumente der systemischen Therapie wie »Reflecting teams« und einer Supervision von außen bedienen kann.[7] Hier ist aber keine Pseudodemokratie gemeint, die z.B. als Laissez-faire-Einstellung den Schülern stets nachgibt. Beziehungskommunikation ist kein machtfreier Raum und Lehrer sind in gewisser Weise mächtiger als Schüler. Beide wirken in systemischer Weise zusammen, so daß es zur Beobachteraufgabe für alle in einem solchen System gehört, ihr Zusammenwirken mit einem Blick von außen zu reflektieren und sich als Ziel zu setzen, Beobachterpositionen von Anderen einnehmen zu lernen. Das kann durch demokratische Rollen und einen Wechsel in ihnen geschehen. Jede pädagogische Gruppe benötigt bestimmte Ämter und Aufgaben, die allerdings rotieren sollten. Welche Ämter und Aufgaben nötig sind, das sollten die Gruppen jeweils selbst und stets neu für eine festzulegende Zeit aushandeln.

☐ *Klassenrat:* Für Freinet sollte der Klassenrat jede Woche tagen, um gemeinsame Vorhaben zu planen und Konflikte zu bearbeiten. Er kann sich auf Anregungen in einem Meckerkasten ebenso stützen wie auf Initiativen einzelner. Ein fester Termin erscheint als wichtig, damit die Schüler sehen, daß ihre Anliegen ernst genommen werden.

☐ *Schulselbstverwaltung:* Die Schulbürokratie verhindert in der Regel neue

---

[6] Auch hier ist der andere/Andere wieder verdoppelt: Als anderer ist er meine Imagination eines gemeinsamen Interesses, als Anderer die Erfahrung fremder Meinungen. Beide Seiten gehören zu einer demokratischen Erfahrung bei konkreten Entscheidungen. Ohne individuelle Wünsche und ohne Begrenzung des wünschenden Individualismus durch die Grenzen Anderer kann es keine demokratischen Prozesse in der Kommunikation geben.

[7] Vgl. dazu genauer die Ausführungen in Kapitel 10.

Methoden, indem sie Gelder nur nach dem Muster der Bewährung vergibt. Wie aber soll man dann etwas Neues schaffen, wenn es sich schon bewährt haben soll? Angesichts der Finanzkrise in den 90er Jahren gibt es auch in Deutschland erste Versuche, den Schulen mehr Selbstverwaltung zukommen zu lassen, um die Einsparungen und Defizite auf die Lehrer zu verteilen, die das, was ihnen geblieben ist, dann effektiv einsetzen sollen. Wenn wir konstruktivistisch gesehen Verbesserungen wollen, dann sind selbst bescheidene Mittel ein erster Ausgangspunkt von Selbstverwaltung, die nur über politischen Kampf im großen auch zu mehr Mitteln führen wird. In die Schulselbstverwaltung sind aber auch die Schüler umfassend einzubeziehen, wenn demokratische Prozesse einschließlich der verknappten Mittel ihnen transparent werden sollen.

☐ *Lehrerkooperative:* Der isolierte Lehrer kann leicht manipuliert und stillgestellt werden, er wird schnell überfordert, und sein Ideenreichtum ist beschränkt. Deshalb ist der Einzelkämpfer der Idealtyp der traditionellen Schule, denn er wird das eingefahrene System nie stören. Freinet aber fordert Lehrer auf, kooperativ zu werden, sich zusammenzuschließen zu Teams, in der Freizeit Aktivitäten für sich zu organisieren, und wir können dies verlängern: Alle jene Aktivitäten selbst zu organisieren, die ihnen das traditionelle System für eine konstruktivistische Tätigkeit verwehrt: Weiterbildung, Supervision, Ideenwerkstätten usw.

☐ *Und viele weitere:* Diese Liste kann nicht vollständig sein, sie gibt nur einen gewissen Methodenhorizont wieder, der stets offen bleiben muß, der zu erweitern und zu konkretisieren ist. Pädagogen sollten den Mut haben, die Liste mit ihren Teilnehmern selbst zu fertigen.

Allerdings gibt unser Schaubild und die bisherige Darstellung zu wenig die Wechselwirkungen der einzelnen methodischen Elemtente wieder. Einerseits wirken alle Methoden auf den Kern unserer Intentionen zurück. Die Pfeile nach außen zeigen also nur Möglichkeiten des Einsatzes aus einer bestimmten Perspektive an. Die Perspektive mag sich erweitern oder verändern, wenn die jeweils konkreten Rückwirkungen im Einzelfall erfahren und erlebt werden. Andererseits ist hier von einem Netzwerk auszugehen, denn nur in Verbindung aller Teile miteinander werden systemische Wirkungen deutlich. Die Beobachter in pädagogischen Prozessen, und dies sind die Lerner/Teilnehmer ebenso wie die Pädagogen, sollten nach ihren Bedürfnissen, in ihren Bedingungen und unter Berücksichtigung von Handlungskonsequenzen diese Perspektiven nach Bedarf einsetzen und ihr Netzwerk entfalten: Erst ihre konkreten Beispiele werden helfen, Möglichkeiten einer konstruktivistischen Pädagogik zu entwickeln.

10. Systemische Methoden: Was Pädagogen von der systemischen Beratung lernen können

Helm Stierlin (1994) hat anschaulich beschrieben, wie sich die systemische Beratung aus verschiedenen Ansätzen heraus entwickelte. Auch die systemische Beratung bzw. Therapie stützt sich auf konstruktivistische und systemische Ansichten, die ebenfalls unsere bisherigen Überlegungen leiteten. Die systemische Beratung, die in unterschiedliche Ansätze zerfällt[1], ist insbesondere aufgrund ihres lösungsorientierten Ansatzes[2] für die Pädagogik interessant. Sie versteht Beratungsprozesse als Hilfe zur Selbsthilfe, was sich mit klassischen pädagogischen Ansprüchen deckt. Dabei sind die Ansätze der systemischen Beratung aber keineswegs eine einheitliche Ideologie, die sich als relativ eindeutiges symbolisches System entfaltet. Vielmehr erscheint in den unterschiedlichen Ansätzen eher ein praktisches Stückwerk von Einzelkonstrukten, die je nach Beobachterstandpunkten zur Anwendung kommen. Dabei gibt es auch grundsätzliche Meinungsverschiedenheiten, wenn etwa an eine inhaltliche Herleitung systemischer und konstruktivistischer Modelle gedacht wird (z.B. biologistisch, funktionalistisch, interaktionistisch, vielfach: Lebenserfahrungstheorien), insbesondere aber dann, wenn es um die Frage der Macht in der Therapie und die Macht des Therapeuten geht.[3] Eine Abgrenzung und theoretische Erörterung dieser Perspektiven soll hier jedoch nicht im Vordergrund stehen. Ähnlich wie im letzten Kapitel geht es mir hier vorrangig um methodische Fragen, die ich recht einseitig dahingehend prüfen will, inwieweit Pädagogen sich Methoden von der systemischen Beratung bzw. Therapie abschauen könnten. Dazu wähle ich einige Aspekte aus, mit denen ich auch persönliche Erfahrungen habe machen können. Insoweit ist die nachfolgende Liste weder vollständig noch in irgendeiner Weise als abgeschlossen zu betrachten. Es werden vor allem Aspekte herausgestellt, die in systemisch-konstruktiver Arbeit mit Gruppen als bedeutsam und als Grundlage angesehen werden können. Letztlich aber müssen solche Methoden in der Arbeit der Gruppen selbst ausgewählt werden und sich in ihrer jeweiligen Bewährung als geeignete Konstrukte behaupten.

In einem Schaubild will ich diese ausgewählten Methoden zunächst im Überblick festhalten. Im Anschluß werde ich skizzenhaft auf die einzelnen Metho-

---

[1] Vgl. einführend z.B. Schlippe/Schweitzer (1996), Mücke (1998), Böse/Schiepek (1989), Ludewig (1992), Buchholz (1990), Schweitzer u.a. (1992), ferner die laufenden Beiträge in den Zeitschriften "Familiendynamik", "Zeitschrift für Systemische Familientherapie".

[2] Explizit formuliert z.B. bei de Shazer (1989, 1992).

[3] Vgl. z.B. Hoffmann (1987).

den eingehen und ihre Bedeutung für eine systemisch-konstruktive Pädagogik andeuten. Die Methoden sind keinesfalls isoliert zu betrachten, sondern wirken zusammen und sind in Gruppenprozessen oft neben- oder hintereinander einsetzbar.

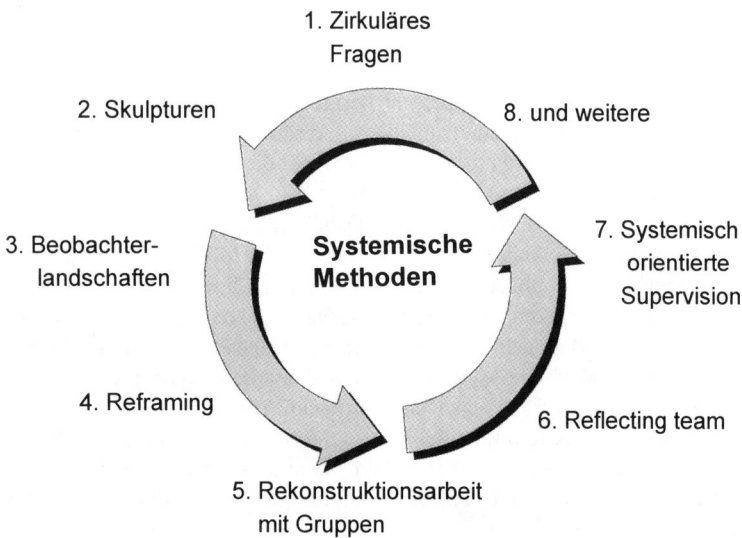

1. Zirkuläres Fragen

2. Skulpturen

8. und weitere

3. Beobachter-landschaften

Systemische Methoden

7. Systemisch orientierte Supervision

4. Reframing

6. Reflecting team

5. Rekonstruktionsarbeit mit Gruppen

1. Zirkuläres Fragen
Im zweiten Kapitel haben wir ausführlich die Rückkopplung in kommunikativen Prozessen dargelegt. Nimmt man die Rückkopplungseffekte ernst, dann verändern sich auch Frageformen. Wir können zwar immer direkt fragen, was ein Gegenüber denkt, empfindet, fühlt usw., aber damit erfassen wir in der Regel zu wenig die Verwobenheit dieses Anderen in ein Verhältnis mit uns oder mit Dritten.
Beispiel:
"Warum reagierst du so heftig und wirst so aggressiv?" Hier wird der Andere direkt angesprochen. Der Frager drückt damit aber auch indirekt die Erwartung aus, daß *im* Anderen etwas los ist.
In einer zirkulären Frage erweitert sich die Perspektive. In dieser Frage wird die kommunikative Wirkung mitbedacht. So wechseln wir die Perspektive: Statt nur nach der inneren Sicht eines Gegenübers zu fragen, suchen wir jetzt eine kommunikative Bedeutung und Funktion zu ergründen. Die Frage verändert sich damit: "Was meinst du, wird deine heftige Reaktion und Aggression bei mir auslösen?" Oder aus der Sicht des Dritten: "Was meinst du,

Franz, wird deine Reaktion und Aggression für Eva bedeuten?" Und dies kann man endlos erweitern: "Was meinst du, Franz, was es bei deiner Mutter auslöst, wenn du Eva so behandelst?"

Diese Fragetechnik wurde in der systemischen Therapie entwickelt[4], um neue Informationen über Familiensysteme zu erreichen, die der kommunikativen Situation der Rückkopplung entsprechen. Dieses Verfahren galt lange Zeit als das Herzstück der systemischen Therapie.[5] Ursprünglich sah man es als eine Methode von "gedankenlesenden Fragen" an, mit denen neue Perspektiven oder Informationen in eine Gruppe, in einen Beziehungskontext eingeführt werden. Als *Beispiel* sei für einen pädagogischen Kontext genannt: Mögliche Fragen an den Lehrer, der sich immer wieder über einen zu spät kommenden Schüler aufregt: "Wer in der Gruppe ärgert sich Ihrer Meinung nach am wenigsten darüber? Wer am meisten? Wie würde beim nächsten Zuspätkommen derjenige, der sich am meisten, und derjenige, der sich am wenigsten ärgert, reagieren, wenn sie an Ihrer Stelle wären? Wenn Peter an Ihrer Stelle wäre, was denken Sie, würde er beim nächsten Zuspätkommen machen?"

Frage an den Schüler: "Was glaubst du, fühlt dein Lehrer, wenn du, sagen wir einmal, das dritte Mal hintereinander zu spät gekommen bist?"

Frage an beide: "Was glauben sie, müßte geschehen, damit beide Seiten in Zukunft zufriedener sind?"

Oder triadisch im Blick auf einen imaginären Partner: "Wenn Ihr früherer Lehrer hier wäre, bei dem Sie zu spät kamen, was würde der zu Peter ... ?"

Die Struktur solcher Fragen vermeidet eine direkte Antwort. Sie versucht, den Beobachterstandort so zu verschieben, daß möglichst nicht direkt und verkürzt geantwortet wird, sondern ein Kontext mit zu bedenken ist, so daß aus der kontextbezogenen Antwort neue Informationen und daraus neue Beobachterperspektiven entstehen können. Der Kontext aber bedeutet, daß sowohl der Frager als auch der Antwortende die Rückkopplungen und damit bedeutsame Wirkungen und Funktionen in der Kommunikation mit reflektieren.

Zirkuläre Fragen setzen eine systemische Grundhaltung voraus, die sich auf der Seite der Beziehungskommunikation und nicht auf der Seite, etwas über ausschließliche Inhaltshervorhebung lösen zu wollen, situiert.

Wenn wir auf der Seite der Beziehungskommunikation stehen, dann helfen zirkuläre Fragen, Kontexte näher zu beschreiben und Lösungen für Probleme hierin vorrangig dadurch zu finden, daß es über Fragen und Antworten, d.h. über ein Sprachspiel, gelingt, eigene festgefahrene Beobachterpositionen aufzuweichen oder aufzulösen.

In einer Übersicht sollen Aspekte der Inhalts- und Beziehungskommunikation noch einmal gegenübergestellt werden, um den Unterschied zwischen einer

---

[4] Sie geht auf den Mailänder Ansatz von Selvini Palazzoli u.a. zurück.

[5] Vgl. einführend z.B. Palmowski/Thöne (1995).

eher linearen und einer zirkulären Denkweise vereinfachend auszudrücken. Diese Grundhaltungen sind für das Frageverhalten entscheidend. Zirkuläre Fragen zielen auf die Beziehungskommunikation:

Inhaltskommunikation	Beziehungskommunikation
Eine Beziehung wird wie eine Sache, wie ein Ding gesehen (z.b. feststehend, eindeutig, unveränderlich), sie erscheint *an sich*	Eine Sache oder ein Ding sind immer Teil einer Beziehung und damit von einem Beziehungskontext abhängig (fest nur aus der Sicht eines Beobachters; im Verhältnis der Beobachter unscharf; veränderlich, wenn mehrere Perspektiven gelten), sie erscheint *für Beobachter*
Veränderungen erscheinen als von außen steuerbar, sie sind technisch regelbar und eindeutig vorhersagbar	Veränderungen unterliegen spontanen und kreativen Prozessen, sie sind nie vollständig vorhersagbar
Experten durchblicken alle Prozesse, wobei es nur von der Qualität ihrer Kenntnisse abhängt, wie weitreichend die Prozesse durchschaut werden	Experten können allenfalls Beziehungen dadurch transparenter werden lassen, daß sie helfen, im Kontext von Beziehungen diese durch alle Beteiligten beobachtbar und reflektierbar zu halten
Wahrheit erscheint als ein Konstrukt von sachlicher Schärfe und weitreichendem Durchblick, den nur wenige gewinnen können	Wahrheit erscheint als ein Konstrukt der Verständigung über eine Beziehung von denjenigen, die diese Beziehung gestalten

Ohne Vollständigkeit erreichen zu können, denn zirkuläre Fragen sind selbst nicht eindeutig zu definieren, lassen sich einige Funktionen solcher Fragen im Blick auf pädagogische Prozesse zusammentragen (vgl. dazu auch Palmowski/ Thöne 1995):

○ Sie knüpfen Kontexte, indem sie Verbindungen in der Beziehungskommunikation schaffen (Kreislauf von Argumenten und Querverweisen, Erhöhung der Plastizität von Verhaltensweisen).

○ Sie verbinden diese Kontexte mit Emotionen, weil und insofern sie nicht bloß kognitiv distanzierend gestellt werden, sondern sich auf Beziehungen und deren widersprüchliches Erleben selbst einlassen.

○ Sie helfen insbesondere, in den Kontexten Informationen darüber zu gewinnen, welche Unterschiede in den Wahrnehmungen verschiedener Beobachter vorliegen. Sie helfen damit, Unterschiede herzustellen bzw. erlauben, Unterschiede einzuführen.

o Sie verknüpfen Aspekte miteinander, die so aus der Sicht der Beobachter noch nicht verknüpft waren, so daß vorhandene Muster unterbrochen und neue gesehen werden können.

o Sie helfen zudem, Veränderungen aus der Sicht verschiedener Beobachter im Blick auf ihre Kontextbedeutungen und (Vor-)Urteile zu erheben.

o Sie dienen dazu, Hypothesen des Fragestellers zu bestätigen oder zu verwerfen, d.h. sie binden den Fragesteller in den Beziehungskontext ein.

o Sie können die Neugier aller in der Beziehungskommunikation wecken, weil sie als indirekte Fragemethode ungewöhnlich sind.

o Sie entmoralisieren und entlasten von Schuld, weil und insofern sie sich nicht kausal nach Schuld oder Ursachen orientieren, sondern von vornherein eine Beziehung in jeder Kommunikation als wechselseitige Spiegelung und Rückwirkung unterstellen (damit kann der Fragesteller eine offene Position im Beziehungskontext beibehalten).

Diese Funktionen werden vorrangig durch zirkuläres Fragen intendiert, allerdings wird man zugeben müssen, daß solche Funktionen auch durch andere Kommunikationsformen erreicht werden können. Penn (1983) hat verschiedene zirkuläre Fragetypen klassifiziert. Ich will sie hier für eine konstruktivistische Pädagogik so modifizieren, daß weniger der therapeutische als vielmehr ein möglicher pädagogischer Horizont sichtbar wird. Ich spiele dabei je einen Satz von Beispielfragen durch, der sich je nach der Art von Ereignissen bzw. Problemen allerdings verschieben wird. Als Beispiel wählen wir eine Präsentation in einem pädagogischen Seminar, die dem Präsentierenden, Franz, wegen zu hoher Abstraktion völlig mißlungen ist. Dieses Mißlingen äußerte sich dann in Vorwürfen von seiner Seite an die zu wenig mitarbeitende Gruppe. Die Fragen sind aus der Sicht eines Dritten gestellt, der die Szene beobachtete:

	Vergangenheitsfragen	Gegenwartsfragen	Zukunftsfragen
nach Bedingungen	"Martina, was meinst du, welche Verhältnisse hätte Franz benötigt, um anders vorzugehen?"	"Franz, was meinst du, welche Verhältnisse würde Martina benötigen, um dich besser zu verstehen?"	"Eva, was meinst du, welche Bedingungen würdest du beachten, wenn du nächstes Mal die Aufgabe von Franz erhalten würdest?"
nach Zuschreibungen und Klassifikationen	"Eva, glaubst du, daß Franz der Gruppe auch Vorwürfe gemacht hätte, wenn ihr ihn ganz toll gefunden hättet?"	"Franz, was meinst du, wie dein Gesicht jetzt auf Eva wirkt?"	"Wer hat schon einmal gesagt bekommen, daß er zu trocken präsentiert, und was kann er Franz sagen, damit es das nächste Mal besser klappt?"

	Vergangenheitsfragen	Gegenwartsfragen	Zukunftsfragen
nach Erklärungen	"Wieso, meinst du Franz, erlebte Eva dich schon gleich zu Beginn als zu trocken?"	"Peter, wie erklärst du dir, daß ausgerechnet Eva immer als erste bemerkt, wenn sich jemand nicht wohlfühlt?"	"Was willst du Franz sagen, Eva, damit er das nächste Mal ganz anregend auf dich wirkt?"
nach Übereinstimmungen	"Wer erlebte Franz so, wie er auch sich selbst schon einmal erlebt hatte?"	"Wer teilt die Schwierigkeiten von Franz und erlebt sich in bezug auf die Art des Präsentierens selbst als hilflos?"	"Was meinst du, Karin, was Franz in Zukunft von unserem Gespräch erinnern wird?"
nach Unterschieden	"Eva, was meinst du, wer Franz anders als du erlebt hat?"	"Peter, glaubst du, daß du Franz jetzt genau so erlebst wie Eva?"	"Martina, meinst du, daß Franz das nächste Mal nach dieser Erfahrung genau so vorgehen wird?"
nach weiteren Gesichtspunkten[6]			

Solche Sprachspiele schaffen Informationen: und zwar für alle Beteiligten, d.h. gerade für denjenigen, der antwortet. Denn durch die Frage sieht er sich gezwungen, einen erweiterten Kontext zuzugestehen, der seiner Antwort bereits eine Nuance auf Veränderung hin geben kann. Beziehungskommunikation kann so eröffnet und verfeinert werden:

o durch neue Sichtweisen, andere Blickwinkel, offenere Argumente,
o durch eine Erweiterung und Öffnung des Gespräches, da es nicht um objektive Tatsachen, sondern um Meinungen "über" etwas geht,
o durch Aktivierung der gesamten Gruppe, da nicht die Meinung weniger oder einzelner zählt, sondern alle einbezogen werden (sollten),
o durch eine gewisse Neutralität pädagogischer Leiter solcher Prozesse, da sie hier nicht objektive Aussagen zusammenfassen oder richtige Lösungen besprechen, sondern verschiedene, für sie selbst offene Perspektiven erfragen helfen.

Nach einer gewissen Zeit der Einübung werden solche Fragen in pädagogischen Prozessen dann von allen oder zumindest sehr vielen Teilnehmern gestellt, wenn der Pädagoge nicht unterschwellig die Macht und Gruppenmeinung an sich reißt.

---

[6] Hier gibt es unendliche Variationsmöglichkeiten. Vgl. z.B. als Anregung Schlippe u.a. (1995, 22 ff.).

In pädagogischen Prozessen können zirkuläre Fragen sowohl auf der Beziehungsseite als auch auf der Inhaltsseite ansetzen. Auf der Beziehungsseite ist dies recht klar, weil immer dann, wenn Beziehungskommunikation betrieben wird, zirkuläre Prozesse geschehen, die ich als Kontext und in ihren Wirkungen erfragen kann. Auf der Inhaltsebene ist hier insbesondere das Verhältnis von symbolischen und imaginären Fragestellungen interessant. Wählen wir dazu ein Beispiel aus dem Kontext historischer Bearbeitungen: Die Schüler wollen den Prozeß der Industrialisierung beschreiben. Wenn sie dies nicht bloß symbolisch-reproduzierend als Wiedergabe von Texten aus Büchern leisten wollen, sondern konstruktiv vorgehen, dann bietet sich z.B. folgendes Szenarium an: Verschiedene Schülergruppen haben sich mit unterschiedlichen Personengruppen und ihrer gesellschaftlichen Stellung im Prozeß der Industrialisierung beschäftigt. In einem Rollenspiel sind sie jetzt Stellvertreter z.b. für Bauern, Arbeiter, Unternehmer, Lehrer, Hausfrauen, Kinder. Jeder stellt zunächst der Gesamtgruppe *seine* Position und *seine* Sichtweise dar. Diese Darstellung mag zwar schon interessant und anregend für die Schüler sein, aber sie vernachlässigt die sozialen Wechselwirkungen, die es ja nicht nur im Familienverband, sondern auch bei größeren gesellschaftlichen Gruppen gibt. Hier könnte nun erfolgreich mit zirkulären Fragen gearbeitet werden. So ließen sich alle Schüler als Stellvertreter ihrer Personengruppe befragen, was ihre Ansicht für eine andere Gruppe bedeutet. Etwa: "Was denkst du als Bauer, verändert sich für die Arbeiter, wenn sie alle in Städte ziehen?" Oder an den Arbeiter: "Was meinst du, würde deine Frau hervorheben, was für sie seit der Industrialisierung besser oder schlechter geworden ist?" Hier haben wir drei Blickweisen: Der Schüler als die Figur, in die er sich hineinversetzt; als die Person, auf die er sich aus seiner Rolle bezieht; schließlich aber auch als Schüler, der diese Rollen distanziert beschreiben kann.

Wir sehen, daß die zirkuläre Perspektivenerweiterung auch bei fiktiven Rollen einsetzbar ist. Sie hat den Vorteil, daß Lerner aus den engen Bahnen des rekonstruktiven Wissens heraustreten können und vielseitiger, dabei auch vernetzter schauen lernen:

○ aus der Position ihres angeeigneten Wissens,

○ zugleich aber auch aus dem Kontext solcher Positionen in Abgleichung mit dem Wissen Anderer,

○ dann auch aus ihrer Imagination von Lebens-, Alltags-, Bedeutungshorizonten, die sich mit diesem Wissen verbinden und eine persönliche Betroffenheit und Stellungnahme herstellen,

○ schließlich als Möglichkeit, eigenständig forschend und mit Neugier an die Interpretation der Sichtweisen Anderer (historisch, systematisch oder vergleichend) heranzugehen.

Dabei kann eine zirkuläre Fragetechnik die klassische Methode fragend-entwikkelnden Unterrichts entscheidend erweitern helfen. Im klassischen fragendentwickelnden Unterricht gibt es ohnehin ja auch keine Abgrenzung von Fragetypen. Auch hier erscheinen schon Fragen nach Mustern, Strukturen, Vergleichen, hypothetische Fragen und sogar Wunderfragen ("was müßte geschehen, damit...")[7], aber in zirkulärer Einbindung werden wir deutlicher die Zirkularität kommunikativer Prozesse herausstellen können. Allerdings sollte diese Methode wie auch ein fragend-entwickelnder Unterricht nicht bloß lehrerzentriert durchgeführt werden, sondern die Lerner bzw. Teilnehmer stets zu eigenen Versuchen ermutigen.

2. Skulpturen

Die Technik der Skulptur fand insbesondere durch Virginia Satir in der Familientherapie Verbreitung (vgl. z.B. Satir/Baldwin 1988). Die Familienmitglieder werden gebeten, ihre Beziehungen zueinander als Skulptur darzustellen. "Dabei werden Gesten, Körperbilder, Komponenten wie Nähe und Distanz benutzt, um die Kommunikations- und Beziehungsmuster zu zeigen." (Ebd., 192) Jeder Beobachter kann hier sein Bild, eine Art Momentaufnahme, »plastisch« entwickeln, wobei die anderen Beobachter erfahren, daß es je unterschiedliche Blickweisen in einem Familiensystem gibt. Diese Momentaufnahme, die zeitlich ein Muster einfriert, kann auch in Bewegung überführt werden, aber die Beobachter können meist leichter den Stillstand erinnern und gefühlsmäßig beschreiben.

Beispiel 1:
Eine Gruppe ist völlig zerstritten. Dabei sollen sie in kürze ein Referat abliefern, was eine arbeitsintensive gemeinsame Zeit voraussetzt. Nun wird um ein klärendes Gespräch mit der Lehrkraft gebeten. Doch gleich zu Beginn des Gesprächs zeigt sich eine große Konfusion, denn in der Gruppe gibt es sehr unterschiedliche Meinungen darüber, wieviel Zeit die einzelnen investieren wollen. Da fragt der Lehrer: "Darf ich einmal, als relativ Außenstehender, versuchen, das, was ihr eben in Worten gesagt habt, in ein Bild, in eine Skulptur zu stellen?" Dann schreibt er an die Tafel: Aufgabe 100 %. Und nun bittet er die Teilnehmer: "Ordnet euch selbst ein, wo ihr euch seht. Hier an der Tafel sind 100%, dort hinten am Tisch 0 %." Daraufhin bildet die Gruppe eine Skulptur. (Hier wäre dann ein Rückgriff auf zirkuläres Fragen möglich: "Was meinst du, empfindet Peter, wenn er sich an der Tafel sieht und du so weit weg von ihm stehst?" usw.) Nachdem sich jeder so gesehen hat, bittet der Lehrer, dieses Bild deutlich in Erinnerung zu behalten. Als alle wieder sitzen, fragt er: "Was meint ihr, ist euer Gruppenbild eher hinderlich oder förderlich für die gesetzte Aufgabe?" Oder später: "Was müßt ihr tun, damit ihr in eurem Gruppenbild näher zusammenrücken könnt?"
Im diesem Beispiel agiert noch sehr stark der Lehrer. Er hat seine Sicht der Gruppe, die er mit der Gruppe abgleicht, und er versucht, helfende Impulse zu geben. Entsprechend wurden Skulpturen auch in der Familientherapie einge-

---

[7] Bei de Shazer (1989, 24 ff.) wird die Wunderfrage für die Therapie beschrieben.

setzt. In der Therapie machte z.B. Satir die Erfahrung, daß Skulpturen oft sehr viel eindringlicher Verhaltensmuster beobachten halfen als verbale Beschreibungen. Als Therapeutin griff sie vielfach direktiv hier ein, um therapeutische Interventionen einzuleiten, mußte aber doch mit den Protagonisten in den Skulpturen immer wieder darüber verhandeln, ob ihre Sicht als Therapeutin mit deren inneren Erfahrungen übereinstimmte. Skulpturen lassen sich aber auch aus der direkten Sicht der Teilnehmer stellen. Der Therapeut oder Pädagoge tritt mit seiner Wahrnehmung in den Hintergrund und läßt ein Bild aus der Perspektive einzelner Familienmitglieder bzw. Teilnehmer stellen.

Beispiel 2:
In eine Klasse ist eine neue Schülerin gekommen. Sie signalisiert nach einiger Zeit, daß sie zu wenig Anschluß an die Mitschüler bekommt. Der Lehrer nutzt im vorderen Teil der Klasse einen großen freien Raum und bittet eine gut in die Gemeinschaft integrierte Schülerin, einmal als Bildhauerin ihr Bild der Klasse zu stellen.

Bei diesem Bild haben die Gestaltungsmittel eine Bedeutung. Nach Schweitzer/Weber (1982) stehen z.b.

o räumliche Abstände als Symbolisierung für emotionale Nähe bzw. Ferne;

o Oben-unten-Anordnungen für hierarchische Strukturierungen, Machtpositio nen, Einflußbereiche;

o Mimik und Gestik als Ausdruck für Gefühlslagen, Orientierungen, Anspan nungen usw.

Unsere Schülerin stellt die Klasse in verschiedenen Gruppen, die Außenseiterin erscheint am äußeren Rand.

Dieses Bild kann dann zum Ausgangspunkt für zirkuläre Fragen werden. "Was meinst du Eva, wo du mitten im Zentrum stehst, wie Vera sich dort am Rand fühlt?" Und mit direkter Aufforderung: "Tausch einmal deine Rolle, beschreib uns den Unterschied!" Oder später lösungsorientiert an die Gruppe: "Was könntet ihr tun, damit Vera nicht dauernd so am Rand stehen muß, nachdem ihr nun erfahren habt, daß das dort keine schöne Position ist?" Oder: "Was müßte Vera tun, damit sie ins Zentrum rücken kann?"

Der Vorteil dieser Methode ist die bildliche Eindringlichkeit, die oft lange Reden und umständliche Analysen erspart. Jeder kann sich in diesem Bild situieren, er kann Übereinstimmungen oder Unterschiede bemerken, vor allem aber besser Sichtweisen von Anderen kennenlernen.[8]

Der Vorteil der Methode zeigt sich in der Plastizität des Vorgehens:

o Der Ersteller der Skulptur kann seine Gedanken als Bild äußern, er kann

---

[8] Denken wir noch einmal an die imaginäre Kommunikation aus Kapitel 4. Es erscheint der andere, wenn jemand sein Bild stellt, der Andere, wenn er mit den gestellten Bildern der Anderen seine Vorstellungen abgleichen kann. Durch die hohe Bildhaftigkeit mag die imaginäre Kommunikation so leichter ins Bild gesetzt werden. Dies bedingt allerdings eine hohe Wertschätzung des Verfahrens in der Gruppe, denn wenn es lächerlich gemacht wird, dann erzeugt es eher Gegeneffekte wie z.b. Abwehr und Sündenbockzuschreibungen.

körperlich und anschaulich auszudrücken versuchen, wofür ihm Worte fehlen.

o Der Gestellte in der Skulptur kann beschreiben, wie er sich in diesem Bild fühlt und selbst sieht.

o Die Beobachter der Skulptur können eine scheinbare Perspektive von außen einnehmen und durch Fragen an alle Beteiligten mehr über das dargestellte Muster erfahren.

o Daraus kann insgesamt ein Diskurs über das Muster entstehen, das so aus der Einlinigkeit nur einer Beschreibung herausgelöst wird.

o Die Methode selbst bietet eine hohe Offenheit, wobei nicht nur Personen zur Darstellung genutzt werden können, sondern auch Gegenstände, Möbel usw.

Es können für das Bild Überschriften gebildet werden, um die Metapher zu unterstreichen, es können nach negativ empfundenen Skulpturen Wunschskulpturen gestellt werden. Auch Sprache kann in Form ritualisierter Verdichtung in der Skulptur z.b. als wiederkehrender (gesprochener oder geschriebener) Text erscheinen. Es gibt für Skulpturen keine festen Grenzen, was sie deshalb als sehr geeignet erscheinen läßt, imaginären Impulsen nachzugehen.

In der Pädagogik sind Skulpturen zunächst ausgezeichnet geeignet, Aspekte von Beziehungskommunikation zu thematisieren. Bei Konfliktfällen z.b. lassen sich Skulpturen stellen, um so aus einer unendlichen Kette wechselseitiger Schuldzuweisungen herauszutreten. Unterschiedliche Beobachter können so ihre Momentaufnahme eines Konfliktes stellen, was unterschiedliche Sichtweisen für alle erfahrbar werden läßt. Auf dieser Erfahrung aufbauend werden die Blicke auf weitere Lösungsmöglichkeiten orientiert. Die Teilnehmer lernen die Sichtweisen Anderer besser verstehen, was ihr imaginäres Bild des anderen relativieren hilft. In dieser Hinsicht habe ich in meiner Praxis sehr positive Erfahrungen mit Skulpturen gemacht: Sie dienten uns öfter als Zwischenreflexion, indem wir Gruppenmitglieder aufforderten, freiwillig ihren Eindruck unserer Arbeit als Skulptur zu stellen. Hierbei kamen wir dann immer sehr direkt zu unserer Beziehungskommunikation. So entstanden Skulpturen über die Macht in unserer Gruppe, z.B. der mächtige Lehrer, die Vielredner und die Schweiger, Außenseiter in Diskussionen und wo wir sie hinstellen usw. Uns war es wichtig, einerseits Beobachterstandpunkte, auch wenn wir sie nicht alle teilen konnten, als Standpunkte bestimmter Gruppenmitglieder stehen zu lassen, andererseits aber auch, soweit es möglich erschien, Regeln für die Gruppe zu formulieren, die Einsichten aus unseren Beobachtungen festhielten (z.B. Regeln zur Moderation unserer Gespräche, damit die Langsamen und Schweiger bessere Redechancen bekommen).

Aber Skulpturen sind prinzipiell auch geeignet, inhaltliche Zusammenhänge aus der Perspektive von Beziehungen zu erleben. In der Arbeit mit Studenten habe ich diesbezüglich sehr gute Erfahrungen gemacht, wenn wir Skulpturen zu historisch-systematischen oder vergleichenden Sachverhalten gestellt haben. Hier wurde neben die inhaltliche Rekonstruktion von historischen Fakten und

Ergebnissen eine Imagination von Beziehungen gedacht und als Skulptur ausgedrückt, um so Gesprächsanlässe insbesondere dafür zu finden:

o Wie sich die damals beteiligten Personen gespiegelt über unsere Rollen wohl gefühlt haben mögen (Erweiterung der Inhaltsperspektive auf Beziehungen),

o was sich in unseren Rollen für uns als noch offene Fragen stellt (Dekonstruktion der Quellen),

o wo wir den Unterschied in unseren Rollen, die wir aus Quellen rekonstruieren, sehen (unsere Konstruktion von Sachverhalten).

Eine Erweiterung der Skulpturen konnten wir, ähnlich wie es in Arbeiten zur Familientherapie beschrieben wurde, auch mit Hilfsmitteln wie Seilen, leeren Kartons (symbolische Statthalter für bestimmte Aussagen oder Ereignisse), lebendigen Skulpturen (Bewegungsspielen) erreichen.

3. Beobachterlandschaften

Diesen Begriff will ich prägen, um auf eine Vielzahl von Methoden unter einer Perspektive aufmerksam zu machen. Diese Perspektive ist die Landschaft: Sie ist geprägt durch eine gewisse Offenheit des Blicks, der sich an einem Gesamteindruck festmacht und doch an Einzelheiten in seiner Beobachtung verweilen kann, sie ist sowohl sinnliche Gewißheit als auch sozialisierte (rekonstruierte) ästhetische Erfahrung, sie wird durch den Blick erobert und zeigt sich doch widerständig, weil die handelnde Eroberung Aktivität, Schritte, Wege, Mühen erfordert. Eine Landschaft ist aber nicht nur eine Momentaufnahme, gehe ich in sie hinein, verändert sich der Blick und neue Landschaften öffnen sich. Es ist schwerlich möglich, immer in der exakt gleichen Landschaft zu verweilen, denn selbst wenn ich einen festen Platz finden könnte, so verändert sie sich ständig (Jahreszeiten, Mikrokosmos usw.), weil sie vom Leben durchquert wird.

Mit diesem Bild habe ich eine Landschaft erschaffen, die als Konstrukt wie eine Metapher erscheint: Es wird etwas bezeichnet, das zugleich etwas Neues bezeichnet. Für den Beobachter eröffnet sich ein Sprachspiel, das unendliche Beobachter-Landschaften ermöglicht.

Landschaften erscheinen Beobachtern oft als Territorium, in dem der Beobachter Karten benutzt, um sich zurecht zu finden.[9] Aber Beobachterlandschaften erzwingen nicht unbedingt Karten. Wir können als Beobachter auch intuitiv versuchen, uns in ihnen zu orientieren. Allerdings, je gezielter wir uns bewegen wollen, je mehr wir versuchen, Wege und Orte zu erklären, um so mehr werden wir das Konstrukt Landschaft in das Konstrukt Karten über eine Landschaft verwandeln.[10] Dies können Ansichten im Sinne von Postkarten, Stand- und Fixbildern sein, aber auch Karten im Sinne von eingezeichneten Wegen

---

[9] Vgl. dazu Korzybski (1941), Bateson (1985, 245 ff.).

[10] Jeder symbolische Versuch, etwas zu beschreiben, das wissen wir aus Kapitel 4, ist schon eine perspektivische Verengung gegenüber dem, was es da zu beschreiben gilt.

und symbolisierten Wegmarken. Als Pädagogen in einer pädagogischen Beobachterlandschaft kommen wir auch nicht ohne solche Verwandlung aus: In der pädagogischen Situation mögen wir noch die Weite einer Beobachterlandschaft erahnen, aber indem wir in dieser pädagogisch argumentieren, verändern und verkürzen sich die Perspektiven. Auch Pädagogik wendet sich immer vom Konkreten ins Abstrakte.

Indem wir Karten in diesem sehr weiten Sinne erschaffen, verändern wir durch dieses symbolische Handeln unsere Imaginationen und das, was als Reales aus den Landschaften zu uns zurückkehrt. Wir schaffen Muster, Ordnung, damit aber auch Einfalt in der Vielfalt. Reflektieren wir noch einmal auf das zirkuläre Fragen und die Skulpturen, dann erscheinen auch sie als Karten. Aber sie bezeichnen sehr offene Wege, denn in ihnen als Beobachterlandschaft können und sollen alle Teilnehmer aktiv werden.

In der systemisch-konstruktivistischen Pädagogik geht es uns nun immer wieder darum, unsere Beobachtungen möglichst weit zu halten. Wir wollen dabei nicht nur den Pädagogen, sondern allen Teilnehmern an pädagogischen Prozessen Blickvielfalt und damit eine möglichst weite Beobachterlandschaft ermöglichen. Was sind zusätzlich zum zirkulären Fragen und den Skulpturen Positionen, von denen aus möglichst weit geschaut werden kann?

□ *Erkundungen und Assoziationen (Brainstorming):* Symbolische Erwartungen drängen uns oft in eine Richtung, und es bedeutet Aufwand und Kraft, sich die Zeit für weite Erkundungen auf ggf. umständlichen Wegen und für zeitraubende Assoziationen zu nehmen. Meistens fehlt die Zeit. So kommt es, daß in pädagogischen Gruppen schnell eine unterschwellige Macht entsteht, die die Macher von den Mitläufern, die Aktiven von den Passiven, die Vielredner von den Schweigern usw. unterscheidet. Im Zeitalter zunehmender Geschwindigkeit rasen wir so durch »Landschaften« und sehen zunehmend weniger Details. Drehen wir jedoch die Beobachterposition um, und nehmen wir uns Ruhe, nach den Details zu sehen und jeden sehen zu lassen, dann werden wir überrascht feststellen, wie in die Einfalt unserer symbolischen Ordnungen auf einmal Vielfalt zurückkehrt.

Beispiele: Zu Beginn jedes neuen pädagogischen Prozesses sind auf der Beziehungsseite bei Teilnehmern, die sich nicht kennen, erst einmal Erkundungen zu ermöglichen, die eine persönliche Beziehung herstellen lassen. Dies sollten nicht nur Spiele um den Namen sein, sondern nach Möglichkeit auch Interaktionen, in denen man etwas über die Biographie und den Alltag der Anderen erfährt. Auf der Inhaltsseite sind neben Erkundungen Assoziationen besonders wichtig, um ein Thema nicht isoliert aufzufassen. Zudem kann, wenn man diese Assoziationen sammelt, später kritisch nachgefragt werden, was in den weiteren Beobachtungen vielleicht ausgelassen wurde.

□ *Metaphernarbeit:* In der systemischen Beratung sind es oft drastische Bilder, die Menschen, die in ihrer Landschaft festgefahren sind, neue Blicke ermöglichen. Hier ist in der Beziehungskommunikation Kreativität gefragt. Dichtung und Kunst sind Formen, uns mit Hilfe von Metaphern auf die Sprünge zu helfen, wenn die gewohnten Bilder als ein Mehr desselben wiederkehren und uns neue Wege und andere Lösungen verstellen (vgl. weiterführend White/Epston 1990).

Beispiel: "Das Bild vom Topf als Metapher für Selbstwertgefühle benutzt Virginia Satir häufig, weil die meisten Menschen solche Gefühle in quantitative Begriffe fassen. Die Idee kam ihr, weil es auf der Farm, auf der sie aufwuchs, einen großen eisernen Topf gab, in dem zu bestimmten Zeiten des Jahres die Seife, zur Erntezeit aber Eintopf für die Erntehelfer gekoct wurde, und der dann wieder als Jauchebehälter diente. Wer auch immer den Topf benutzen wollte, war mit zwei Fragen konfrontiert: Womit ist der Topf gerade voll, und wie voll ist er? Ihr Bild von der Dose voll Angelwürmer, das sie für das Verhalten vieler Familien benutzt, ist eine Metapher für die scheinbar sinnlosen Verrenkungen, die viele Familien vollführen. Die Kommunikationshaltungen, die in der Skulptur durch unterschiedliche Stellungen dargestellt werden, sind Metaphern für den äußerlich manifesten Ausdruck innerer Gefühle." (Satir/Baldwin 1988, 193) Allerdings helfen hier Beispielsammlungen kaum weiter, weil das Beispiel als Metapher seinen Ort, seine Zeit und seine spezifische Gruppe finden muß. Es ist hilfreich, wenn die pädagogische Gruppe es lernt, sich in Metaphern zu beschreiben, weil sie hierüber auch zu ihrer Sprache finden kann (z.B. suche Symbole, Worte, Sätze, Musik, Bewegungen für ...).

◻ *Biographische Arbeit:* Sie schafft immer einen direkten Bezug zur Beziehungsebene. Sie kann dabei sowohl auf der Beziehungsseite (z.B. was hat sich für mich in meinen Beziehungen verändert?) als auch auf der Inhaltsseite (z.B. welches Bild der Zeit vermittelt die Biographie von X?) situiert sein. Aber durch das direkte Eingehen auf Lebensverhältnisse werden Beziehungsfragen deutlich angesprochen werden können. Gerade in der biographischen Arbeit lassen sich Sachverhalte aus einer rationalisierenden Distanz zurück in den Bereich eigenen Erlebens holen (vgl. auch noch weiter unten die Familienrekonstruktion).

Beispiele: Es lassen sich unzählige Varianten biographischer Arbeit betreiben. Im Blick auf Veränderungen in pädagogischen Beziehungen haben wir z.B. eine Rekonstruktion von Familienalben durchgeführt. Die Leitfrage lautete: Welche Veränderungen in pädagogischen Verhältnissen sind in meiner Familie am Beispiel der Familienalben festzustellen? Oder im Blick auf den Nationalsozialismus: Hier bieten sich Befragungen jener Familienmitglieder an, die die Zeit noch erlebt haben. Diese biographischen Analysen lassen sich mit Biographien z.B. von KZ-Opfern kontrastieren. Oder im Blick auf komplizierte Theorien: In einem Foucault-Seminar kam eine Tutorengruppe auf die Idee, zur Einführung ein biographisches Museum einzurichten, in dem in einer Kombination aus Ausstellung von Schriften und Bildern und Rollenspielen eine Einführung in das Leben und Werk Foucaults gegeben wurde. Diese Einführung setzte für alle Seminarteilnehmer große konstruktive Impulse frei, weil sich nach dieser Präsentation keiner mehr mit bloßen Textreferaten zufrieden geben wollte.

□ *Rollenspiele und Dramatisierungen:* Rollenspiele in Form von Pantomime oder gesprochenen Spielsituationen, Dramatisierungen, Bilderreisen (als Einzel- oder Gemeinschaftswerk) usw. helfen Beobachtern immer, weil sie stets Metaphern dafür enthalten, was sonst meist verbal und abstrakt bezeichnet und diskutiert werden soll und was damit in seiner Wirkung auf Beobachter Anschaulichkeit verliert. Solche Spiele sind nie Selbstzweck in der Arbeit einer Gruppe, wenn man der Gruppe Raum und Zeit gibt, sie sich zu erfinden, und wenn die Gruppe sich ein Ziel imaginieren kann, auf das hin ihre Metaphernarbeit steuert. Die Ausführungen mögen in ihrer Qualität variieren, aber der durch sie erzeugte Gesprächsanlaß für Beziehungs- und Inhaltskommunikation ist in der Regel immer günstiger als bloße Verbalisierungen oder geschriebener Text, weil in dem Spiel selbst die eigene Betroffenheit von Beobachtern angesprochen wird. Dann aber greift das Bild der Landschaft erneut: Wir können es bei einem oberflächlichen Blick belassen oder aber in die Tiefe des Raums eindringen, was für den Beziehungsraum Mut und Offenheit braucht, vor allem aber ein hohes Selbstwertgefühl, das Anderen hiervon abgeben will.

□ *Erzählungen und Geschichten:* Je anschaulicher Beobachterlandschaften erfahren werden, desto wahrscheinlicher tauchen in ihnen Erzähler auf, die den Orten Namen, den Wegen Sinn und Geschichten, der Natur Bedeutungen zuschreiben. Ihre Dichtung vermag die kühnsten Landschaften zu entwerfen, mit Karten zu spielen, Personen auf unterschiedlichen Bühnen agieren zu lassen, um doch stets uns als Beobachter herauszufordern: Was sehen wir? Was bedeutet das für uns? Was fühlen wir hierbei? usw. Wann immer wir in einer Landschaft fest verwurzelt sind und nicht mehr aus ihr heraustreten können, wann immer sie all unsere Perspektiven gefangengenommen hat, helfen uns Geschichtenerzähler, neue Landschaften zu imaginieren und damit neue Perspektiven einzunehmen. Je mehr Pädagogen Erzählkünstler sind, desto einfacher wird es ihnen gelingen, Beobachtervielfalt sprachlich einzuführen. Aber dies allein bliebe doch zu rekonstruktiv. Deshalb ist gerade hier der freie Ausdruck (vgl. Kapitel 9) wichtig, erzählerische Kompetenz bei allen Teilnehmern an pädagogischen Prozessen zu fördern. Und es müssen auch nicht immer Texte sein, die uns zum Erzählen anregen: Bilder- und Phantasiereisen, Körperübungen, Malerei und Arbeit mit gegenständlichen Materialien aller Art sind z.B. weitere Ausdrucksmöglichkeiten, die uns zu Erzählungen und Geschichten bewegen können.

□ *Arbeit am Imaginären:* Das Imaginäre ist in den bereits genannten Beobachteraspekten immer schon enthalten. Mitunter jedoch ist es nützlich, es direkt herauszufordern: Wenn nichts mehr geht, wenn der Blick sich nur noch starr auf eine Sache oder Seite fixiert hat, wenn keine weitere Lösung mehr als möglich erscheint, dann ist es Zeit für »Wunder«. Aber nur das Imaginäre kann Wunder schaffen. Also müssen wir es fragen und herausfordern: "Welches

Wunder müßte geschehen, damit...?" Wir fragen nicht mehr nach konkreten Lösungen in einer Situation, sondern nach den Wundern, die wir brauchen, um überhaupt zu einer anderen Lösung kommen zu können. Finden wir jetzt eine Antwort, dann haben wir *eine* Lösung. Jetzt können wir schauen, ob diese neue Landschaft zu uns paßt, ob sie möglich ist, was wir aus ihr in unseren Alltag retten können, was uns antreibt, unsere Welt hin auf diese wünschenswerte Lösung zu verändern.

4. Reframing

Oft stehen die negativen Bilder fest: "Die Leute sind so und so, daran ändert sich nichts." "Das war früher schon so." Ich sehe dies ganz klar: Ich habe versagt." "Das ist nun aber das schrecklichste, was hat eintreten können." Wir könnten diese Liste von Negativbildern unendlich erweitern, mitunter ist es schon hilfreich, daß wir sie einmal in unserem Tagesablauf notieren, um zu bemerken, wie viele es schon geworden sind.

Ein Frame ist ein Rahmen, eine Kontextmarkierung, wie sich Bateson ausdrückte, mit dem Menschen in einer Kommunikation ausgesagt wird, wie die Kommunikation zu verstehen ist. Bei den Negativbildern z.b. können dies ganz unterschiedliche Rahmen sein: die Anderen sind schlecht; ich habe immer Pech; man entschuldigt sich für eigene Passivität, indem man die Unmöglichkeit des Handelns schlechthin betont usw. In der Kommunikation ist solch ein Rahmen, über die sachliche Aussage hinaus, immer eine Selbstkundgabe und ein Appell in Beziehungen.

Reframing ist nun ein durch Beobachter vollzogener Wechsel des Kontextes. Sagt z.b. jemand: "Ich könnte vor Wut platzen!" - dann könnte ihm ein neuer Rahmen gegeben werden: "Und du wünschst dir noch andere Möglichkeiten, deinen Ärger auszudrücken?" In therapeutischen Prozessen ist Reframing wichtig, weil durch solche Interventionen festgefahrene Positionen aufgeweicht werden können. So wird z.b. bei magersüchtigen Familien gerne durch Therapeuten ein neuer Rahmen gesetzt, indem der magersüchtige Patient nicht mehr als Kranker gesehen wird, sondern im Gesamtkontext Familie als Opfer: "Und du versuchst nun, alle Aufmerksamkeit in der Familie auf dich zu ziehen, damit andere Probleme kein Thema werden können? Das ist sehr bewundernswert!" In dieser zugespitzten Form wird der neue Rahmen paradox erlebt, weil er eine ursprüngliche starre Sicht ("Ich bin die Kranke") auf einmal ins Gegenteil verkehrt ("Ich bin das Opfer").[11]

Wenn ein festes oder starres Bild einen neuen Rahmen bekommt, dann können sich Perspektiven verändern. Wenn etwas sehr problematisch ist, wenn es schrecklich ist, dann bedeutet ein Reframing, das wir verdeckte positive Ab-

---

[11] Ausführliche Einführungen in diesen Aspekt findet man für therapeutische Zwecke z.b. bei Richard Bandler/John Grinder: Die Struktur der Magie (Bde. 1 und 2) und in dem Buch Reframing. Paderborn (Junfermann).

sichten, zufällige positive Wirkungen, Abgrenzungen zu einer Möglichkeit, die noch schlimmer gewesen wäre, finden, um zu einer konstruktiven Handlung zurückzufinden.

5. Rekonstruktionsarbeit mit Gruppen

In der systemischen Therapie helfen Familienrekonstruktionen[12] insbesondere, Quellen früheren Lernens aufzudecken, eigene Sichtweisen zu rekonstruieren, indem sie im Spiegel der Sichtweisen Anderer (der Eltern, Geschwister, usw.) erlebt und mit gewisser Distanz reflektiert werden.

In der pädagogischen Arbeit sind gezielte Rekonstruktionen oft möglich und sinnvoll. Sie können auch hier wiederum vorwiegend die Seite der Beziehungskommunikation oder der Inhaltskommunikation betreffen.

In der *Beziehungskommunikation* sind Rekonstruktionen besonders in zwei Perspektiven auf Gruppenprozesse sinnvoll:

a) Wenn Probleme oder Konflikte in bestimmten Arbeitsphasen von Gruppen konkret auftreten, dann können Rekonstruktionen bisheriger indivdueller oder Gruppenerfahrungen helfen, einen neuen Standort und Blickwinkel einzunehmen, der die Gruppenarbeit fördert (z.B. Rekonstruktion wiederkehrender Problem- oder Konfliktmuster, die mit systemischen Methoden bearbeitet werden).

b) In jedem Gruppenprozeß ergeben sich unterschwellige Verhaltensweisen, die offengelegt werden können. Allerdings ist hier nicht an Schuldzuweisungen gedacht, sondern an verborgene Netze der Gruppenarbeit, die unbemerkt das Gruppenleben steuern (z.B. Person A stellt ein Deutungsspiel, Person B eine Skulptur, Person C schildert, wie sie sich in beiden Bildern fühlte, die Gruppe diskutiert diese Bilder, um solche Netze aufzuspüren). So kann die Gruppe für ihr »Eigenleben« sensibilisiert werden.

In der *Inhaltskommunikation* sind vor allem Rollenspiele darüber möglich, wie eine Gruppe für sich eine bestimmte Erfindung oder Entdeckung als Produkt von Fakten der Wissenschaft (symbolische Daten) und vermuteten Lebenszusammenhängen (vorhandene und imaginierte Daten über die damals beteiligten Personen) neu erfindet, um damit Sinn für die Gegenwart zu bezeichnen.

6. Das »Reflecting team«

Ein »Reflecting team« ist ein gezielt eingesetztes Beobachterteam, das Beobachtern, die sich z.B. in einem therapeutischen Prozeß mit einem Familiensystem oder in einem pädagogischen Prozeß mit Teilnehmern befinden, Rückmeldungen gibt. Diese Rückmeldungen können sowohl auf die agierenden Therapeuten bzw. Pädagogen zielen als auch die Klienten bzw. Teilnehmer mit betref-

---

[12] Eine praktische Einführung findet sich bei Kaufmann (1990). Es wäre äußerst wünschenswert, wenn alle Pädagogen an einer von Therapeuten geleiteten Familienrekonstruktion teilnehmen, um so eigene Deutungs- und Übertragungsmuster näher kennenzulernen.

fen. Reflektierende Teams sind insbesondere geeignet, in Gruppenprozessen Beobachtungen über komplexe Kommunikationsabläufe zu machen und diese allen beteiligten Personen zurückzumelden. Dies erscheint besonders wichtig, wenn

o nicht nur Inhalte besprochen werden, sondern ggf. problematische Beziehungsaspekte relevant sind,

o Hierarchien (offen/verdeckt) und Statuszuschreibungen in Gruppenprozessen eine Rolle spielen,

o Beobachterpositionen im Blick auf Kommunikation erweitert werden sollen und hierbei gezielte Beobachtungen (z.b. auch auf Körpersprache, Gefühlsausdrücke usw.) erwünscht sind.

Die Größe der Teams kann zwar beliebig variieren, aber bei komplexen Sachverhalten erscheint eine Beobachtergruppe von etwa drei Beobachtern als günstig, um eine zu schnelle Bindung von zwei Beobachtern auf eine Lösung vermeiden zu helfen. Monadische Beobachtungen bleiben notgedrungen einseitig, in dyadischen bildet sich schnell eine Ein- oder Unterordnung des einen Beobachters unter den anderen, triadische Beobachtungen können oft leichter dazu beitragen, Unterschiede in den Beobachtungen zu erkennen und zu thematisieren. Meist ist es auch hilfreich, geschlechtlich gemischte Teams einzusetzen, um eine hinreichende Beobachtungsbreite sicherzustellen.

Das »Reflecting team« sollte gezielt beobachten. Hierzu gehört eine Vorverständigung über das Konstrukt, das man beobachten möchte! Damit Beobachtungen nachvollziehbar für Andere werden, sollten systematische Beobachtungshilfen in Form von Beobachtungsbögen bzw. Leitfäden konstruiert und die Prinzipien und Regeln der Beobachtung den Beobachteten erklärt werden. Vor den Beobachtungen ist es also Aufgabe der Teams, sich darüber zu verständigen, was sie wie beobachten wollen und was sie wie an das Plenum zurückmelden. Je nach den rekonstruktiven Vorkenntnissen etwa über Kommunikation auf der Inhalts- und Beziehungsebene oder anderen Beobachterkategorien, wie wir sie z.b. in diesem Buch entfaltet haben, kann das Team unterschiedliche Beobachtungsakzente setzen.

Andersen und andere (1991) beschreiben Aufgaben des »Reflecting teams« besonders für therapeutische Situationen. In diesem Zusammenhang kommt es vor allem darauf an, zu reflektieren:

o welcher Auftraggeber das Team zu was beauftragt hat,

o Interviewtechniken abzustecken,

o die intervenierende Arbeit des therapeutischen Teams zu problematisieren und neue Sichtweisen als Angebote an Klienten und Therapeuten anzuregen.

In pädagogischen Kontexten soll nicht nur einem Therapeuten direkte Rückmeldung über sein Verhalten und seine Interventionen gegeben werden - obwohl dies mitunter gerade für pädagogische Leiter erforderlich sein wird -, sondern vor allem die konstruktive Arbeit der gesamten Gruppe sollte gestärkt werden. Allerdings wird sich bei Einzelfallbeobachtungen hier immer auch ein

Fokus auf Beziehungen und dabei auftretende kommunikative Störungen bilden. Aus dem therapeutischen Kontext können wir insbesondere folgende Frage- und Beobachterbereiche auf die pädagogische Arbeit mit Gruppen übertragen:[13]

o *Fragen nach Beschreibungen* (z.b. im Vergleich zu: Damals-heute? Personen und ihre Einstellungen? Lust-Unlust? Verschiedene Lösungsversuche? usw. In bezug auf: Umstände? Beteiligte Personen? Strukturelle Gegebenheiten? Selbst gewählte Gegebenheiten? Anders als: Wie war es vor dem Zeitpunkt? Wie war es nach dem Zeitpunkt?)

o *Fragen nach Erklärungen* (z.b. nach Unterschieden: Wer sieht was wie? Wie wird diese Sicht bewertet? Nach Gemeinsamkeiten: Was bleibt allen gemein? Nach Änderungen: Wer oder was hat sich wann verändert? Nach offenen Fragen: Was können wir uns nicht erklären? Nach Imaginationen: Was bräuchten wir, um etwas besser verstehen zu können?)

o *Fragen nach Diskursformen* (z.B. nach Macht: Wer hatte wann das Sagen? Wer kam nicht zu Wort? Wer hatte mit wem Koalitionen? Wie wurde Macht deutlich? Nach Interaktionen: Wer interagierte besonders mit wem? Wer war Außenseiter? Nach Redeanteilen: Wer sagte am meisten, wer am wenigsten? Nach Kompetenzen: Wer versachlichte das Problem? Wer konnte den Blickwinkel wechseln? Nach Zuhörfähigkeiten: Wer blieb stets aufmerksam für Andere? Wer meldete Anderen Interesse zurück?)

o *Fragen nach Alternativen und Wundern* (z.B. nach Zukunft: Welches Wunder müßte geschehen, damit alles besser wird? Wem werden solche Wunder zugetraut? Nach Alternativen: Welche Alternativen wurden sichtbar? Wer schlug Alternativen vor?)

Sehr wichtig ist es in der Praxis der Rückmeldung durch die reflektierenden Teams, daß vor allem folgende Regeln eingehalten werden:

☐ Wertschätzung muß die grundsätzliche Vermittlungsart sein, Entwertungen (vgl. Kapitel 2) sind unbedingt zu vermeiden. Nur durch wertschätzende Aussprache wird eine hinreichend offene Kommunikation für beobachtete - teilweise sehr persönlich und subjektiv empfundene - Kommunikationsformen erreicht.

☐ »Richtige« Beobachtungen und schlüssige Erklärungen für Verhalten sind Beobachterkonstrukte. Deshalb sollten Beobachter sie als universalisierende Aussagen vermeiden. Ihre Erklärungen oder Fragen sollten die Relativierung einschließen: "*Ich* habe beobachtet..." "*Könnte* es sein, daß meine Beobachtung..."

☐ Es geht nicht vorrangig darum, Beobachtungen des Teams zu bestätigen oder zu verwerfen, sondern neue Beobachtersichten einzuführen, die das zur Beobachtung anstehende Problem oder dem pädagogischen Prozeß neue Perspek-

---

[13] Die hier angegebenen Fragen dienen nur der Verdeutlichung. Es lassen sich immer auch weitere oder andere Fragen stellen.

tiven und damit erweiterte Handlungsmöglichkeiten zuführen. Beobachtungen sind daher nur ein Angebot an das interagierende Kommunikationssystem, um eigene, ggf. neue Lösungen auszuprobieren.

☐ Es ist durchaus auch sinnvoll, reflektierende Teams nicht nur für die Beziehungsseite, sondern auch auf der Inhaltsseite pädagogischer Prozesse einzusetzen. Für die inhaltlichen Vermittlungen kann es Fragen nach Verständlichkeit, Vollständigkeit, Anwendungsbezogenheit usw. aufwerfen.

☐ Es sollte in pädagogischen Prozessen stets mit den Teilnehmern diskutiert und problematisiert werden, wann - aus den Reihen der Teilnehmer - reflektierende Teams gebildet werden. Solche Teams dürfen keinesfalls von der pädagogischen Leitung instrumentalisiert werden, um eigene Interessen durchzusetzen. Es ist schließlich immer auch Aufgabe des Teams, den Pädagogen bzw. Leiter in die Reflexion mit einzubeziehen.

Orientierungshilfen für das »Reflecting team« in pädagogischen Prozessen:

1. Das »Reflecting team« hat einen Auftrag, den es beachtet oder den es sich selbst stellt, bevor es in die Beobachtungen geht. Dieser ist in einem vorbereitenden Gespräch zu klären und festzulegen.
2. Als zuhörendes reflektierendes Team sitzt ein »Reflecting team« in pädagogischen Prozessen nicht hinter einer Scheibe, sondern agiert - möglichst mit einer Kennzeichnung - als Beobachter im Raum. Dabei greift es nie in die Handlungen ein! Die Beobachter des »Reflecting teams« machen sich ggf. Notizen bzw. nutzen Hilfsmittel für Beobachtungen. Nach dem Abschluß der Handlungen treffen sie sich und tauschen Beobachtungen aus.
3. Das »Reflecting team« sollte sich im Rahmen seiner Aufträge kritisch fragen, inwieweit das, was beobachtet werden soll, auch beobachtet werden konnte:
○ Sind die Beschreibungen tief genug? ("Vergleich zu" - "in bezug auf" - "anders als?")
○ Sind die aus Beobachtungen gezogenen Schlüsse oder Fragen deutlich genug auf Äußerungen, die gemacht wurden, zu beziehen?
○ Gibt es hinreichend multiple Beschreibungen?
○ Sind Alternativen erkennbar?
4. Das »Reflecting team« entwickelt Überlegungen, wie es seine Beobachtungen an das Plenum bzw. die Teilnehmer zurückgibt.
Möglichkeit 1: Das »Reflecting team« berichtet über seine Beobachtungen und diskutiert anschließend mit allen Teilnehmern.
Möglichkeit 2: Das »Reflecting team« stellt Fragen an die Teilnehmer, um seine Beobachtungen zu erweitern. Hierbei ist die Methode zirkulären Fragens besonders sinnvoll. Aber auch andere systemische Methoden können zum Einsatz kommen. Seine gewählte Strategie teilt das Team vorher mit, damit

ggf. ein weiteres »Reflecting team« gebildet werden kann, das diesen meist schwierigen Prozeß wiederum beobachtend begleitet und später Rückmeldungen gibt. Nach der Fragerunde teilt das »Reflecting team« seine Beobachtungen bzw. Hypothesen mit; anschließend Diskussion. (Das »Reflecting team« des »Reflecting teams« kann dann wiederum Rückmeldungen über den Prozeß geben).

5. Das »Reflecting team« hält sich an die oben beschriebenen Regeln zur Rückmeldung: Wertschätzung - kein Wahrheitsanspruch - Eröffnung neuer Sichtweisen - Angabe, was beobachtet wurde - relative Machtfreiheit.

6. Präsentationen beziehen sich auf Beobachtungen von Verhaltensweisen und nicht auf mögliche Ursachen, die dahinterstehen könnten. Beobachtungen und Spekulationen über Ursachen sollten auseinandergehalten werden, um persönliche Verletzungen in Diskussionen zu vermeiden!

7. Das »Reflecting team« schließt deutlich seine Reflexionen, die es dem Plenum mitteilt, ab. Was nicht gelöst werden kann, bleibt als Problem offen und wird auch als offenes Problem benannt.

7. Systemische Supervision

In Supervisionen geht es um Sichtweisen (»Visionen«) von Beobachtern, die eine Übersicht, einen Überblick (»super«) verschaffen wollen. Allerdings kann eine solche Übersicht aus konstruktivistischer Sicht keine alleinige Wahrheit oder eindeutige Richtigstellung bedeuten, sondern ist immer Anregung und ein Beobachtungsangebot an das beobachtete System. Wenn wir mit den »Reflecting teams« in pädagogischen Prozessen Innen-Beobachter einsetzen (also Teilnehmer dieser Prozesse selbst), so werden bei Supervisionen in der Regel Außen-Beobachter zum Einsatz kommen. Sehr wichtig erscheint es gerade in pädagogischen Institutionen, daß sie als Außen-Beobachter auch frei von institutionellen Zwängen und Anpassungen an das beobachtete System sind, um offen genug und kritisch beobachten zu können.

Supervisionen können alles zum Beobachtungsgegenstand machen, was in pädagogischen Prozessen auftritt: die vermittelten Inhalte oder Fälle, die Beziehungen, das Pädagogenteam usw. Angesichts des Defizits der Ausbildung in Beziehungskommunikation, das bis heute in der Pädagogik gilt, werden Supervisionen meist vorrangig für die Beziehungsebene und hier eine Effektivierung der Teamarbeit abgefragt. Dies ist aber durchaus als einseitig anzusehen. Arbeitsfähige Teams benötigen auch neue Sichtweisen für ihre Inhaltsvermittlung und den Umgang mit Teilnehmern. Insoweit müßte gerade eine systemisch orientierte Supervision möglichst weitreichend organisiert werden.

Eine pädagogische Supervision könnte sich an die von uns entwickelten Perspektiven halten. Sie dürfte nicht nur als erzählende Supervision in einer Tischrunde Handlungen rekonstruieren, sondern müßte zur konkreten Konstruktion und Dekonstruktion beitragen. Dies geschieht am günstigsten und mit der größten Beobachterweite immer im aktuellen Prozeß selbst. Wenn aber organisatorisch bloß erzählende Supervision betrieben wird, dann bleibt kritisch zu beachten, daß die Verengung der Beobachtungen z.b. durch die ausschließlichen Wahrnehmungen eines Lehrerteams unter Ausschluß der Schüler schon problematisch ist, wenn Kommunikationsprobleme mit Schülern gelöst werden sollen. Im Sinne möglichst hoher Konstruktivität von Lösungen sollte es für uns hingegen ein Prinzip sein, daß alle betroffenen Teilnehmer auch an lösungsorientierten Supervisionen direkt beteiligt werden. Nur dieser Grundsatz kann Supervision als neuen Machtbereich, der in Beobachtungen zirkuliert, effektiv beschränken helfen.

Überblicke über systemische Supervisionen[14] zeigen, daß hier alle systemischen Methoden zur Geltung kommen können. Da ein Supervisor auch in pädagogischen Prozessen immer vorrangig mit Problemen und Konflikten auf der Beziehungsseite zu tun bekommt, erscheint eine systemisch-therapeutische Ausbildung als unerläßlich.

Der Bereich der Supervision ist schon aus Kostengründen in pädagogischen Institutionen sehr unterentwickelt. Für den Aufbau einer systemisch-konstruktivistischen Pädagogik aber ist er notwendig, um hinreichend dekonstruktive Perspektiven von außen einzuführen und pädagogische Prozesse so leichter aus jenen Gewohnheiten zu befreien, in denen sich die Perspektiven der Pädagogen festgefahren haben.

8. Weitere

Bei den systemischen Methoden gibt es keinen Abschluß. Hier konnten nur einige ausgewählte beschrieben werden. Sie alle lassen sich erweitern und ergänzen. Hier muß überhaupt ein Grundsatz bedacht werden, der sehr deutlich in systemischen Beratungsprozessen zum Ausdruck kommt: Nicht nur die Beratung selbst ist ein veränderlicher Prozeß, sondern auch die Methoden der Beratung entwickeln sich in diesem Prozeß. Systemische Methoden sind relativ neu, so daß gerade hier eine noch intensivere Weiterentwicklung zu erwarten sein wird. Ja, es ist selbst nicht ausgeschlossen, daß wir irgendwann einmal die systemischen Methoden durch ein neues Gefüge ersetzen werden, weil wir dann anders zu sehen gelernt haben werden.

---

[14] Vgl. z.B.Schumacher (1995, 236 ff.), Brandau 1991, als Überblicke über unterschiedliche Ansätze z.B. Ehinger/Hennig (1994), Fatzer (1993), Spiess (1991).

11. Grundprinzipien einer systemisch-konstruktivistischen Didaktik

11.1. Typen alter Didaktik

John Dewey hat die Ansprüche an eine Didaktik der Moderne in folgendes Bild gefaßt: Die traditionelle Didaktik war die eines Klosters, eines gebundenen Systems, das elitär ausgerichtet war und sich mehr an der Vergangenheit und geschlossenen Weltbildern als an Alltag und Zukunft orientierte. Sie war Ausdruck einer Schule, in der die Inhalte von den Methoden getrennt wurden, in der eine künstliche Isolation von der Lebenswelt stattfand, eine Buch- und eine Wissensschule dominierte, deren reproduktive Lernformen auf symbolische Geschlossenheit hinausliefen. Es handelte sich bei einer Didaktik in solchen Schulen um ein formalisiertes Modell möglichst weitreichender Kontrolle, die als Reproduktion sicheren Wissens und scheinbar ewiger Wahrheiten verstanden wurde. Eine solche Didaktik mußte in einer Moderne nach heftigen politischen Kämpfen scheitern, die auf Industrialisierung, Expandierung von Märkten, auf Fortschritt im Sinne von Wissensdifferenzierung, auf Demokratisierung im Sinne von stärker werdender Beteiligung auch der Volksmassen ausgerichtet war. Aber dieses Scheitern nun führte auch weg von der Geschlossenheit, der einen richtigen Lösung, die das Kloster noch bieten konnte. Die Aufklärung mochte sich bemühen, wie sie wollte, ihr ging die Einheit verloren. Der Kapitalismus beschleunigte daher die Entstehung von Didaktiken, die wir als Wühltisch- oder Supermarktdidaktiken bezeichnen können.[1]
Wodurch zeichnen sie sich aus? Niemand weiß, welche zwischen all den vorhandenen Didaktiken nun die richtige sei. Es bleibt den Vorlieben überlassen, bestimmte Modelle zu wählen und sich gegen andere zu entscheiden. Es gibt nicht hinreichende überparteiliche Kriterien für diese Entscheidungen, es sei denn wir rechneten Gewohnheiten, Statusbedürfnisse bestimmter Kontrollgremien, Karriereerfordernisse von Wissenschaftlern im gegenseitigen Streit hierzu. Bei diesen Modellen nun sieht man geschlossene und offene Systeme. Die geschlossenen Modelle vertrauen im Grunde auf eine modifizierte Klostermentalität, also sie schauen in gewisser Weise zurück, wenn sie bestimmte Sichtweisen als die einzig richtigen propagieren: Sei es z.B. die Anthroposophie Rudolf Steiners oder eine ihrer Abwandlungen, die Weltsicht Maria Montessoris oder irgendein anderes geschlossenes Weltbild, also Ansätze, die in eine mitunter durchaus liebenswerte Gefangenschaft führen, deren Konstruktio-

---

[1] Dewey spricht in seinem Bild von Monastery als traditioneller Schulform, und von Bargain Counter als Form, die durch den Kapitalismus, durch Industrialisierung und Demokratisierung erzeugt wurde. Vgl. Dewey (1989).

nen allerdings über kurz oder lang immer auch in einem Modell von gewollter Enge landen und zu moralischen pädagogischen Zeigefingern verleiten. Die offenen Didaktiken waren allerdings von solcher Gefährdung durch Verengung der Perspektiven auch nicht frei. Dabei setzten sie entweder stärker bildungsinhaltlich auf die Bildungsmacht von Pädagogen, die bestimmte Sichtweisen bildungstheoretisch reflektiert an die Heranwachsenden zu übermitteln haben, oder sie reflektierten stärker lerntheoretisch auf den Vermittlungsprozeß selbst, um den Lehrern klare Strategien der Situierung von Bedingungen und Entscheidungen an die Hand zu geben. Ihre Inhaltsorientierung erscheint daher rationalisierter, subtiler, an die sogenannten Sachzwänge der Wissenschaften selbst angepaßt.[2] Solche Didaktiken differenzierten sich in der Bundesrepublik nach 1945 in zunächst dualistischer Entgegensetzung zwischen bildungstheoretischer und lerntheoretischer Didaktik, um dann in unterschiedlichste Spielarten von der Bildungstechnologie bis hin zum handlungs- oder schülerorientierten Unterricht zu zerfallen.[3] Als hätte es Dewey geahnt: Der Begriff des Wühltisches, des Supermarktes der Möglichkeiten bietet sich in der Tat an, um die scheinbare Willkür, die durch zeitbedingte Moden entschiedene Präferenz der Ware Didaktik, gewiß auch das Geld, das sich mit ihr in der Lehrerbildung und Schule machen läßt, zu bezeichnen. Aber haben wir eine Alternative? Traditionalisten werfen dieser Wühltischdidaktik vor, daß sie sich am bloßen Nutzen gesellschaftlicher Interessengruppen orientiere, daß sie Weisheit und kulturelle Errungenschaften beiseite werfe, Werte verfallen lasse, sich an jeden Geschmack wende, wie eine Mode immer nach neuen Motivationen und Anerkennungen lechze, daß sie den Eindruck entstehen lasse, Bildung sei wie jede andere Ware auch: käuflich. So wird die Schule zu einem Einkaufsladen, aus dem sich jeder je nach Geldbörse das mitnehme, was er brauche, und der Didaktiker, den die Lehrerschaft verkörpere, sei nichts als ein Verkäufer, der zwischen gehenden Waren und Ladenhütern einherschlendere und kaum ein eigenes Gewissen habe, der nicht einmal mehr die Hintergründe dessen verstehen muß, was er da verkauft. In diesem Kaufhaus entschwinden Disziplin, Moral und Gewissenhaftigkeit, die Tiefe der Auseinandersetzung wird durch Oberflächlichkeit ersetzt, die Geduld durch die schnelle Erwartung auf profitable Umsetzungen.

Diese Kritik ist aus dieser Beobachterperspektive gewiß zutreffend. Aber sie ist eine einseitige Perspektive. Denn immerhin bedingt dieser Wühltisch eine Veränderung der Einstellungen. Gegen die Dominanz steter Rekonstruktion allen Wissens aus der Vergangenheit, die wissenschaftlich schon symbolisch vorgeordnet ist, oder den Glaubenspostulaten einer symbolisch dogmatisch auftretenden Religion, wie sie die Schule noch im 19. Jahrhundert bestimmte,

---

[2] In diesem Dilemma sehe ich meine früheren Arbeiten zur Didaktik auch gefangen, vgl. Reich (1976, 1979).

[3] Vgl. als Einführung in die unterschiedlichen Richtungen z.B. Jank/Meyer (1991).

trat der konstruktive Charakter der Erkenntnis im Aushandeln um die Preise und Kosten, die verausgabten Kräfte und Belohnungen, die man für Ziele und Methoden aufbringen muß, stärker hervor. Dabei wird seitdem dem Schüler zunehmend ein Eigenanteil bei der Auswahl jener Waren zugestanden, mit denen Lehrer hausieren gehen. Und auch der ehrenhafte Lehrberuf kann als ein Ausdruck des Marktes begriffen werden, auf den alle im Alltag gehen müssen, wenn sie leben wollen. In einer modernen Gesellschaft, so Dewey, gibt es keinen Weg zurück in die bloße Bewahrung der Vergangenheit ewiger und universell wahrer Werte. Wir müssen unsere Beobachterperspektiven erweitern und können uns nicht mehr ausschließlich an Traditionen erfreuen, die meist bloß noch in einigen Köpfen - abgeschieden z.b. in den elitären Elfenbeintürmen der Hochschulen - ein Eigenleben führen.

Und doch ist dieses Bild zu einfach, wie auch Dewey in einer zweiten Überlegung zugeben muß. Denn selbst die utilitaristisch orientierte Moderne umspannt in ihrer Vielfalt durchaus auch Intentionen, zurück ins Kloster, in isolierte Lernwelten, in abgeschottete Weltordnungen, die Weltanschauungen und Ideologien immer wieder errichten, zu fliehen. Ebenso bietet sie an, aus dieser vermeintlichen Heiligkeit in die Profanität des Lebens zurückzuwechseln, um sich mit dem Wühltisch der Halbbildung zufrieden zu geben. Und nicht einmal eine Halbbildung ist hier sicher, denn viele der sogenannten praktischen Erziehungsbewegungen sind schon, wie Dewey anmerkt, veraltet, wenn sie nach Jahren der Anstrengung überhaupt Einlaß in die bürokratisch gehüteten Schulgebäude finden. Was also nützt uns dieses Bild vom Wühltisch?

Die Wühltischdidaktik, so deutet Dewey, öffnet einem *neuen* Denktyp in der Didaktik Perspektiven, sofern sie den konstruktiven Anteil der Lernenden am Unterrichtsgeschehen betont und sich von den Heiligtümern scheinbar sicherer Wahrheiten abwendet. Es ist dies die Idee einer Laborschule, die auf Aktion und Arbeit basiert, die aber auch ein Labor im Sinne einer Kunstwelt in der Welt ist, in der relativ frei experimentiert, probiert, konstruiert werden kann. Es ist ein Tor hin zu einer systemisch-konstruktivistischen Didaktik. Dabei sind wir wohl stets den Gefahren des Wühltisches und dem Druck wechselnder Moden ausgesetzt, aber wir versuchen sie positiv in eine konstruktive Auffassung zu wenden, weil und insofern Schüler und Lehrer aktiv, dialogisch und konstruktiv in die Auswahl, in ihre Konstruktion von Wirklichkeit eingreifen können und sollen. Das führt fort von einer Konsumentenhaltung und hin zu einer aktiven Lebensperspektive, in der die Schule hilft, sich selbst zumindest auch einen Teil jener Waren zu erschaffen, die man auf den eigenen Tisch legen will.

11.2. Vorläufer einer systemisch-konstruktivistischen Didaktik und der Kampf gegen das Besserwissertum

Was sind die Prinzipien einer solchen konstruktiven Schule? Für Dewey ist es zunächst ein Wandel im Unterrichtsverständnis. Da, wo die traditionelle Schule und auch die Wühltischdidaktik immer davon ausgehen, daß die Lehrer bzw. die Schulbücher besser als die Schüler wissen, warum etwas wichtig, notwendig, gültig ist, da wird in der Laborschule das Prinzip der Pipeline, die alles mögliche in die Schüler reinpumpt, aufgegeben. Aus konstruktivistischer Perspektive betrachtet kann der Schüler nicht mehr als ein Objekt gesehen werden, in das man alles bloß einprägt, was Andere schon beschlossen haben. Eine konstruktive Didaktik muß hingegen die Verantwortung der Beobachtung, die Rolle als selbständiger Beobachter, an die Schüler zurückgeben, sich als experimentelle Methode für sie, die Schüler, und nicht an sich, für die Lehrer oder Schulaufsicht oder eine dahinter vermutete Wahrheit der Wissenschaft, behaupten. Die Schüler sollen durch Suche entdecken, durch gezielte Untersuchungen, durch Ausprobieren, durch Beobachtung und Reflexion aktiv ihre Konstruktion von Wirklichkeit finden, ohne sich immer gleich mittels Reproduktion oder passive Rezeption an die symbolische Welt, die vorhanden ist, anpassen zu müssen. So könnte auch gegenüber den Wühltischen, auf denen scheinbar besonders preiswerte Waren feilgeboten werden, eine kritische Distanz durch Beobachtung der Prozesse, die sie entstehen lassen, zwar nicht in Form gänzlicher Abkehr, aber durch gezielte Abwendung, erreicht werden. Dewey vertraute auf ein aufklärerisches Potential, das die Laborschule freisetzen sollte. Sein radikales Ideal einer experimentierenden Schule ist ebenso wie Freinets Arbeitsschule in vielerlei Hinsicht bis heute eine erste konstruktivistische didaktische Utopie geblieben, weil es offensichtlich nicht nur schwer ist, überhaupt die erforderliche Selbsttätigkeit der Schüler in einer Welt zu sichern, die sich ihren Reichtum auf den Leistungen bisheriger Kultur und deren scheinbar wahren Reproduktionen einbildet, sondern noch schwerer, die erforderliche Selbsttätigkeit dann auch noch mit einer notwendigen Selbstbestimmung der Schüler und Lehrer zu verbinden, die jedem Didaktiker und hinter ihm sich auftürmenden Bürokratien die zu rigide Verengung von Perspektiven verbietet.[4]

In der Pädagogik und der Didaktik finden wir Vorläufer einer konstruktivistischen Sicht insbesondere dort, wo gegen enge Perspektiven gestritten wird. Warum ist das so?

Für Pädagogen gibt es eine Unerträglichkeit: Die Unsicherheit der Ereignisse,

---

[4] Innerhalb der reformpädagogischen Bewegung gibt es eine Vielzahl konstruktivistischer Ideen, die man als Vorläufer einer konstruktivistischen Didaktik rezipieren könnte. Sie finden, so denke ich, am klarsten allerdings bei Dewey und Freinet Ausdruck. Ansätze, die an Piagets konstruktiver Psychologie anschließen, sind deutlich enger gefaßt und klammern zu stark die Beziehungsseite (Interaktionen) aus.

die in die vermeintliche Sicherheit eines inhaltlichen Tuns eingreifen können. Mit der Unsicherheit scheint das pädagogische Grundverhältnis zwischen Lehrer und Schüler, Erzieher und Zögling, Pädagoge und Teilnehmer überhaupt in Frage gestellt. Dies liegt an dem Grundmodell einer erzieherischen Beziehung, die wir der Pädagogik in der Tradition des Lernens nachweislich unterstellen können: In ihr ist ein kommunikatives Grundverhältnis symbolisiert, das eine inhaltliche Einbahnstraße darstellt, über die ein Lehrer sich an einen Lerner (Schüler), ein Erzieher an seinen Zögling, ein Pädagoge an seinen Teilnehmer richtet, wobei auf dieser Straße ein Wissen transportiert wird. Dem Pädagogen kommt es hauptsächlich darauf an, ob der Transport erfolgreich ist und seine Ware im Gedächtnis und Verhalten des Gegenübers angekommen ist.

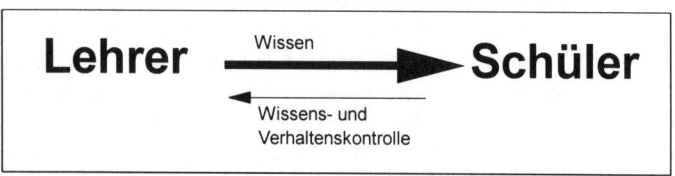

Entscheidend an der inhaltlichen Beziehung zwischen Pädagoge und Lerner ist, daß sie komplementärer Natur zu sein scheint: Der eine hat etwas, was der Andere erst noch braucht. Eine symmetrische Beziehung, in der beide gleichberechtigt miteinander umgehen könnten, scheint durch den Wissens- und Informationsvorsprung des Pädagogen selbst ausgeschlossen. Deshalb kommt ihm auch die Kontrolle des Wissens und Verhaltens zu, denn da er über das Konstrukt des richtigen Wissens verfügt, kann er auch das Konstrukt der richtigen Beurteilung von Wissen und Verhalten scheinbar objektiv verwalten. Aus dieser Position heraus ist er ein Mehr-Wisser.

Auf dieser Grundlage konnte sich eine Pädagogik und ein Allgemeinverständnis des Pädagogen - egal in welcher Spezifizierung - etablieren,

o das die Vorrangigkeit des Inhaltlichen, einer Botschaft, eines Sinns, einer Mission, eines sinnvollen Curriculums usw. unbefragt unterstellt,

o das den Pädagogen damit aus der Rolle des Mehrwissers dann in die Rolle eines Besserwissers treibt, wenn das Mehr an Wissen auch Gültigkeit für die Beziehungsseite gewinnt und dabei eine Machtposition (Autorität) etabliert, deren inhaltliche Geltung zu wenig für die Beziehungsseite problematisiert wird[5],

---

[5] Jeder Lehrer oder Pädagoge ist, wenn er Wissen vermittelt, notwendig ein Mehr-Wisser. Zum Besser-Wisser wird er dann, wenn er die Beziehungsseite nicht umfassend berücksichtigt und sein Mehr-Wissen zur Entwertung der Schüler bzw. Teilnehmer heranzieht.

○ das eine fachliche Ausbildung auch von Pädagogen gegenüber einer zwischenmenschlichen überbetont,

○ das den Pädagogen damit in den Kreis der Wissenschaft eintreten läßt.

Zwar ist in diesem Kontext das Verhalten des Lehrers als Vorbild nicht unwesentlich und das Verhalten des Schülers mit bestimmten Tugenden auch wichtig, aber diese Wichtigkeit ist um ein Wissen herum arrangiert, auf das es stets in erster Linie anzukommen scheint. Hier könnte sich ein erster Einwand ergeben, der in der Tat insbesondere von Pädagogen erhoben worden ist. Eine Buch- und Wissensschule allein kann kein Garant einer modernen, auf Leistung hin orientierenden Schule oder Ausbildung sein. Hinzu müssen Handlungen treten, neben kognitive Lernebenen auch affektive und psychomotorische, so daß das Wissen allenfalls die Spitze eines Eisberges hergibt. Diese Kritik ist berechtigt und in pädagogischen Ansätzen, z.B. bei John Dewey, Célestin Freinet und bei vielen anderen Reformpädagogen auch in alternative Vorschläge umgearbeitet worden. Doch für die Mehrheit der Unterrichtsfächer führte die Kritik allenfalls zu einer Relativierung der Dominanz bestimmter Lehrverfahren, aber keineswegs zur umfassenden Begrenzung des Inhaltlichen durch andere Beobachterperspektiven. Im Gegenteil, der Druck der Differenzierung und Rationalisierung der Moderne trifft alle Wissensfächer hart, weil sie ein sich ständig vervielfältigendes Wissen aufbereiten und an Schüler scheinen weitergeben zu müssen.

Die Pädagogik als universitäres Fach hat diesen Prozeß vorangetrieben, indem sie sich selbst inhaltlich differenzierte und zunehmend als Erziehungswissenschaft spezialisierte, indem sie sich zudem mit der Rolle einer Randfigur in der Lehrerausbildung abgab, statt eine Einphasigkeit der Lehrerbildung und damit eine hohe Beteiligung an der praktischen Ausbildung zu erkämpfen. Zwar gab es unter Pädagogen auch hier durchaus Gegenbewegungen, aber sie konnten weder die mittlerweile erreichte Institutionalisierung der pädagogischen Inhaltlichkeit noch die Begrenztheit des pädagogischen Einflusses verhindern.

Was aber soll nun an dieser inhaltlichen Orientierung problematisch sein? Warum will ich die Einseitigkeit dieses Modells kritisieren? Welche anderen Beobachterperspektiven sollen gelten?

Es sind zwei Gegenbewegungen im Blick auf die Dominanz inhaltlicher Betrachtungen und ihre Umsetzung in pädagogische Arbeit wesentlich:

Die erste Gegenbewegung ist eine Infragestellung des inhaltlichen Modells selbst. Wenn es nämlich stimmt, daß die Wissenschaft im 20. Jahrhundert erkennen mußte, daß sie ihre metaphysischen Postulate, ihre Wünsche und Erwartungen aus ganzheitlicher Sicht dekonstruieren mußte, daß Unübersichtlichkeit, Widersprüchlichkeit und Paradoxien in den Inhalten selbst lauern, dann können auch Pädagogen nicht mehr eigensinnig auf der Rolle des eindeutigen Mehrwissers beharren. Das Wissen und die vermeintliche Wahrheit, die sie mit diesem vertreten, sind *frag*würdig geworden, was die Allmacht und Legitimation ihrer eigenen Rolle gefährdet. Sie müssen erkennen, daß sie sich bloß auf Zeit und unter begrenzten Perspektiven, unter Ausschließungsgründen auf ein Wissen einlassen, was sich bei näherer Hinsicht unter Zulassung verschiedener Perspektiven multipliziert. Dann aber wird aus dem Mehrwisser ein Ver*ein*facher, aus dem vermeintlichen Gut der Bildung eine Degeneration in Halbbildung oder wie wir diese Dekonstruktion sonst nennen wollen.

Die zweite Gegenbewegung ist noch bedrohlicher für die Mehrwisser. Wenn nämlich die Priorität des Inhaltlichen selbst durch Paradoxien des Wissens erschüttert wird, dann wird auch auf einmal der Blick frei für eine andere Betrachtung des pädagogischen Prozesses. Dann erscheint weniger der inhaltliche als der zwischenmenschliche Bezug als andere Sicht auf das pädagogische Grundverhältnis.

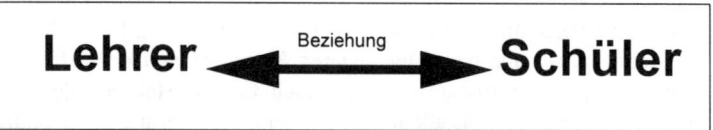

Sofort mag sich ein Einwand erheben: Ist die Beziehungsebene nicht auch bereits Teil des ersten Modells, in dem wir einseitig auf den Inhalt abstellten? Hatte nicht auch dort der Pädagoge eine Beziehung zu seinem Lerner? Stand der Lerner nicht umgekehrt in einer Beziehung zum Lehrer wie auch zu den Mitschülern?

Dies kann gewiß nicht bestritten werden. Interessant aber nun ist, wie wir im zweiten und dritten Kapitel darlegten, daß die Pädagogik diese Beziehung allenfalls in Ansätzen, nicht aber systematisch genug untersuchte. Dies lag größtenteils an der komplementären Rolle, die dem Lehrer gegenüber den Schülern zugewiesen wurde. Da er als Mehrwisser institutionalisiert werden mußte, konnte und durfte man ihn nicht in den Beziehungen als Mensch unter Menschen dekonstruieren. Entweder idealisierte man ihn als ein fast schon übermenschliches Vorbild, als ein doch nie erreichbares, aber anstrebenswertes Ideal, oder man ließ ihn in all seinen Schrullen, sofern er eben inhaltlich loyal funktionierte. Nicht nur das 19. Jahrhundert war weit von einer Schulung ihrer Lehrkräfte auf der Beziehungsseite entfernt, selbst bis in die Gegenwart ist dies ein Tabuthema sowohl an Universitäten als auch in den Schulen geblieben. Dies macht sich insbesondere an der Entwicklung der deutschen Didaktik nach 1945 fest, die in West und Ost eine große Gemeinsamkeit aufwies: Sie konzentrierte sich voll entweder auf inhaltliche Bildungsprozesse oder eine Optimierung inhaltlicher Lernprozesse, wobei zwar auch Schüler vorkommen und in ihrem Lernverhalten beachtet werden sollen, wo aber von keiner Theorie ein kommunikatives Grundverhältnis hinreichend ausgearbeitet wurde, das kommunikative Abläufe und Störungen praxis- und lebensorientiert beschreiben half. Deshalb kommen seit Ende der 60er Jahre solche Theorien auch nicht aus der Pädagogik, sondern von außen auf sie zu. Sie sind eher durch therapeutische Fragestellungen inspiriert worden.[6] Ich habe eine dekonstruktivistische Ausgangsthese in die Abbildung der wechselseitigen Beziehung zwischen Lehrer und Schüler eingeschmuggelt. Gegenüber dem Primat des Lehrers (der Didaktik) hat sich eine Gleichheit eingeschlichen, die den Mehrwisser vor den Kopf stößt. Aber ist dies auch haltbar? Sollen jetzt etwa die Schüler dem Lehrer sagen, was er zu tun habe? Sollen sie gar den Lehrplan bestimmen? Überall mitreden? Wird damit der Leistungsgesellschaft nicht überhaupt der Boden entzogen?

In diesen Fragen erscheint der Mehrwisser als Entwerter der konstruktiven Fähigkeiten seiner Teilnehmer und damit schon als Besserwisser. Diese Fragen sind schon nach dem Grundverhältnis aus der Abbildung über die Dominanz der Inhalte gedacht. Wir müssen aber zuvor das Grundverhältnis der Beziehungsebene betrachten. Wir sehen zunächst einmal von jedem Inhalt ab. Wir nehmen den Lehrer und alle Lerner so, wie sie individuell sind: Als Menschen, als Subjekte, als jeweils Andere, die sich gegenüber Anderen verhalten, die Empfindungen haben, Gefühle, Worte, Sprachspiele und was alles Menschen ausmacht. Stellen wir nun die entscheidende Frage: Wer ist besser als der Andere? Vielleicht auch: Wer ist hier der Beste?

Nach dem inhaltlichen Grundmodell müßten wir jetzt das Wissen und Verhalten abprüfen und eine Rangfolge aufstellen. Es ist wahr: Pädagogen haben sich immer wieder in solchen Perversionen geübt. Als Narren glaubten sie, vom Wissen auf den Charakter zu schließen, was ebenso naiv ist, als wenn man Körperbau und Charakterkunde als eindeutig wechselseitig sich bedingend denken will. Wie schnell landet man hier in einer heimlichen Anthropologie, die bis zum Rassismus reicht. Wenn wir in unseren Beobachtungen nüchtern bleiben, dann lautet das Fazit immer: Wir können für die Beziehungsebene keine sinnvolle Rangfolge bilden. Betrachten wir die emanzipativen Bewegungen der Moderne, die eine zunehmende Individualisierung bei gleichzeitiger Respektierung von Menschenrechten als Anerkennung der Unterschiedlichkeit von Menschen ausdrücken, dann sind diese Bewegungen nicht spurlos an einer Demokratisierung von Lehr- und Lernverhältnissen vorbeigegangen. Eine entscheidende Dokumentation einer Veränderung ist hier z.B. die Abschaffung der Prügelstrafe, die den Pädagogen zuvor ihre fraglose Autorität sicherte, auch wenn wir konstatieren müssen, daß die Abschaffung weltweit bis heute nicht erreicht ist. Die Schüler ringen in diesen elementaren Fällen noch heute um eine Demokratisierung. Aber in den demokratischen Gesellschaften ist zumindest das Bewußtsein dafür gewachsen, Lehrer und Schüler unter der Perspektive des Menschlichen als gleich anzusehen. Und dies bedingt, daß ihre Bezie-

---

[6] Hierfür sind zunächst vor allem Arbeiten von Bateson und Watzlawick maßgebend geworden. Vgl. als neuere Sammlung im Blick auf didaktische Prozesse auch Voß (1996).

hung eine prinzipiell gleiche ist, eine symmetrische sein muß, wenn die Demo-kratisierung sich nicht selbst als Illusion entlarven will.

Aber trotz der Demokratisierung kommen sofort Einwände, wenn wir auf das inhaltliche Grundmodell zurückdenken. Soll etwa ein Erstklässler dem Lehrer gleichberechtigt erklären, was und wie er lesen, schreiben, überhaupt lernen soll? Er weiß es doch noch gar nicht! Das ist richtig. Er *weiß* es nicht. Auf der Inhaltsebene kann er nicht über Dinge verfügen, die er erst noch lernen soll. Und schlimmer noch: Er wird diesen Mangel immer wieder erleben, so wie ihn auch seine Lehrer erleben. Es wird immer etwas - und zwar sehr viel! - geben, was wir nicht wissen. Das ist das Dilemma des Mehr-Wissens. Kein Mehrwisser kann je sicher sein, genug zu wissen. Dennoch mag er mehr wissen. Seine Kompetenz ist da, und Schüler wollen diese auch sehen und nutzen.

Doch was bedeutet dies für die Beziehung? Verlieren die Schüler damit das Recht, die Kommunikation mit dem Lehrer oder den Mitschülern gleichberechtigt zu thematisieren? Dürfen sie sich hier nicht ihr Bild machen und mit Anderen über Perspektiven streiten? Sollen sie die Gleichheit, Freiheit, das was wir Ideale der Annäherung an eine Demokratie nennen können, bloß über ein Wissen, ein Konstrukt aneignen, oder ist es ein lebbarer Teil in den Beziehungen? Dies sind Schlüsselfragen einer Pädagogik, die die Dekonstruktion der Pädagogik insbesondere durch die Kommunikationstheorien ernst nimmt. Das Mehrwissen sollte nicht dazu dienen, die Fähigkeiten der Schüler bzw. Teilnehmer zu entwerten, sie mit Besserwisserei zu ironisieren, ihnen damit Beteiligungsmöglichkeiten zu bestreiten. Aber weniger die Pädagogik als vielmehr die Kommunikationstheorie hat sich mit solchen Schlüsselfragen beschäftigt. Viele Pädagogen haben auf diesbezügliche Schriften zurückgegriffen, weil ihnen die Pädagogik das Problem eher verweigerte.[7]

Wenden wir uns also der Kommunikationstheorie zu, um das Problem zu präzisieren. Sofort beginnt die nächste Einschränkung. Wir wenden uns jenen Kommunikationstheorien zu, die sich als konstruktivistisch verstehen, und die wir im einführenden Teil weiter oben beschrieben haben. Was sagen sie zu unseren zwei Grundmodellen?

Aus konstruktivistischer Sicht behaupten sie, daß solche Beobachtungen von Grundverhältnissen Erfindungen sind. Sie sind ebenso eine Erfindung wie das Rad, das Auto oder die Dampfmaschine. Diese Grundeinstellung ist uns weiter oben bereits bekannt geworden. Wer aber hat die Unterscheidung von Inhalts- und Beziehungsebene erfunden? Wir konstruieren uns eine Wirklichkeit, die wir in die Vergangenheit hineindenken. Implizit, so vermuten wir, muß diese Unterscheidung sehr alt sein, denn die Menschen wußten schon lange vor uns, daß die Art und Weise, wie sie miteinander leben, wohl von dem zu unter-

---

[7] Eine Ausnahme ist vor allem der Ansatz von John Dewey, der aber viel zu wenig in der deutschen Pädagogik rezipiert wurde. Vgl. dazu insbes. Bohnsack (1976) und Kapitel 8.

scheiden war, was symbolisch in diesem Leben Bedeutung hatte. Und dennoch ist die bezeichnende Unterscheidung, die durch Gregory Bateson herausgearbeitet wurde, erst seit Mitte des 20. Jahrhunderts explizit formuliert worden. Warum so spät?

Auch die Antwort hierauf ist notwendig ein Konstrukt, wobei ich noch nicht einmal weiß, ob nicht irgendwann zuvor schon einmal jemand die intuitive Unterscheidung zu einer expliziten gemacht hatte. Aber es gab früher einen guten Grund, diese Unterscheidung zu vermeiden und beide Beobachterebenen ineinander fallenzulassen. Die Art und Weise, wie Menschen miteinander lebten, also ihre Beziehungen, schienen durch und durch angefüllt mit Sinn, mit Symbolik, mit Ritualen, die durch Traditionen bewahrt, durch Normen geregelt und institutionell in der einen oder anderen Weise verankert waren. Wer das Wie des Miteinanderlebens beobachtete, der sah zugleich immer auch ein Was, einen Inhalt, einen Sinn. Und erst in der (Post-)Moderne, die sich selbst als Moderne in ihrem Sinn in Zweifel ziehen konnte, gelang es explizit, die Beziehung gegen die Inhalte und die Inhalte gegen die Beziehungen zu stellen. Wir haben uns damit ein Sprachspiel erfunden, um einen veränderten Blick für uns zu bezeichnen. Wir schauen offener, weil wir nun auch Beziehungen sehen lernen, ohne direkt nach deren Sinn fragen zu müssen. Dies geschieht auf dem Hintergrund, den wir in Kapitel 1 bereits beschrieben haben: Sinn selbst ist uns widersprüchlich und unscharf, paradox und unübersichtlich geworden. Hier also greift die erste Gegenbewegung, von der wir eben gesprochen haben. Und es geschieht auf dem Hintergrund einer Demokratisierung, die es nicht mehr für selbstverständlich nehmen kann, daß kommunikative Verhältnisse überwiegend komplementär strukturiert sein sollen. Sind sie aber symmetrisch angelegt, dann wechselt der Sinn im Spiel der Gegenüber. Sinn selbst kann unscharf werden, Beobachtungen öffnen sich für den je unterschiedlichen Sinn, damit für durchaus gegensätzliche Sichtweisen und Interpretationen *einer* Situation. Dies wird zum Ausgangspunkt für eine veränderte Didaktik.

Allerdings müssen wir auch zugeben, daß der Besserwisser, so wie wir ihn jetzt negativ charakterisiert haben, ein Konstrukt ist. Gewiß, er begegnet uns immer wieder, und wir sind über seine Fähigkeiten verblüfft und vielleicht erschrocken. Aber er steckt, weil ja auch wir konstruieren, zumindest als Mehrwisser auch notwendig in uns! Es wird gar nicht so leicht sein, ihm zu entkommen. Wahrscheinlich können wir nur seine schlimmsten Wirkungen verhindern, indem wir vorsichtig genug werden, wenn uns Inhalte nur aus einer Perspektive richtig erscheinen oder Beziehungen für uns ganz klar durchschaubar sind. Wir lehnen aus den in diesem Buch entwickelten Perspektiven ab, daß wir als Mehrwisser auch in Beziehungen auftreten und behaupten, mit unserer Sicht bessere Wisser zu sein.

11.3. Grundpostulate einer systemisch-konstruktivistischen Didaktik[8]

Stimmt man den hier angedeuteten Zielen der reformpädagogischen Pioniere und einer konstruktivistischen Didaktik zu, dann verändert sich die Rolle der Didaktik radikal. Sie wird als ein symbolisches System bestimmter pädagogischer Regeln des Unterrichts, der Übermittlung von Wissen, des Transfers von Zielen und Inhalten mittels Methoden und Medien in potentielle Verhaltensbereitschaften oder Informationsverarbeitungen von Lernern dann folgendermaßen verändert:

1) Didaktik ist nicht mehr eine Theorie der Abbildung, der Erinnerung und der richtigen Rekonstruktion von Wissen und Wahrheit, die nach vorher überlegten und klar geplanten Mustern zu überliefern, anzueignen, anzusozialisieren sind, sondern ein konstruktiver Ort möglichst weitreichender eigener Weltfindung, die für Lerner bzw. Teilnehmer ebenso wie für Lehrer bzw. Pädagogen zu ermöglichen ist.

2) Didaktik ist nicht mehr eine sichere Theorie der Aufklärung, der Emanzipation, die zu verkünden weiß, wer wie zu emanzipieren und mit welchen Inhalten aufzuklären ist, weil die konstruktiven Akte des Aufklärens und der Reflexion selbst an jene Konstruktionen in Selbsttätigkeit und Selbstbestimmung zirkulär zurückgebunden sein müssen, mit denen Schüler bzw. Teilnehmer als auch Lehrer bzw. Pädagogen ihre je eigenen Wege finden. Sie ist deshalb ein sehr offenes Verfahren inhaltlicher und beziehungsmäßiger Vermittlungsperspektiven.

3) Didaktik stellt nicht mehr eine erhoffte Selbstbestimmung, eine Mitbestimmung, dar, die die Lehrer oder Didaktiker organisieren, planen und mit soziologischer Phantasie und organisatorischem Talent vorgeben können, sondern sie ist allenfalls eine Konstruktion, die in Beziehungen ausgehandelt, im Nach- und Nebeneinander verschiedener Beobachter betrachtet und analysiert werden kann, die sich jedoch ad absurdum führt, wenn sie dies mit klarem Auftrag *vor* jedem Prozeß, mit bestimmtem Ziel *vor* jedem Weg, mit klar vorgeschriebener Hierarchie zwischen Lehrern bzw. Teilnehmern und Schülern bzw. Pädagogen tun soll.

4) Didaktik ist auch nicht mehr bloß eine Theorie der Schüler- oder Lernerorientierung, die schließlich die Lösung aller didaktischen Probleme darin findet, daß sie den Schüler bzw. Lerner als Welt- und Angelpunkt jeder Didaktik erfindet. Schülerorientierung bleibt in einem System mit Lehrern eine bloße Leerformel, weil konstruktive Ansprüche nicht nur inhaltlich, sondern immer auch über die wechselseitigen Beziehungen zwischen Lehrern und Schülern (oder Teilnehmern und Pädagogen) stets in pädagogische Prozesse eingehen. Didaktik hat im Gegenteil diese Eingänge zu reflektieren - und zwar nicht nur von Lehrern -, wenn es Ausgänge aus einem Muster von Bildung geben soll,

---

[8] Vgl. hierzu auch zum Teil weiterführend Reich (1996, 1998 c, d, e, 1999 a).

das sich selbst in die Krise zunehmender Unübersichtlichkeit und Unentschlossenheit gegenüber Inhalts- (z.B. was sollen wir auswählen?) und Beziehungsfragen (z.b. was bleibt an Regeln im Verhalten sinnvoll?) gestellt sieht.

Warum fällt es bis heute schwer, diese konstruktivistischen Einsichten zuzulassen? Was verlieren wir, konstruktivistisch gedacht, wenn wir diese vier Postulate in das Schulleben oder andere pädagogische Prozesse umsetzen?

Zu 1) Der Konstruktivismus, so, wie er hier vertreten wird, verliert, so hoffen wir, den Schrecken positivistischer oder funktionalistischer Vereinfachung. Wir wollen nicht aus einer reduktiven biologistischen oder funktionalistischen Sicht die Pädagogik neu begründen, sondern suchen durchaus Anschluß an geistes- und gesellschaftswissenschaftliche Theorien. Aber die erkenntnistheoretischen Ansprüche verändern sich: In der Behauptung der Konstruktion von Wirklichkeiten ist eingeschlossen, daß solche Konstruktionen jeweils zeitgebunden sind, von den spezifischen Beobachtern und deren Verständigungsgemeinschaft abhängen, daß sie keine ewigen Wahrheiten festschreiben können, daß sie allen Beobachtern hinreichend Chancen an der Wirklichkeitskonstruktion bieten sollten.[9] Dies drückt im Grunde Dewey als Vorläufer einer konstruktivistischen Pädagogik aus, wenn er seinen Schülern sowohl Selbsttätigkeit mit vielen Perspektiven als »experience« ermöglichen will, zugleich aber auch erkennt, daß dies ohne Selbstbestimmung, d.h. je eigene Wahl der Beobachtungs- und Handlungspositionen sich nie wird erreichen lassen.

Der Schrecken der besserwissenden Didaktiker vor der von uns beabsichtigten Neuerung entsteht wohl vor allem an der Stelle, wo ihre Macht wahrer Abbildungen beseitigt wird. Wozu studieren denn die Lehrer, wenn nicht, um Mehrwisser und vor diesem Hintergrund schließlich auch in Beziehungen Besserwisser zu werden? Wozu hat die Wissenschaft Orte der Begrenzung, der Absonderung und Absonderlichkeiten entwickelt, wenn nicht, um über das zu entscheiden, was in den Fächern als »wahres« Wissen bewahrt wird? Der »Homo academicus«, wie Bourdieu (1992) ihn nennt, hat es unternommen, sich seine Wahrheiten im Gestrüpp von Institutionen zu errichten, die längst mehr sind als Orte der reinen Forschung nach relativer Wahrheit. Es sind Orte, die

---

[9] Dies ist nur eine einfache Beschreibung einer konstruktivistischen Verständigung über Wirklichkeiten. Diffenziert man sie, so wird eine Fülle re- und dekonstruktiver Tätigkeiten sichtbar. Das Dilemma ist hier nämlich, daß, wenn die Aussage stimmt, alle bisherigen Theorien vom Konstruktivismus als konstruktivistische überrascht werden. Dann aber hat der Konstruktivist auch kein klares Abgrenzungskriterium mehr, sich mit ihnen nicht auseinanderzusetzen, denn als solche Konstruktionen hatten oder haben sie ihre Bedeutungen für bestimmte Menschengruppen. Wendet man dies gegen bestimmte Strömungen im Konstruktivismus, so kann er keineswegs sinnvoll vorrangig aus einer biologischen Theorie wie der Maturanas entspringen, die gerade die geisteswissenschaftliche, die soziale und gesellschaftliche Konstruktion von Wirklichkeit *in ihren vorliegenden Konstruktionen* vernachlässigt.

durchquert sind von Macht, wie die Analysen Foucaults treffend herausgearbeitet haben[10]; es sind Orte der Selbstbeschäftigung der Wissenschaft mit sich, wie es Bourdieu beschreibt. Wer hier ausgebildet wird, der wird in ein Dilemma hineingezogen, das sehr schön von Heinz von Foerster beschrieben wurde. Foersters erstes Theorem sagt: "Je tiefer das Problem, das ignoriert wird, desto größer die Chancen für Ruhm und Erfolg." (Foerster 1993, 161) Wissenschaft reduziert Komplexität durch Ausschließungen, und die Einfachheit einer Lösung scheint der Schlüssel zum Erfolg zu sein. Dies fördert lineares, kausales Denken, das wenig an der Vernetzung von Wirklichkeit, an Wechselwirkungen und möglichen Folgelasten interessiert ist. Je komplexer jemand zu denken versucht, desto geringer sind seine Karrierechancen in solcher Wissenschaft. Sein zweites Theorem lautet: "Die »hard sciences« sind erfolgreich, weil sie sich mit den »soft problems« beschäftigen, die »soft sciences« haben zu kämpfen, denn sie haben es mit den »hard problems« zu tun." (Ebd.) Illustrationen für die beobachtbare Gültigkeit dieser Theoreme lassen sich besonders dort anführen, wo es um vernetzte Wirklichkeiten, um interdisziplinäre Probleme geht, in denen nicht auf ein Objekt »Natur«, nicht auf isolierte Gegenstände oder Dinge, sondern Vermittlungen mit Menschen geschaut wird. Dafür haben wir in diesem Buch mehrfach Beispiele genannt. Unsere Argumentation führte deshalb zu Unterscheidungen wie die zwischen Inhalten und Beziehungen, zur Unschärfe bei Beobachtungen, zur Notwendigkeit systemischer und konstruktivistischer Sichtweisen. Sie lassen sich in der These zusammenfassen, daß wir Schülern wie Lehrern ermöglichen sollten, je ihre Konstruktionen von Wirklichkeiten zu finden, und zwar in möglichst freien Perspektiven und auch aus ihren je unterschiedlichen Blickwinkeln, die eingewoben in unterschiedlichste Lebensformen und Weltbilder sind. Aber wir dürfen diese autonom erscheinende konstruktive Tätigkeit nicht verabsolutieren, weil sie immer auch gesellschaftlich vermittelte Rekonstruktion von Wirklichkeiten ist. Und in dieser lauern eben die unterschiedlichsten Sprachspiele, die schon gegen uns gespielt wurden, bevor wir zum Zuge kommen.

Insoweit mag sich der Schrecken vor einer konstruktivistischen Didaktik mildern. Auch Konstruktivisten müssen zugeben, daß es Kulturgüter gibt, daß z.B. Sprache zu erlernen ist, Mathematik nicht überflüssig wird, wissenschaftliche Fächer nicht einfach verschwinden sollen. Jede Konstruktion von Wirklichkeit wird durch Beobachter vollzogen, die schon beobachtet haben. Jeder Beobachter hat in sich Formen der Beobachtung gewählt, die ihn leiten. Aber eine konstruktivistische Didaktik sollte sich sogleich dagegen wehren, hieraus den sehr einseitigen Schluß zu ziehen, daß damit die gegenwärtigen Siegertheorien, die anerkannten wissenschaftlichen Lehrmeinungen, das, worauf sich Karriere und Erfolg verständigt haben, sinn- und maßgebend für *ein* ausschließliches Wissen, für *ein* Curriculum sein sollten, das nun doch sein wah-

---

[10] Vgl. dazu insbes. Foucault (1978, 1992).

res - wenn auch zeitlich begrenztes - Credo findet. Oberstes Ziel einer konstruktivistischen Didaktik ist es hingegen, Beobachterstandpunkte zu erweitern, indem eine methodische Freude entwickelt wird, bei einem für notwendig erachteten Stand von Rekonstruktion, von symbolischer Klarheit von Welt, neue Blicke zu riskieren. Den Stand solcher Rekonstruktionen festzulegen, sollte auch weder allein Aufgabe der Wissenschaft, der Schulbürokratie oder der Lehrer bzw. Pädagogen sein, sondern setzt stets die Vermitttlung mit den Sichtweisen der Schüler bzw. Teilnehmer voraus.

Eine systemisch-konstruktivistische Didaktik stellt vor diesem Hintergrund neue Anforderungen an Analyse, Planung und Durchführung pädagogischer Prozesse. Dazu gehören vor allem:

o Eine möglichst hohe Selbstbestimmung bei der Festlegung der Inhalte und Beziehungen in pädagogischen Prozessen.

o Vermeidung einer Entfremdung von den Bedürfnissen, praktischen Erfahrungen und Erlebenswelten von Teilnehmern an pädagogischen Prozessen, ohne in pädagogischen Utilitarismus oder bloßes Nützlichkeitsdenken zurückzufallen.

o Veränderung der didaktischen Ausbildung, in der nicht nur Inhalte vermittelt werden, sondern die Selbsterfahrung von pädagogischen Beziehungen vermittelt und erlebbar gemacht wird.

o Aufgabe des Prinzips der Wühltischdidaktiken, Welt abbilden zu wollen und Symbolvorräte möglichst vollständig zu vermitteln. Rückgabe der Auswahl an die Teilnehmer pädagogischer Prozesse selbst, Stärkung der Eigenverantwortlichkeit, was aber dann in Gleichgültigkeit und einer Entwertung der Bildung endet, wenn nicht gleichzeitig eine pädagogische Kultur und ein pädagogisch weitreichendes - zur Gesellschaft hin offenes und kritisches - Bewußtsein (reflektiertes Engagement) gefördert wird.

Die Beachtung dieser Anforderungen erhöht den gesellschaftlichen Status von Pädagogen. Solche Statuserhöhung erscheint allerdings als unsicher. Sie mag utopisch sein. Aber alle Pädagogik wird auf der Beziehungsseite versagen, wenn sie nicht ihre Krise bekämpft: Sofern sie nur theoretisch die Welt abbildet, nicht aber konstruktiv diese Welt, die konstruiert werden soll, auch in pädagogischen Prozessen konkret ermöglicht, wird gerade sie als wissenschaftliche Disziplin dazu beitragen, den Riß zwischen Theorie und Praxis zu erhöhen.

Zu 2) Aber verlassen wir mit diesen Forderungen nicht eine politische Aufgabe? Entpolitisieren wir die Schule und verraten wir die Möglichkeiten einer Emanzipation der Welt hin zu einem Besseren? Ich komme damit auf das zweite Postulat zurück.

In den 70er Jahren und im Ausklang der 80er gab es eine emanzipative Wende in der bundesdeutschen Didaktik, in der Wolfgang Klafki als Hauptvertreter der Bildungstheorie sich entschloß, für Schlüsselphänomene wie Frieden, Um-

welt, soziale Ungleichheit, Möglichkeiten und Gefahren der Technik, Demokratisierung, Arbeit und andere mehr einer kritisch-konstruktiven Didaktik zu
optieren. Wolfgang Schulz suchte kritisch-emanzipative Strategien in den Feldern Kompetenz, Autonomie und Solidarität festzulegen. Beide Ansätze klan-
gen stellenweise wie Parteiprogramme mit hoher Allgemeinheit von Aussagen.
Sie sprachen zwar schon von Beziehungen zu Schülern bzw. Teilnehmern, ver-
weigerten sich aber dennoch der Beziehungsseite, weil sie intentional konstruiert waren. Seht her, so läßt sich diese Intention umschreiben, wir wissen einen
richtigen Weg. Und solche Richtigkeit wurde als Symbolvorrat bei Prüfungen
im ersten Staatsexamen und teilweise in kognitiver Auslegung auch im Referendariat aufgenommen, damit als Theorie entfaltet, als Wissen abgeprüft, aber
kaum mit wirklichem Leben in den Schulen erfüllt. Schon in den 60er Jahren
hatten Paul Heimann und Wolfgang Klafki zwar solche Vorgänge beklagt, ohne jedoch dem erkannten Dilemma auf die Spur zu kommen. Immerhin hatte
besonders Heimann auf die Notwendigkeit einer höheren Praxisorientierung in
der Lehrerausbildung weit mehr als die Bildungstheorie verwiesen (vgl. Heimann 1976). Aber selbst dieser offenere Ansatz scheiterte dadurch, daß die
Didaktik überwiegend auf der Inhaltsseite situiert blieb und ein Kategorien-
system für bessere Aufklärung bereitstellen wollte. Damit kamen solche Didaktiker von außen und unterschätzten jenen Alltag in den Schulen, der mit viel
profaneren, aber eben auch widersprüchlichen, lebendigen Problemen der Beziehungen zwischen Lehrern und Schülern belastet war.[11]
Aus der Sicht unserer Argumentation verstehen wir diese Reduktion. Aber wir
treten ihr auch klar entgegen. Eine Professionalisierung der Lehrer und anderer
pädagogischer Berufe, wie man es sich in diesen Didaktiken noch ausgemalt
hat, scheitert an der intentionalen Einseitigkeit. Man hat versucht, didaktische
Systeme zu entfalten, die möglichst genau eine didaktische Wirklichkeit bezeichnen sollen (vgl. dazu auch Reich 1979). Aber der Mangel dieser Arbeiten
ist, daß für diejenigen, die solche Systeme nach solchen Mustern beschreiben,
die Beobachtungskategorien von außen kommen, Rekonstrukte sind, und oft
wenig mit eigenen Vorstellungen gefüllt und mit Einsicht praktiziert werden.
Eine Verengung der didaktischen Analyse und Planung auf Äußerlichkeiten ist
festzustellen. Was interessieren hier Unwägbarkeiten, das Imaginäre, wo doch
eine Sachanalyse oder ein Bildungsgehalt nur symbolisch möglichst eindeutig
festgestellt werden können, wenn auch noch eine Note und Beurteilung daran
geknüpft wird? Besonders die Exerzitien für Referendare führen Didaktiken zu
Schablonen der Analyse und Planung. Aber Schablonen lehnen wir ab. Die
bisherigen erwiesen sich auch nicht als sonderlich erfolgreich über lange Zeit.
Die Didaktik muß lernen, daß sie Inhalte und Beziehungen immer in Wechselwirkung zu beachten hat. Um aus den Mehrwissern keine Besserwisser werden
zu lassen, muß sie gerade für die Beziehungsarbeit verstärkt systemische Me-

---

[11] Meine früheren Arbeiten (vgl. Reich 1977, 1979) leiden ebenfalls unter diesem Mangel.

thoden aufnehmen: »Reflecting teams« und Supervisionen z.b. erreichen mehr als quantifizierende Leistungszuschreibungen, wenn es um die Beurteilung von Lehrerverhalten in Beziehungen geht. Zudem versagt die traditionelle Didaktik vor allem bei der Analyse der starken psychischen Belastungen von Pädagogen, die offenbar damit zusammenhängen, daß einerseits viel zu spät nach der Ausbildung bemerkt wird, welch hohem Beziehungsdruck Lehrer ausgesetzt sind, daß andererseits aber auch kein professionelles Setting zur Bewältigung dieser Aufgabe bereitgestellt wird.

Deshalb stellt die Unterscheidung von Inhalten und Beziehungen für eine systemisch-konstruktivistische Didaktik eine elementare Voraussetzung dar, die allerdings dann auch in der Ausbildung von Pädagogen Geltung erlangen muß. Unsere bisherige Argumentation zeigt die herkömmlichen Didaktiken in einer Krise. Nach einer noch breiten Anerkennung didaktischer Arbeiten in den 70er Jahren folgte ein Niedergang, der sich schon darin dokumentiert, daß zunehmend psychologische Ratgeberliteratur die ursprünglich didaktische Literatur verdrängte. Die Fachdidaktiken konnten sich in der Wissenschaftskonkurrenz mit den Fächern bis heute nicht hinreichend durchsetzen. Diese Krise will eine konstruktivistische Didaktik vor allem durch folgende Maßnahmen bekämpfen:

□ Eine inhaltliche Orientierung wird in jedem Studium notwendig bleiben, aber gerade Lehrer- und Pädagogikstudenten müssen vorrangig kommunikative Kompetenzen erwerben, die durch die Beziehungsseite jeder Kommunikation ausgedrückt sind. Hier können wir von anderen konstruktivistischen Ansätzen lernen, die sich insbesondere in der Ausbildung systemischer Therapeuten bewährt haben. Keiner dieser Therapeuten kann bloß über theoretische Seminare ausgebildet werden, weil er so nur über Beziehungen redet, statt sich in ihnen zu erleben. Es bedarf einer steten konstruktiven Aktivität in verschiedenen Rollen und unter unterschiedlichsten Beobachterperspektiven, es bedarf einer Reflexion nicht nur auf kognitive Inhalte, sondern auch auf Gefühle, Einstellungen, Wertmuster usw., also einer Kommunikation über die Beziehungsseite selbst. Will man aber über die Beziehungsseite forschen und lehren, dann kommt auch der Selbsttätigkeit und Selbstbestimmung genau jene Aufgabe zu, die Dewey für seine Laborschule forderte und die wir vor der Umsetzung in die Schule zunächst für die Hochschule, für die Lehrer- und Pädagogikausbildung fordern müssen. Gerade die Hochschule als Ort von Konstruktionen darf diese nicht den Studenten verweigern, sondern muß sie dazu stets anhalten, ermutigen, ihnen Strukturen und Hilfen hierfür bieten. Wir werden hierzu Ressourcen der Studenten in Form von aktiver, kreativer Mitarbeit in Forschung und Lehre mit einer veränderten Hochschuldidaktik viel effektiver nutzen können, aber auch eine Supervision von außen erfahren müssen, weil erfahrene Systemiker, die nicht in das System Universität verstrickt sind, besser in der Lage sein werden, uns gerade hier - im Trott der universitären Gewohnheiten - unsere blinden Flecken zu verdeutlichen.

□ Dabei ist allerdings zu bedenken, daß Inhalte und Beziehungen miteinander vermittelt sind. So mag es zwar sinnvoll sein, stärker reine Inhalts- oder Beziehungsseminare mit jeweils unterschiedlichen Methoden abzuhalten, aber im Regelfall sollte überlegt werden, ob und inwieweit sich nicht eine stete reflexive und emotionale Durchdringung beider Ebenen erreichen ließe. Dazu kurz ein exemplarisch skizziertes *Beispiel* aus meiner Kölner Praxis: Teilnehmer sind Pädagogik- und Lehrerstudenten. Das Seminar wird von einem Tutorenteam (Einsatz als studentische Hilfskräfte) und mir vorbereitet und begleitet. Das Thema hat sich aus einem vorhergegangenen Seminar - aufgrund von erlebten Defiziten als Wunsch vieler Studenten - entwickelt: Macht in pädagogischen Verhältnissen. Im Semester vor der Durchführung findet eine Sichtung und Auswahl von wissenschaftlicher Literatur durch die Vorbereitungsgruppe - der Dozent ist hier einer der Teilnehmer - statt. Sie fällt die Entscheidung für ein reines Foucault-Seminar. Es folgt das Studium von Foucault-Schriften durch die Vorbereitungsgruppe. Nach Diskussionen wird die Bildung von drei Theorie-Praxis-Schwerpunkten abgestimmt: "Wahnsinn und Gesellschaft", "Überwachen und Strafen", "Die Geburt der Klinik". Im nächsten Semester folgt die Ausschreibung eines 4-stündigen Seminars mit Kompaktphase außerhalb (5 Tage), Teilnehmerbegrenzung 60. Die hohen Teilnehmerzahlen trotz des sehr großen Arbeitsaufwandes zeigen, daß in der Studentenschaft ein großes Interesse an dieser didaktischen Konzeption besteht. Eine Begrenzung über Listen ist deshalb zwangsläufig. Je nach Themenstellung und methodischen Überlegungen haben wir Seminare mit bis zu ca. 100 Studenten durchgeführt. Allerdings zeigte sich, daß bei 50 bis 60 Teilnehmern plus Tutoren in der Regel eine didaktische Großgruppe erreicht war, in der gerade noch hinreichend individuelle Rückmeldungen unter Einsatz von 8 bis 10 Tutoren möglich waren. Erstaunlich ist für mich immer wieder, daß die Motivation der Teilnehmer Defizite, die durch die zu großen Gruppen erzeugt wurden, ausgleichen konnte. Das universitäre Überlastprogramm, das uns als Hochschulnotstand zugemutet wird, kann nur durch intensive Einbeziehung studentischer Hilfskräfte bewältigt werden. Aber dies ist nur begrenzt ein Modell für Schule, in der die Bundesrepublik allerdings ebenfalls durch viel zu große Lerngruppen und Lehrer als Einzelbetreuer auffällt. Durch Betreuungsdifferenzierung konnte in der Universität in unserem Beispiel während des Semesters die Arbeit in Gruppen zu den drei Schwerpunkten geleistet werden, wobei jede Gruppe ein einführendes - anschaulich aufbereitetes - Referat zu den gewählten Themen hielt. Der Einsatz wechselnder »Reflecting teams« diente zur Rückmeldung über die Referate (Inhalt/Beziehung). Während der Kompaktphase standen dann Anwendungsprobleme im Vordergrund: Jeweils ein Seminartag wurde unter das Motto der Gruppe und ihre eigenständige Organisation gestellt. Die Gruppen planten ein umfangreiches Rollenspiel, in dem die theoretischen Sachverhalte in Beziehung zum eigenen Erleben praktisch wurden. Im Anschluß an dieses Spiel wurde eine Reflexion - wieder unter Einschluß von »Reflecting teams« - durchgeführt, wobei vor allem auch auf die je individuellen Gefühlslagen eingegangen wurde. Die Gruppe "Wahnsinn und Gesellschaft" erschien als Leitung und Pflegepersonal eines Irrenhauses, das die anderen Teilnehmer als Insassen »gefangennahm«. In dem mehrere Stunden dauernden Spiel wurden je unterschiedliche Torturen solcher Gefangenschaft erfahren, aber auch eine Fülle von Machtsituationen auf seiten der Wärter wie der Insassen, die sich untereinander in Machthierarchien verstrickten. Zeitliche Zäsuren im Spiel markierten historische Veränderungen in der Institution Irrenhaus bis zur Gegenwart, wie sie Foucault analysierte, und wie die Studenten sie für sich nachempfanden. Die Gruppe "Überwachen und Strafen" erstellte ein panoptisches Labyrinth, das alle Teilnehmer durchlaufen mußten. Es bestand aus einer Fülle von Disziplinar- und Überwachungserfahrungen, die sowohl Fremd- wie auch Selbstzwänge thematisierten. Die Gruppe "Die Geburt der Klinik" errichtete eine Geburts-, eine Intensiv- und eine Pflegestation, die die Teilnehmer durchlaufen mußten. Hier standen körperliche Erfahrungen in unterschiedlichster Willkür - von der Rettung bis zum Tod - im Vordergrund. Nach allen Spieltagen wurden die Erfahrungen im Plenum ausführlich zunächst von den planenden Gruppen mit Moderatoren und unter Zuhilfenahme der »Reflecting teams« in Diskussionen verarbeitet. Dabei wurde nicht nur die Inhaltsseite, sondern immer auch die Beziehungsseite (Bedeutung für mich, Empfindungen im Prozeß usw.) problematisiert. Nach der Kompaktphase wurden zum Abschluß des Semesters die Theorie-Praxis-Erfahrungen kritisch besprochen. Es wurde nach weiteren, anderen Beobachtermöglichkeiten gefragt. Ein Protokollband aller Arbeitspapiere und Gruppenspiele wurde von den Teilnehmern erarbeitet und steht ihnen als Dokumentation zur Verfügung.

Das Muster eines in dieser Form angelegten Seminars haben wir nunmehr schon über Jahre mit variierenden Inhalten und Formen durchgeführt. Es ist ein bescheidener und noch recht punktueller Versuch, Maximen der Laborschule Deweys und auch der systemischen und konstruktivistischen Methoden in die Hochschuldidaktik zu übertragen und gleichzeitig Erfahrungen aus konstruktivistisch orientierten Weiterbildungsseminaren (z.B. in der Ausbildung systemischer Therapeuten) in ein ansonsten inhaltlich gegliedertes Konzept zu integrieren. Hier will ich einige Punkte nennen, die für ein solches Konzept von Didaktik mir wesentlich erscheinen:

□ Die Rolle des (Hochschul-)Lehrers verändert sich radikal. Er ist nicht mehr der dominante Faktor im Lernsystem, sondern stellt sein Wissen und seine Erfahrungen stärker in den Dienst der Gruppe. Das erhöht seine subversive Macht, denn je nach seiner Kompetenz fordert ihn die Gruppe doch immer wieder auf, ihr Verantwortung abzunehmen und Entscheidungen für sie zu treffen, weil er es schließlich besser weiß oder wissen müßte. Sofern er diese subversive Macht auf der Beziehungsseite jedoch thematisiert oder durch »Reflecting teams« offenbar werden läßt, arbeiten die Gruppen und ihre Individuen eigenständiger und trauen sich mehr zu. Gerade inhaltlich kompetente Lehrer müssen sich zwingen, nicht für sich immer schlauer zu werden und dies narzißtisch an ihren Teilnehmern abzuarbeiten, sondern gruppenorientiert zu handeln, um das Zutrauen und Selbstwertgefühl der Teilnehmer zu stärken. Da dies eine hohe Beziehungskompetenz von ihnen verlangt, wäre es wünschenswert, wenn Lehrer stärker in Teams arbeiten würden. Eine Supervision von Lehrergruppen, die sich inhaltlich gleichwertig erleben können, wäre hier hilfreich, da ich es immer wieder erlebe, daß selbst bei gutem Willen der Mehrwisser auf der Inhaltsseite hervorbricht und sich als Besserwisser in die Beziehungsseite einmischt, wenn sich Lehrkräfte inhaltlich überlegen fühlen. Mit dieser möglichen Rückkehr in ein autoriäres Muster, das sich inhaltlich mittels Wissensvorsprung legitimiert, zerstört ein Seminarleiter oder Lehrer sofort das Vertrauen in Beziehungen. Ist er hingegen beziehungsorientiert, dann kommt seine inhaltliche Kompetenz in Beratungsprozessen viel besser zum Zuge, weil dann die Teilnehmer offen sind, auch seine Vorschläge als Mehrwisser zu hören.

◻ Das Zutrauen der Teilnehmer jedoch braucht ein Ziel. Ist dieses Ziel bloß, ein theoretisches Referat zu halten, so bleiben die Studenten dem Thema gegenüber oft unbeteiligt und didaktisch gesehen oberflächlich. Besteht ihre Aufgabe jedoch darin, nicht nur eine Theorie anschaulich theoretisch zu vermitteln, sondern zumindest auch noch in eine - zwar künstliche, aber für sie doch praktische - Lebenswelt eines Seminars zu übertragen und damit eigene Transfer(un)möglichkeiten zu bedenken und mit aufmerksamer Rückmeldung anderer Teilnehmer rechnen zu müssen, dann beschäftigen sich die Gruppenmitglieder ausführlicher und differenzierter mit der Theorie und ihrer Bedeutung für sie. Gerade hierdurch wird ihre didaktische Phantasie geweckt. Dabei hat es sich allerdings für die Hochschularbeit als unumstößlich erwiesen, solche Arbeiten aus dem Zeitkorsett der Stundenpläne und Seminarräume zu befreien und in die offenere Atmosphäre eines Kompaktseminars mit relativ frei durch die Gruppen selbst zu vereinbarenden Zeiten zu verlagern.

◻ In vielen dermaßen organisierten Seminaren habe ich erfahren, daß die Studenten Reichweiten von Theorien und eigenes (Un-)Behagen an ihnen nach den Spielen besser verarbeiten und vertreten konnten als vorher. Dies reichte bis hin zu einer deutlichen Verbesserung auch ihrer theoretischen Prüfungsleistungen und betraf vor allem Motivation, Auswahl von sie interessierenden Themengebieten, Mut, mehr in die Tiefe des Themas einzudringen. Es ist mir wichtig, verständlich zu machen, daß solche Spiele nicht bloß Theorien illustrieren oder anschaulich machen sollen, sondern ihre Bedeutsamkeit innerhalb eines Beziehungsgeflechts - hier der universitären Gruppen - thematisieren helfen. Dies endet fast immer in Kontroversen, die nicht abgeschlossen werden können, weil in den großen universitären Gruppen gegensätzliche Beobachter mit unterschiedlichsten Lebenserfahrungen agieren. Unsere Intention ist es jedoch, den Teilnehmern Begründungen für ihre Konstruktion von Wirklichkeit mit möglichst großer Begründungsreichweite abzuverlangen, ohne daß irgendeiner von uns über die letzte richtige Begründung verfügen könnte. Indem wir unsere Unterschiedlichkeit in qualifizierten Aussagen anerkennen können, werden wir für andere pädagogische und didaktische Situationen vorbereitet, in denen ebenso unterschiedliche Akteure auftreten. Die Moderation des Anderen, des Fremden, dessen, was wir nicht sind, was aber doch neben uns ist, wird uns so leichter möglich. Dahinter steckt ein Anspruch, den Anderen anders sein lassen zu können und durch ihn überrascht zu werden. Dies hat Lévinas in seinen philosophischen Texten als eine Maxime herausgearbeitet, die für Konstruktivisten interesseleitend sein kann (vgl. dazu Reich 1998 a, 250 ff.). Zumindest erleben wir diese Möglichkeit partiell in der Kunstwelt Universität und hier im relativ geschützten Raum eines Seminars, das die Beziehungsseite in ihrer durchaus widersprüchlichen Vermittlung mit Inhalten zeigt. So entschwindet die Illusion, allein über Inhalte die Welt verändern zu wollen, indem die Menschen übersehen werden.

☐ In Form von Skulpturen stellen wir an kontroversen Stellen meist unsere Beobachterpositionen nach, und wir versuchen so, auch den Prozeß zu reflektieren, der Autoren - wie hier z.b. Foucault - veranlaßt, bestimmte Blickwinkel einzunehmen. Als solche Beobachter sind wir zirkulär in ein System von Beziehungen in unserem Seminar eingebunden, aber auch mit dem System wissenschaftlicher Beobachtungen verbunden, das stets dann klarer reflektiert werden kann, wenn es mit der eigenen Bedeutsamkeit verbunden wird. Es ist mit ihr ja immer verbunden. Aber die traditionelle Hochschuldidaktik setzt in der Regel darauf, diese Verbindung nur auf der Inhaltsseite zuzulassen.

☐ Die Rolle der Methoden und Medien verschiebt sich hierbei eindeutig zugunsten von Gruppenarbeitsprozessen mit Individualitätsphasen. Medien werden sehr vielfältig genutzt und immer selbst in ihrer Ausführung konstruiert, wobei eine Vorliebe für die Stellwandtechnik (vgl. Kapitel 9) bei uns zu erkennen ist. Der Hochschullehrer selbst muß das methodische Spektrum allerdings beherrschen, um Anregungen geben zu können, und er muß auch mit Medien adäquat umgehen können, weil gerade in dieser Umsetzung sich die Qualität der Arbeitsprozesse dokumentiert. Die Defizite von Hochschullehrern gerade in diesen Bereichen sind allerdings schon sprichwörtlich.

☐ Damit hat sich die Rolle des Teilnehmers hin zu einer größeren konstruktiven Kompetenz verschoben. Wenn es in der Lehrerbildung gelingen könnte, dies in größerem Maßstab zu erreichen, dann wäre vielleicht Hoffnung auf eine konstruktivistisch orientierte Schule, in der Lehrer und Schüler kreativ, selbsttätig und in hohem Maße selbstbestimmend, dabei bedeutungsgebunden und offen beziehungsorientiert miteinander umgehen könnten, ohne immer gleich in das Schema der Besserwisserei zurückfallen zu müssen. Das allerdings wäre dann durchaus doch eine Politisierung, denn selbst wenn die Schüler sich für nichts entscheiden wollen, sondern bloß rezeptiv auf Anweisungen von Lehrern zu warten scheinen, so könnten sie es in einer konstruktivistischen Didaktik nicht: Sie müßten sich schon dafür *entscheiden*, etwas nicht zu wollen oder dem Lehrer Entscheidungen zu überlassen. Dieses Muster kann er dann z.B.

als Skulptur verdeutlichen, es annehmen oder ablehnen, aber er wird es bewußt machen können.

☐ Und in solcher Annahme oder Ablehnung mag auch deutlich werden, daß der konstruktivistisch orientierte Lehrer kein bloßer Anpasser an seine Gruppen sein muß. Er sollte zwar kein Besserwisser sein, der den Gruppen alles vordiktiert, weil er es für richtig hält, aber er kann dann, wenn er seinen Gruppen konstruktive Selbsttätigkeit und möglichst hohe Selbstbestimmung ermöglichen will, auch durchaus für sich nein sagen, wenn er nicht einverstanden ist. Er kann und soll dabei seine Grenzen als seine Grenzen gegenüber der Gruppe oder einzelnen markieren.

Zu 3) Dies greift auf den dritten Punkt über. Alle Konzepte von Mit- und Selbstbestimmung scheitern, wenn sie inhaltlich *vor* die Beziehung gerückt werden, weil sie so Gruppen bloß manipulieren. In einem hierarchisierten System jedoch fällt es schwer, Gruppenprozesse möglichst demokratisch zu organisieren, auf die Selbstverantwortungskräfte in Gruppen zu vertrauen. Und ein solches System stößt auch regelmäßig an die Grenzen, wenn es um kontrollierende Beurteilungen von Teilnehmern geht, weil ihnen hier letztlich jede eigene Kompetenz abgesprochen werden muß. Wird etwa die Beziehungsseite in die Notengebung mit einbezogen, dann wäre jede Kommunikation schon vereinseitigt und die Gefahr, daß solche Prozesse ins Heuchlerische, ins Scheinhafte abgleiten, ist ständig gegeben. Gerade deshalb pochen ja jene Kräfte auf Noten und klare Kontrollen, die sich auf die Inhalte spezialisiert haben, weil für diese ein System des Mehrwissens das scheinbar gerechteste System der Kontrolle garantiert: Jeder, der eine Prüfung abgelegt hat, scheint erst danach qualifiziert, andere ebenso prüfen zu dürfen. Dies ist eine eherne Regel in akademischen Kreisen. Und man mag ihr noch nicht einmal motivierende Kräfte - so sehr sie oft bloß von außen kommen - absprechen, weil es in unserer Kultur zu einer Erwartung von Kindheit an gehört, benotet und beurteilt zu werden. So stehen letztlich Zahlen für Personen, bloße Ziffern für Persönlichkeiten, Rangvergleiche, die alle gleichmachen, für unterschiedliche Menschen.

Im Blick auf die Selbstbestimmung, die solcher Vereinfachung entgegenwirken kann, scheint folgendes systemisch als auch konstruktivistisch besonders wichtig zu sein:

o Die Beobachterposition von Teilnehmern zu stärken und Machtpositionen, die in jedem pädagogischen System enthalten sind, reflektierbar zu halten.

o Man sollte sich nicht hinter objektiven Inhalten, Noten usw. verstecken, sondern immer die Bedeutung von Zuschreibungen für die Beziehungsseite offen thematisieren können.

o Hier kann keine Harmonie erwartet werden. Gegensätzliche Einstellungen und Zuschreibungen führen aber nur dann zu mehr Selbstbestimmungsmöglichkeiten, wenn Beobachterpositionen sich darstellen können und der Kampf auf der Inhalts- und/oder Beziehungsseite offen ausgetragen wird.

○ Allerdings setzt dies kompetente Beziehungspartner voraus: Sie müssen eben auch jene Theorien kennen oder eigene entwickeln, nach denen ihre Konstrukte von Wirklichkeit sich situieren und organisieren. Insbesondere Lehrer bedürfen hier einer qualifizierten Ausbildung, indem sie sich stärker darin bilden, den Widerstreit der Theorien zu erfahren, als sich an gängige Siegertheorien bloß anzuschließen.

Als Fazit bleibt für diesen Punkt, daß jeder beliebige Inhalt, der in pädagogischen und didaktischen Prozessen vermittelt wird, immer auch in einer Beziehung zu den Individuen im pädagogischen System steht. Dies gilt doppelt: in einer Beziehung einerseits zu ihnen, weil man gerade zielbezogen und methodisch diesen Inhalt überhaupt für wichtig hält; andererseits weil er nur über Beziehungen im Lernprozeß überhaupt vermittelt werden kann. Wenn man nun aber nur die psychologische Seite der Beziehungen z.B. des Unterrichts thematisiert, wie es heutzutage insbesondere durch Rekurs auf konstruktivistische Kommunikationstheorien oder systemische Theorien schon geschieht, dann übersieht man leicht den ersten Punkt: Beziehungsreflexion bedeutet eben auch, die inhaltliche Seite jeden Unterrichts (re)konstruktiv für die Schüler aufzuschließen und Selbsttätigkeit und Selbstbestimmung nicht nur gelegentlich in einzelne Stunden einzubauen. Dann aber käme man dem sehr nah, was uns als konstruktive Methode vorschwebt: Schüler und Lehrer (re)konstruieren die für sie wesentlichen Inhalte, indem sie möglichst umfangreich ihr eigenes Arbeitsmaterial über diese Wirklichkeit erstellen und auf äußere Bezugssysteme (z.B. Schulbücher oder andere von außen gefertigte Materialien) nur dann und insoweit zurückgreifen, wie sie es unabdingbar zur eigenen (re)konstruktiven Bewältigung benötigen. Diese Idee ist eine Kernidee einer konstruktivistischen Didaktik, um nicht bloß die Symbolvorräte der Moderne in sich aufzusaugen, sondern konstruktivistisch abzuarbeiten und dabei das wichtigste in einem solchen Lernprozeß überhaupt erfahren zu können: Sich selbst als maßgeblichen Konstrukteur von Wirklichkeit zu erleben und zu bemerken, daß auch die anderen Konstruktionen - so groß und so absolut sie je erscheinen mögen - vom Menschen gemachte sind.

Zu 4) Nun könnte es so scheinen, daß eine konstruktivistische Didaktik in dieser notwendig angelegten Schülerorientierung aufgeht und den Lehrer bloß noch als Moderator zuläßt. Dagegen jedoch steht, daß wir prinzipiell die herkömmlichen Zuschreibungsmuster von Lehrer und Schüler auflösen wollen. Zusammen bilden Lehrer und Schüler ein zirkuläres Beziehungssystem, das vielgestaltiger, differenzierter und lebendiger ist, als es auf die ewig alte und für die traditionelle Schule mit ihrer Lehrerdominanz geltende Dualität nach dem vertrauten Schema von Herr und Knecht reduzieren zu können. In all den Diskussionen um Schülerorientierung scheint es, systemisch betrachtet, deshalb fälschlicherweise auch viel zu wenig um Lehrer, wenn nicht um ihre Entmachtung, sondern vielmehr nur noch um Schüler zu gehen. Demgegenüber will ich postulieren, daß jegliche effektive und tatsächlich realisierte Schülerorientierung einen »mächtigen« Lehrer voraussetzt, der ebenso selbsttätig und selbstbestimmt agieren können muß, wie man es idealtypisch von seinen Schülern erwartet. Dies gründet sich vor allem auf folgende Annahmen:

☐ Nur ein Lehrer, der den Sinn und die Relevanz von Selbsttätigkeit für sich erfahren hat, wird sie auf Dauer und möglichst umfassend seinen Schülern zugestehen und bei ihnen fördern. Nun dient aber gerade die bisherige universitäre Ausbildung einer Vereinseitigung solcher Selbsttätigkeit, indem vor allem individualisierte Leistungskontrollen Teamarbeit, inhaltliche Dominanzen Reflexionen auf Beziehungen, zersplitterte Teilerkenntnisse ein Verständnis von Zusammenhängen verhindern. Selbsttätigkeit aber ist dort besonders intensiv, wo in einem Projekt ein interdisziplinärer Zusammenhang mit einer zeitbezogenen Ziel- und Realisierungsperspektive durchgeführt wird. Solange die Hochschulen nicht im Sinne von Deweys Laborschule Räume und Zeit für solche Erfahrungen schaffen, werden wir kaum darauf vertrauen können, daß sich dieses Grundpostulat einer konstruktivistischen Didaktik wird effektiv in die Schulen umsetzen lassen. Es fehlen ganz einfach massenhafte Vorbilder. Und dennoch haben wir hier ein Ziel, mit dem die Hochschulen und Schulen reformiert werden müßten. Nur Beispiele helfen weiter, dies zu realisieren.

☐ Und solche Realisation gilt auch für die Selbstbestimmungsseite. Schulen unterliegen nicht bloß Bürokratien, sondern sind selbst bürokratische Systeme. Sie sind dabei durch und durch hierarchisch angelegt und unterliegen in unzumutbarer Weise einem Denken in Parteienproporz bei der Besetzung von Kontrollstellen - mehr als einer Suche nach pädagogischer Motivation oder Innovation. Ein bürokratisches System ist auf Funktionieren ausgelegt, was bedeutet, daß es alle Krisen und Schwächen verdecken wird, ggf. bis es letztlich zusammenbricht. Aber solcher Zusammenbruch wird nun gerade verhindert, weil die Bürokratie durch stete Modifikation versucht, die Krisen zu verschleiern und den Schein von Effektivität zu wahren. Dies führt notgedrungen zu immer mehr Pseudoaufgaben und einer aufgeblähten Verwaltung, die sich mit Schule beschäftigt, ohne noch aktiv in der Schule in direkter Unterrichtsgestaltung mitzuwirken. Grundsätze einer sich selbst verwaltenden Schule, in der demokratische Prinzipien in direkter Wahl von zeitbegrenzten Gremien unter direkter Mitverwaltung von Schülern umgesetzt werden, kämen für die deutschen Schulen einer Revolution gleich. Rotationsprinzipien, Teamleitungen unter Beteiligung von Schülern, in größtem Ausmaß Selbstverwaltung bis hin zur eigenen verantwortlichen Ausgabe von Mitteln und ästhetischer und pflegerischer Gestaltung der Schulgebäude als Lebensraum, dies alles wären Kriterien, den Schulen ein notwendiges Eigenleben zurückzugeben. Hier könnten sich Lehrer, Schüler oder Eltern nicht mehr auf die Position zurückziehen, daß sie in diesem System ja doch zu wenig Kreatives machen können. Es ist kennzeichnend für die deutsche Schule, daß sie - wenn überhaupt! - weniger Weiterbildung, weniger Schulung in Kommunikation, in Team- und Führungsfähigkeiten durchführt, als fast alle Unternehmen in der Wirtschaft. Offenbar erwartet man, daß ein Lehrer, der mit 30 Jahren in den Schuldienst als Beamter auf Lebenszeit übernommen wird, die nächsten Jahrzehnte ohne jede weitere Förderung und Veränderungen in seinen Einstellungen auskommen wird. Seine Leistungen stehen ebensowenig zur Disposition wie die von Hochschullehrern, solange einigermaßen die Funktionalität des Systems im Rahmen seiner Bürokratie gewahrt bleibt. Eine hinreichende Lerneffektivität eines solchen Systems zu erwarten, scheint mir die größte Illusion einer Institution zu sein, die sich selbst als starres System und ohne Supervision ihrer Inhalts- und Beziehungsseite behauptet. In ihr können gerade die Besserwisser überleben, die alles allein inhaltlich deuten, um sich damit scheinbar qualifiziert von den Unwissenden absetzen zu können. Ihr pädagogisches Handeln ist so schon von vornherein in einer ständigen Krise, weil sie nirgendwo gelernt und erfahren haben, wie sich Beziehungen mit Schülern intensiv gestalten ließen. Nur eine radikale Reform des Schulsystems könnte hier Abhilfe schaffen. Nur erste Beispiele von Lehrern und Kollegien werden hierzu Mut machen können.

□ Und solche Beispiele könnten zunächst vielleicht vor allem an jenen praktischen Nahtstellen ansetzen, wo die herkömmliche Didaktik die Lehrerausbildung verraten hat: in der praktischen Referendarausbildung. Etliche der dort arbeitenden Lehrkräfte sehen die Schwierigkeiten der Lehrerbildung und sind zugleich mit der ihnen zugemuteten Rolle überfordert. Je mehr sie sich aus dem Konstrukt der überlieferten Didaktiken jedoch lösen, desto mehr mag ihre eigene Kompetenz zur Geltung kommen, wenn sie sich nicht über die Referendare stellt, sondern mit ihnen neue Konzepte erarbeitet. Über persönliche Kontakte könnte dies dann auch zurück eine Brücke in die Hochschulen schlagen, um zumindest punktuell die Misere der gegenwärtigen Lehrerausbildung nicht bloß zu charakterisieren, sondern durch Gegenbeispiele zu verändern.

11.4. Didaktische Analyse und Planung: ein Fall von Chaosforschung?

Von den verschiedenen Perspektiven aus, die wir bisher entwickelt haben, ließe sich eine systemisch-konstruktivistische Didaktik aufbauen, die als offene Theorierichtung pädagogischen Prozessen wieder mehr Selbstvertrauen und Selbstwert zurückgeben kann. Die dabei zwangsläufig produzierten Paradoxien sollten nicht ausgeschlossen und von den Lehrern oder Pädagogen verborgen werden, sondern müßten stetes Thema einer Selbstreflexion und -erfahrung über Inhalte und Beziehungen sein. Vielen Teilnehmern jener Seminare, in denen wir versucht haben, diesen Perspektiven nachzukommen und sie zu entwickeln, wurde genau dies zu einer Erfahrung, die ihre Einstellung zu Schule, Unterricht und Pädagogik wesentlich veränderte: Warte nicht auf den Durchblick, den dir Andere vermitteln, hoffe nicht auf ein Geleit durch Andere, um den Praxisschock zu überwinden, vertraue nicht auf Reformen, die irgendwann einmal kommen sollen, sondern fange bei dir selbst und deinen re/de/konstruktiven Fähigkeiten an, die du schon heute, hier und jetzt, einbringen kannst. Was aber bleibt unter einer solch weiten Perspektive von den engen Anforderungen, die gemeinhin in der Didaktik entweder im Blick auf die Analyse von Voraussetzungen des Unterrichts oder im Blick auf die Begründung von Unterrichtsplanungen und deren reflektierte Nachbereitung gestellt werden? Die übliche Antwort beschränkt sich darauf, bestimmte Analyse- und Planungsmodelle bevorzugt anzuraten. Dies war früher auch meine Sicht, und die Erfahrungen, die ich dann mit Analyse- und Planungsexerzitien in der Praxis machte, waren meist ernüchternd. Dort, wo die Theorie eine möglichst weitreichende Analyse forderte, entstand und entsteht oft eine bloße Legitimationssuche für ein durchaus konstruktives, aber eben in der Konstruktion nur schwer herleitbares Modell. Mit dem didaktischen Analyse- und Planungsmodell aber sitzt man schnell in einer symbolischen Falle: "Das wird symbolisch erwartet, so mußt du das machen!" Genau dies aber unterläuft dann Analyse*möglichkeiten*, weil sie als Legitimationsnotwendigkeiten mißverstanden werden. Und auch Planungsmodelle sind nicht viel besser. Sie suggerieren zwar symbolisch klare Regeln des Vorgehens, aber dies kann allenfalls auf der Inhaltsseite gelten und blendet die Beziehungsebene aus, denn diese Seite läßt sich ja eben nicht genau vorausplanen. Um dennoch Unsicherheiten abzubauen, gab es sogar Didaktiker, die vor jeder Unterrichtsstunde sozialwissenschaftliche Forschungserhebungen bei den Schülern als angemessen ansahen, da machte man dann im Referendariat Fragebögen und Interviews, die sich sonst aus zeitökonomischen Gründen kaum ein Lehrer mehr leisten wird.

Aus systemischer und konstruktivistischer Perspektive lehnen wir Pseudo- und Meisterstunden grundsätzlich ab. Wir schlagen hingegen vor:

□ *Analysemodelle* sollten Schüler bzw. Teilnehmer und Lehrer bzw. Pädagogen gemeinsam entwickeln. Mittels Analysen werden Beobachterstandpunkte gebildet, und es wäre sehr fragwürdig, die Auswahl und Begründung hier allein bestimmten Lehrern oder Pädagogen zuzuordnen. Es besteht überhaupt kein Risiko und keine Gefahr, die Beobachterrolle hier freizugeben: Beobachter produzieren mit Notwendigkeit Chaos, um sich dann darüber aber auch zu verständigen und Lösungen für Beobachtungen zu finden. Da Schüler im Referendariat notwendigerweise auf der Beziehungsseite auch mit den Beobachtern des Referendars kommunizieren, sollte diese Kommunikation ohnehin transparent gemacht werden. Der Referendar kann seine Beziehungen zur Klasse beispielsweise darüber in einem neuen Licht erscheinen lassen, wenn er folgende Differenz thematisiert: Was meinen meine Schüler, was man beobachten muß, um auszusagen, was ein für uns »guter« Lehrer ist, und was meinen meine Prüfer? Wenn sich Pädagogen an die Vorschläge dieses Buches halten, dann werden ihre Prüfer nicht erwarten dürfen, daß die Analyse alles vorwegnimmt. Analytische Fähigkeiten zeigen sich vielmehr im Prozeß selbst - und dort können sie auch beobachtet werden.

☐ *Planungsmodelle:* Unser didaktischer Ansatz ist sehr offen für vielfältige Planungsvarianten. Wir wissen ohnehin, daß nicht alles in Beziehungen planbar ist und vertrauen auf Kreativität, Spontaneität und Wertschätzung der Teilnehmer bzw. Lerner. Deshalb lehnen wir auch ein festgefügtes Planungsmodell ab. Wir verweisen jedoch auf Beobachterkategorien, die jeder Planer bzw. jede planende Gruppe in ihre Überlegungen mit einbeziehen sollte: Die Inhalts- und Beziehungsebene in ihrem Zusammenwirken, das Imaginäre und das Reale im Widerstreit mit dem Symbolischen, Akzentuierungen auf Re-, De- oder Konstruktionen, Beachtung eingenommener Beobachterrollen und Einsatz systemisch-konstruktivistischer Methodenvielfalt.

Beispiel: Kurzgeschichten über Menschenschicksale sind das Thema. Alle werden gefragt, ob sie schon derartige Geschichten kennen. Die Schüler fordern den Lehrer auf, seine Lieblingsgeschichte zu nennen. Gerade hier nun erwartet die herkömmliche Didaktik eine Sachanalyse. Der Lehrer soll sagen, was er weiß. Dieses Wissen wird als notwendige Voraussetzung einer sachlichen Vermittlung gesehen. Aber wir verweigern diese Sachanalyse als *ausschließliche* Beobachterperspektive des Lehrers. Der Lehrer stellt *seine* Geschichte vor. Aber nun sollte er nicht als Moralist gültige Schlußfolgerungen ziehen. Er mag ja welche haben. Was aber denken seine Schüler? Er sollte sie fragen: "Was meint ihr, warum mir diese Geschichte wohl besonders gefällt?" Zwar mag dieser Lehrer ja seine Sachanalyse haben, aber wir lehnen es ab, daß er sie etwa als Referendar lange aufschreibt, um sich damit auf seine Variante festzulegen. Und diese Grundeinstellung wünschen wir auch bei Stoffgebieten, die scheinbar völlig klar sind: Grammatik, Mathematik, eindeutige Regeln. Klar sind sie nur dem, der sich vorher Klarheit verschafft hat. Die Schüler jedoch sollen konstruktiv *für sich* Klarheit finden. Deshalb muß der Lehrer besonders überlegen, welche methodischen Wege er einschlägt, damit sie zu ihren Lösungen kommen. Dazu reichen sachliche Stichworte für ihn aus, denn wer ein Fach studiert hat oder ein Thema bearbeitet, sollte sich möglichst umfassend inhaltlich damit auseinandergesetzt haben und nicht in bloß äußerlichen Sachanalysen für Andere steckenbleiben. Lange schriftliche Statements bringen wenig, wenn wir in der Reflexion pädagogischer Prozesse über diese Aspekte im Prozeß differenziert sprechen können. Viel wichtiger ist für die Vorbereitung die pädagogische Aufgabe, die anspruchsvoller als langatmige Inhaltszusammenfassungen ist: Wie bringe ich meine Teilnehmer als aktive Beobachter dazu, ihre Lösungen zu finden? Und hier ist er als Lehrer ein Beobachter wie viele Andere. Auch diejenigen, die ihn beurteilen - z.B. im Referendariat - sind nur Beobachter im Widerstreit. Doch viele ignorieren dies und argumentieren noch mit wahr und falsch, richtig und unrichtig. Sie müßten dann schon genauer fragen: Welcher Beobachter sieht im Blick auf das hier behandelte Thema was wie? Welche Wirkungen hat es vor allem bei den Schülern ausgelöst? Fragt man so, dann geraten die fixierbaren Beobachtungen oft ins Chaotische, was angesichts menschlicher Beziehungen auch nicht verwunderlich ist. Ver-

wunderlich ist hingegen, daß man angehende Lehrer immer noch nach Maß-
stäben bewerten will, die den Typen alter Didaktiken entnommen sind.
Das Gegenargument wird lauten: Chaos ist den Schulen nicht zuzumuten. Zwar
verkennt dieses Gegenargument, wie chaotisch Schule oft in der Praxis ist,
aber es spiegelt noch etwas anderes: Da ist der Verdacht, daß es die Lehrer
doch nicht richtig machen. Da ist die Vermutung, daß sich Lehrer völlig auf
die faule Haut legen, wenn sie nicht einmal mehr Sachanalysen machen sollen.
Da wird hinter vorgehaltener Hand behauptet, daß es überwiegend an den Lehrern liegen müsse, wenn heutzutage Krisenphänomene in der Schule erscheinen.
Der langjährig erfahrene Didaktiker aber wird in der Regel schärfer beobachten: Er sieht noch den Kampf der bildungstheoretischen Didaktik gegen das
lerntheoretische Modell, wo man sich darum stritt, wie sehr der Inhalt in den
Hintergrund treten darf, wie realistisch eine Wende in Richtung auf das Lernverhalten der Schüler sein soll, welche Werte in der Didaktik wichtig bleiben
usw. Was aber davon ließ sich mittels Verordnungen, symbolischen Fixierun-
gen in Buchform, Exerzitien im Referendariat auf Dauer erhalten? Das Ergebnis ist ernüchternd. Nein, der langjährig erfahrene Didaktiker, der den Kontakt
zur Praxis nicht verloren hat, beobachtet, daß ganz andere Fähigkeiten gefragt
sind: Ausdauer, Kraft und Kreativität, Imaginationen, die Kunst, Kleinigkeiten
als Erfolg zu sehen, der Gang der Schnecke, die Bewältigung von Alltagsritua-
len, und immer wieder: Eine sich wandelnde und mitunter chaotisch erscheinende Beziehungswelt. Um hierfür didaktisch gewappnet zu sein, muß man
selbst Didaktiker werden, und die Anleitung hierzu nicht Anderen an fernen
Hochschulen oder in Lektoraten überlassen. Wer pädagogisch arbeiten will,
der ist von vornherein *als Didaktiker* gefragt. Pädagogen sollten sich vom ersten Semester an als Didaktiker sehen. Das ist die Aufforderung zu einer didaktischen Kultur: Nur jeder Einzelfall einer didaktischen Aktion belegt für
mich, was didaktisch geleistet wurde. Dafür müssen wir dem Einzelfall die
Freiheit der Lösungen zurückgeben. Wir wollen Begründungen für jede didaktische Analyse und Planung, aber die Begründungsarbeit selbst soll den Beobachtern vorbehalten sein, die sie durchführen. Erst dann werden sie lernen,
sich immer wieder aus eigenem Antrieb Gedanken über ihre Didaktik zu machen.

11.5. Thesen zu einer systemisch-konstruktivistischen Didaktik[12]

1. Im Blick auf die Aneignung der Beobachtungsvorräte der kulturellen Welt,
der (Post-)Moderne, postuliert die systemisch-konstruktivistische Didaktik eine
möglichst offene Herangehensweise, die sowohl Schülern als auch Lehrern

---

[12] Nach Reich (1996 a).

eine grundsätzliche re/de/konstruktive eigene Erarbeitung ihrer Wirklichkeiten ermöglichen will. Dazu gehören mindestens zwei Pole der Verwirklichung: Eine hohe Selbsttätigkeit im Lernprozeß selbst, weil nur über die eigene konstruktive Anwendung und umfassende Erfahrung und ihre Reflexion Lernen effektiv, und d.h. vor allem motiviert, organisiert werden kann; zum anderen ist dabei jedoch eine Selbstbestimmung insbesondere der Motive entscheidend, weil nur so ein Selbstwertgefühl und eine Erfahrung von Konstruktion erreicht wird, die den ethischen Implikationen an eine konstruktivistische Weltsicht gerecht wird. In einfacher Weise ausgedrückt: Konstruktionen von Wirklichkeiten sind keine beliebige Spielerei, sondern wir verantworten sie durch unser Handeln und hinterlassen sie Anderen, die uns zur Rede und Verantwortung stellen können und sollten. Eine solche Denk- und Handlungsweise aber müßte im didaktischen Prozeß selbst verankert sein, indem alle in diesem Prozeß darüber Kommunikation betreiben.

2. Konstruktivistische Didaktik ist interaktionistisch orientiert. Wir könnten sie im Grunde interaktionistisch-konstruktivistische Didaktik nennen. Verschiedene Beobachter sollen ihre Sichtweisen in einen Prozeß der Wirklichkeitskonstruktion einbringen können. Warum aber sollten die Lehrer hier alles vorgeben? Nach unserer Sicht relativiert sich die rekonstruktive inhaltliche Stärke des Lehrers durch die konstruktiven und dekonstruktiven Möglichkeiten seiner Schüler ebenso wie durch die Bedeutung der Beziehungsebene, auf der es nicht die besseren Lehrer und die schlechteren Schüler gibt. Konstruktivistische Didaktik fordert zu einem Sprach- und Konstruktionsspiel auf, das seine eigenen Regeln exponiert, indem alle Beteiligten von ihrer Beobachterperspektive aus das darlegen können, was sie zu ihrer Wirklichkeitskonstruktion veranlaßt. Das Ergebnis wird als zeitbezogener Konstruktionsgewinn festgehalten, aber nicht als universelle Wahrheit gegen Andere abgegrenzt. So entsteht für die Schüler und Lehrer ein neuer Wahrheitsbegriff, der auch Veränderungen an den Wahrheitskonstrukten in bezug auf Inhalte und Beziehungen reflektiert.

3. Konstruktivistische Didaktik verlangt deshalb neue Methoden der inhaltlichen Vermittlung und der konstruktiven Bearbeitung der Beziehungen. Sie erzwingt eine methodische Offenheit, in der alle Methoden, die bekannt sind, eingesetzt werden können, sofern sie helfen

○ die konstruktiven Verarbeitungsmöglichkeiten jedes Beteilgten zu stärken,

○ die dabei entwickelten Blickweisen als Möglichkeiten einer Wirklichkeitskonstruktion zu akzeptieren,

○ weitere Blickweisen und andere Möglichkeiten hierzu herauszufordern,

○ das dadurch erzeugte Spannungsverhältnis von symbolischer Sicherheit (das jeweils Gewußte) und Unsicherheit (das jeweils noch Mögliche) altersgemäß erfahrbar werden zu lassen, indem vorrangig die Schüler die Reflexion ihrer Wirklichkeitskonstruktion beschreiben und erklären lernen,

○ die Lehrer flexibel im Blick auf die Lernbedürfnisse ihrer Schüler zu halten,

○ den Schülern Chancen zu geben, die Lern- und Lehrbedürfnisse ihrer Lehrer

zu verstehen, also auch gegensätzliche Beobachterpositionen einzunehmen,
○ gezielt Medien einzusetzen, um Inhalts- als auch Beziehungsprozesse zu veranschaulichen und für alle zu dokumentieren. Dabei sollten Medien vorwiegend nicht rezeptiv, sondern aktivierend und im Sinne eigener Nutzung und Herstellung eigenen Dokumentationsmaterials eingesetzt werden. Damit könnte die konstruktivistische Didaktik im Kampf gegen die mediale Überflutung mit Klischees und virtueller Belanglosigkeit Heranwachsenden in einer zunehmend medialen Kultur Alternativen im Sinne eines eigenen Schöpfertums bieten.

4. Dazu aber muß die Lehrerbildung grundlegend verändert werden, denn nur wenn die Lehrerstudenten eine eigene konstruktivistisch orientierte Hochschuldidaktik - zumindest in einigen Studienabschnitten - erfahren und mitgestalten können, werden sie eine Einstellung und konkrete Verhaltensweisen sich aneignen, die überhaupt erst eine hinreichende methodische und mediale Umsetzung auf lange Sicht in die Schulpraxis wahrscheinlich werden lassen. Dies gilt insbesondere für die Vermittlung von Inhalts- und Beziehungsseiten im Unterrichtsprozeß und den Einsatz von systemischen Sichtweisen.

5. Systemische Arbeitstechniken, wie sie in systemischen Beratungsprozessen praktiziert werden, können das traditionelle Methodenreservoir der Didaktik gezielt erweitern helfen. Insbesondere, wenn es um die Veränderung von Beobachterstandpunkten, die Erweiterung von Blickweisen, die Artikulation der Bedeutungs- und Beziehungsseite geht, helfen sie weiter (vgl. Kapitel 10).

6. Eine systemische Weiterbildung von Lehrern, in der konkrete Konzepte erprobt und simuliert und Methoden geübt werden können, erscheint als unerläßlich. Hier wäre eine interdisziplinäre Zusammenarbeit z.B. mit systemischen Therapeuten und systemisch arbeitenden Weiterbildungsexperten dringend erforderlich, um sich aus der oft inhaltlich vorhandenen Festgefahrenheit von Konzeptionen zu befreien.

7. Supervisionsgruppen, die auf freiwilliger Basis eine gegenseitige Stütze von konstruktivistisch arbeitenden Lehrern und Hilfen im Prozeß der Durchführung und Reflexion solcher Durchführungen - bis hin zu Live-Supervisionen - geben, müßten dieses Konzept flankieren. Dabei allerdings wäre es wünschenswert, tatsächlich systemisch vorzugehen, und die Schüler nicht aus dem Prozeß auszuschließen, sondern sie aktiv in ihn einzubeziehen.

8. Beispiele. Publizierung und Austausch mittels Gründung von regionalen Gruppen, Anschriftenverzeichnissen, gemeinsamen Tagungen. Hier kehren die Gefahren einer traditionellen Klostermentalität (= wir machen alles besser) oder des Wühltisches (= jeder nimmt sich, was er braucht) als alte Typen der Didaktik zu uns zurück. Die Dekonstruktion möglicher Fallen, die wir uns selber stellen, wird zu einem unabschließbaren Prozeß.

9. Deshalb auch keine Publikation, die die für gültig gehaltenen Beispiele sammelt, sondern Abschied von der *einen* Beobachtertheorie, die alles wieder zum Stillstand bringen würde.

284

12. Pädagogik als System: oder Bewußtsein?

Der Beobachter ist ein Subjekt. Die Beobachtung hingegen erscheint den Beobachtern als System. So liegt die Versuchung nahe, auch den Beobachter durch das System bestimmt zu sehen. Einer solchen Versuchung ist Niklas Luhmann erlegen, der zwar auch den Beobachter Unterscheidungen treffen und konstruieren sieht, der aber gegenüber der wankelmütigen Psyche und dem singulären Subjektivismus so vieler Menschen das System retten möchte.[1] Und sind nicht auch wir in diese Versuchung geraten, wenn mit diesem Buch zwar eine Vielfalt von unterscheidenden Perspektiven angeboten wird, die dann jedoch als System erscheinen, das als systemisch-konstruktivistische Pädagogik eine Art Beobachtungslehre darstellt, mit der Beobachter »eindeutig« umgehen sollen?

Besonders die dekonstruktivistischen Einschlüsse in unsere systemisch-konstruktivistischen Perspektiven hindern uns, übertriebene Hoffnungen in *ein* pädagogisches System zu setzen. Ein System erweist sich für uns vielmehr nur als ein Beobachterkonstrukt, das für Pädagogen insbesondere dann fragwürdig wird, wenn es die psychischen Beziehungen und das subjektive Bewußtsein ausklammert. Das Wort »systemisch« ist damit für uns kein Begriff, der Unterscheidungen eines Systems als Beobachtungen markiert, die dann eindeutig, übersichtlich, etwa als wissenschaftliches Regelwerk oder pädagogische Technik zu Beobachtern zurückkehren, sondern die stets subjektiv, singulär, ereignisreich und widersprüchlich an die Beobachter in ihren Beziehungen selbst zurückgekoppelt bleiben und über diese vermittelt werden.

Deshalb ist dieser pädagogische Ansatz zwar ein Konstrukt der Beobachtung, zugleich aber auch eine Dekonstruktion von System-Erwartungen. Unser Ansatz behauptet, daß gerade in der Pädagogik ein systemisches und konstruktivistisches *Bewußtsein* mit all seiner Singularität, mit Abweichungen in den subjektiven Positionen, mit Vielfalt, Multikulturalität, was immer auch Beziehungsoffenheit und Widersprüchlichkeit bedingt, unvermeidlich ist. Es erscheint uns wichtiger, imaginäre Entfaltungen, konstruktive Impulse, Kreativität als Bewußtseinsformen zu entwickeln, als ein pädagogisches Regelwerk zu etablieren, das als Technik Erfolge verspricht, die technisch auf Dauer nicht zu erreichen sind. Im Gegenteil: Gerade die Betonung der Beziehungswirklichkeit und kommunikativer Strukturen zeigt uns, daß Pädagogik überwiegend ein Bewußtseins- und weniger ein eindeutiges Regelproblem ist. Nur mit subjektiv begehrenden Einstellungen und einem intentionalen Bewußtsein werden wir

---

[1] Solche Analysen sind eher rekonstruktiv und soziologisch ausgelegt und lassen sich nur schwer auf pädagogische Praxis beziehen, wie z.B. die Arbeiten von Künzli (1995), Backes-Haase (1996), Lenzen/Luhmann (1997) zeigen.

kreativ, nur mit anhaltender Motivation vermeiden wir Langeweile und Stereo-
typien in pädagogischen Prozessen, nur durch einen Wechsel von Beobachterpositionen und damit auch Regeln entsprechen wir der Lebendigkeit pädagogischer Beziehungen.

Mit drei Bildern will ich die Intentionalität eines solchen Bewußtseins noch
einmal hervortreten lassen und damit den Kreis hin zum Anfang unserer Argumentationen schließen.

a) Bild 1: das Kaleidoskop
Auch Konstruktivisten können eine Verengung ihrer Blicke nicht vermeiden.
Auch die Intention, systemisch zu beobachten, hindert nicht, daß wir in engen
Beobachtungswelten schauen. Das ist dann so, als blickten wir durch ein Kalei-
doskop. In ihm ist durch die Art unserer Beobachtung und das Instrument des
Beobachtens stets schon vorgegeben, was wir sehen, wobei das, was wir sehen, durch die Brechungen der Blicke, die Verwerfungen durch Material,
Raum, Zeit, Kanten, Schnitte, Lichteinfall usw. unendlich variiert. In all den
Variationen bildet sich in unserem Beobachten und Denken eine Struktur heraus, die wir als Regelmäßigkeit, als Konstanz, als Eindeutigkeit markieren, um
überhaupt etwas miteinander austauschen zu können und uns darüber zu verständigen, was in unseren Beobachtungen geschieht. Mit Ausdauer drehen wir
an diesem Gerät, das eine Welt konstruieren hilft, die sich immer neu entfaltet,
und darin gleicht dieses Bild vom Kaleidoskop auch unserem sonstigen Tun,
wann immer es enge Beobachtungen benötigt: Unterscheidungen als Schnitt-
stellen jener Brechungen, die uns Bilder sehen lassen, die wir als Struktur deuten. Solche Bedeutungen zirkulieren in unseren Köpfen, so als wäre es die
Welt und Wirklichkeit selbst, die sich da abbildet. Doch wir selbst fertigen das
Material, das wir ins Kaleidoskop stecken, wir selbst halten es ins Licht der
Natur, die wir mit unseren Blicken disziplinieren, uns selbst erscheinen in den
wissenschaftlichen Disziplinen die unendlichen Brechungen dieses Vorgangs,
der durch unsere Vorauswahl schon kein freies Schauen mehr ist, sondern ein
reduziertes. Wir schauen nun eben durch dieses Kaleidoskop und denken doch,
eine ganze Welt vor uns zu haben. Diese Welt ist da, bevor wir über das sprechen und uns verständigen, was als unendliche Vielfalt und Einfalt von Regeln
bleibt. Als Selbstbeobachter mögen wir kaum noch bemerken, wann wir unser
Kaleidoskop zücken und wo wir es anlegen. Haben wir eine Weile zu intensiv
auf die Wiederkehr der Muster geblickt, dann wird es uns wahrscheinlich lang-
weilig. Aber als Fremdbeobachter bemerken wir vielleicht öfter, wie neben uns
jemand voller Freude eine Struktur erkennt, die wir eben deshalb nicht durchschauen, weil wir nicht über sein Kaleidoskop verfügen. So reizt es uns doch
immer wieder, nach einem zu greifen. Allerdings bleibt der größte Mangel des
Kaleidoskops unvermeidlich: Es erlaubt einen Durchblick, ohne je durch-
blicken zu können. Darin gleicht es der Erkenntnistheorie des Konstruktivisten.

b) Bild 2: das Spiegelkabinett

Was seine Beziehungen betrifft, so wandert der Konstruktivist, wie wir ihn interaktionistisch verstehen, ständig in einem Spiegelkabinett. Die Blicke kreuzen nach hier und dort, sie kehren stets zurück und sind voller Verzerrungen, Krümmungen in Raum und Zeit. Da ist Bewegung, und die Bewegung bleibt nie autonom, wir sind keine autopoietischen Maschinen im Blick auf Andere, sondern verschwimmen in den Blicken sogar schon auf uns selbst: "Bin ich das in diesem Bild, in diesem Spiegel? Ich erscheine wie abfotografiert, aber was sagt das über mich? Bin ich eine Ganzheit, eine Einheit, eine Identität? Bin ich diese Umrandung, aus der ich zu bestehen scheine, hält mich meine Haut zusammen, meine Kleidung, eine unsichtbare Bindung? Blicke ich bloß auf den Anderen oder werde ich stets erblickt? Wie könnte ich überhaupt von mir sprechen, wenn ich mich nicht einmal ganz gesehen hätte? Aber reicht dies aus? Wie könnte ich je etwas von mir denken, wenn ich nicht stets sehen müßte, daß es Andere gibt?"

In Beziehungen haben wir immer mehr Fragen als Antworten. Und Beziehungen sind systemisch verwickelt: zwischen Selbst und Anderen. In Beziehungen sehe ich die Anderen mehr als mich. Je mehr ich also in Beziehungen existiere, desto mehr kann ich auf mich zurückschließen. Also schließe ich von Anderen auf mich zurück. Ich sehe, also bin ich nicht. Ich denke, also bin ich nicht. Aber ich ziehe die umgekehrten Folgerungen: Ich sehe, also bin ich. Ich denke, also bin ich. Und aus diesen Folgerungen erwächst der Schein meiner Autonomie: Ich scheine frei, dies alles zu konstruieren.

Und dennoch wandere ich stets im Spiegelkabinett. Hier nützt mir mein Kaleidoskop nichts mehr, denn es hindert, mich in den Spiegeln neben, hinter, vor, zwischen den Anderen zu erblicken. So verpasse ich alle lustigen Bilder, alle Lacher, aber auch die traurigen Spiegelungen, die mich entstellen oder verbergen, die mir Angst machen, die mir die Augen öffnen oder sie verschließen lassen. Doch dies sind nur Augen-Blicke. So lange ich lebe, schaue ich hin, und das Spiegelkabinett ist meine Lebensform: Es suggeriert mir Bilder, Ganzheiten, Grimassen, Masken, aber auch offene Blicke und unverhüllte Sichten. Darin gleicht es der Beziehungstheorie des Konstruktivisten.

c) Bild 3: ein konstruktivistisches Haus oder aus dem Haus hinaus?

Für Platon noch war die Höhle Sinnbild der menschlichen Begegnung, wenn es um die Erklärung von Welt und Wahrheit ging. Später bildeten Philosophen unterschiedliche Bilder, um uns ein Zuhause zu geben. Es sind z.B. Häuser der Vernunft (Reich 1988), die erscheinen, insbesondere aber die Sprache als Haus, die unser mögliches Sein und damit Bewußtsein bildet. Aus einem solchen Haus allein schauen wir auf die Welt: Aus den Fenstern, aus den Türen, aber auch durch Risse in den Wänden, durch Spalten und Brüchigkeiten. Draußen sind wir dem Wetter, dem Wind, den Naturgewalten ausgesetzt, immer mehr auch den Gewalten, die wir selbst konstruieren und produzieren. Aber das Bild vom Haus der Sprache ist nur eine unserer Metaphern. Das Haus des Imaginären, das Traum- und Märchenhaus erscheint neben ihm. Oder das Haus des Realen, des Grauens, der Grimassen, des Ungeahnten, das wir ungern betreten wollen. Die Metaphern deuten auf unsere Wünsche hin: Einheimisch werden wollen wir, Geborgenheit, Wärme, Sicherheit werden erwartet, und von solchen Wünschen sind auch Konstruktivisten nicht frei. Sie fahren auf Kongresse, um sich mit ihresgleichen ihres Hausbaus zu versichern, sie streiten um die Größe der Fenster nicht anders als andere Häuslebauer, sie sind unsicher, wen sie über die Schwelle lassen sollen oder vor wem sie die Türen zu verschließen haben.

Wann immer wir konstruieren, so steht das Haus als Sinnbild für das, was wir wünschen: Einen Rückzugsort, aber auch Wohlstand, Geborgenheit, Sicherheit, Abwechslung, Unterhaltung, Ästhetik, Kommunikation usw.

Doch was geschieht, wenn wir in diesem Haus eingesperrt blieben? Was geschieht, wenn diese Wünsche als Wahrheit zu uns zurückkehrten und uns vollständig gefangen halten? Dann wird das Haus aus einer anderen Perspektive geschaut: Als Ort der Disziplinierung, der Unfreiheit, der Bemächtigung und Bezähmung, als zu eng, zu nah, zu kontrollierend. Unsere Mitbewohner mögen uns belehren: Dies macht Sinn, es war immer schon so, was sollte auch anders sein? Seine Mauern und Wände stehen schon, Umbauten sind schwer zu realisieren, es scheint alles so für die Ewigkeit gemacht. Manche drängt es dann, umzuziehen. Und erneut ziehen sie in ein Haus. Und erneut hören sie die Mitbewohner sprechen, die alles regeln wollen in diesem gemeinsamen Haus. Und selbst wenn sie ganz alleine ziehen, so erreichen sie noch immer Geräusche und weitere Belästigungen der Anderen, die überall schon wohnen und umherwandern.

Also hinaus in die Freiheit? In den Wind? Trotzig den Häusern entfliehen? Neue Perspektiven eingehen? Auf Zeit erlauben wir uns dies, um dann beruhigt ins Heim zurückzukehren. Und die Menschen, die kein Dach über dem Kopf haben, beunruhigen uns. Nomaden sind auch die Konstruktivisten nicht. Aber sie haben auch keine Philosophie des *einen* Hauses mehr, in das alles paßt. Ihr Haus hat Fenster nach allen Seiten und viele Türen, so daß es mitunter zugig ist und bei Stürmen auch ungemütlich werden kann. Aber es ist ein Dach über dem Kopf. Auch wenn Konstruktivisten durch die vielen Öffnungen leicht aus dem Haus hinaus können, so kehren sie doch stets zurück, weil sie dem Konstrukt selbst nicht entfliehen wollen. Es ist eine begrenzte Offenheit, die dieses Haus bietet. Darin gleicht es dem Weltbild des Konstruktivisten.

Weder mit dem Kaleidoskop noch im Spiegelkabinett und auch nicht durch das Haus findet der konstruktivistische Beobachter sein System, das ihm eine Einheit seines Tuns oder Konstanz seiner Beobachtungen sichert. Als Pädagoge aber hat er *Bewußtsein*, das ihn Systeme, Metaphern, Sprachspiele unterscheiden läßt, die vor allem durch konstruktivistische und systemische Motive - wir versuchten einige in diesem Buch anzuregen - angetrieben werden. Nicht die Systeme kontrollieren ausschließlich den Pädagogen, sondern sein Bewußtsein erzeugt immer erst die Systeme, in denen auch sein Bewußtsein zirkuliert. Seine Imaginationen können Berge versetzen, aber Imaginationen Anderer können ihm auch Landschaften seines Lebens vorgaukeln. Es wird wohl zum Überlebenskampf aller Konstruktivisten in der medial sich entfaltenden (Post-)Moderne gehören, nicht alles vorgegaukelt zu bekommen. Als Konstruktivisten sind wir selbst die Zauberer, die die Welt erfinden und die uns und Andere damit verblüffen. Der Entzauberung der Welt durch die Moderne setzt der Konstruktivist, so wie wir ihn verstehen, immer auch die Verzauberung entgegen. Und dieser Reiz kann kreativ entfaltet werden, wenn Pädagogen konstruktivistische Kaleidoskope ergreifen, Spiegelkabinette durchwandern und Häuser besetzen. Dies mag auch am besten der Verblödung entgegenwirken, nur noch auf eine Mattscheibe als Kaleidoskop angewiesen zu sein, um etwas über seine Welt zu erfahren; darin auf Spiegelungen als Klischee verwiesen zu sein, die in ihrer Vielfalt von Vorspiegelungen größte Einfalt erzeugen; und zu verhindern, daß wir im ersten besten Haus schon denken, die Möglichkeiten des Einheimischen für immer erschöpft zu haben.

289

Literatur

ALLEN, J./BRAHAM, P./LEWIS, P. (ED): Political and Economic Forms of Modernity, Cambridge (Polity Press) 1992.

ANDERSEN, T. (HG.): Das Reflektierende Team, Dortmund (Verlag Modernes Lernen) 1991.

BACKES-HAASE, A.: Historiographie pädagogischer Theorien. Zwischen historisch-systematischer Methode und Systemtheorie. Weinheim (Deutscher Studien Verlag) 1996.

BAILLET, D.: Freinet - praktisch. Weinheim (Beltz) 1983.

BATESON, G.: Ökologie des Geistes. Frankfurt a.M. (Suhrkamp) 1985.

BATESON, G.: Geist und Natur. Frankfurt a.M. (Suhrkamp) 1990^2.

BATESON, G.: Information und Kodifikation. In: Ruesch, J./Bateson, G.: Kommunikation. Die soziale Matrix der Psychiatrie. Heidelberg (Auer) 1995.

BAUMANN, Z.: Unbehagen in der Postmoderne. Hamburg (Hamburger Edition) 1999.

BECK, U.: Risikogesellschaft. Frankfurt a.M. (Suhrkamp) 1986.

BENNINGTON, G./DERRIDA, J.: Jacques Derrida. Ein Portrait. Frankfurt a.M. (Suhrkamp) 1994.

BLANKERTZ, H.: Die Geschichte der Pädagogik. Wetzlar (Büchse der Pandora) 1982.

BÖSE, R./SCHIEPEK,G.: Systemische Theorie und Therapie. Heidelberg (Asanger) 1989.

BOHNSACK, F.: Erziehung zur Demokratie. John Deweys Pädagogik und ihre Bedeutung für die Reform unserer Schule. Ravensburg (Otto Maier) 1976.

BOURDIEU, P.: Entwurf einer Theorie der Praxis. Frankfurt a.M. (Suhrkamp) 1979.

BOURDIEU, P.: Die feinen Unterschiede. Frankfurt a.M. (Suhrkamp) 1987.

BOURDIEU, P.: Homo academicus. Frankfurt a.M. (Suhrkamp) 1992.

BOURDIEU, P.: Sozialer Sinn. Frankfurt a.M. (Suhrkamp) 1993.

BRANDAU, H. (HG.): Supervision aus systemischer Sicht. Salzburg (Müller) 1991.

BRONFENBRENNER, U.: Ökologische Sozialisationsforschung. Stuttgart (Klett-Cotta) 1976.

BRONFENBRENNER, U.: Die Ökologie der menschlichen Entwicklung. Frankfurt a.M. (Fischer) 1989.

BRUNER, J.S.: Child´s talk - learning to use language. Oxford (University Press) 1983.

BRUNER, J.S.: Vygotsky´s zone of proximal development: The hidden agenda. In: Rogoff, B./Wertsch, J.V. (Ed.): Children´s learning in the „zone of proximal development". San Francisco (Jossey-Bas) 1984.

BRUNER, J.S.: Acts of meaning. Cambridge (Harvard University Press) 1990.

BRUNER, J.S.: The culture of education. Cambridge (Harvard University Press) 1996.

BRUNER, J.S./HASTE, H.: Making sense: The child´s construction of the world. London (Methuen) 1987.

BUCHHOLZ, M.B.: Die unbewußte Familie. Berlin u.a. (Springer) 1990.

BÜELER, X.: System Erziehung. Ein bio-psycho-soziales Modell. Bern u.a. (Haupt) 1994.

BÜHLER, K.: Sprachtheorie. Die Darstellungsfunktion der Sprache (Jena 1924). Nachdruck: Stuttgart/New York 1982.

BURCKHART, H./REICH, K.: Begründung von Moral. Diskursethik versus Konstruktivismus - eine Streitschrift. Würzburg (Könighausen und Neumann) 2000.

CASSIRER, E.: Philosophie der symbolischen Formen. 3 Bde. Darmstadt (Wissenschaftliche Buchgesellschaft) 1982[8].

CASTORIADIS, C.: Gesellschaft als imaginäre Institution. Frankfurt a.M. (Suhrkamp) 1984.

COMENIUS (KOMENSKÝ), J.A.: Analytische Didaktik und andere ausgewählte Schriften. Hrsg. von Alt, R. Berlin (Volk u. Wissen) 1959.

DELL, P.F.: Klinische Erkenntnis. Zu den Grundlagen systemischer Therapie. Dortmund (verlag modernes lernen) 1990[2].

DE SHAZER, S.: Der Dreh. Heidelberg (Auer) 1989.

DE SHAZER, S.: Das Spiel mit Unterschieden. Heidelberg (Auer) 1992.

DEVEREUX, G.: Angst und Methode in den Verhaltenswissenschaften, München (Hanser) 1967.

DEWEY, J.: "The School and Society". In: The Middle Works 1899-1924, Vol. 1, Carbondale and Edwardsville (Southern Illinois University Press) 1983.

DEWEY, J.: Experience and Nature. In: The Later Works 1925-53, Vol. 1, Carbondale and Edwardsville (Southern Illinois University Press) 1988a.

DEWEY, J.: "Construction and Criticism". In: The Later Works 1925-53, Vol. 5, Carbondale and Edwardsville (Southern Illinois University Press) 1988b.

DEWEY, J.: Monastery, Bargain Counter, or Laboratory in Education. In: The Later Works 1925-53, Vol. 6, Carbondale and Edwardsville (Southern Illinois University Press) 1989.

DEWEY, J.: Experience and Education. In: The Later Works 1925-53, Vol. 13, Carbondale and Edwardsville (Southern Illinois University Press) 1991a.

DEWEY, J.: The Collected Works, 1882-1953. Index. Carbondale and Edwards ville (Southern Illinois University Press) 1991b.

DIETRICH, I. (HG.): Politische Ziele in der Freinet-Pädagogik. Weinheim (Beltz) 1982.

DIETRICH, I.: Handbuch Freinet-Pädagogik. Weinheim (Beltz) 1995.

DUERR, H.P.: Nacktheit und Scham. Frankfurt a.M. (Suhrkamp) 1988[3].

ECO, U.: Zeichen. Einführung in seinen Begriff und seine Geschichte. Frankfurt a.M. (Suhrkamp) 1977.

EHINGER, W./HENNIG, C.: Praxis der Lehrersupervision. Weinheim und Basel (Beltz) 1994.

ELIAS, N.: Über den Prozeß der Zivilisation. 2 Bde. Frankfurt a.M (Suhrkamp) 1976.

ELIAS, N.: Die höfische Gesellschaft. Frankfurt a.M. (Suhrkamp) 1983.

ELIAS, N.: Die Gesellschaft der Individuen. Frankfurt a.M. (Suhrkamp) 1988[3].

ELIAS, N.: Engagement und Distanzierung. Frankfurt a.M. (Suhrkamp) 1990[2]a.

ELIAS, N.: Studien über die Deutschen. Frankfurt a.M. (Suhrkamp) 1990[4]b.

ELIAS, N.: Was ist Soziologie. Weinheim und München (Juventa) 1991[6].

FATZER, G. (HG.): Supervision und Beratung. Köln (Edition Humanistische Psychologie) 1993[4].

FETSCHER, I.: Rousseaus politische Philosophie. Zur Geschichte des demokratischen Freiheitsbegriffs. Frankfurt a.M. (Suhrkamp) 1988[3].

FISCHER, H.R., U.A. (HG.): Das Ende der großen Entwürfe. Frankfurt a.M. (Suhrkamp) 1992.

FOERSTER, H. VON: KybernEthik. Berlin (Merve) 1993a.

FOERSTER, H. VON: Das Gleichnis vom blinden Fleck. In: Lischka, G.J. (Hg.): Der entfesselte Blick. Bern (Bentelli) 1993b.

FOUCAULT, M.: Wahnsinn und Gesellschaft. Eine Geschichte des Wahns im Zeitalter der Vernunft. Frankfurt a.M. (Suhrkamp) 1973.

FOUCAULT, M.: Dispositive der Macht. Über Sexualität, Wissen und Wahrheit. Berlin (Merve) 1978.

FOUCAULT, M.: Die Geburt der Klinik. Eine Archäologie des ärztlichen Blicks. Frankfurt a.M. (Fischer) 1991.

FOUCAULT, M.: Überwachen und Strafen. Die Geburt des Gefängnisses. Frankfurt a.M. (Suhrkamp) 1992[10].

FREINET, C.: Die moderne französische Schule. Paderborn (Schöningh) 1979.

FREINET, C.: Pädagogische Texte. Hrsg. von Boehncke, H./Hennig, H. Reinbek (Rowolth) 1980.

FREUD, S.: Vorlesungen zur Einführung in die Psychoanalyse. Frankfurt a.M. (Fischer) 1977.

FREUD, S.: Das Ich und das Es und andere metapsychologische Schriften. Frankfurt a.M. (Fischer) 1978.

FREUD, S.: Abriß der Psychonalyse/Das Unbehagen in der Kultur. Frankfurt a.M. (Fischer) 1984.

GARNIER, C./BEDNARZ, N./ULANOVSKAYA, I. (ED.): Après Vygotski et Piaget. Perspectives sociale et constructiviste. Brussels (De Boeck) 1991.

GARRISON, J.: Toward a pragmatic social constructivism. In: Larochelle u.a. 1998.

GEIßLINGER, H.: Die Imagination der Wirklichkeit. Experimente zum radikalen Konstruktivismus. Frankfurt a.M./New York (Campus) 1992.

GERGEN, K.J.: The Saturated Self. USA (Basic Books) 1991.

GIROUX, H.A.: Border Crossings. New York/London (Routledge) 1993.

GIROUX, H.A.: Pedagogy and the Politics of Hope. Boulder/Oxford (Westview Press) 1997.

GIROUX, H.A./MCLAREN, P. (ED.): Between Borders. Pedagogy and the Politics of Cultural Studies. New York/London (Routledge) 1994.

GLASERSFELD, E. VON: Radikaler Konstruktivismus. Ideen, Ergebnisse, Probleme. Frankfurt a.m. (Suhrkamp) 1996.

GLASERSFELD, E. VON: Wege des Wissens. Heidelberg (Auer) 1997.

GORDON, T.: Familienkonferenz. Reinbek (Rowolth) 1972.

GRUNDMANN, M. (HG.): Konstruktivistische Sozialisationsforschung. Frankfurt a.m. (Suhrkamp) 1999.

HABERMAS, J.: Nachmetaphysisches Denken. Frankfurt a.m. (Suhrkamp) 1992a.

HABERMAS, J.: Faktizität und Geltung. Frankfurt a.m. (Suhrkamp) 1992b.

HABERMAS, J.: Moralbewußtsein und kommunikatives Handeln. Frankfurt a.m. (Suhrkamp) 1992c.

HALL, S./HELD, D./MCGREW, A. (ED): Modernity and ist Futures, Cambridge (Polity Press) 1992 a.

HALL, S./GIEBEN, B. (ED): Formations of Modernity, Cambridge (Polity Press) 1992 b.

HALL, S.: Race, Culture and Communications. Looking Backward and Forward at Cultural Studies. *Rethinking Marxism* 5: 10 - 18, 1992 c.

HALL, S. (ED.): Representation. Cultural Representations and Signifying Practices. London u.a. (Sage) 1997.

HARTMANN, D./JANICH, P. (HG.): Methodischer Kulturalismus. Zwischen Naturalismus und Postmoderne. Frankfurt a.m. (Suhrkamp) 1996.

HARTMANN, D./JANICH, P. (HG.): Die Kulturalistische Wende. Zur Orientierung des philosophischen Selbstverständnisses. Frankfurt a.m. (Suhrkamp) 1998.

HEGEL, G.W.F.: Phänomenologie des Geistes. In: Werke in 20 Bänden, Band 3, Frankfurt a.m. (Suhrkamp) 1970.

HEIMANN, P.: Didaktik als Unterrichtswissenschaft. Hrsg. von Reich, K./Thomas, H. Stuttgart (Klett) 1976.

HELLINGER, B.: Zweierlei Glück. Hrsg. von Weber, G. Heidelberg (Auer) 1994[3].

HENTIG, H. VON: Die Schule neu denken. München (Hanser) 1993.

HOFFMAN, L.: Grundlagen der Familientherapie. Hamburg (Isko) 1984.

HOFFMANN, L.: Jenseits von Macht und Kontrolle. In: Zeitschrift für systemische Therapie 5 (2): 76-93, 1987.

HORKHEIMER, M./ADORNO, T.W.: Dialektik der Aufklärung. Frankfurt a.m. (Fischer) 1971.

HUSCHKE-RHEIN, R.: Systempädagogische Wissenschafts- und Methodenlehre. Band 2: Qualitative Forschungsmethoden und Handlungsforschung. Köln (Rhein) 1987.

HUSCHKE-RHEIN, R.: Systemische Pädagogik. Band 1: Systempädagogische Wissenschaftslehre als Bildungslehre im Atomzeitalter. Köln (Rhein) 1988[2].

HUSCHKE-RHEIN, R.: Systemische Pädagogik. Band 3: Systemtheorien für die Pädagogik. Köln (Rhein) 1989.

HUSCHKE-RHEIN, R. (HG.): Systemische Pädagogik. Band 4: Zur Praxisrelevanz der Systemtheorien. Köln (Rhein) 1990.

JANICH, P.: Konstruktivismus und Naturerkenntnis. Frankfurt a.M. (Suhrkamp) 1996.

JANK, W., MEYER, H.: Didaktische Modelle. Frankfurt a.M. (Cornelsen) 1991.

JÖRG, H. (HG.): Praxis der Freinet-Pädagogik. Übersetzung und Bearbeitung von Freinet, C.: Les techniques Freinet de L'Ecole Moderne. Paderborn (Schöningh) 1981.

KAUFMANN, R.A.: Die Familienrekonstruktion. Erfahrungen, Materialien, Modelle. Heidelberg (Asanger) 1990.

KÖNIG, E./ZEDLER, P. (HG.): Bilanz qualitativer Forschung. 2 Bde. Weinheim (Deutscher Studien Verlag) 1995.

KOITKA, C. (HG.): Freinet-Pädagogik. Frankfurt a.M. (Basis) 1989.

KORZYBSKI, A.: Science and Sanity. New York (Science Press) 1941.

KRÜSSEL, H.: Konstruktivistische Unterrichtsforschung. Frankfurt a.M. u.a. (Lang) 1993.

KÜNZLI, B.: Soziologische Aufklärung der Erziehungswissenschaften? Erziehung, Schule, Gesellschaft, Bd. 4. Würzburg (Ergon) 1995.

KUPFFER, H.: Pädagogik der Postmoderne. Weinheim (Beltz) 1990.

LACAN, J.: Das Seminar von Jacques Lacan, Buch II (1954-1955): Das Ich in der Theorie Freuds und in der Technik der Psychoanalyse. Olten und Freiburg (Walter) 1980.

LACAN, J.: Schriften I, II, III. Weinheim, Berlin (Quadriga) 1986a.

LACAN, J.: Das Seminar von Jacques Lacan, Buch XX (1972-1973): Encore. Weinheim, Berlin (Quadriga) 1986b.

LACAN, J.: Das Seminar von Jacques Lacan, Buch XI (1964): Die vier Grund begriffe der Psychoanalyse. Weinheim, Berlin (Quadriga) 1987[3].

LACAN, J.: Radiophonie/Television. Weinheim, Berlin (Quadriga) 1988.

LACAN, J.: Das Seminar von Jacques Lacan, Buch I (1953-54): Freuds techni sche Schriften. Weinheim/Berlin (Quadriga) 1990[2].

LAMBERT, L. U.A.: The Constructivist Leader. New York and London (Teachers College Press, Columbia University) 1995

LAMBERT, L. U.A.: Who will save our Schools? Teachers as Constructivist Leaders. Thousand Oaks, California (Sage/Corwin Press) 1996

LAROCHELLE, M./BEDNARZ, N./ GARRISON, J. (ED.): Constructivism and education. Cambridge (University Press) 1998.

LATANÉ, B./DARLEY, J.M.: The Unresponsive Bystander: Why Doesn't He Help? New York (Appleton-Century-Crofts) 1970.

LAUN, R.: Freinet - 50 Jahre danach. Heidelberg 1983[2].

LENZEN, D./LUHMANN, N. (HG.): Bildung und Weiterbildung im Erziehungs- system. Frankfurt a.M. (Suhrkamp) 1997.

LÖWITH, K.: Vicos Grundsatz: verum et factum convertuntur. In: Löwith, K.: Gott, Mensch und Welt in der Philosophie der Neuzeit - G.B. Vico - Paul Valéry. Stuttgart (Metzler) 1986.

LOO, H. VAN DER/REIJEN, W. VAN: Modernisierung. München (dtv) 1992.

LUDEWIG, K.: Systemische Therapie. Stuttgart (Klett-Cotta) 1992.

LYOTARD, J.-F.: Das postmoderne Wissen. Ein Bericht. Wien (Böhlau) 1986.

LYOTARD, J.-F.: Postmoderne für Kinder. Briefe aus den Jahren 1982-85. Wien (Passagen) 1987.

MACPHERSON, C.B.: Die politische Theorie des Besitzindividualismus. Frankfurt a.M. (Suhrkamp) 1973.

MALLM, H./REICH, K. UND CHINESISCHES AUTORINNENKOLLEKTIV: Zweifeln bis zum Tor der letzten Herrschaft: Chinas Intellektuelle zwischen Demokratie und Despotismus. Köln (Demokratie, Dialektik & Ästhetik) 1989.

MARCUSE, H.: Triebstruktur und Gesellschaft. Frankfurt a.M. (Suhrkamp) 1984.

MARLOWE, B.A./PAGE, M.L.: Creating and Sustaining the Constructivist Classroom. Thousand Oaks, California (Sage/Corwin Press) 1998

MATURANA, H.: Erkennen: Die Organisation und Verkörperung von Wirklich keit. Braunschweig (Vieweg) 1982.

MATURANA, H./VARELA, F.: Der Baum der Erkenntnis, München (Schwerz) 1987.

MEAD, G.H.: Geist, Identität und Gesellschaft. Hrsg. von Ch. W. Morris. Frankfurt a.M. (Suhrkamp) 1973.

MEAD, G.H.: Gesammelte Aufsätze. 2 Bde. Hrsg. von Joas, H. Frankfurt a.M. (Suhrkamp) 1987.

MOLLENHAUER, K.: Vergessene Zusammenhänge. Über Kultur und Erziehung. München (Juventa) 1994⁴.

MOUFFE, C. (HG.): Dekonstruktion und Pragmatismus. Demokratie, Wahrheit und Vernunft. Wien (Passagen) 1999.

MÜCKE, K.: Systemische Beratung und Psychotherapie - ein pragmatischer Ansatz. Berlin (Mücke Ökosysteme) 1998.

NEUBERT, S.: Erkenntnis, Verhalten und Kommunikation. John Deweys Philosophie des »Experience« in interaktionistisch-konstruktivistischer Interpretation. Münster (Waxmann) 1998.

PALMOWSKI, W./THÖNE, E.: Zirkuläres Fragen - Was war das noch? In: Zeit schrift für systemische Therapie, 13. Jg. Dortmund (verlag modernes lernen) Heft 2/1995.

PENN, P.: Zirkuläres Fragen. In: Familiendynamik, Heft 8/1983.

POLANYI, M.: Implizites Wissen. Frankfurt a.M. (Suhrkamp) 1985.

REICH, K.: Theorien der Allgemeinen Didaktik. Stuttgart (Klett) 1977.

REICH, K.: Unterricht - Bedingungsanalyse und Entscheidungsfindung. Stuttgart (Klett-Cotta) 1979.

REICH, K.: Häuser der Vernunft. Meine Gespräche mit philosophischen Denkern des Abendlandes. Bern/Frankfurt a.M./New York (Lang) 1988.

REICH, K.: Zur Psychologie extremer Situationen bei Bettelheim und Federn. In: Psychosozial, Heft 2/1993.

REICH, K.: Bettelheims Psychologie der Extremsituation. In: Kaufhold, R. (Hg.): Annäherung an Bruno Bettelheim. Mainz (Matthias-Grünewald) 1994.

REICH, K.: Systemisch-konstruktivistische Didaktik. In: Voß, R. (Hg.): Die Schule neu erfinden. Neuwied (Luchterhand) 1996.

REICH, K.: Die Ordnung der Blicke. Perspektiven eines interaktionistischen Konstruktivismus. Bd 1: Beobachtung und die Unschärfen der Erkenntnis. Neuwied (Luchterhand) 1998 a.

REICH, K.: Die Ordnung der Blicke. Perspektiven eines interaktionistischen Konstruktivismus. Bd 2: Beziehungen und Lebenswelt. Neuwied (Luchterhand) 1998 b.

REICH, K.: Das Imaginäre in der systemisch-konstruktivistischen Didaktik. In: Voß, R. (Hg.): Schul-Visionen. Heidelberg (Auer) 1998 c.

REICH, K.: Konstruktivistische Didaktik. In: Pädagogik, Heft 7/8 1998 d.

REICH, K.: Thesen zur konstruktivistischen Unterrichtsmethoden. In: System Schule, Heft 1/1998 e.

REICH, K.: Die Kindheit neu erfinden. In: Familiendynamik, Heft 1/1998 f.

REICH, K.: Interaktionistischer Konstruktivismus - ein Versuch, die Pädagogik neu zu erfinden. In: System Schule, Heft 3/1999 a.

REICH, K.: Krisen des Imaginären in der Zivilgesellschaft. Eine Analyse am Beispiel von Max Weber und Jean Baudrillard. In: Bukow, W./Ottersbach, M. (Hg.): Die Zivilgesellschaft in der Zerreißprobe. Opladen (Leske und Budrich) 1999 b.

REICH, K.: Konstruktivistische Ansätze in den Sozial- und Kulturwissenschaften. In: Hug, T. (Hg.): Wie kommt die Wissenschaft zu ihrem Wissen? Bd. 4: Einführung in die Wissenschaftstheorie und Wissenschaftsforschung der Sozial- und Kulturwissenschaften. Baltmannsweiler (Schneider) 2000 a.

REICH, K.: Konstruktivistische Ethik. (Veröffentlichung in Vorbereitung). Manuskript Köln 2000 b.

REICH, K./WEI, Y.: Beziehungen als Lebensform. Philosophie und Pädagogik im alten China. Münster (Waxmann) 1997.

REITER, L./BRUNNER, E.J./REITER-THEIL, S. (HG.): Von der Familientherapie zur systemischen Perspektive. Berlin u.a. (Springer) 1988.

RICŒUR, P.: Die Interpretation. Frankfurt a.M. (Suhrkamp 1993[4].

RORTY, R.: Kontingenz, Ironie und Solidarität. Franklfurt a.M. (Suhrkamp) 1991.

ROSENHAN, D. L.: Gesund in kranker Umgebung. In: Watzlawick, P. (Hg.): Die erfundene Wirklichkeit. München (Piper) 1990[6].

RUTSCHKY, K. (HG.): Schwarze Pädagogik. Frankfurt a.M. u.a. (Ullstein) 1977.

SATIR, V./BALDWIN, M.: Familientherapie in Aktion. Paderborn (Junfermann) 1988.

SCHLIPPE, A. VON: Familientherapie im Überblick. Paderborn (Junfermann) 1984.

SCHLIPPE, A. VON, U.A.: Zugänge zu familiären Wirklichkeiten. systhema Sonderheft, 9. Jg., Nr.1/1995.

SCHLIPPE, A. VON/SCHWEITZER, J.: Lehrbuch der systemischen Therapie und Beratung. Göttingen (Vandenhoeck u. Ruprecht) 1996.

SCHMIDT, S.J. (HG.): Der Diskurs des radikalen Konstruktivismus, Frankfurt a.M. (Suhrkamp) 1987.

SCHMIDT, S.J. (HG.): Kognition und Gesellschaft. Der Diskurs des radikalen Konstruktivismus 2, Frankfurt a.M. (Suhrkamp) 1992.

SCHMIDT, S.J.: Kognitive Autonomie und soziale Orientierung. Konstruktivistische Bemerkungen zum Zusammenhang von Kognition, Kommunikation, Medien und Kultur. Frankfurt a.M. (Suhrkamp) 1994.

SCHULZ VON THUN, F.: Miteinander reden: Störungen und Klärungen. Reinbek (Rowohlt) 1988.

SCHUMACHER, B.: Die Balance der Unterscheidung. Zur Form systemischer Beratung und Supervision. Heidelberg (Auer) 1995.

SCHWARTZ, S.: Wie Pawlow auf den Hund kam. Die 15 klassischen Experimente der Psychologie. Weinheim (Beltz) 1991[2].

SCHWEITZER, J./WEBER, G.: Beziehung als Metapher: die Familienskulptur als diagnostische, therapeutische und Ausbildungstechnik. In: Familiendynamik 7/1982, 113-128.

SCHWEITZER, J./RETZER, A./FISCHER, H.R. (HG.): Systemische Praxis und Postmoderne. Frankfurt a.M. (Suhrkamp) 1992.

SIEBERT, H.: Pädagogischer Konstruktivismus. Neuwied u.a. (Luchterhand) 1999.

SIMON, J.: Philosophie des Zeichens. Berlin u.a. (de Gruyter) 1989.

SPIESS, W. (HG.): Gruppen- und Teamsupervision in der Heilpädagogik. Bern u.a. (Haupt) 1991.

STACHOWIAK, H.: Allgemeine Modelltheorie. Wien/New York (Springer) 1973.

STACHOWIAK, H. (HG.): Modelle - Konstruktion der Wirklichkeit. München (Fink) 1983.

STEFFE, L.P./COBB, P./VON GLASERSFELD, H.: Construction of arithmetical meanings and strategies. New York (Springer) 1988.

STEFFE, L.P./GALE, J. (ED.): Constructivism in education. Hillsdale, N.J. (Erlbaum) 1995.

STERN, D.N.: Die Lebenserfahrung des Säuglings. Stuttgart (Klett-Cotta) 1993[3].

STIERLIN, H.: Delegation und Familie. Frankfurt a.M. (Suhrkamp) 1982.

STIERLIN, H.: Das Ich und die anderen. Stuttgart (Klett-Cotta) 1994.

TOBIN, K (ED.): The practice of constructivism in science education. Hillsdale, N.J. (Erlbaum) 1993.

TRABANT, J.: Neue Wissenschaft von alten Zeichen. Vicos Sematologie. Frankfurt a.M. (Suhrkamp) 1994.

VESTER, F.: Denken, lernen, vergessen. München (dtv) 1975.

VIRILIO, P.: Revolutionen der Geschwindigkeit. Berlin (Merve) 1993.

VOß, R. (HG.): Die Schule neu erfinden. Neuwied (Luchterhand) 1996. (2000[4])

WAGENSCHEIN, M.: Ursprüngliches Denken und exaktes Verstehen. 2 Bde. Stuttgart (Klett) 1970².

WATZLAWICK, P., U.A.: Menschliche Kommunikation. Bern u.a. (Huber) 1985⁷.

WATZLAWICK, P., U.A.: Lösungen. Zur Theorie und Praxis menschlichen Wandels, Bern u.a. (Huber) 1988⁴.

WATZLAWICK, P.: Wie wirklich ist die Wirklichkeit? München (Piper) 1990¹⁸a.

WATZLAWICK, P. (HG.): Die erfundene Wirklichkeit. München/Zürich (Piper) 1990⁶b.

WATZLAWICK, P./KRIEG, P. (HG.): Das Auge des Betrachters. Beiträge zum Konstruktivismus. München/Zürich (Piper) 1991.

WEBER, G./STIERLIN, H.: In Liebe entzweit. Die Heidelberger Therapie der Magersucht. Reinbek (Rowolth) 1989.

WEI, Y.: Das Lehrer-Schüler-Verhältnis bei Rousseau und Konfuzius. In: Reich, K. (Hg.): Vergleichende pädagogische Chinaforschung, Bd. 1. Münster/New York (Waxmann) 1993.

WHITE, M./EPSTON, D.: Die Zähmung der Monster. Literarische Mittel zu therapeutischen Zwecken. Heidelberg (Auer) 1990.

WYGOTSKI, L.S.: Denken und Sprechen. Frankfurt a.M. (Fischer) 1977.